중국경제입문

세계의 공장에서 세계의 시장으로

미나미 료신 · 마키노 후미오 · 박정동 편저
박정동 역

생능출판사
Life & Power Press

서 문

PREFACE

눈 뜬 거룡(巨龍) 중국경제는 어디로 가는가. 미국 CIA가 발표한 Global Trends 2015에 의하면 중국이 앞으로 15년 동안 연 7% 정도의 성장률을 유지한다면 2015년에는 구매력평가를 기준으로 GDP 수준이 미국의 수준에 근접할 것으로 전망하고 있다. 또한 중국은 1980년 등소평이 제시한 GNP 4배 증가 계획도 예상(2000년)보다 5년이나 빠른 1995년에 달성한 바 있다. 거대한 인구와 영토를 보유한 중국이 지속적인 성장추세를 유지할 경우 동아시아뿐만 아니라 세계경제에 미치는 영향 또한 지대할 것으로 전망된다.

그러면 구체적으로 그 영향이 어떠한 모습으로 나타날 것인가? 전문가들의 대체적인 의견을 한마디로 표현하면, "무너지기 시작한 기러기 떼의 행렬"이라는 것이다.

지금까지 지속된 아시아 지역 내에서의 생산거점 배치형태를 간단히 언급하면 다음과 같다. 즉 경제수준이 각기 다른 국가들이 마치 기러기 무리처럼 발전 단계 순으로 늘어서 있는 모습을 상상하면 된다. 이를테면, 국내의 평균 인건비가 낮은 순서대로 늘어서 있다고 생각해도 좋을 듯 싶다. 각국의 인건비는 경제발전과 함께 서서히 상승해간다. 이로 인해 한 국가에서 생산되고 있는 어느 한 산업이 시간이 지나면 그 나라의 인건비 상승으로 이익을 올릴 수 없게 되어 좀 더 인건비가 낮은 국가로 이동하게 된다. 그러면 인건비가 낮은 국가는 일정 기간 동안 생산을 분담하게 되는데, 시간이 지나면 인건비 상승으로 이익을 올릴 수 없게 된다. 결국 그 산업은 인건비가 더 낮은 나라로 이동하게 된다. 따라서 이 이론에 의하면, 동아시아 지역은 인건비를 기준으로 볼 때, 일본, 대만, 싱가포르, 말레이시아, 타이, 인도네시아, 필리핀, 중국, 베트남 등의 순으로 늘어서 있는 것을 알 수 있다.

가령 전기전자 분야를 보면 과거 휴대용 카세트, CD 플레이어, FDD, CD-ROM 등은 전량 일본에서 생산했지만 80~90년대에 걸쳐 차례로 대만과 아세안 각국으로 생산지를 옮기는 형태를 취하였다. 아세안 중에서도 맨 처음 싱가포르, 그리고 말레이시아, 타이 순으로 차례차례 옮겨갔다. 그리고 지금은 대부분 중국에서 생산이 이루어진다. 이는 기러기떼 행렬 모델의 전형적인 예라고 할 수 있다.

그러나 최근 이러한 기러기떼 행렬모델과 함께 기업입지 전개방식에 뚜렷한 변화가 보이고 있다. 즉 기러기떼 행렬모델의 붕괴 내지는 이행속도가 빨라졌다는 것이다. 이는 중국의 생산비 우위성이 다른 아시아 각국과 비교해 볼 때 지나치게 높아 중국에 대해 우위를 보이던 국가가 예상보다 빨리 바통을 넘겨주거나, 순서가 뒤바뀌게 되었기 때문이다. 그리고 중국의 뒤에 위치한 국가들에게는 아무리 기다려도 바통이 넘어오지 않기도 한다.

현재 중국은 값싼 인건비를 바탕으로 부품단지 규모의 거대성뿐만 아니라 부품조달의 편리성에서 세계적인 경쟁력을 가지고 있다. 또한 풍부한 기술인력을 바탕으로 연구개발에서도 다른 아시아 국가들보다 경쟁력이 높고 더불어 중국 자체가 거대한 시장이라는 매우 강력한 매력을 가지고 있다. 현재 중국은 이러한 우위성을 무기로 전문분야를 확대하면서 다른 나라로부터 기업과 투자를 끌어들이고 있다.그래서 이런 상황이 주변국들에게는 지금까지 질서정연하게 날아오던 기러기떼가 갑자기 부상한 새 한 마리 때문에 혼란에 빠져든 것처럼 보이는 것이다. 여기서 갑자기 부상한 새는 중국 고대 전설에 나오는 붕새(鵬鳥-날개의 길이가 삼천리며 한번 날갯 짓에 9만리를 날아간다고 하는 상상의 큰새) 마냥 매우 거대하여 앞에서는 전문분야를 필두로 고부가가치 제품의 연구와 개발을 서두르는가 하면, 뒤에서는 값싼 노동력으로 전 분야에 걸쳐 시장을 잠식할 것이라는 것이다(박정동 편역, MADE IN CHINA 〈시대의 창〉 서문에서 발췌).

가깝고도 먼 나라 중국. 중국은 우리에게 위치상으로는 매우 가까운 나라임에도 불구하고 아직도 많은 사람들은 중국에 대한 지식이 거의 없다. 중국에 대해서 모든 사람들이 알고 있다고 말할 수 있는 것은 땅이 굉장히 넓고 사람도 아주 많다는 것 정도이다.

앞서 지적했듯이 중국은 13억의 인구와 탁월한 리더십을 바탕으로 비약적인 발전을 거듭해왔고, 20여 년 동안 지속적으로 추진해온 개혁개방정책의 성공으로 21세기 경제대국으로 성장했다. 더욱이 WTO가입과 2008년 북경 올림픽, 2010 상해 EXPO의 유치는 중국을 명실상부한 세계적 경제대국으로 만들었다. 이제 중국은 우리에게 막대한 영향을 끼치는 국가가 되었고, 우리는 위기도, 기회도 될 수 있는 중국에 대해 협력자이자 경쟁자로써 앞으로의 길을 모색해야 할 것이다.

그러기 위해서는 중국이란 나라가 어떤 나라인지, 최근 급부상하고 있는 중국경제에 대한 이해가 우선되어야 한다.

목차를 보면 알 수 있듯이 본 서는 14장으로 구성되어 있다. 대학 강의용 텍스트로서 사용할 경우 대개 각 1장이 1회분의 강의분량이 될 수 있도록 했다. 또 독자층은 반드시 경제학부 학생을 전제로 하지는 않았다. 본서의 특징은 각 장의 구성이나 내용은 경제학을 전공하지 않은 학생이나 일반인들도 충분히 이해할 수 있도록 내용이나 표현을 최대한 평이하게 배려한 것이다. 또한 본서의 분석은 모두 전통적인 개발경제학의 이론을 토대로 해서 전개되었다. 또 각 장에는 각각 2개의 칼럼란이 마련되어 있다. 어떤 것은 본문과 관련해 기초적 개념이나 이론 등의 해설을 목적으로 한 것이고 어떤 것은 기분전환으로 읽어도 좋을 것이다. 아울러 본서의 내용 이해에 도움을 주기 위하여 권말에 '용어해설' 코너를 마련했다. 이는 경제학(특히 개발경제학)이나 중국관련 특수용어를 들어 평이하게 설명하고 있다. 예전에는 아마 일부러 사전을 찾거나 그냥 지나쳐 버렸을 용어를 간단하게 의미를 이해할 수 있을 것이다.

본 서의 집필과정에서는 입문서를 쓰는 것이 얼마나 어려운지를 새삼 느꼈다. 온 힘을 기울여 쓰려 하면 할수록 난해한 내용이 되어 버리는 것이었다. 그 때문에 집필자 모두에게 몇 번이나 다시 써 줄 것을 부탁했었다. 본 서는 일본에서는 이미 가장 많이 읽히는 중국경제입문서로서 자리를 잡았다. 아울러 중국에서도 조만간 출간이 예정되어 있다. 한국에서도 가장 좋은 중국경제입문서로서 앞으로 많은 대학에서 교재로 사용할 수 있을 것으로 기대한다. 협력을 아끼지 않은 일본 평론사, 그리고 많은 집필자 여러분들께 깊이 감사드리고자 한다.

또 정성들여 편집작업으로 훌륭한 입문서를 완성해 주신 생능출판사 관계자 여러분들에 대해 깊은 감사의 뜻을 표하는 바이다.

2007년 1월 編者一同

목 차

CONTENTS

제 1 부 총 론

제 5 부 성과와 과제

컬럼항목

중　국　지　도

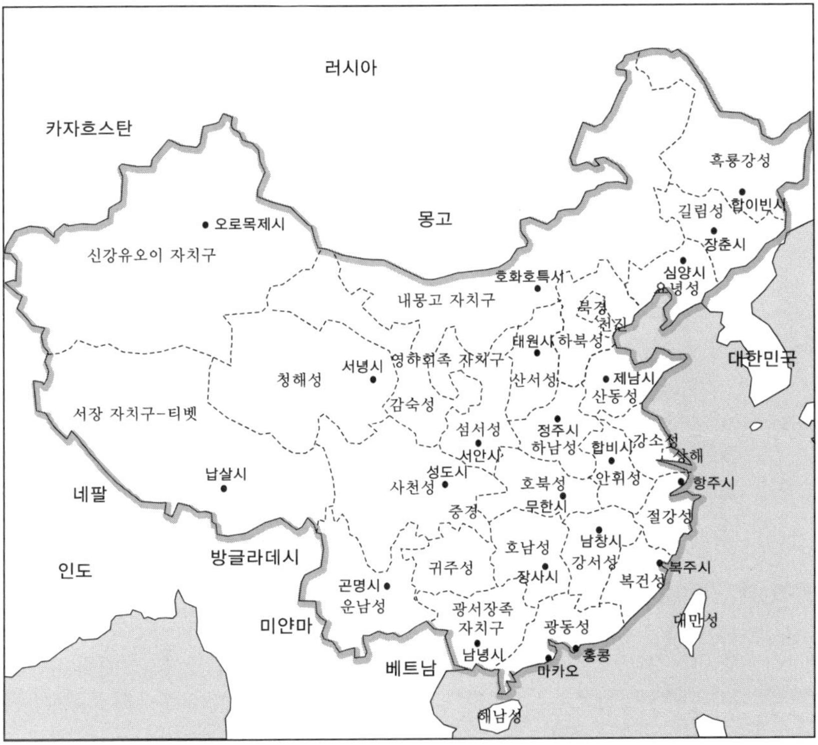
러시아
카자흐스탄
몽고
오로목제시
신강유오이 자치구
흑룡강성
합이빈시
길림성
장춘시
심양시
요녕성
호화호특시
내몽고 자치구
북경
천진
태원시
하북성
대한민국
서녕시
영하회족 자치구
청해성
산서성
제남시
산동성
감숙성
서장 자치구-티벳
섬서성
정주시
하남성
합비시
강소성
상해
서안시
납살시
성도시
사천성
호북성
안휘성
항주시
네팔
무한시
중경
절강성
남창시
호남성
방글라데시
인도
귀주성
강서성
복주시
장사시
복건성
곤명시
운남성
광서장족
자치구
광동성
대만성
미얀마
남녕시
홍콩
마카오
베트남
해남성

편저자 · 집필자 소개

● 편저자

미나미 료신(南 亮進) 권말 참조. 제13장, 용어해설 집필.
마키노 후미오(牧野 文夫) 권말 참조. 제1장, 컬럼 집필.
박정동(朴貞東) 권말 참조. 제14장, 컬럼 집필.

● 집필자

하우 런핑(郝 仁平)　東洋大學 경제학부 조교수. 「경제개혁에 수반되는 정부 · 기업간 관계의 변화」(미나미료신 · 마키노 후미오編 『대국에의 시련』 일본 평론사. 1999년). 南 · 牧野編 『轉型時期中國的工業化和勞動市場:發自日本的研究』 中國水利水電出版社, 2004年(監譯). 제2장 집필.

다카다 마코토(高田 誠)　明海大學 외국어학부 전임강사 「농가노동공급과 이주노동자」(공저). 「이주노동으로 인한 농촌경제에의 파급효과」(南 · 牧野編 『흔들리는 대하(大河): 중국농촌노동의 이동』 일본 평론사, 1999년). 제3장 집필.

류 더 치앙(劉 德强)　東京學藝大學 교육학부 조교수. *Industrial Reform in China: Past Performance and Future Prospects*, Oxford University Press, 1998(공저). 『중국의 미시경제개혁』 일본경제신문사, 1995년(공저). 제4장 집필.

가토 히로유키(加藤弘之)　神戸大學 대학원 경제학 연구과 교수. 『중국경제론』 미네르바 서방. 2004년(공편저). 『지역의 발전』 나고야대학 출판회, 2003년. 제5장 집필.

뤄 환 즈언(羅 歡鎭)　東京經濟大學 경제학부 조교수. 「숙련과 기업내교육」(공저) (南 · 牧野編 『대국에의 시련』 일본 평론사, 1999년) 「농촌경제의 변모와 노동시장」(공저) (南 · 牧野編 『흔들리는 대하(大河)』 일본 평론사, 1999년). 제6장 컬럼 집필.

와타나베 마리코(渡辺眞理子)　아세아경제연구소개발연구센터. 『중국의 불량채권문제』 아지연토픽리포트 No.36, 1999년(편저). 『기업의 성장과 금융제도』 나고야대학 출판회. 2005년(공저). 제7장 집필.

쉐 진쥔(薛 進軍)　大分大學 경제학부 교수 「경제개혁과 변모하는 노동시장」(공저)(南 · 牧野編 『대국에의 시련』 일본 평론사, 1999년). 「이주노동자의 도시에의 영향과 관리정책」(南 · 牧野編 『흔들리는 대하(大河)』 일본 평론사, 1999년). 제8장 컬럼 집필.

관 취안(關 權)　中國人民大學 경제학원 교수 「중국 자전거 공업의 발전과 이노베이션」『一橋論叢』 2000년 11월. 『근대일본의 이노베이션: 특허와 경제발전』 風行社, 2003년. 제9장 집필.

두 신(杜 進)　拓殖大學 국제개발학부 교수 『모택동, 등소평 그리고 강택민』 동양경제신보사, 1999년(공저). 『중국은 위협인가』 勁草서방, 1997년(공저). 제10장 컬럼 집필.

히라카와 히토시(平川 均)　名屋大學 대학원 경제학 연구과 부설 국제경제동태연구센터 교수. 『NIES: 세계시스템과 개발』 同文館出版, 1992년. 『가라유키상과 경제진출: 싱가포르 · 일본관계사』 코몬즈. 1998년(공저). 제11장 컬럼 집필.

이엔 산핑(嚴 善平)　桃山學院大學 경제학부 교수 『중국 농촌 · 농업경제의 전환』 勁草서방. 1997년. 『농민국가의 과제』 나고야대학 출판회, 2002년. 제12장 컬럼 집필.

리 쉬(李 旭)　明海大學 강사 「중국농촌노동이동의 연구전망」 「도시노동시장과 농민공」(南 · 牧野編 『흔들리는 대하(大河)』 일본 평론사. 1994년). 컬럼 집필.

츠언 련 치용(岑 鏈瓊)　一橋大學대학원 상학연구과 교수. 「중국에 있어서의 M&A와 기업성장」 『一橋論叢』 2003년 11월호. 「이행경제에 있어서의 국유기업의 재편」 『一橋論叢』 2004년 5월호, 컬럼 작성.

제1부

총 론

Economic Development in China

제1장

세계의 공장인가, 세계의 시장인가?

중국은 거대한 인구(=시장)를 가지고 있고, 성장을 계속하는 아시아 각국들에 둘러싸여 있으며, 강력한 정부가 존재하는 등, 경제발전에 유리한 초기 조건을 갖추고 있었다. 그러나 1949년부터 1978년까지 이데올로기 중시 · 자력갱생이라는 마오쩌둥(毛澤東)형 개발전략 하에서 큰 정치적 · 경제적 재난을 만나 경제성장률은 다른 국가에 비해 낮은 수준에 머물렀다.

78년 이후 개혁개방의 기치 아래 개발전략으로 전환함으로써 경제는 크게 비약을 거듭한다. 90년대 후반에 주변 아시아 국가들이 경제위기에 휩싸이는 가운데 중국은 이 위기도 극복하고, 21세기 초입부터 저임금을 이용한 세계의 공장으로써뿐 아니라 세계의 시장으로서도 주목되고 있다. 전에는 금지되던 사기업(私企業)이 정식으로 인정되면서 중국의 사회주의는 시장경제화를 향해 꾸준히 변화하고 있다. 그러나 한편으로는 부실채권 · 실업문제 · 지역격차 등의 국내적 문제는 해결되기는커녕 오히려 악화일로를 걷고 있어 정부의 적절한 대응이 요구된다.

I 왜 개혁개방이 필요한가?

근대 경제성장

인구와 1인당 소득의 지속적 성장과 산업구조의 고도화, 인구의 도시화 등을 특징으로 하는 근대 경제성장은 중국에서는 1970년대 후반, 즉 덩샤오핑의 개혁개방정책에서 시작되었다고 할 수 있다(무엇보다도 인구 도시화는 제 6장에서 언급하고 있듯이 현재도 호적제도*에 의해 제약을 받고 있다).

각국의 근대 경제성장* 경로에는 그 초기조건, 즉 근대 경제성장이 시작되는 시기까지의 다양한 역사나 제도적 틀이 큰 영향을 준다. 개혁개방이 어떠한 경제적 환경이나 제도적 조건 하에서 시작되었는지를 알기 위해서 중화인민공화국이 성립된 1949년부터 1978년까지의 중국경제의 발자취를 간단히 살펴볼 필요가 있다[1]. 이를 보면 덩샤오핑이 왜 대담한 개혁개방정책으로 전환할 수밖에 없었는지가 명확해질 것이다.

사회주의로의 길

내전에 승리하고 국민당을 대만으로 내쫓은 공산당의 지도자 마오쩌둥은 1949년 10월 1일에 정식으로 중화인민공화국 성립을 선언했다. 농촌을 근거지로 개혁을 성공시킨 공산당 정권은 지주가 소유하고 있던 토지 · 건물을 무상으로 몰수해 이를 농민들에게 배분했다. 토지개혁에 의해 농민에게 부과되었던 각종 부담이 대폭적으로 경감되어 농민들 몫이 증대되었다. 그 결과 농민들의 노동의욕이 자극을 받아 식량생산량은 1949년의 1.1억 톤에서 52년에는 1.6억 톤으로 대폭 증대되었다. 도시에서도 개혁이 꾸준히 진척되어 정부는 구 재벌자본과 외국계 기업을 국유화하는 한편, 사기업과 개인기업 등 다양한 경영을 인정했다.

3년간의 부흥기를 거쳐 1953년부터 제 1차 5개년 계획(~57년)이 실행되었다. 이 계획에서는 사회주의적 개조와 중공업화가 가장 중대한 목표가 되었다.

도시에서는 이전까지 인정되어 왔던 사기업이 사실상 국영기업화되었고 개인기업도 대폭적으로 제한되었다. 국영기업은 이를 주관하는 정부기관이 경영자를 대신해 사실상의 최고 의사결정자로서 행동하는 일도 적지 않았다. 이러한 '정기합일(政企合一)' 문제는 오늘날에도 경영자들의 활동을 제약하고 기업개혁의 걸림돌이 되고 있다. 또한 종업원 고용이 보장되어 대규모의 국영기업 중에는 주택 · 병원 · 복지 등의 생활시설이 정비되었고, 종업원의 노후생활도 점차 기업이 돌보게 되었다. 이처럼 정부의 사회보장기능을 기업이 대행하는 시스템이 구축되어 갔지만 이것이 현재 국유기업 개혁의 큰 걸림돌이 되고 있다.

농촌에서는 생활수단의 사유(私有)를 부정한 농업 합작사(合作社)가 200~300호 농가를 단위로 설립되어 1956년에는 전 농가의 96%가 합작사에 편입되었다. 또한 58년에는 몇 개의 농업 합작사가 합병되어 2000~3000호의 농가로 구성된 인민공사(人民公社)가 설립되었다. 그 결과 농업경영에 관한 일상적인 의사결정은 개개의 농가 · 농민에서 벗어나 인민공사의 간부에 의해 이루어지게 되었다. 말단의 농민들에게는 생산액에서 생활비 · 세금 · 인민공사 공과금 등이 공제된 잔여액이 각각의 노동시간에 따라 분배되었다. 또 국영기업과 마찬가지로 공공식당 · 학교 · 탁아소 등의 일상생활과 관련된 시설도 인민공사 내부에 설립되었고, 운영도 인민공사의 손에 맡겨졌다. 이처럼 농민의 생활은 모든 면에서 사회적 제약을 받게 되었다.

중공업화를 실현하기 위한 자금을 산출하는 일이 인민공사에 요구되었다. 구체적으로는 생산된 식량품 · 농산물은 농민이 필요로 하는 양만 농촌에 나누어지고, 이를 웃도는 잉여분을 저가에 강제적으로 정부에 공출하도록 했고, 또한 이를 국유기업에 가공시켜 고가로 소비자들에게 판매했다. 판매와 구매의 차액에서 발생한 잉여금이 중공업에 우선적으로 투입되었다. 이러한 정책이 채택된 배경에는 냉전(冷戰)을 들 수 있다. 소련에서만 대외원조를 받기 때문에 공업화에 필요한 자금은 결국 농촌(농업)에서 조달할 수밖에 없었던 것이다.

'대약진'과 정치 · 경제의 혼란

잉여금이 농업내부에 축적되지 않고 공업으로 유출되었기 대문에 농업부 내에서의 투자재(投資財) 생산은 직접 농민 스스로의 손으로 부담하게 되었다. 대량의 노동력 징용 · 동원에 의한 수리시설 · 경지조성 · 식림

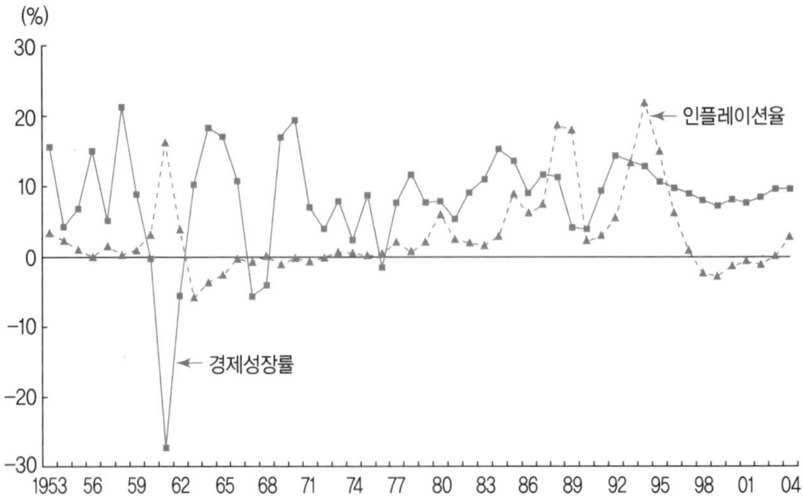

[그림 1-1] 경제성장률과 인플레이션율

(注) 경제성장률은 실질 GDP, 인플레이션율은 상품소매가격 성장률
(자료) 『중국통계연감 1993』 238페이지, 『同 2005』 54, 301페이지

(植林) 등의 고정자본의 건설이다. 1957년 가을부터 시작된 대약진 운동에서는 이 노동축적이라고 불린 자본건설이 비참한 결말을 맞이하게 되었다. 건설활동이 왕성해짐에 따라 건설자재, 특히 철의 부족이 심각해졌다. 근대적인 제철시설이 부족했던 당시, 온땅을 뒤져 영세한 고로(高爐)를 만들어 부족한 철강 생산을 도모하려 했지만(토법제철:土法製鐵), 결국 이는 쓸 만한 것이 되지 못하고 중국판 경사생산(傾斜生産) 방식* 뒤에는 황폐화된 국토가 남았을 뿐이었다. 일설에 의하면, 이 토법제철은 전국에서 300만기가 건설되고, 동원된 농민은 1억 명에 달한다고 한다.

많은 농민들이 농업을 포기하고 공공식당제도(公共食堂制度) 하에서의 과잉소비로 다음 해에 심을 종자까지 다 먹어버린 결과, 1959년부터 심각한 식량부족을 겪게 되었다. 굶어죽은 사람들만 1500만 명에 달한다고 한다. 이뿐만 아니라 경제성장률도 60년부터 연속 3년간 마이너스를 기록했다(그림 1-1).

대약진의 실패로 인해 그때까지의 이데올로기 · 정치를 중시하던 마오쩌둥 노선은 류사오치(劉少奇) · 덩샤오핑(鄧小平) 등이 지도하는 경제 중시체제로 전환되었다. 그 결과 설비투자의 축소, 농업 · 경공업 중시 방침이 채택되었다. 또한 식량부족에 대처하기 위해, 도시건설에 동원되었던 농민들은 강제적으로 귀농되었고, 원칙적으로 (대학입학 · 병역을 제외) 농촌에서 도시로의 이동이 금지되었다. 이렇게 해서 류사오치(劉少奇) · 덩샤오핑(鄧小平) 지도체제 하에서 경제는 다시금 회복궤도에 올라 1966년에는 대약진 전의 1인당 GDP를 웃돌았다.

그러나 정치의 제일선에서 물러난 마오쩌둥에 의한 복권(復權)투쟁이 1966년부터 시작되어 10년간 중국은 다시 혼란 속에 빠져들었다(문화대혁명).

주자파(走資派) · 실권파로 지명된 류사오치(劉少奇) · 덩샤오핑(鄧小

平) 지도부가 붕괴되는 가운데 노동자들의 반란과 교통의 혼란 등이 원인이 되어 경제는 67, 68년 2년 연속 마이너스 성장을 기록했다. 70년대 초에 저우언라이(周恩來) 주도 하에서 경제는 일시적으로 안정되었지만, 70년대 중반에는 마오쩌둥의 부인 장칭(江靑)을 중심으로 한 4인방이 정치적 주도권을 잡고 문화혁명이 부활되어 다시 경제는 침체되었다.

1976년 마오쩌둥 사후, 화궈펑(華國鋒) 총리는 4인방를 추방하고 서구의 근대기술을 적극적으로 도입하는 근대화노선을 채택했다(양약진 : 洋躍進). 그러나 현실을 무시한 급속한 근대화는 수입설비를 잘 사용하지 못하여 다시 외화부족을 야기했다. 이 정책의 실패책임으로 인해 화궈펑(華國鋒) 총리는 추방되고 결국 덩샤오핑이 3번째 권력의 자리에 복귀했다. 이렇게 해서 78년부터 덩샤오핑의 지도 하에서 개혁개방을 지향한 근대화정책이 시작되었다.

마오쩌둥(毛澤東)의 경제발전 전략 평가

1949년부터 78년까지의 시기는 한마디로 마오쩌둥이라는 카리스마적 인물이 독자적인 사회주의 이념에 따라서 국민들을 새로운 국가 건설에 매진하게 한 시대였다. 그러나 경제적 성과에 대해서만 평가를 내리면 마오쩌둥이 채택한 경제발전 전략은 실패로 끝났다. 즉, 개혁개방정책 이전(1952~78년) 중국의 1인당 실질 GDP 연평균 성장률은 2.3%로 일본이나 아시아 신흥 공업경제지역(NIES: 대만, 한국, 싱가포르, 홍콩)은 물론이고 같은 사회주의국가인 소련이나 동남아시아의 일부 국가들보다도 크게 뒤졌다[2].

그렇다면 왜 마오쩌둥이 채택한 전략이 실패한 것일까?

첫째로 마오쩌둥은 분업을 거부했다. 그 배경으로 당시의 국제정세와 마오쩌둥의 국가사상에 주목해봐야 할 것이다. 우선 1950년대 말의 중소

대립(中蘇對立) 이래 중국은 국제적으로 고립되어 필요한 물자의 자급체제 정비에 대한 필요성을 절감하게 되었다. 50년대의 급속한 중공업화, 60년대 후반의 산업 지역배치 삼선건설(三線建設), 그리고 농업이 인민공사화되는 과정에서 보이는 자급자족 중시 사고(자력갱생)*는 비교우위 또는 분업의 이익을 희생하는 것으로 개방체제 하에서 경제성장을 도모한 동아시아 모델*과 극단적으로 대조되었다.

두 번째로, 정치나 행정이 경제보다 우월하다는 것에서 생기는 경제적 동기부여가 결여되어 있었다. 따라서 목표치가 달성되어 있으면 그 이상의 경제적 성과를 추구하려 하지 않고, 또 높은 실적을 거두면 그것이 다음 목표치로 설정되어 스스로 자신의 목을 조르는 일이 되어버린 것이다. 이는 사람들이 대약진 시대의 농산물 수확을 불려서 보고한 경험에서 배운 지혜였다. 또 기업 내에는 업무상의 조직과는 별도로 당 위원회 조직이 있어 기업활동을 수행할 때 자유로운 의사결정권이 경영자에게 주어지지 않았다. 또한 국영기업의 경영자를 감시하는 입장이었던 감독관청은 직접적으로는 영리활동에 종사하지 않았으므로 목표가 달성되지 않은 때를 제외하고는 기업성과에 대한 관심은 낮았다.

개혁개방의 초기 조건

그러나 마오쩌둥 시대의 이러한 부정적인 측면을 강조해도 그후 왜 개혁개방정책이 성공했는지를 충분히 설명할 수 없다. 그 시대를 1978년 이후 경제발전의 초기 조건이라고 본다면 아래의 것들이 중요한 역할을 수행했다.

첫째로, 교육제도의 정비 · 충실화에 의한 교육수준=인적자질이 향상되었다. 특히 초 · 중학교 교육은 대약진 정책기와 문화혁명기에 급속도로 보급되었다[3].

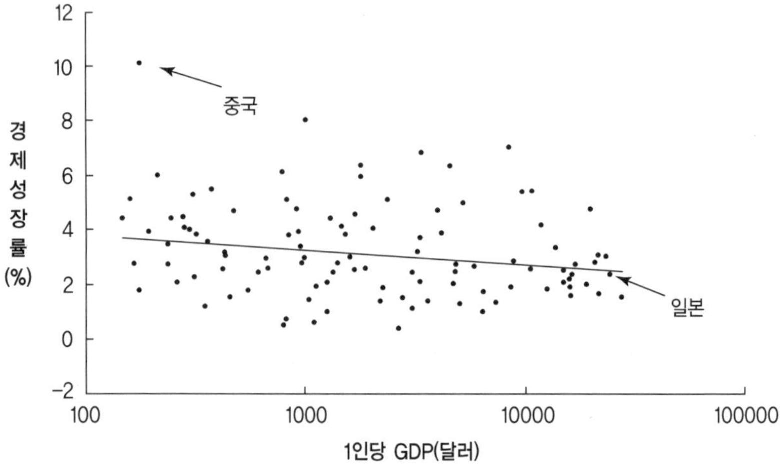

[그림 1-2] 초기시점의 1인당 GDP와 그후의 경제성장률과의 관계(1980~2004년)〉

(注) a) 샘플은 94개국
b) 1인당 GDP(대수눈금)는 1979년의 계수, 경제성장률은 1980~2002년의 각 연도별 실질 GDP성장률의 평균치(일부 국가는 빠진 연차가 있음).
(자료) World develop indicators 2006 CD-ROM

두 번째로, 이상하게 생각될지는 모르지만 경제발전이 늦어진 것과 대약진 · 문화혁명에 의한 경제 파탄이 진행된 것 자체가 그후의 경제성장을 높였다고 할 수 있다. 이는 알렉산더 거센크론(Alexander Gerschenkron)*의 상대적 후진성 가설이라는 사고방식을 사용해 설명할 수 있다. 즉, 경제발전의 초기에 선진국과의 기술격차 및 상대적 후진성이 클수록 후진국에게 있어서 선진국에서의 기술도입 여지가 크기 때문이며, 또 초기시점의 경제수준이 낮을수록(물적 · 인적) 자본의 한계생산력이 크기 때문이다.

[그림 1-2]는 각국의 1979년의 1인당 GDP의 수준과, 1980~2004년의 연평균 실질 GDP성장률의 관계를 나타낸 것이다. 양자는 상대적 후

진성 가설 또는 경제성장률의 수속(收束)가설*이 타당함을 나타낸다.

중국은 그림에 기입된 회귀점의 훨씬 위쪽에 위치해 있어 매우 낮은 경제수준에서 매우 높은 성장률을 실현한 것을 확인할 수 있다. 이 사실은 Ⅲ절에서 기술할 중국경제의 '개구리 뜀' 론의 근거가 되기도 한다.

세 번째로, 공산당의 일당독재체제에 의한 강력한 지배체제가 구축되어 있었던 점이다. 이는 정부 주도 하에서, 강력한 개발정책을 수행할 수 있는 체제가 정비되어 있었다는 것을 의미한다. 특히 지방정부가 큰 권한과 뛰어난 관리능력을 가지고 있어 경제의 분권화를 추진하는 태세가 갖추어져 있었다[4]. 동유럽의 사회주의 국가들이 정부의 약화로 인해 시장경제로의 이행과정에서 경제적인 혼란을 겪은 것에 비해 안정된 중국 정부의 존재는 투자가들에게 안도감을 주었다[5].

네 번째로, 국제적으로는 서구의 경제수준을 쫓아가던 일본을 비롯해 급속한 경제발전을 하던 NIES와 ASEAN이 가까이 있어 무역이나 자본도입 등의 면에서 이익을 누리기 쉬운 환경에 있었다. 게다가 19세기 이후 화남지역 출신자들을 중심으로 많은 노동자들이 동남아나 미국으로 이주해 경제적으로 성공한 이들의 자손들의 투자가 기대되었다(제 10장).

Ⅱ 개혁개방과 성장의 시동(始動)

농촌개혁

덩샤오핑이 추진한 개혁개방이란, 4개의 현대화(농업 · 공업 · 국방 · 과학기술의 현대화)를 국가목표로 한, 경제면의 시장경제 도입과 대외개방 정책을 의미한다. 상세한 내용은 2장 이하의 각론에서 언급하기로 하고 여기서는 그 주요 내용을 간단하게 요약한다.

중국의 인터넷 사정

중국에서도 젊은 남성을 중심으로 인터넷 인구가 급속도로 증가하고 있다. 1998년 6월 말 조사에서 이용자가 100만 명을 돌파한 이후 반년마다 배 이상의 속도로 성장해 왔다. 2003년 말의 이용자는 7950만 명(일본은 6160만 명)으로, 인터넷 카페를 이용하는 사람도 이용자의 20% 이상이라고 한다. 이는 일본과 비슷한 수준이다. 또 대학생의 취직활동도 일본과 마찬가지로 인터넷을 이용하는 비율이 급증하고 있다.

세계의 추세는 비즈니스나 일상생활에 적극적으로 인터넷 정보를 활용한 사회 구축으로 흘러가고 있다. 따라서 중국정부도 적극적으로 이를 추진하는 정책을 내세우고 있다. 예를 들면 국무원(國務院)은 99년 6월에 하이테크 산업의 집적을 목표로 베이징 대학과 칭화 대학의 남쪽에 인접한 중관촌(中關村)에 사이언스 파크(科技園區)를 구성했다. 이곳은 중국의 IT산업의 중심으로, 지금은 아시아의 실리콘밸리라 불리게 되었다.

그러나 인터넷 보급은 중국정부에게는 양날의 검이다. 정부나 공산당에게 있어 좋지 못한 정보가 한순간에 전 세계로 퍼져나가거나 중국에 흘러들어올 수 있기 때문이다. 이 때문에 정부는 인터넷을 규제 대상으로 삼고 성인 사이트, 반정부적인 인터넷 정보를 모으고 있다. 또 기공집단 법윤공(法輪功)이나 티벳 망명정부 등의 인터넷상에서의 활동에 대해서도 경고하고 있다. 많은 시민들이 이용하는 인터넷 카페의 운영도 라이센스 취득이 필요하며 일률적인 기준을 마련해 엄격하게 유저의 이용상황이 관리되고 있다고 한다.

인권단체인 앰네스티 인터내셔널은 이러한 중국정부의 인터넷 감시에 관한 리포트를 발표했다(http://web.amnesty.org/library/index/engasa170012004). 이 보고에 따르면 중국정부의 인터넷 감시활동을 위해 기술을 제공하고 있는 시스코 시스템즈, 마이크로 소프트, 썬 마이크로 시스템즈 등의 유명 IT기업들이 인권문제에 대한 배려가 적다고 비판하고 있다. 인터넷에 대한 규제는 모든 국가의 정부가 고민하는 문제이지만 중국정부는 다른 나라와는 다른 의미에서 큰 고민을 안고 있다.

(http://news.serchina.ne.jp) 마키노 후미오(牧野 文夫)

우선 농업에서는, 집단제의 구조를 유지하면서도 생산단위인 개개의 농가에 대폭적인 의사결정권을 주는 농가경영 청부제가 도입되었다. 즉 미리 할당된 양을 정부에 판매하고 농업세 · 기타 공과금을 지불하면 잔여분은 농민이 자유시장에서 판매하는 것을 인정해주었다. 또 1982년에는 인민공사 해체가 정식으로 결정되어 집단제의 구조 자체가 변용되었다. 이렇게 해서 개인농가의 생산의욕이 향상되어 식량생산량은 70년대 후반부터 급증했다.

개혁은 농촌의 비농업 분야에서도 현저했다. 1983~84년경 기존 인민공사에 소속되어 있었던 중소규모 공장이 급속히 증가해 농촌공업을 발전시켰다. 이들이 향진기업(鄕鎭企業)의 근원으로 84년 이후에는 농촌의 사기업도 향진기업의 범위에 포함되었다. 그 결과 향진기업의 종업원수는 78년부터 절정인 96년까지 약 4.8배 증가해(단 상기와 같이 84년 이후 정의가 확대된 점에 유의) 농촌의 고용기회와 소득향상에 크게 기여했다(제 5장).

기업개혁

국영기업 개혁은 70년대 후반부터 착수되었다. 우선 이윤(利潤)의 정부상납이 폐지되고 이윤의 일부를 기업 내에서 보너스 · 투자 · 복지에 사용할 수 있게 되었다. 또 이윤과 세금의 구분이 명확해지고 국영기업의 상납 이윤은 법인세화되었다. 이어서 소유와 경영의 분리 방침이 명확해져 국가는 기업경영에 직접 관여하지 않게 되었다. 이에 따라 기존의 국영기업이라는 호칭이 국유기업으로 변경되었다.

1988년에 19%라는 인플레이션이 발생하자 개혁파인 자오쯔양(趙紫陽)에게서 보수파인 리펑(李鵬)에게 정책운영의 실권이 넘어가고 이것이 이듬해 천안문 사태*의 전조가 되었다. 보수파의 대두로 개혁의 발걸음

이 정체된 것을 보고 92년 초, 덩샤오핑은 남순강화(南巡講話)*로 알려진 개혁을 발표했다. 그 결과 기업의 자주권이 큰 폭으로 부여되었다. 사회주의 시장경제의 개념(제 2장)이 제기된 것도 바로 이 해의 일이다. 90년대 중반에는 주식회사제도의 도입과 민영화 등이 추진되어 개혁의 범위는 경영 내부에서 소유구조로까지 확대되었다.

이렇게 해서 기존의 국영기업 · 집단기업(시 · 현 · 향 · 촌 등의 지방정부 또는 농촌의 각종 집단이 경영하는 기업) 일변도였던 기업의 소유형태가 서서히 다양화되었다. 1981년에 도시에서의 개인경영이 허용되고 88년에는 사영기업(종업원 8명이상)이 합법화되어 나중에 기술할 경제특별구에는 외국계 기업 · 합작기업 등이 탄생되었다. 그 결과 공업 총생산액에서 차지하는 국유기업의 비율은 크게 저하되었다(제 4장).

시장개혁과 대외개방

기업개혁과 병행해서 시장개혁도 추진되었다. 1984년경까지는 소비재 가격이 자유화되고 이어서 강재 · 석탄 · 시멘트 등의 생산재 가격의 자유화도 실시되었다. 또 정부가 유통을 통제하는 물자의 종류와 양도 서서히 줄어들었다. 이처럼 가격 · 수량 두 가지 면에서 정부 개입이 약해지고 기업이 경영노력을 발휘할 유인(誘因)이 강화되었다. 상품시장의 개혁은 상당히 진척되었지만, 다른 시장, 특히 금융시장의 개혁은 매우 뒤처져 있어 국유은행을 대신할 민간은행이나 증권회사의 육성, 투명하고 공정한 자본시장의 형성 등이 급선무가 되고 있다(제 7장).

1980년의 경제특별구 건설에서부터 대외개방이 시작되었다(제 9장). 이는 80년에 홍콩에 인접한 심천, 마카오에 인접한 주해(珠海), 대만과 마주보는 산두(汕頭) · 하문(廈門) 등에 세워졌고 83년에 하이난다오(海南島)에 설립되었다. 특별구의 설치 의도가 홍콩, 대만, 동남아시아에 거주하는 화교 · 중국인들의 대중투자(對中投資)였던 점은, 이 지역배치를 보면 쉽게 이해할 수 있을 것이다. 또한 84년이 되자, 상하이(上海) · 텐진(天津) 등 14개 지구가 새로이 연해 개방도시로 지정되었다. 이처럼 정부는 연해지역에 수출용 공업지대를 마련하고 이를 경제발전의 기폭제로 활용했다.

여기에 진출한 외국기업이나 합작기업은 주위의 농촌향진기업의 발전과 맞물려 중국 수출신장에 기여했다.

외자 우대정책에 의해 외자도입액은 증가했지만, 92년의 남순강화*는 그 경향이 증폭되었다(제 9장). 그러나 한편으로 연해지역과 내륙과의 지역격차(제 13장)나 경영환경 면에서의 외국계 기업과 국내기업과의 격차도 확대되었다.

개혁개방기의 개발전략

덩샤오핑의 개혁개방정책을 마오쩌둥의 정책과 비교해보자.

첫째로 마오쩌둥의 개발전략이 정치 · 이데올로기 중시였던 것에 비해, 덩샤오핑의 전략은 기본적으로 실리주의였다. 이 때문에 사회주의 원칙 그 자체의 해석조차도 때에 따라서 바뀌었다. 여하튼 공산당의 일당지배가 위협을 받지 않는 한도에서는 경제발전을 목표로 모든 가능성이 시도되었고, 높은 성장을 유지하는 것이 일당독재 정치체제의 정당성을 국내외에 인지시키는 최대의 수단이 되었다. 이런 의미에서 78년 이후의 중국경제는 개발독재*의 성공사례로 간주할 수 있다.

두 번째로, 마오쩌둥 시대의 평등주의를 폐지하고 선부론(先富論)*이라는 생각을 시인한 것이다. 능력주의 · 실력주의가 중시되고 사람들은 풍요로움을 추구하며 경제활동에 매진했다.

세 번째로, 마오쩌둥 시대의 자력갱생=자급자족을 대신해 외국의 제도 · 자금 · 인재를 적극적으로 받아들이는 개방체제를 취했다. 이는 동아시아 NIES의 경제적 성공의 교훈에서 배운 바가 적지 않다.

네 번째로, 사회주의에서 시장경제로의 이행은 이른바 충격요법(빅뱅)이 아닌 새로운 정책의 성과를 주시하면서 점진적으로 일을 추진해 나갔다는 점에 특징이 있다고 할 수 있다(제 2장). 그러나 충격요법이 채택된 대부분의 국가들은 거시경제가 파탄적 상황에 빠져들었으며, 중국경제가 건전했다는 것 자체가 급격한 안정화 정책을 필요로 하지 않았던 원인이었다고도 할 수 있다. 점진적 개혁은 경제활동과 국민생활에 대한 시장경제화의 마이너스 영향을 가능한 한 완화하는 데 기여했고, 그 덕분에 정부는 개혁노선에 대한 국민들의 지지를 계속 이어나갈 수 있었다. 또 세계경제에서 볼 때 98년 여름에 러시아에서의 단기자금 도피가 세계적인 신용불안을 야기한 것을 생각하면, 중국의 시장경제화 전략은 세계경제에 대한 불안정 요인을 억제하는 데에도 기여하고 있다고 할 수 있다.

경제성장의 특징과 요인

[그림 1-2]에서 볼 수 있듯이 1980년 이후의 중국 경제성장률은 세계적으로도 그 유래를 볼 수 없을 만큼 높으며, 각 성 · 시 · 자치구를 하나의 국가로 보면 1978~95년 사이의 세계경제 성장률 상위 20위까지 모두 중국이 차지해 버린다[6].

성장률이 높다는 것만이 중국경제의 특징은 아니다. 경제성장의 요인을 생산요소(자본과 노동력)의 투입과 그 외 요인으로 나누어 보면 다른 아시아 국가들에 비해서 중국에서는 생산요소의 투입에 의한 기여가 상대적으로 적고 생산성 향상의 효과가 크다는 점을 확인할 수 있다[7]. 즉 이미 말했듯이 산업구조가 농업에서 생산성이 높은 비농업으로 이행된 점, 계획부문이 축소됨으로써 노동자들의 사기가 향상된 점, 대외개방의 결과 상대적 후진성의 유리함을 살려 외국에서 우수한 기술을 도입한 점 등을 그 이유로 들 수 있다(제 3장).

1978년 이후의 성장률의 변동을 보면 78년 이전 정도는 아니지만 진폭(振幅)이 크다. 게다가 이 경제성장률은 그보다도 더 격심한 물가상승률 변동을 동반하고 있다(그림 1-1)/ 70년대 중반까지 물가통제에 의해서 안정되어 있던 가격은 개혁개방 이후 경제의 과열에서 생겨난 격심한 상승과 그후의 긴축정책에 의한 하락이라는 사이클을 반복했다. 이 정책 전환에서는 정부지도부가 경질되는 예가 종종 드러난다(예를 들면 89년의 자오쯔양 실각).

경제성장이 매우 어려운 물가변동을 동반한 현상은 중국경제의 특징 중 하나로 단기적으로 물가가 오르내리는 것은 경제 안정화의 제반 정책들이 유효하게 기능하지 못하고 있다는 것을 의미한다.

그러나 최근의 물가상승률은 급속히 안정되고 있고 97년 이후에는 경제성장률도 9%를 밑돌고 물가도 하락세로 돌아서 중국경제 기조가 부족에서 과잉(디플레 경제)으로 전환되었다는 논의도 생겨났다[8]. 이에 비해 2000년 이전의 디플레이션은 확실히 수요부족에 기인한 것이지만, 2001년 이후에는 수요부족이 아닌 체제 개혁과 기술진보에 의한 코스트 저하가 원인이라는 주장도 있다[9].

Ⅲ 경제대국으로의 시련 : 중국경제의 과제

글로벌화 속의 중국경제

1980년대부터 90년대 중반의 시대는 세계가 아시아 경제에 주목한 시대였다. 우선 아시아 NIES가 수출주도형 경제성장에 성공하고 이어서

ASEAN 각국들이, 그리고 중국까지 잇따라 고성장을 기록해 나갔다. 이미 서구의 경제수준에 도달한 일본의 뒤를 이들 아시아 각국이 잇따라 쫓아가듯이 경제성장을 실현해 온 모습은, 하늘을 나는 기러기 떼와 닮아 있다고 해서 기러기식 성장*이라 불리게 되었다. 그러나 최근에는 이러한 기러기식 성장이 무너지고 '개구리 뛰기식 발전'으로 바뀌고 있다는 이론도 나오고 있다[10]. 이는 중국이 최신의 IT기술을 지렛대 삼아 마치 개구리가 뛰듯이 ASEAN 각국들을 추월해 버리는 것이 아니냐는 것에서 생긴 말이다. 그리고 2004년 말에 발표된 연상집단(聯想集團 : Lenovo)에 의한 IBM사의 PC사업 매입 뉴스는 실로 이를 예감하게 하는 사건이었다.

동아시아 각국의 성장에서 거의 공통적인 것은 수출 성장률이 GDP 성장률을 웃돌아 수출주도형 공업화*라고 불린다는 것이다. 이들 국가의 수출액 자체의 성장과 함께 상호무역(지역내 무역)액과 직접투자액도 80년대 이후 급증했다[11]. 이렇게 해서 동아시아 각국 · 지역 내의 경제적 상호의존 관계가 급속히 강화되었다(제 10장). 그리고 이 관계를 더욱 강화하기 위해 2001년에 중국과 ASEAN 가입 6개국은 2010년까지 자유무역협정(FTA)을 체결하는 데 합의했다. 21세기가 된 후 ASEAN 각국들의 최대 관심은 중국(그리고 인도)로 쏠리고 있어 일본이 아시아 각국과의 FTA체결에 손을 놓고 있으면 장래에 큰 불이익을 입게 될 것이다(제 8장, 11장).

중국은 90년대 중반까지는 저임금 노동력을 무기로 세계의 공장으로 주목을 받았다. 저가의 중국제품 수출이 세계시장을 석권함에 따라 수입대국인 일본과 미국, 나아가서는 아시아 각국들 사이에서도 경제 마찰이 생겨나 중국 위협론이 대두되었다(제 10장). 최근에는 무역불균형 해소를 위해 미국 달러로 고정되어 있는 위안화 절상(또는 자유화) 요구가 미국

여자십이악방(女子十二樂坊)

중국에서 일본으로 어떤 물건이 수출되어도 이상하지는 않지만 평균 연령 23세라는 묘령의 중국미인들이 이호, 비파, 피리, 양금 등의 고정악기를 가지고 일본 음악시장에 진출한 것에 놀란 사람들도 적지 않을 것이다.

2003년 7월에 일본에 데뷔한 지 불과 반년 만에 NHK 홍백가합전에 출전했고, 2004년 1월에는 일본무도관(武道館)에서 공연, 8월에는 전미 데뷔를 이루었다.

록 음악의 개척자적인 존재인 추이젠(崔健)의 전 프로듀서로서도 유명한 왕효경(王曉京) 씨는 4000명 가까이 모인 오디션에서 2명의 젊은 여성을 선발해, 2001년 6월 女子十二樂坊을 결성했다. 이는 고전악기를 사용한 참신한 연주를 내세워, 중국의 전통음악에 새로운 스타일을 도입했다. 일본에서의 데뷔 앨범인 '女子十二樂坊 : Beautiful Energy'는 애수(哀愁)를 자아내는 이호(二胡)의 음색이 때마침의 '편안함' 붐을 타고 중장년층을 중심으로 폭발적인 인기를 끌어 금세 베스트셀러가 되었다. 중국의 전통악기에 서양 음악을 접목하고 치밀한 마케팅 전략으로 급속히 시장을 잠식해 나가는 모습은 현대 중국경제를 상징하고 있다. 원래 앉아서 연주하는 이호를 선 채로 연주하거나, 이미 히트한 곡을 멋지게 편곡해 독특하게 각색하는 등 고전방식을 고집하지 않는 유연한 발상과 좋은 것은 탐욕스럽게 흡수하는 모습이 지금의 중국 모습과 오버랩된다. 그래미 상 수상이 목표라고 말하는 왕씨는 향후 서구 진출을 본격화할 예정이라는데, 약진하는 경제와 함께 예술 · 예능이 어디까지 비약할 수 있을지 흥미롭다.

(아루쿠의 〈중국어 저널〉 4월호 리 쉬(李 旭)

과 일본 등에서 제기되고 있다. 2004년 가을 시점에서 중국정부는 공식적으로 위안화 절상을 부정했지만 향후 중국의 무역흑자가 확대되는 사태가 지속되면 절상 또는 변동제로의 이행을 받아들이지 않을 수 없을 것이다.

2001년 말에 중국은 염원하던 세계무역기구(WTO)* 가입을 실현했다. 그리고 최근 중산층의 소득증대를 배경으로 도시를 중심으로 한 중국의 거대시장은 예를 들면 자동차와 이동통신 기기 등의 상품으로 대표되듯이 전 세계의 주목을 받아 이제 중국은 세계의 공장에서 세계의 시장으로 변모되어 가고 있다. 세계경제에 뒤처진 잠재적 거대시장은 중국과 인도이지만 현재까지의 경제성장 실적에서 보았을 때 중국으로 관심이 집중되는 것은 당연하다. 중국이 앞으로도 경제성장을 유지할지 여부는 세계경제의 동향에 크게 영향을 줄 것이다.

중국경제의 과제

2002년 11월에 개최된 제 16회 전당대회에서 장쩌민(江澤民)이 제기한 3개의 대표*가 공산당의 정식 규약에 명시되어, 이를 계기로 사영기업가들의 입당이 붐을 이루었다. 이는 당의 본질에 관한 노선의 전환인데, 정치적 유연성을 나타냄으로써, 어디까지나 공산당 권위 하에서 경제자유화를 도모하려는 의사를 나타냈다(제 13장). 이 대회에서 선출된 후진타오(胡錦濤) 신 정권의 지휘는 현재는 순조롭지만 정부가 조속히 해결해야 할 과제는 많다. 관료들의 부패, 지역격차의 확대, 삼농(三農)문제, 심각해져 가는 실업, 부실채권과 금융시스템의 효율화, 국유기업의 소유권 개혁, 전력부족 등의 문제가 산적해 있다. 또한 장기적인 고령화 문제와 환경파괴 문제도 지금부터 대책 수단을 강구할 필요가 있다.

중국이 직면한 과제 중에서는 도시의 실업문제나 은행 부실채권문제 등 노동시장과 금융시장 개혁에 관한 문제가 시급하다. 정부가 비효율적인 국유기업의 개혁을 좀더 추진하려면 잉여 종업원 삭감과 부실채권 처리도 더욱 많이 해야 하며, 그 결과 발생하는 실업문제와 금융기관 파산에 대처할 수 있는 방법(사영 기업 · 은행, 자본시장)이나 약자보호를 위한 사회보장제도 정비와 구축이 요구된다.(제 6, 7장)

또한 시장경제화가 늦어지고 있는 농촌에는 시장 메커니즘을 침투시키기 위한 제도적 · 문화적 전제조건이 충분히 정비되어 있다고는 할 수 없다. 새로운 제도나 문화를 보급하기 위해서는, 이를 담당할 인적능력 개발이 필수적이므로, 교육의 보급 · 충실화가 더욱 중요한 시책이 된다. 교육 인프라의 정비에 있어서 정부, 특히 지방정부의 역할이 크다고 할 수 있다.

마키노 후미오(牧野 文夫)

---

1) 이 시기에 대해서 더욱 상세하게 알고 싶을 경우, 예를 들면 石原享一「중국사회주의 재고」 加藤弘之 · 上原一慶(編)『중국경제론』 미네르바 서방, 小島麗逸『현대중국의 경제』 이와나미서점, 1997. 등을 참조.

2) A. Maddison, Chinese Economic Performance in the Long Run, Paris, OECD, 1998.

3) 小島麗逸「통계분석에서 본 교육의 발전단계」 小島麗逸 · 鄭新硯(편)『중국교육의 발전과 모순』 오짜노 미즈서방, 2001.

4) 세계은행『계획경제에서 시장경제로』(세계개발보고 1996) 21쪽.

5) 마리 라비뉴『이행의 경제학:사회주의 경제에서 시장경제로』 일본평론사, 126쪽.

6) World Bank, (栖原学訳)*China 2020: Development Challenges in the New Century*, Washington D.C., 1997, p.3.

7) World Bank, 주 6의 서적, p.4. 中兼和津次『중국경제발전론』 유비각(有斐閣), 1999년, 97쪽도 참조.

8) 미나미 료신(南亮進)「중국경제의 기조변화:부족에서 과잉으로」『동아시아로의 시점』 2004년 12월.

9) 樊綱 · 關志雄역『중국: 미완성의 경제개혁』 이와나미 서점, 2003년, 164-170쪽.

10) 關志雄『일본인을 위한 중국경제재입문』 동양경제신보사, 2002년 236쪽.

11) 磯具孝 · 紫沼俊一「동아시아 지역외 경제와의 연계에 관한 데이터 분석」『일본은행조사 월보』 2000년 7월(http://www.boj.or.jp/ronbun/00/data/ron0007a.pdf)

제2장

사회주의 시장경제란 무엇인가?

중국의 경제개혁은 80년대의 모색을 거쳐 90년대 초에 사회주의 시장경제론을 내걸고 난 후 급속도로 가속화되었다. 러시아나 동유럽 국가들처럼 한번에 시장경제를 도입하는 '빅뱅' 개혁과는 달리 중국은 사회주의의 이념을 유지하면서 공산당에 의한 강력한 지도를 배경으로 독자적인 점진적 시장화 개혁의 길을 걷고 있다. 경제 부진과 사회 불안에 고민하는 러시아나 동유럽 국가들에 비해 경제성장이나 인플레이션율 등의 미시 경제 지표만을 보면 지금까지의 중국의 시장화 개혁은 성공적이라고 평가할 수 있다.

그러나 현재의 중국은 국유기업의 소유권 개혁, 소득격차 확대, 실업문제 심각화 등 많은 문제를 끌어안고 있어 경제개혁의 목표인 사회주의 시장경제 시스템 확립까지는 아직 긴 시간을 필요로 한다. 이는 점진적 개혁의 진전과 함께 그 한계도 서서히 표면화되고 있기 때문이다. 사회주의와 시장경제를 어떻게 양립시킬지가 당면한 개혁 성패를 좌우하는 포인트이다.

Ⅰ 사회주의 시장경제의 개념

계획경제와 시장경제의 차이

앞장에서도 언급했듯이 현대 중국의 50년간은 1950~70년대의 계획경제기와 80년대 이후의 개혁개방기로 나뉘어진다. 그리고 개혁개방 이전의 중국의 경제체제는 구 소련이나 동유럽 사회주의 국가들과 마찬가지로 사회주의 계획경제이며 이는 중앙집권적 계획경제, 또는 지령경제, 명령경제 등으로도 불리고 있다.

시장경제 하에서는 사적 소유권이 인정되어 생산과 소비 결정이 개별기업이나 소비자에게 주어지고 경제 전체의 자원분배가 가격 메커니즘에 의해서 처리된다. 시장경제에서는 각 경제주체(생산자 · 소비자)가 스스로가 가진 정확한 정보를 바탕으로 행동하면 나중에는 가격이 전체의 조정 매체가 되어 자원의 최적배분이 일어난다. 이에 비해 계획경제 하에서는 국가(정부)의 계획이 가격의 자원배분기능을 대체한다. 또한 계획경제 하에서는 중앙정부 관리기관의 지령계획에 의해 물자의 생산에서 분배에 이르기까지 일련의 경제활동을 처리하는 것이 지향되었다.

그러나 이 같은 계획적 자원배분제도에는 치명적인 결함이 있다. 소비나 생산 등의 정보를 국가가 장악해 그 정보를 바탕으로 적절한 자원 배분을 결정하는 것은 실제로는 불가능한 것이며, 또 소유권이 제한되어 결과적으로 평등이 추구되었기 때문에 자원배분상의 비효율과 노동자의 노동의욕 결여를 초래했다.

확실히 계획경제 시스템은 현대 중국의 경제발전에 일정한 공헌을 한 것은 틀림없다. 방대한 인구 압력, 낮은 소득수준, 사회간접 자본(도로 · 통신 등 경제성장에 필수적인 사회전체에 공통되는 경제기반)의 미정비, 자급자족의 농촌경제 등 옛 중국에서 계승한 마이너스적 유산을 지닌 채 계획적인 자원배분제도를 통해서 높은 저축률을 유지하며 공업화를 촉진했다. 그러나 한편으로는 이 고도집권적 계획경제가 자원의 거시적 배분과 미시적 경영과의 비효율성을 초래하여 경제의 장기적, 구조적 정체와 위축을 초래했다. 이것이 중국을 개혁의 길로 향하게 했다고 할 수 있다.

목표로 삼아야 할 경제개혁 모델의 모색

중국의 경제개혁은 경제정체에 대한 위기감과 구 체제에 대한 반성에서 시작되었지만 개혁의 이념과 목표는 처음부터 명확하지 않았다. 개혁의 목표 모델, 순서 및 추진방법은 거의 암중모색과 같은 상태였다. 게다가 신, 구 체제파들의 항쟁과 이데올로기 논쟁이 항상 개혁의 발목을 잡았다.

여기서는 70년대 말부터 사회주의 시장경제를 내건 90년대까지, 목표로 해야 할 경제개혁 모델을 모색하는 과정을, 계획과 시장과의 관계를 둘러싼 당 · 정부가 책정한 정책의 변화에서 뒤돌아보자(〈표 2-1〉).

〈표 2-1〉 개혁개방기의 '계획과 시장'을 둘러싼 정책 · 방침의 변화

시기	경제체제	경제운영 시스템	강조점
1978-84년	공유제를 기초로 한 계획경제	계획경제를 주도하고 시장절을 종으로 한다. 조롱경제론 (鳥籠經濟論)	계획중시
1984-89년	공유제를 기반으로 한 계획적 상품경제	「국가가 시장을 컨트롤하고, 시장이 기업을 유도한다」 ① 기업의 독립채산제 ② 계획지도 하의 시장체제 ③ 간접적인 조절수단	시장중시
1989-92년	공유제를 기반으로 한 계획적 상품경제	「계획경제와 시장 조절과의 유기적인 결합」	계획중시
1992년 이후	사회주의 시장경제	주식제 기업을 중심으로 한 근대기업제도 통일된 국내시장 간접적인 조절수단	시장중시

제 1단계(1978~1984): 개혁의 초기단계에서는, 백묘흑묘론*, 선부론*으로 대표되는 덩샤오핑의 현실주의를 바탕으로 중국이 공유제(公有制)를 기초로 한 계획경제임을 인정하면서도 일부 제품의 생산 · 유통에 대해서는, 기존의 계획적 배분 대신에 시장에 맡기는 것이 공식적으로 승인되었다. 다만, 이 단계의 경제개혁의 방침은, '계획경제를 주(主)로 하고, 시장조절을 종(從)으로 한다는 조롱경제론(鳥籠經濟論)*이 보여주듯이 어디까지나 계획경제 시스템이라는 틀 속에서 시장경제 메커니즘을 이용하는 한정적인 것이었다.

제 2단계(1984~1989): 한번 시장 메커니즘이 도입되기 시작하면 그것이 계획경제의 틀과 모순되어 1984년 10월에 처음으로 '계획적인 상품경제'라는 개념이 제기되었다. 이는 기존의 사회주의=계획경제라는 사고방식을 근본적으로 포기하고 사회주의=상품경제로 인식을 바꾼 것으로 중국의 경제체제의 주체가 되는 부분이 계획경제가 아닌 상품경제임을

인정했다. 또한 1987년 10월, 계획적 상품경제에 대해서 그 내용이 보다 구체화되어 개혁의 목표로 삼아야 할 경제체제가 '국가가 시장을 컨트롤하고 시장이 기업을 유도하는' 것으로 표현되었다. 여기서 기본적으로는 '시장이 기업을 유도한다'는 것에 역점이 두어져 정부의 기업경영에 대한 직접적인 계획관리는 부정되었다.

제 3단계 (1989~1992): 1988년 하반기부터 89년에 걸쳐 인플레이션 심화, 관료부패 등이 특징인 경제과열이 발생했다. 또한 이들 문제에 대해서 서민들의 불만이 높아져 89년 6월 천안문 사건*을 거쳐 한꺼번에 정치 문제화되었다. 이를 계기로 중국의 경제개혁은 긴축 · 조정기에 들어갔다. 인플레이션 억제를 위해서 정부는 재정 · 금융정책을 강화했는데 그 긴축은 경제면뿐만 아니라 정치면에 있어서도 엄격히 시행되어 시장과 계획을 둘러싼 논의도 일단 어쩔 수 없이 후퇴하게 되었다.

개혁개방의 가속

제 4단계(1992년 이후): 1992년 봄에 덩샤오핑은 남방을 시찰해 개혁개방의 가속화를 촉구했다(남순강화*). 이를 바탕으로 시장개혁이 다시금 가속화되어 1993년 11월에는 사회주의 시장경제를 목표로 한다는 것이 표명되었다. 이는 주식제 기업의 설립을 중심내용으로 하는, '현대 기업제도'의 확립, 국내 통일시장의 형성, 재정 · 금융제도의 개혁에 의한 간접적인 거시경제 조절수단 확립이라는 세 가지 정책이다.

이 단계에 이르러 지금까지 시장조절이나 시장 메커니즘, 상품경제 등의 개념을 사용함으로써 주의깊게 피해왔던 시장경제의 개념이 비로소 구체적인 내용과 함께 인지된 것이다. 사회주의라는 수식어가 붙어 있기는 하지만 중국이 목표로 하는 경제 시스템이 시장경제 시스템이라는 것이 명확히 드러났다는 의미로 사회주의 시장경제 개념의 제기는 중국의 개혁개방정책의 새로운 단계에 선을 긋는 것이라고 해도 좋을 것이다.

이상의 시장경제와 계획을 둘러싼 정책의 변화가 보여주듯이 시장화 개혁은 결코 일직선으로 나아간 것은 아니다. 1980년대의 개혁은 어디까지나 계획경제 시스템이라는 틀 속에서 시장경제 메커니즘을 이용한다는 한정된 범위 안에서의 시장화였다. 특히 80년대 말부터 90년대 초반에는 명확히 계획경제의 재부상(浮上)과 시장경제의 후퇴가 보였다. 시장을 주체로 하는 시장경제 시스템이 개혁의 목표로 결정된 것은 공식적으로는 92년 이후의 일이다.

뇌물과 애인: 중국 관료의 부패 모습

어느 나라든 관료들의 비리사건은 끊이지 않지만, 중국은 특히 인구나 국토처럼 그 스케일이 엄청나게 크다.

2000년 9월 14일, 국회에 해당하는 전국인민대표회의의 상무위원회 부위원장 청커제(成克傑)에 대해 사형이 집행되었다, 사형판결의 이유는, 애인 리핑(李平)과 함께 1993년부터 1997년에 걸쳐 4000만 위안 정도의 뇌물을 받고 증여자의 편의를 도모해주어 국민과 정부에 막대한 손해를 주었다는 것이었다. 청커제(成克傑)는 과거에 비리로 사형판결을 받은 사람들 중에서도 가장 지위가 높은 관료였지만, 중국의 관료부패의 전형이라고 할 수 있다.

중국의 관료부패는 다음과 같은 특징이 있다. 우선, 부패관료 수가 많다. 1992년부터 2002년까지 약 10년간, 150만 명 이상의 공산당원이 처분을 받았으며, 그 중 약 3만 명이 제명되었다. 현 급 간부가 약 5만 명, 국장급 4000명, 장관급 간부 176명은 형사처벌을 포함해 각종 무거운 처벌을 받았다. 2003년에 장관급 관료 13명이 적발되어, 사형을 포함한 형사처벌이 적용되었다. 그러나 이는 빙산의 일각에 지나지 않는다. 두 번째로 부패는 뇌물이 중심이지만, 그 금액이 상당히 크다. 중국의 도시노동자들의 평균 연수입이 불과 1만 위안 정도에 지나지 않는다는 것을 감안하면, 부당하게 얻은 100만 위안에서 수천만 위안 이상의 뇌물이나 재산이 얼마나 막대한 것인지를 상상할 수 있다. 세 번째로 부패관료들은 그 지위가 높다. 조직말단의 공무원이 청렴결백하다는 것은 아니지만, (본 장의 칼럼 '쑨즈강(孫志剛) 사건' 참조) 고급관료들의 부패가 눈에 띈다. 2003년에 처벌된 고급관료 중에는 톈펑산(田鳳山 국토자원부 부장), 장꾸어광(張國光, 호북성 성장), 정웨이까오(程維高 하북성 공산당서기), 류방진(劉方仁, 귀주성 공산당서기) 등의 이름이 나열되어 있다. 네 번째로 부패에 여성이 관련되는 경우가 많다. 애인을 얻기 위해 뇌물에 손을 대고, 또 그 애인을 통해서 뇌물을 받는 것이다.

물론 정부는 관료 부패에 그저 수수방관하고 있었던 것은 아니다. 관료에 의한 '부패는 여전히 심각하다'고 후진타오 공산당 총서기도 인정하고 있다. 그러나 관료의 부패는 공산당의 일당 독재에 의한 제도적 구조적 문제이다. 민주화를 지향하는 정치개혁을 실시하지 않는 한 부패문제를 근절하는 것은 불가능할 것이다.

(http://www.jcrb.com.cn/zyw/n1/ca6855.htm)

뤄 환 즈언(羅 歡鎭)

사회주의 시장경제의 특징

중국이 지향하는 사회주의 시장경제는 개혁개방 이전의 경제체제와 비교해 보면 다음과 같은 특징이 있다.

(1) 생산재의 소유제 구조의 다양화.

중국은 여전히 표면적으로는 '공유제를 주로 한다'는 원칙을 내걸고 있지만, 개인 소유, 사유 · 사영 및 합병 등도 사회주의 사유제의 구성요소로서 인정되었다.

(2) 주식제 기업 설립을 중심내용으로 하는 '현대 기업제도'[1]의 확립. 국유기업을 주식회사로 전환시키고 이때 비국유자본 참가도 인정했다. 그 목적은 국유기업을 정부에서 독립시켜 자주경영, 자기책임의 경영주체로 전환하는 것에 있다.

(3) 국내 통일시장 형성.

소비재 · 생산재 시장을 확충함과 동시에 금융시장, 기술시장, 노동시장 등의 육성을 도모한다.

(4) 간접적인 경제조절 시스템 확립.

금융 · 재정제도의 개혁에 의해 거시 조절수단을 강화하고 정부가 시장규제, 산업정책 등을 통해서 시장을 컨트롤한다.

이상과 같은 특징을 가진 사회주의 시장경제는 시스템이라는 틀에 한정해서 말하면 유럽이나 일본 등의 시장경제와 거의 차이가 없다. 따라서 사회주의 시장경제라는 것은 새로운 개념이라기보다 실은 중국적인 특색을 가진 시장경제를 의미하는 데 지나지 않는 것으로 보인다. 그러나 1990년대 이후 중국의 시장화 개혁의 현실을 보면 지향하는 사회주의 시장경제와 서구 시장경제와의 사이에는 큰 차이가 있다는 것을 알 수 있다.

그 중 하나는 공유제의 주체적 지위이다. 생산재의 공유제가 사회주의의 상징이며, 국유기업이나 국유지주회사가 여전히 경제의 기간 부분을 쥐고 있다. 확실히 시장화 개혁의 진전에 따라 공유제도 점차 개념이 변화되어 1997년 제 15회 전당대회에서 국유주(기업자산 중의 국가소유분을 주식으로 환산한 것)를 주로 하는 주식제도 공유제 범위에 들어가게 되어 실질적으로 민영화의 길을 걷기 시작했다. 그러나 주식제 기업의 경우 그 주식의 2/3 내지 1/2을 중앙 및 지방정부의 국유자산관리국이 보유하고 있어 국유주가 지배적인 위치를 차지하고 있다. 이는 정부당국의 기업경영에 대한 통제개입을 허용하는 것이 된다. 따라서 정부의 시장에 대한 간섭은 서구나 일본 등의 시장경제국보다 일상적이고 강력한 것이다.

또 하나는 공산당에 의한 일당독재체제이다. 사회주의 시장경제라는 것은 '4개의 원칙' (사회주의의 견지, 인민 민주독재의 견지, 중국 공산당의 지도 견지, 마르크스 · 레닌 주의와 마오쩌둥 사상의 견지)이라는 정치체제 틀 하에서의 경제개혁이다. 지금의 중국에서는 경제의 시장화가 추진되고 있는 한편, 공산당조직이 국민경제의 각 분야에서 더욱 큰 영향력을 갖고 있다.

예를 들면 1997년 3월에 공표된 '국유기업의 당 건설에 관한 고지' 에서는 국유기업에 있어서 당조직이 정치적 핵심 역할을 하고 경영방침과 인사에도 관여한다는 것을 명시하고 있다. 이와 같은 공산당 일당지배 하에서는 기업과 정부, 기업과 당의 분리가 좀처럼 진척되지 않고 또 시장에 대한 정부의 관여가 강해진다.

사회주의 시장경제의 한계

이상과 같이 중국의 경제개혁은 정치는 사회주의 공유제 및 공산당에 의한 일당독제체제를 완강하게 유지하고 경제는 대담하게 시장화를 실시하면서 정부에 의한 컨트롤을 이에 더하는 것이다. 그러나 정치체제의 개혁과 경제 시스템 개혁 사이에는 이율배반적 관계가 있다. 확실히 경제개혁 진전에 따라 시장경제화는 이미 불가역적인 흐름이 되어 버려 공유제 및 공산당의 독재정치 등 사회주의 이념도 서서히 변화하기 시작했다.

예를 들면 2002년 11월의 전당대회에서는 장쩌민 공산당 총서기가 제기한 3개 대표가 공산당의 정식 규약으로 명시되어 사영기업가의 입당도 용인하게 되었다. 이는 공산당의 본질에 관련된 노선의 전환이라고 할 수 있다. 또 한편으로 정치의 민주화를 동반하지 않는 시장경제화에는 내재적인 한계가 있다는 것도 부정할 수 없다. 2001년 말 세계무역기구(WTO)*에 가입했을 때 의정서에서 중국은 '비시장경제국' 으로 취급되었다. 이 때문에 최근 중국정부는 다른 나라에 '시장경제국' 으로 바꾸어 줄 것을 강력하게 촉구하고 있지만, 2004년 6월에 중국을 방문한 미국의 에반스 상무장관은 '정부의 통제가 많다', '시장경제화가 불충분하다' 는 등의 이유로 '중국은 시장경제국이 아니다' 는 자세를 강조하며 중국측을 견제했다[2]. 따라서 사회주의 시장경제의 틀 속에서 사회주의와 시장경제를 어떻게 양립할지는 현재 중국이 직면한 과제라고 할 수 있다.

Ⅱ 이행경제의 비교제도사

시장경제 체제 이행으로 가는 두 가지 길

이미 1960년대부터 80년대에 걸쳐 소련 · 동유럽 사회주의 국가에서는 집권적 계획경제가 현실에 부딪히자, 사회주의 경제를 구하기 위해 계획을 일부 시장으로 대체하는 움직임이 나오고 있었다. 그리고 89년의 베를린 장벽 붕괴를 계기로 드디어 공산당 체제와 사회주의 경제제도를 포기하고 자본주의를 향해 제도개혁이 추진되었다. 한편, 중국에서도 지금까지 말했듯이 80년대의 모색을 거쳐 90년대 초부터 사회주의 체제 하의 시장경제화의 길을 걷기 시작했다. 어느 방향이든 계획에서 시장으로, 자원배분 메커니즘의 주역을 전환시킨다는 점에서 공통되어 있다.

시장경제로의 체제이행에는 두 가지 길이 있었다. 하나는 소련과 동유럽 국가들의 쇼크요법 또는 빅뱅정책이라고 불리는 일련의 급진적 개혁으로 국제통화기금(IMF)=미국 주도 하에서 일시에 시장경제 도입을 도모하려 하는 것이다. 또 하나는 서서히 시장화 개혁을 실현한다는 중국 독자적인 점진적 개혁이다. 두 개의 차이는 개혁과 이행을 빨리 하느냐, 천천히 하느냐라는 단순한 속도의 차이가 아닌, 오히려 경제체제(소유권, 조절수단 등)의 구성요소의 상승작용을 중시해서 단번에 실시하느냐, 아니면 특정 순서에 따라 하는가라는 정책의 차이이다.

애당초 쇼크요법 또는 빅뱅 정책은 IMF, 세계은행이 파산에 직면한 세계 각국에 강력히 추천한 처방전이며, 그 근거는 다음과 같다. 우선, 경제적 이유로서는 소유제의 민영화, 경제활동의 자유화, 가격의 자유화 등은 모두 상호의존적인 것이므로 그 중 하나만을 실시하면 효과가 있기는커녕, 오히려 인플레나 사회적인 혼란을 초래한다. 또한 정치적인 이유로서는 되돌이킬 수 없는 대담한 일련의 개혁정책을 처음에 내놓음으로써 국민들에게는 정부가 물러나지 않는다는 결의를 보여주고 개혁 반대세력에게는 결집 시간을 주지 않는다는 의미에서 개혁 성공률을 높일 수 있다고 한다[3].

예를 들어 러시아에서는 옐친 대통령이 미국을 비롯한 서방 국가들로부터의 경제지원을 조건으로 1992년 초부터 급진적이며 전면적인 시장경제화를 실시하기 시작했다[4]. 폴란드, 유고슬라비아, 헝가리, 체코, 키르키스탄, 우크라이나, 몽골 등의 동유럽 및 중앙 아시아 각국들도 러시아 전후로 잇따라 개혁을 시작했다.

이에 비해 중국에서는, 개혁의 총설계사인 덩샤오핑이 시장화 개혁을 추진했지만, 그에게 있어서는 처음부터 정치제도까지 바꾸어 중국을 자본주의화할 생각은 털끝만큼도 없었다. 스스로 체험한 문화대혁명*의 혼란을 교훈으로, 또 시장경제화의 발전에 따른 민주화운동이 확산되는 것을 우려해 그는 1979년에 앞서 말한 4개의 원칙을 발표하고, 개혁개방정책에 정치의 틀을 끼워맞추게 되었다. 또한 급격한 시장화 개혁에 의해서 정치의 혼란과 경제의 후퇴를 초래한 러시아 · 동유럽 국가들의 현황을 보고, 개혁이란 중국의 국정에 맞는 것, 무엇보다도 사회질서 확보에 유리한 것이라는 틀을 설정했다. 이것이 중국이 점진적 개혁의 길을 선택한 배경이었다.

점진적 개혁의 우위성

이상과 같이, 시장경제 이행국은 러시아를 대표로 하는 급진적 개혁과 중국을 대표로 하는 점진적 개혁이라는 두 개 그룹으로 나뉘어진다. 그리고 개혁의 현황을 살펴보면, 두 그룹 사이에는 확실한 차이가 존재한다. 전자는 민주화와 시장화를 전속력으로 추진한다는 전략이 너무 빨리 정체에 부딪혀 정도의 차이는 있지만, 경제부진과 사회불안이 국가 기반을 흔들고 있다. 장기간에 걸친 인플레이션 진행과, 마이너스 성장률, 실업자 급증 및 사회치안 악화 등, 쇼크요법은 병을 고치기는커녕, 러시아 경제를 빈사상태로 이끌고 갔다고 평가되고 있다. 개혁에 비교적 성공적이라고 하는 체코, 헝가리, 폴란드조차도 급진주의를 재검토 해봐야 할 상황에 처해 있다.

한편, 중국으로 시선을 돌려보면, 이미 제 1장에서 언급했듯이, 여기서는 공산당 독재인 채로 경제의 시장화가 점진적으로 도입되어 눈부신 경제성장을 실현하고, 그 나름의 성과를 거두고 있다. 또 정치적으로도, 사회적으로도 나름대로 안정되어 있다. 물론 체제이행의 궁극적인 목적은 경제성장(경제)와 민주화(정치)라는 두 가지 목적을 실현하는 것에 있기 때문에, 단순히 경제적 성과만으로 체제이행의 성과를 평가하는 것은 부적절할지도 모른다. 그러나 현 시점에서의 러시아와 중국을 비교한다면 후자의 체제이행이 전자보다 순조롭게 나아가고 있다는 것은 의심할 여지가 없다.

계획경제에서 시장경제로의 이행은, 구 체제의 타파와 새로운 제도의 육성이라는 장대한 전사회적 개혁이다. 이를 수행하기 위해서는 경제에 직접 관련된 제도뿐 아니라 정치체제, 국민생활, 가치관, 중앙과 지방의 관계 등을 포함한 사회 전체의 재편성이 요구된다. 따라서 시장경제로의 이행은 정부관료, 기업경영자, 노동자 등을 포함한 모든 계층의 이해관계가 걸려 있어 다른 이익집단 간의 충돌과 구 체제에서의 저항은 피하기 어려운 것이다. 이와 같은 체제전환에 따른 신구제도의 마찰 또는 개혁비용은, 개혁이 급진적이면 급진적일수록 크고 러시아 · 동유럽과 같이 정치의 민주화, 기업의 민영화, 경제활동의 자유화를 전면적으로 한꺼번에 실시하는 것은 사회적 혼란을 초래하기 쉽다. 이에 대해 중국은 시장경제 도입을 서서히 시행했으므로 기존 조직 · 제도구조의 상대적인 안정을 확보할 수 있었고 신구제도의 접합도 비교적 용이했다.

점진적 개혁의 한계

이상과 같은 특징을 가진 중국의 점진적 개혁은 경제성장 실적에도 뒷받침되어 국내외에서 높이 평가받고 그 개혁방식은 이행경제에 대해서 보편성을 가지는 것으로 주장되고 있다. 이에 비해 구 소련 · 동유럽과 중국의 개혁실적의 차이는 개혁시의 초기조건의 차이가 크고(제 1장), 점진적 개혁이 체제이행의 보편적 해답이 될 것인지는 일정기간 유보해야 한다는 견해도 있다. 예를 들면 구 소련에서는 브레즈네프시대의 경제적 정체로 인한 피해가 너무도 컸다는 점, 또한 중국에는 구 소련과 같은 거대독점체가 존재하지 않았다는 점과 외부 경제의 메리트(주위에 성장하는 동아시아 시장이 있다는 점, 재외화교들로부터 경제적 원조를 받을 수 있었다는 점 등)도 그 큰 이유로 지적되고 있다[5].

계획경제에서 시장경제로의 체제이행은 신구 시스템의 교체이다. 사회주의 국가의 사람들에게 있어서는 시장경제라고 하는 시스템은 외부에서 도입된 이물질이며 이를 도입, 정착시키기 위해서는 두 시스템의 궁합이나 두 시스템의 이행과정에서 생긴 혼란 · 마찰을 누그러뜨리는 사회적 적응력 등의 기본적인 조건이 충족되어야 하고, 그러기 위해서는 상당한 기간이 필요하다. 그런 의미에서 중국의 점진적 개혁은 다른 이행경제에도 참고가 될 수 있을 것이다.

그러나 점진적 개혁에는 내재적 한계가 있다는 것도 부정할 수 없다.

민주화 없는 시장경제화와 사유화를 동반하지 않는 경제개혁은 결국 진정한 문제를 유보하고 있을 뿐이며 이를 계속하는 것만으로 지속적 성장 또는 민주화가 실현되는 것은 아니다. 예를 들면 개혁개방 이래 현 · 시 수준 이하의 중소 국유기업의 민영화가 급속도로 진전되고 있는 한편 소유권 개혁이 늦어지고 있는 대형 국유기업의 개혁은 아직도 많은 어려움(경영부진, 부실채무, 잉여인원 처리 등)을 끌어안고 좀처럼 진전되지 않은 현황(제 4장)에서 상징되듯이 어떤 의미에서 점진적 개혁의 한계도 점차 드러나고 있다. 최근 수년간 국유기업의 주식화와 일부 민영화(민간기업으로 매각 등) 국유기업의 소유권 개혁이 본격화되기 시작했지만, 이때 비리 · 부패사건 등에 의해 국유자산의 유실(국유자산이 과소평가되어 부당하게 염가 매각되는 일)이라는 새로운 문제가 발생하고 있다. 또한 점진적 개혁이 성공하면 할수록 점진적 개혁에서 급진적 개혁으로 이행하는 것이 어려워진다[6]. 점진적 개혁의 길을 선택한 중국의 체제이행은 앞으로도 여전히 많은 문제를 안고 서서히 그 해결방안을 모색하고 시장경제 체제로의 길고 긴 여정을 걸어가야 할 것이다.

Ⅲ 이행경제에서의 정부의 역할

신고전파 경제학에 대한 비판

정통적인 경제학이론(신고전파 경제학)에 따르면, 시장경제는 자원배분의 최적의 구조이며 정부의 개입 등 인위적인 규제를 가능한 한 배제하는 것이 바람직하고 시장은 한 번 도입하기만 하면 자연스럽게 이에 맞는 제도가 만들어진다고 여겨졌다. 이렇게 해서 급속한 경제자유화 및 시장중시 · 작은 정부 지향형의 개발전략을 취하는 것이 개도국의 경제발전의 기본이라고 여겨졌다.

이같은 신고전학파의 사고방식은 1980년대에 개발경제론의 주류가 되어 IMF나 세계은행 등의 국제기관의 개도국에 대한 개발원조 정책에도 큰 영향을 주었다. 그리고 이 신고전학파의 이론에 근거한 개발정책은 IMF나 세계은행의 융자를 통해서 특히 1980년대 이후의 많은 개도국에 요구되어 실시되었다. 90년대 초반의 구 사회주의 국가들의 체제이행에 있어서 러시아와 동유럽 국가들이 빅뱅 정책을 취한 것도 이같은 발상에서 유래한다.

개도국의 공업화는 국민소득의 증대를 목적으로 비서구사회 중에서는 외래 시장경제 시스템을 도입하는 과정이며, 전통적 사회에서 시장경제로의 이행과정이다. 그러나 소유권, 계약개념, 기업조직, 금융시스템 등의 시장경제의 구성요소는 애당초 기존 사회에는 존재하지 않았던 것이며, 이들 외래요소가 그 사회에 뿌리내릴 수 있을지는 보장되어 있지 않다. 또한 중요한 것은 개도국 사회에는 이를 자연스럽게 낳는 메커니즘이 반드시 내재되어 있지는 않다는 점이다. 따라서 개도국 정부에는 시장경제 도입뿐 아니라, 그것이 자국 사회에 뿌리내릴 수 있도록 다양한 연구를 해야 하는 중요한 역할이 기대된다. 이렇게 보면, 시장경제가 자생적이고 전면적으로 꽃핀다는 신고전파 경제학의 가정은, 많은 개도국에 그대로는 들어맞지 않는다는 것이 명확하다.

동아시아 모델과 정부의 역할*

1980년대 후반부터 90년대에 걸쳐, 경제 부진에서 빠져나오지 못하고 있는 아프리카 국가들과 러시아 · 동유럽 등의 체제이행국과는 대조적으로 동아시아 지역이 세계의 성장중심으로서 세계적으로 주목받고 있다. 1950년대 후반부터 60년대의 일본의 고도성장, 그후 70년대 NIES의 발전, 그리고 80년대의 ASEAN의 대두 및 90년대 중국의 급성장과 같이 동아시아 지역은 최근 수십 년간에 걸쳐 급속한 경제성장을 달성했다(이는 기러기형 경제발전*이라 불린다). 이들 국가들은 정도나 방법의 차이는 있지만, 정부가 재정 · 금융과 산업정책, 무역정책 등을 통해서 시장에 적극 개입해 왔다는 점이 공통적이다. 또한 그 중 많은 국가들은 민주주의가 아닌 권위주의 개발체제*라고 불리는 정치체제를 취하고 있다. 이와 같은 아시아 각국들의 기적적인 성공은 신고전학파의 이론에 파문을 던지고, 국제개발원조기관과 전문가들 사이에 큰 관심을 불러일으켰다. 그리고 1993년에는 '동아시아의 기적*' 이라는 제목의 유명한 보고서[7]가 세계은행에서 발표되었다.

쑨즈강(孫志剛) 사건

만약 당신이 길거리에서 경찰에게 불심건문을 받았는데 신분증을 갖고 있지 않다는 이유로 노숙자 취급을 당해 그대로 경찰에 연행되고 폭행당한다면…?

2003년 3월 17일 밤, 광둥성 광저우에서 그러한 사건이 발생했다. 피해자는 무한과기학원을 졸업하고 광저우에서 디자이너로 일하는 28세의 젊은 쑨즈강이라는 청년이었다. 그는 수용소로 연행되어 수용소의 직원과 같은 방을 쓰는 사람에게 폭행당해 3일 만에 사망했다. 일반적으로 그대로 어둠 속에 묻혀버릴 사건이지만, 이때는 쑨즈강의 의문스런 죽음에 대해 동급생이 인터넷 게시판에 글을 올린 것을 계기로 그 지역 매스컴이 이 사건을 보도하고, 포털사이트가 이를 전재함으로써 전국적으로 확산되어 인터넷 게시판에 많은 시민들의 분노의 글이 잇달았다.

사건은 빙산의 일각이며 그 배후에는 도시의 외지인 노동자 증대가 있다는 것도 밝혀졌다. 실은 이 불합리한 연행을 가능케 했던 것이 82년에 제정된 '수용견송변법(收容遣送弁法)' 이다. 이는 원래 도시 부랑자나 원적지에 돌아올 비용이 없는 사람들을 구제한다는 목적으로 만들어진 것이지만, 외지인 노동자들의 증대에 따라 점차 치안유지에 이용하게 되었다. 또한 놀라운 것은 수용소를 나오기 위해서는 이유를 불문하고 돈을 지불해야 하기 때문에 되도록 경찰은 외지인 노동자들을 노리고 수용하여 이를 부수입으로 삼은 것이다. 쑨즈강은 돈을 지불하는 것을 거부했기 때문에 맞아 죽은 것이다. 그는 말하자면 공무원 부패의 희생자였다.

그후 사형 한 명을 포함한 18명이 유죄 판결을 받은 이 사건은, 한편으로는 지금까지의 상의하달(上意下達)과는 다른 중국의 매스컴 및 인터넷 여론의 힘을 보여주는 사건이기도 했다. 그 힘에 눌려 '수용견송변법'은 2003년 6월에 폐지되었다. 그러나 사건을 보도한 신문사 사장이 그후 비리사건으로 유죄판결을 받는 등 쑨즈강 사건이 '10대 뉴스' 중 하나로 선정되어 그의 부모가 방송국에서의 표창식에 초대받았는데 직전에 취소되는 등 광저우시 당국의 '보복조치'를 당했다. 중국의 풀뿌리 민주주의로 가는 여정은 아직도 험난하다.

(http://forum.serchina.ne.jp/, 〈후쿠시만 민우〉 2004년 7월 28일 등에 의함 리 쉬)

이 보고서는 동아시아 각국들의 성공경험을 바탕으로 지금까지의 신고전학파의 견해와는 달리, 경제발전에 있어서 정부의 역할을 오히려 적극적으로 평가했다. 이후 특히 개발도상국이나 체제 이행국에 공통된 시장의 미달성 단계에서는, 정부가 일정한 역할을 해야 한다는 생각은 널리 지지를 받게 되어 정부주도의 개발정책이 동아시아 모델이라고도 불리게 되었다.

1997년의 아시아 경제(통화)위기*를 계기로 동아시아 모델*의 한계가 지적되어, 권위주의 개발체제*의 종언이라는 주장이 대두되었다. 그러나 통화위기를 경험한 아시아 각국 정부가 재정출동이나 금융완화 등 경제회생 노력을 적극적으로 해서 98년 중반에는 서서히 경제의 안정을 회복했다. 이러한 아시아 각국들의 회복모습을 보는 한 동아시아 모델의 유효성이 상실되었다고는 말하기 어렵다.

체제이행과 정부의 역할

중국이 경제개혁의 목표로 삼는 사회주의 시장경제는 시장을 주체로 하면서 적극적인 정부의 관여를 인정한다는 점에서 본다면, 위에서 말한 정부 주도의 동아시아 모델에 상당히 가까운 것이다. 이는 필시 개혁개방에 나설 때, 중국 지도부가 특히 주변 아시아 신흥공업국가 · 지역(NIES)에서 강하게 영향을 받았기 때문이라고 생각된다. 높은 성장을 이룩하고 다이나믹하게 발전하고 있는 이들 국가 · 지역에 그들은 틀림없이 큰 충격과 초조함을 느꼈을 것이다. 또한 사회주의를 표방하고 정부 주도의 시장화를 지향하는 중국으로서는 경제체제와 정치체제를 분리해 공산당 독재를 견지하면서 고도의 경제성장을 실현하는 데 있어서 동아시아의 개발독재 모델은 받아들이기 쉬운 시스템이라고 할 수 있다.

그러나 정부 개입의 중요성은 체제이행기에 있는 중국에서는 동아시아 각국들에 비해 훨씬 크다. 왜냐하면 우선 중국의 시장화 개혁은 단순한 시장경제 도입이 아니라 자급자족 경제에서 상품경제로 계획경제에서 시장경제로 간다는 이중 전환을 포함하고 있기 때문이다. 또한 공유제를 주로 하는 사회주의 시장경제 하에서는 국유기업의 소유자인 정부(지방정부 포함)는 시장을 감독 · 조절하는 심판임과 동시에 시장경제의 출장선수이기도 하다. 이와 같은 이중적인 신분을 가진 정부의 역할은 동아시아 국가들처럼 정부가 단순히 심판으로서 정책을 채택하고 실시한다는 이미지와는 동떨어져 있다. 또 공산당의 일당독재라고 하는 절대적 권력을 배경으로 한 정부의 시장개입은 동아시아 국가들의 그것보다 강력하다.

그러나 체제이행 과정에서 정부 스스로가 개혁의 저해요인이 될 수 있다는 점도 간과해서는 안 된다. 개혁개방 이래 중국에서는 경제의 시장화 개혁이 추진되고 있는 반면, 정부 스스로의 행정개혁은 상당히 지연되고 있다. 잇따라 고발된 당 · 관료 고급간부들의 비리, 수뢰사건과 같이 현시점에서 정부부문의 비효율성 및 심각한 관료부패는 경제개혁이 앞으로 나아가는 데 커다란 장애요인 중 하나가 되어 있다. 당시의 주룽지 총리가 98년부터 3년 이내 해결을 목표로 삼은 3개 개혁 중 하나로서 행정개혁을 거론한 것도 이 때문일 것이다. 그러나 정부 요직과 당의 요직을 종종 동일인물이 겸임하고 있는 중국에서는 공산당 스스로 개혁이라는 '금지구역'에 발을 들여놓지 않는 한 행정개혁을 근본적으로 실시하는 것은 어렵다. 결국 행정개혁이 성공하지 않으면 경제개혁이 진척되지 않을 뿐 아니라 지금의 성과가 수포로 돌아갈 우려도 있다. 반대로 행정개혁이 본격화되면 행정과 당의 분리에 의해 공산당의 영향력이 저하되어 공산당의 독재정치 기반을 뒤흔들게 될 것이다. 여기에도 점진주의 개혁의 한계가 드러난다.

지방분권화 개혁

일찍이 마오쩌둥이 중국을 '또 하나의 유엔'이라 비유했듯이, 중국은 13억의 인구와 다양한 민족, 일상언어, 생활양식, 발전단계가 각기 다른 다양한 지역으로 이루어진 대국이다. 현재 중국의 지방행정조직은 일급 행정구로서 22개 성(省)[8], 5개의 자치구(내몽고, 신장 위그루, 티벳, 영화 회족, 광서 장족자치구), 4개의 직할시(베이징, 상하이, 텐진, 충칭), 2개의 특별 행정구(홍콩, 마카오)로 나뉘어 있고, 중간 크기 성도 유럽의 대국에 필적할 정도의 인구와 토지면적을 가지고 있다. 상황이 이러하므로 이른바 '소국가'의 집합체로서의 중국의 경제발전을 생각할 때, 지방정부의 역할이나 중앙 · 지방의 관계는 두말할 필요도 없이 중요한 의미를 가진다.

광대하고 다양한 국토를 가진 중국의 중앙 · 지방의 관계는 항상 중요한 과제였다. 지방정부의 활력을 이끌어내기 위해 관리권한을 지방에 위양해야 하지만 지방에 권한을 너무 많이 넘겨주면 지역 간 격차 확대와 사회적 불안정이 생겨날 가능성이 있다. 이 때문에 개혁개방까지의 중국에서는 이른바 '방(放: 지방으로의 권한이양)' 과 '수(收: 중앙에서의 컨트롤 강화)' 사이클이 반복되었다[9]. 그리고 개혁개방이래 시장화 개혁과 함께 지방분권화 개혁도 추진되었다. 이 지방분권은 경제와 정치 등에서 다방면으로 전개되었는데 경제면에서는 주로 다음의 세 가지가 중심을 이루었다.

첫째는 재정권을 지방정부로 이양해 준 것이다. 계획경제시절의 중국에서는, 중앙 · 지방재정 쌍방의 지출 · 수입을 중앙정부가 통일적으로 관리하는 시스템이었다. 개혁개방 후 경제의 지방분권화의 일환으로써 1980, 85, 88년의 3회에 걸쳐 재정 시스템 개혁을 실시해 지방정부는 중앙정부에 대한 '재정 청부제' 를 채택하게 되었다. 즉 각 지방이 각각 중앙과 독자적인 청부 관계를 만들어 일정 비율과 금액의 재정수입을 중앙에 납부하면 나머지는 지방에서 쓸 수 있게 되었다. 이 재정분권화 결과 전국의 재정수입에서 차지하는 중앙의 비율은 개혁개방 이래 90년대 중반까지 계속 저하되어 94년에 '분세제' (종류에 따라 중앙세와 지방세를 나누는 제도)가 도입되기 직전에는 22%까지 떨어졌다[10].

두 번째는 국유기업의 관리권한을 지방으로 이관한 것이다. 개혁 이전에 중국 공업의 기반이었던 대중형 국영기업은 중앙정부의 각 부문 하에 소속되어 있었지만 지방분권화 개혁의 진전에 따라 대부분의 국유기업의 소속과 이에 대한 관리 권한도 중앙정부에서 지방정부로 이관되었다. 예를 들면 90년대 중반 이후부터 현재에 이르기까지 국유 공업기업 중 중앙관할인 것은 전체의 약 5%에 지나지 않고 나머지 95% 정도의 기업은 각 지방정부 관할 하에 놓여 있다.

세 번째는 지역경제 발전에 관련된 많은 의사결정권, 특히 투자입안·결정권, 물자 배분권, 대외무역권 등도 단계적으로 지방정부의 손에 맡겨지게 되었다.

이러한 지방분권화 개혁은 지역 산업을 진흥시키려는 지방정부에 큰 인센티브를 주고 지방정부가 자립적인 경제 이익주체로서 지방의 경제발전에 큰 역할을 할 수 있게 해주었다. 이는 '지방의 자립화', '지방의 시대'로도 불린다.

중앙정부와 지방정부의 협조와 대립

이상과 같은 일련의 지방분권 개혁이 지방정부에 대해 경제개혁 및 경제발전에 있어서 인센티브가 되어 중앙과 지방의 모습을 변화시켰다. 지방정부는 중앙정부의 정책집행기관임과 동시에 스스로도 이익을 추구하는 주체이기도 하다. 그리고 지방정부와 중앙정부 사이에는 반드시 항상 이익이 일치하는 것은 아니기 때문에 둘 사이에는 협조와 동시에 대립이 발생하는 사태도 불가피하다.

지방분권화 개혁에 따라 지방정부는 개혁개방을 추진하는 편이 자신들의 이익으로도 이어지기 때문에 중앙정부의 시책에 대해 적극적인 협력자세를 표했다. 기업 개혁 및 지방의 유력산업 육성, 생산요소시장의 형성·발달과 외자도입 등 중앙정부 정책에 따른 방향으로 개혁을 추진하고 지역경제의 발전에 큰 역할을 했다. 또한 농가 경영청부제(제 5장)나 국유기업의 주식제 개혁 등과 같이, 지방정부가 지역 내에서 자발적으로 개혁을 시도하여 중앙정부에 개혁 방책을 제공하고 전국적으로 보급해 가는 사례도 적지 않다. 그런 의미에서 중국의 점진적 개혁은 지방정부가 아래에서 받쳐주고 있기에 순조롭게 진척된 것이다.

한편 지방정부 스스로가 이익주체로서 중앙정부의 정책을 역행하면서까지 지역 이익을 추구하는 경향도 많이 눈에 띈다. 구체적으로는 다양한 행정수단을 사용해 지역외부에서의 공업제품 구입을 금지하거나 농산물 원료나 에너지 등의 타 지역 이출을 제한하는 등의 지역시장 보호정책을 취했다. 이와 같은 지역 시장을 인위적으로 분단하는 제후경제(諸侯經濟)* 현상은 명확히 통일적 개방적 시장체계를 지향하는 시장화 개혁에 반하는 행위이다. 또 지방의 관료조직은 기득권익을 유지하기 위해서, 행정적 또는 초 법규적 수단을 사용해 소관기업에 대해 간섭 · 보호를 강화했다. 결국 중앙차원에서 정부행정기관과 기업의 분리가 전전되는 한편 지방차원의 '정기유착(政企癒着)'이 오히려 강화되었다[11]. 또한 일부 지방정부는 지역경제발전을 가속화하기 위해서 효율성을 무시한 과잉설비투자 및 토지개발을 중심으로 한 부동산 투자를 잇따라 실시했다. 이러한 투자 붐은 2003년 상반기에 중국경제 전체가 과열상태에 빠진 주 원인 중 하나이다[12].

이상과 같이 지방분권화의 진전에 따라 중앙과 지방의 역학관계도 역전되었다. 경제자주권이 확대된 지방정부의 발언권이 서서히 강해져 가는데 비해 중앙정부의 재정권 및 관리능력이 크게 저하되어 가고 있다. 중국에서는 '상유정책 하유대책'(위에 정책이 있으면 아래에는 대책이 있다)이라고 불리는 지방정부의 행위가 양자의 대립적인 측면을 잘 드러내주고 있다. 그리고 1994년 이후, 중앙정부가 재정 청부제에서 분세제로 전환함에 따라, 지방 지도부 인사 교체(성 차원의 간부의 지역 간 인사이동)등을 통해, 중앙의 재정력 · 지도력 회복에 본격적으로 나섰다.

2000년 1월, 중국정부가 내륙부의 경제발전을 촉진하고 연해지역과 서부지역 경제격차를 축소하기 위해 서부 대개발* 전략을 천명하고 국가재정에 의한 인프라 투자 및 구체적인 우대조치 등을 포함한 서부지역에 편중한 정책을 실시하기 시작했다. 또한 최근 경제의 과열화를 억제하기 위해 중앙정부가 재정, 금융 및 행정수단을 포함한 경제 긴축정책을 실시하고 있다.

이러한 일련의 움직임을 보는 한 중앙 · 지방관계에 있어서는 중앙정부의 거시적 컨트롤 능력이 높아지고 개혁개방 이래의 지방분권화에서 약간의 방향전환이 있는 듯 보인다. 그러나 서부지역 경제개발을 성공시키기 위해서도, 또 향후 중국경제가 한층 더 발전과 활성화를 실현하기 위해서도 지방의 활력 및 지방정부의 역할이 필수적일 것이다. 그런 의미에서 향후 중앙과 지방의 관계변화는 매우 흥미롭다.

하우 런핑(郝仁平)

---

1) 현대 기업제도란 시장경제에 있어서 사회제도를 중심으로 하는 근대적 기업제도를 말하며, 그 특징은 (1)국가의 국유자산소유권과 기업의 법인재산권의 구별, (2)기업의 유한책임과 자주경영, 손익자기부담, (3)과학적인 기업지도제도와 조직관리제도의 확립 등이다.

2) 중국은 WTO에서 시장경제국으로 격상되기 위해 적극적인 외교활동을 하고 있다. 중국 내의 매스컴도 WTO 가입이라는 入世 다음은 入市(시장경제국으로서의 인정)라고 주목하고 있다(아사히 신문 2004년 6월 26일).

3) 오노 켄이치 『시장이행전략』 유비각, 1988년, 108페이지.

4) 러시아의 빅뱅정책의 수용과정에 대해서는 아시다 후미오 『러시아체제 전환과 경제학』 법률문화사, 1999년에 상세히 나와 있음.

5) 나까가네 가쯔지(中兼和津次) 『중국경제 발전론』 유비각, 1999년 221-224페이지.

6) 樊綱는 점진적 개혁의 성과가 올라간 경우, 사람들의 안정지향이 강해져, 급진적 개혁으로의 이행에 반대하고, 점진적 개혁을 계속 추구하는 세력이 확대된다고 지적했다. (関志雄역) 『중국 미완의 경제개혁』 이와나미 서점, 2003년 21-24페이지.)

7) 세계은행 『동아시아의 기적: 경제성장과 정부의 역할』 동양경제신보사, 1994년.

8) 중국은 타이완을 23번째 성으로 보고 있다. 각종 정부 공식통계자료에서는 타이완 성이라는 란이 마련되어 있는데, 그 데이터는 공란으로 되어 있는 경우가 많다.

9) 가토 히로유키(加藤弘之) · 우에하라 가즈요시(上原一慶)(編) 『중국경제론』 미네르바 서방, 2004년, 151페이지.

10) 분세제 도입에 따라 1994년 이후 국가 전체의 재정 수입에 차지하는 중앙의 비율은 급격히 상승해 2002년 시점에는 55%에 달했다(『중국통계연감 2003』34, 37항)

11) 미나미 료신, 마키노 후미오(편) 『대국의 시련: 전환기의 중국경제』 일본평론사, 1999년 제2장.

12) 余永定 「경계해야 할 투자 붐: 우려되는 경제효율의 악화」 『중국경제신론』 HP, 2003년 10월 7일(http://rieti.go.jp/users/chna-tr/jp/031007kaikaku.htm)

제2부

made in china는 세계시장을 석권할 것인가?

Economic Development in China

제3장 made in china는 세계시장을 석권할 것인가?
제4장 국유기업 개혁은 어디까지 진척되었는가?
제5장 농촌은 얼마나 변화했는가?

제3장

made in china는 세계시장을 석권할 것인가?

1978년 이후의 개혁개방 과정에서 중국의 산업구조는 페티-클라크의 법칙에 따라 농업에서 공업으로 비중이 옮겨져 가고 있다. 그리고 GDP에서 차지하는 공업의 비율은 국제적으로 보아도 매우 높은 수준이다.

공업의 내용을 보면 개혁개방 이전에는 중공업 우선정책을 반영해 그 구성비가 높았다. 그러나 개혁개방 과정에서는 경공업 비중이 상승했다. 이는 중공업에 비해서 생산성과 수익성이라는 점에서 우위이며, 노동력이 풍부한 중국의 비교우위 구조에 적합한 것이다. 그러나 개혁 이전에 건설된 중공업의 비율이 여전히 높고 그것이 성장의 걸림돌이 되고 있는 지역도 동북 · 내륙부에 적지 않다. 또 산업조직의 특징으로서는 국유기업부문 중심의 독점체제로 신흥 비국유기업이 참여해 시장의 경쟁성이 높아진 점과 부품제조에서 조립까지 일관되게 하려는 수직통합기업을 대신해 기업 간 거래를 중심으로 한 생산구조가 만들어지고 있다는 점 들을 들 수 있다.

동아시아의 성장은 투입량 확대에 의한 것으로 기술진보에 의한 것이 아니라는 쿠르그만의 주장은 경제 전체, 공업부문 그 어느 쪽도 중국에는 해당되지 않는다. 현재 자원배분의 효율성 개선에 의한 생산성 향상이 중국의 공업성장을 주도하고 있는데, 최근 성장이 눈부신 전자공업 등에서는 연구개발(R&D)이 큰 역할을 하고 있는 것으로 생각된다.

Ⅰ 산업구조의 근대화

페티-클라크의 법칙

경제발전에 따라 생산 및 고용의 중심이 되는 산업이 1차 산업(농림수산업)에서 2차 산업(광공업, 건설업)을 거쳐 3차 산업(상업, 전기, 가스, 운수통신, 서비스 업 등)으로 이행해 가는 현상을 발견한 윌리엄 페티와 이를 증명한 콜린 클라크의 이름을 따서 페티-클라크의 법칙이라고 부른다.

이 법칙이 성립하는 이유는 우선 첫째로 수요면에서 본 소득탄력성(소득이 1% 변화했을 때 지출이 몇 % 변화하는지를 나타낸다)의 차이이다. 1차 산업의 중심은 식료품 생산인데, 식료품은 가계에 있어 필수품이며 소득이 변화해도 식료품비는 그다지 변동하지 않는다(소득탄력성이 낮다). 즉 가계지출에서 차지하는 식료비의 비율(엥겔 계수)은 소득의 증대와 함께 점차 저하된다는 엥겔의 법칙이 작용한다. 이에 비해 의류비와 가전제품, 내구소비재 등의 2차 산업 제품의 소득탄력성은 높고 이들 상품에 대한 수요가 소득의 상승과 함께 증가하게 된다. 그리고 이러한 소비재가 널리 퍼지게 되면 점차 레저, 의료, 교육 등의 서비스를 중심으로 하는 3차 산업으로 수요의 중심이 옮겨간다[1].

한편, 이 법칙을 공급면에서 보면, 생산요소의 제약과 기술진보의 크기가 크게 영향을 주고 있다. 1차 산업의 중심인 농업에서는 생산요소로서의 토지를 쉽게 늘릴 수는 없다. 또 농업의 기술진보 속도는 공업 등에 비해 완만하다. 이에 비해 2차 산업은 토지제약은 그다지 없으며 규모의 경제 실현과 신제품 개발, 신 생산기술 개발을 통한 기술혁신에 의한 지속적 발전이 가능하다.

[그림 3-1]은 실질 GDP의 산업별 구성비의 추이를 나타낸다. 이를 보면 덩샤오핑의 개혁개방 개시 시기(1978)에는 1차 및 2차 산업의 비율이 각각 40%에 가깝고, 3차 산업의 비율이 낮다는 것을 알 수 있다. 2차 산업의 비율이 비교적 높은 이유는 개혁개방 이전의 마오쩌둥에 의한 중공업 우선정책에 힘입은 바가 크다(제 1장). 중공업 우선정책을 채택한 이유는 첫째, 당시 중국에서는 마르크스 경제학의 영향이 강했고 물적 생산부문(공업과 농업)이야말로 부가가치를 낳는 것이라는 인식이 강했기 때문이다. 두 번째로 중국이 처한 국제정치적 환경이 있다. 당시에는 중국 대만간의 군사적 긴장관계와 함께 한국전쟁으로 인한 중미대립, 미국을 중심으로 한 서구의 대중 봉쇄정책 등이 중국을 국제적 고립상태로 만들었으며 중국은 한시라도 빨리 공업화를 달성할 필요가 있었다. 그리고 세 번째로 마오쩌둥의 자력갱생*의 사고에서 국내 각 지역이 각각 자급체제를 취했기 때문에 지역의 비교우위성을 무시한 공업이 육성된 것도 높은 2차 산업 비율에 영향을 주었다.

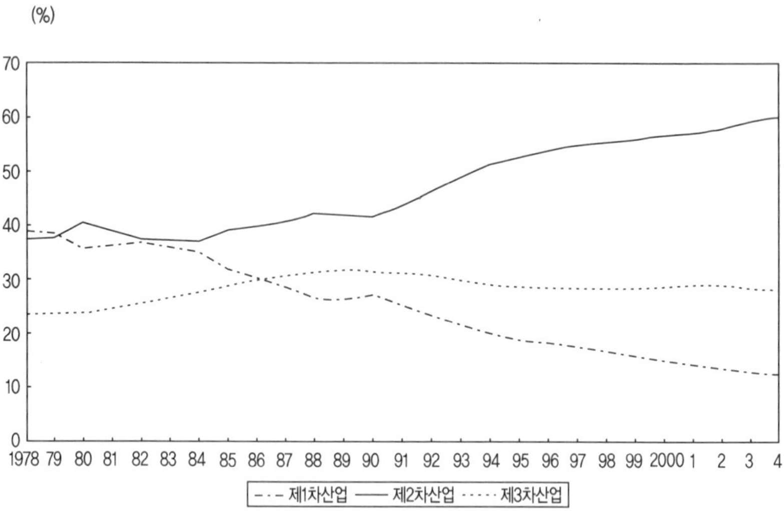

[그림 3-1] 산업별 실질 GDP구성비 변화

(注) a)에 제1차산업 : 농림수산업. 제2차산업 : 광공업, 건설업, 전기, 가스사업. 제3차 산업 : 상업, 운수통신업, 금융, 보험업, 서비스업, 기타

b) 1990년 가격으로 한 구성비

(자료)『중국통계연감 2005』 51항.

산업구조의 변화

개혁개방 이후의 산업구조 변화는 4시기로 나눌 수 있다.

제 1기는 1978년부터 84년까지로, 산업 간의 구성에 큰 변화는 보이지 않고 1, 2차 산업 둘 다 30%대 후반 수준을 유지하고 있다. 1차 산업의 비율이 저하되지 않은 이유는 중국의 경제개혁이 우선 농업부문에서 이루어져, 농가 경영청부제 도입이 농업의 생산성을 높인 것을 반영하고 있다(제 5장). 한편 2차 산업의 점유율이 그다지 상승하지 않은 것은 이 시기가 공업기업 개혁 실험기간이어서 본격적인 개혁이 85년 이후에 이루어졌기 때문이다. 3차 산업은 약간 늘어나는 모습을 보이고 있는데 이 시기에는 여전히 의료나 교육 등의 주요 서비스 산업이 국영기업의 업무 내에 편입되어 있어 이들이 독립된 산업으로서 외부에 나타나지 않아 점유율은 그다지 높지 않았다.

제 2기는 1985년부터 90년까지로 1차 산업의 구성비가 10% 가까이 축소되고 대신 2차와 3차 산업의 구성비가 상승했다. 1차 산업의 축소는 85년 이후 농산물의 계약매입제도가 잘 되지 않아 농민의 인센티브를 감소시킨 점과 화학비료 등의 농업 투입재 가격의 상승이 농업생산의 정체를 초래했기 때문이다. 한편 2차 산업은 향진기업의 발전에 의해 일정한 정도 발전이 보였지만 공업생산의 대부분을 차지하는 국유기업의 개혁이 추진되지 않아 구성비를 크게 끌어올리는 정도의 효과는 아직 나타나지 않았다. 3차 산업은 소득수준 향상과 함께 서비스 수요가 늘어난 것이 확대로 이어진 것이다.

제 3기는 1990년대 초반으로 1차 산업의 구성비가 급격하게 저하되었고, 2차 산업이 크게 확대되었다. 3차 산업은 약간 그 구성비가 떨어졌다. 2차 산업의 급속한 확대는 국유기업 개혁의 효과 등도 있어 전력, 철강, 기계설비, 자동차, 조선, 화학공업, 전자, 건설자재 등의 중화학 공업이 발전한 것을 반영하고 있다.

제 4기는 1990년대 후반부터 현재(2005년)까지로 3차 산업의 구성비 감소에 제동이 걸려 그 비율은 28~29%로 거의 일정하다. 한편 1차 산업의 비율은 저하되고 2차 산업의 비율은 제 3기 정도로 급격하지는 않지만 완만히 상승하고 있다. 1차 산업은 2005년에는 13%까지 저하되었으며, 지금은 GDP의 12% 정도가 되었다. 이에 비해 2차 산업은 GDP의 약 47%를 차지할 정도로 성장했다. 개혁개방 후의 25년간 산업구조는 크게 변화하고 페티-클라크의 법칙의 제 1전환(농업에서 공업으로)을 마치고 앞으로 제 2의 전환(공업에서 서비스 산업으로)을 향해 나아갈 것이라고 생각된다.

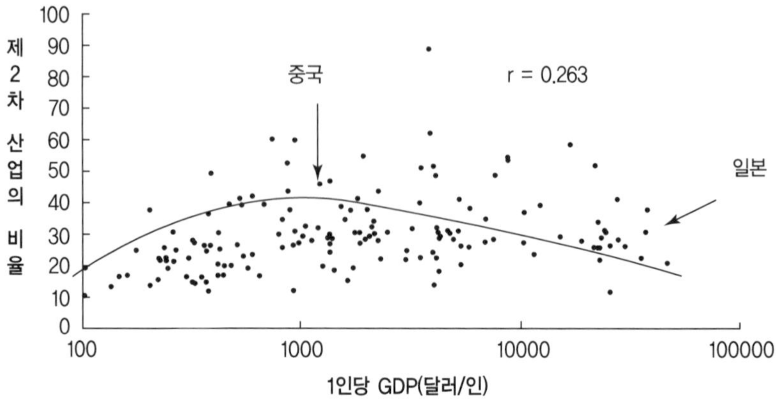

[그림 3-2] 산업구조(제 2차 산업의 비율)의 국제비교(2003년)

(注) 1인당 GDP와 2000년 US달러에 의한 평가
(자료) World Development Indicators 2006. CD-ROM판

산업구조의 국제비교

한 나라의 산업구조가 경제발전과 함께 변화해 간다면 어느 시점에서든 경제발전이 진전된 국가와 늦어지는 국가 간에 산업구조는 다르다. 그래서 중국의 산업구조의 특징을 국제비교의 관점에서 명확히 해볼 필요가 있다.

[그림 3-2]는 2003년의 세계 159개국의 1인당 GDP를 가로축, GDP에서 차지하는 2차 산업의 비율을 세로축으로 잡고 둘 사이의 관계를 나타낸 것이다. 이에 따르면 둘 사이에는 역 U자 관계가 있는 듯하다. 경제발전이 낮은 단계에서는 급속도로 공업화가 진행되고 일정 수준을 넘어서면 공업화가 정체되고 서비스 경제가 진행된다.

주목해야 할 것은 중국의 위치이다. 이는 세계 전체의 경향선보다 크게 위로 괴리되어 있다는 점이다. 즉 중국은 같은 정도의 경제발전 수준에 있는 국가와 비교해 2차 산업의 비율이 매우 높다는 특징이 있다. 이는 거꾸로 말하면 중국의 1차 산업과 3차 산업의 비율은 같은 경제수준에 있는 국가보다 상당히 낮음을 의미한다. 즉 국제적으로 보아 중국의 경제 발전은 현저히 공업에 편중되었다는 사실이 명확해진다.

Ⅱ 공업구조의 변화

경공업 주도형의 공업화

자본에 비해 노동이 풍부한 중국에 있어서 경공업은 선진국에 대해 비교우위를 갖고 있으며, 따라서 경공업화의 진행은 경제적으로 합리적인 현상이다.

개혁개방의 시작 시점인 1978년에는 중공업(광업을 포함)의 부가가치액이 공업 전체에서 차지하는 비율은 56.9%, 경공업은 43.1%였다[2].

그러나 그후 중공업의 비율은 90년에는 50.6%로 저하되었지만 91년부터 94년에 걸쳐 상승으로 돌아섰다(94년에는 53.7%). 이후 다시 하락추세로 돌아서 99년에는 50.9%로 90년 수준으로 돌아갔다. 2000년부터 공업기업의 통계기준이 변경되어 같은 계열에서 중공업의 비율을 낼 수는 없지만 2000년부터 2004년에 걸쳐 62.5%에서 67.6%로 상승하고 있다는 점을 보면 개혁개방 전기(80년대)의 공업화는 기본적으로 경공업이 중심이었지만, 후반인 90년대에는 경공업과 중공업이 거의 균형을 이룬 성장을 이룩해 2000년 이후 서서히 중공업이 늘어났다고 할 수 있겠다.

공업구조의 국제비교를 해보자. [그림 3-3]은 2002년의 주요 77개국을 대상으로 1인당 GDP(일부 국가는 2001년 숫자)와 제조업 전체의 부가가치액에서 중화학공업(화학 · 금속 · 기계)의 비율(중화학공업화율)과의 관계를 나타낸 것이다 1인당 GDP가 높아질수록 중화학 공업화율이 높아 중국의 위치는 세계 전체의 경향선보다 크게 위로 올라가 있다. 요는, 중국은 그 전체적인 경제수준에서 판단할 때, 중화학공업의 지위가 현저히 높다는 특징이 있다[3].

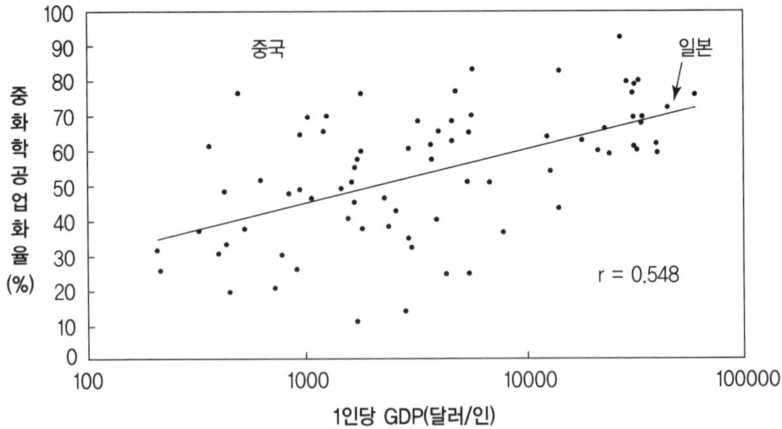

[그림 3-3] 중화학 공업화율의 국제비교(2002년)

(注) 중화학 공업화율은 전제조업 부가가치액에 차지하는 화학금속 · 기계공업의 비율
(자료) 1인당 GDP : World Development Indicators 2004, CD-ROM 판.

중화학공업에 편중한 중국의 공업화는 무엇을 의미하는 것일까? 중국에서는 중화학 공업화율은 랴오닝성과 내륙서부지역(산시성, 간쑤성, 칭하이성)에서 특히 높고, 이들 지역에서는 다른 지역에 비해 실업률이 높으며, 노동생산성이 낮다는 현상이 보인다. 또 노동생산성의 지역격차는 소득의 지역격차(제 13장)와 거의 일치하고 있어 발전에서 뒤처진 이들 지역에 대해, 서부 대개발*, 또는 동북진흥*(중국 동북부 기존 공업기지 재개발 계획) 등의 지역진흥정책이 중앙정부의 중점시책으로 내세워졌다.

그러나 지역격차를 동반하면서도, 개혁개방의 진전에 의해서 중국이 가진 비교우위가 드러나 1990년 이후 중국의 제조업은 '세계의 공장'이라고 불릴 정도로까지 발전했다. 80년대의 GDP 연평균 성장률과 실질 공업생산액의 연평균 성장률을 비교하면, 전자가 9.8%, 후자가 10.6%로 그다지 차이가 없는 데 비해 90년 이후 2004년까지의 연평균 성장률은 전자가 9.3%, 후자가 12.4%로 공업생산의 증가가 전체 성장률을 웃돌고 있다.

한류

"욘사마! 지우히메!" 일본에서는 한국 드라마 '겨울연가'가 20%를 넘은 이례적인 높은 시청률을 보였다. 국민적 행사라고도 불리는 NHK의 '홍백가합전'에도 출연의뢰가 있거나, 드라마 촬영지였던 남이섬 투어가 큰 인기를 끌고 있다. 이에 이어 이번에는 '혼사마'(이병헌) 붐도 일어나고 있어 실로 한류 붐이 뜨겁다.

그러나 일본에서 이렇게 한국 드라마나 영화가 유행하기 이전에 중국을 비롯해 아시아 각국에서 이미 한국 드라마가 붐을 일으키고 있었다. 애당초 '한류'는 중국에서 만들어진 말로 드라마나 영화, 음악(K-POP)을 비롯한 한국대중문화가 유행하는 현상을 가리킨다. 한중 국교수립은 1992년으로, 2005년에 국교정상화 40주년을 맞이하는 한일 관계에 비하면 아직 얼마 안 되었지만, 92년 이후 양국의 교류는 눈 깜짝할 새 확대되어, 중국으로 진출하는 기업도 늘어나고, 지금은 중국 내 유학생들 중 한국인이 가장 많다.

왜 이 정도까지 한국 대중문화가 아시아에서 인기를 끌고 있는가. 중국에서의 '한류'에는 역사적 문제로 일본문화 유입을 그다지 달가워하지 않는 한편, 한국은 그러한 꺼림칙한 느낌이 없기 때문에 한국문화를 받아들이기 쉽다는 의견도 종종 들린다. 그러나 그것만으로는 일본에서의 한류 붐을 설명할 수 없다. 감정을 비교적 직접적으로 표현하는 한국문화의 특징이 있다고는 하지만, 한국 드라마가 일본의 70년대에 볼 수 있었던 향수 어린 기억을 불러일으키는 감상을 가지고 있어 일본에서 호응을 얻고 있듯이, 중국에서는 아시아적인 가치관과 가족관이라는 공통된 토양 속에서 일찍이 일본문화로서 유행했던 '오싱', '붉은 의혹' 등과 같은 현실감이나 생활감 넘치는 드라마가, 현재는 한국 드라마의 형태로 받아들여지고 있다고 봐야 할 것이다.

중국에서도 일부 열광적인 한국문화 팬들은 한국 드라마 촬영지 투어나 탤런트와 함께하는 하계 캠프 등에 고액을 지불하고 참가한다고 한다. 일본과 중국의 한류 현상이 어느 사이엔가 한중일에 의한 동아시아 문화권 형성이라는 새로운 트렌드의 계기가 될지도 모르겠다.

(미즈누마 케이코 '중국의 한류와 한국의 한류(漢流)' 〈동아〉 2002년 3월호 등의 의함. 리 쉬)

〈표 3-1〉은 주요 공업제품이 세계에서 차지하는 위치를 나타낸 것인데, 1990년에는 세계 3위였던 냉장고 생산대수는 2000년에는 1위가 되었으며 세계의 약 20%를 차지하기에 이르렀다. 또 화학비료와 조강 생산량도 각각 2000년에는 세계 1위였고 자동차 생산대수도 12위에서 7위로 크게 상승했다.

〈표 3-1〉 주요 공업제품 생산량과 세계 순위의 변화

	1990년			2000년		
	생산량	세계점유율(%)	세계 순위	생산량	세계점유율(%)	세계 순위
조강	6,635톤	8.6	3	12,850만톤	17.8	1
냉장고	463만대	8.8	3	1,279만대	19.4	1
TV	2,685만대	21.1	1	3,936만대	30.4	1
면포(무명)	188.8억m^2	41.3	1	139.2억m^2	36.6	2
자동차	51만대	1.1	12	207만대	4.1	7
시멘트	2.1억톤	18.4	1	6.0억톤	39.7	1
화학비료	1,232만톤	9.9	2	3,186만대	22.5	1

(注) 냉장고, TV의 2000년은 1998년의 Ddata
(자료) 중국 사회과학원 공업경제연구소 『중국공업방전보고 2003』: 경제관리출판사, 2003년 25항.

산업집적

공업 발전에 따른 산업집적*도 진전되고 있다. 그 중 하나가 홍콩을 중심으로 광저우, 심천, 동관 등 광둥성에 펼쳐진 주강 델타이다. 홍콩에서 위탁가공을 시작으로 내륙에서의 저임금 노동력을 이용한 저비용으로 질 높은 전자부품 생산의 거점으로 급성장을 이룩했다. 한편 베이징의 중관촌에서는 주변의 베이징 대학, 칭화 대학 등 많은 대학이 있어[4] 젊고 우수한 기술자들을 풍부하게 이용할 수 있고, 소프트웨어 개발이나 IT관련기업의 집적이 이루어지고 있어 중국의 실리콘 밸리라고도 불린다. 많은 개도국에서는 저임금의 농촌 잉여노동력 이용이 중심이지만, 13억이라는 중국의 인구에는 저임금으로 단순노동에 종사하는 외지인 노동력뿐 아니라 훌륭한 능력을 가진 연구자나 기술자도 대량 공급이 가능하다는 이점이 있다. '세계의 공장' 중국은 이처럼 다른 특징을 가진 산업집적을 통해서 발전해 가고 있다.

산업조직

산업조직이란 산업을 개별 기업을 구성원으로 하는 하나의 조직으로 보고 그 구성원(기업)의 성격, 수 규모분포와 같은 특징을 나타내는 말이다. 산업조직의 차이는 해당산업의 경쟁 정도 · 형태를 좌우하며 그 결과로서 자원배분의 효율성에 영향을 준다.

우선 중국의 일반적인 산업조직의 특징을 살펴보자. 중국의 산업조직의 최대 특징은 집중도와 소유 형태의 다양성과의 사이에 밀접한 관계가 보인다는 점이다. 즉 계획경제체제 하에서는 국영(국유)기업부문에 의한 독점체제가 형성되어 있었다. 개혁개방이란 이러한 산업부문에 향진기업을 비롯한 비 국유기업이 참가하는 과정이라 이해할 수도 있다(제 4장).

공업기업의 집중도를 보면 1984년부터 1990년에 걸쳐 14개 업종 중

12개 업종에서 상위 4개사 집중도의 저하가 나타났다[5]. 특히 저하폭(포인트 차)이 컸던 업종으로서는 화학섬유(21.8%포인트), 기계(19.9%포인트), 가전(3.9%포인트)을 들 수 있다. 비국유기업을 포함하는 다수의 기업에 의한 경쟁적 시장이 실현된 것이다. 그 결과 지금까지 오로지 국유기업들이 누려 왔던 독점이윤이 저하되고 효율적인 자원배분이 달성되어 가고 있다.

구 소련의 많은 산업들이 말 그대로 국영독점기업으로 성립되어 있던 것과 달리, 중국에서는 설령 국유기업만이라고 하더라도 기업수가 많아 잠재적으로 경쟁적인 시장구조가 형성되어 왔다. 그 이유는 정책적 방침에 바탕해 각 지역별로 지방 정부의 관리 하에 있는 기업(공장)이 설립되어 있던 탓이다. 개혁개방 후 이들 기업에 대해서 점차 경영자주권이 부여되고 또 지역적으로 분단되어 있던 시장(제후경제*라 불린다)이 통합되어 감에 따라 극심한 기업 간 경쟁이 생겨나게 되었다.

내부제조에서 외주로

중국의 산업조직상의 또 한가지 중요한 특징은 전통적으로 생산공정의 거의 대부분을 내부제조하는 수직 통합화된 기업이 많다는 점이다. 중국의 많은 기계기업은 주조, 기계가공, 도금, 조립 등 모든 공정을 자사 내에 갖고 있다. 그러한 생산구조는 설령 기업규모가 작아도 마찬가지이며 '대이전 소이전(大而全 小而全: 크고 모든 것을 갖추고 있고, 작아도 모든 것을 갖추고 있음)' 으로 표현된다. 이러한 상황은 비효율을 초래한다. 일반적으로 각 부품, 중간재에 따라 최적 생산규모는 다르기 때문에 다수의 공정을 내부에 갖고 있으면, 이들 간의 조정이 어렵다. 따라서 어느 공정에서는 설비가 부족하고 다른 공정에서는 유휴설비가 발생하는 등의 문제가 생긴다. 또 종업원 규모도 거대해지기 쉬워 노동의 관리비용도 늘어날 수밖에 없다.

이러한 중국의 산업구조의 특징은 일본의 자동차 산업과 비교해 보면 이해하기 쉽다. 일본의 자동차 산업의 높은 경쟁력 중 하나가 산업조직상의 특질 즉 하청업체에 부품을 외주하는 비율, 외제화율이 높은[6] 점에 있다는 것은 이미 알려진 사실이다. 1950년대에 시작된 중국의 자동차 업체는 부품에서 조립까지의 고도의 내부 수직통합형 생산 시스템을 채택했다[7]. 이와 함께 정부의 강력한 보호 하에서 국제 · 국내 두 시장에서의 경쟁력이 결여되어 개혁개방이 시작되는 시기까지의 중국 자동차 공업은 세계의 생산수준에서 크게 뒤처져 버렸다.

1980년대가 되자 자동차 업체는 외자와 자본 · 기술면에서 제휴함으로써 재구축을 시도하게 되었다. 독일의 폭스바겐사와의 50% 합병으로 85년에 설립된 상하이 대중기차유한공사는 싼타나의 국산화를 목표로 했다. 이 회사는 설립 후 10년이 지나 약 90%의 국산화율을 달성했는데 이는 부품의 외주화로 인해 실현되었다. 90년대 중반까지는 전 부품 2000항목 중 1600항목(80%)이 외주되었다고 한다[8].

상기의 예는 비효율을 시정하기 위해 전업화와 분업에 바탕해서 기업간 거래가 발달해야 한다는 것을 시사하고 있다. 이는 기업개혁의 중요한 문제 중 하나이며, 현재는 '소이전 소이정(小而專 小而精: 작고 전업화되어 있음, 작아도 정통해 있음)' 과 같은 우수한 중소기업군이 커가고 있는 한편 기업집단화도 활발해지고 있다. 중국정부는 1991년과 97년에 각각 55, 63의 기업집단을 실험적으로 지정하고 다양한 우대조치를 강구해 하청생산체제를 구축하려고 하고 있다. 이러한 집단화가 성과를 올리기 위한 조건은 위에서의 명령이 아닌 개개의 기업 합리화 판단에 의에서 멤버가 결정할 일이다.

Ⅲ 공업성장의 요인

경제성장의 요인

폴 쿠르그만은 동아시아 경제성장은 주로 노동력과 자본의 증가에 의한 것으로 기술진보는 큰 역할을 하고 있지 않다는 점을 지적하고, 이 지역의 성장은 한계에 부딪힐 것이라는 비관적인 전망을 내놓았다.

이것이 유명한 '환상의 아시아경제론'*이다. 이 주장을 뒷받침하는 것은 3명의 경제학자에 의한 성장회계 분석 결과이다.

GDP를 사용해서 나라 전체의 총요소생산성(TFP)*를 계측한 결과(1984~94)에 따르면[9] 나라에 따라 사정이 상당이 다르다. 상대적으로 저성장이었던 인도네시아, 말레이시아에서는 자본증대의 공헌이 크지만 실질 GDP가 5~6%대의 고성장률을 실현한 국가 · 지역(한국, 대만, 싱가포르, 태국)에서는 한국을 예외로 하면 TFP의 상승이 산출량 증대에 미치는 효과는 자본의 양적 확대효과를 웃돌고 특히 싱가포르와 타이에서는 TFP는 3% 이상의 높은 성장을 보이고 있다.

그러나 동아시아 국가(중국을 제외)들을 평균적으로 보면 TFP의 신장은 실로 놀라우리만큼 작다. 그 계수는 1.6%이어서 이는 경제성장률의 36%를 설명하는 데 지나지 않는다. 이 계측은 중국을 포함하고 있지 않았지만 쿠르그만은 중국도 이에 해당된다고 생각했다. 그러나 그후 콜린스와 보스워스는 쿠르그만의 예상과 크게 다른 결론을 내놓았다. 이에 따르면 중국의 TFP성장률은 4.6%로 다른 동아시아 국가들에 비해 높고 경제성장률에 대한 기여율도 58%에 달했다. 이에 비해 1인당 자본확대에 의해 생긴 성장률은 2.9%에 지나지 않았다.

공업의 성장요인과 연구개발

공업부문 전체에 관한 최신 계측에 따르면 1988~2000년의 TFP성장률은 7.3%이며 고도성장기의 일본과 큰 차이가 없다는 것이 나타났다[10]. 이러한 생산성 향상은 이윤이 정부로 들어가는 것이 아니라 기업 내에 유보되어 재투자된 점, 또 그것이 새로운 기술혁신으로 이어진 점, 보너스 지불이 종업원의 사기를 높인 점 등에 의한 바가 크다. 또 현재는 전통적인 국유기업, 도시 집단기업을 대신해 신흥 향진기업, 외국자본과의 합병기업, 사영기업과 같은 비국유기업의 비중이 급속히 높아졌다. 이들 비국유기업은 일반적으로는 전통적 기업에 비해 생산효율이 높아 기업 간의 경쟁 심화는 어느 기업에 대해서도 생산효율의 향상으로 이어진다. 특히 선진국의 직접투자에 부수적으로 기술이전이 이루어지고, 또 그 기술이 다른 기업에 스필오버되는 형태로 외자도입이 기술수준 향상에 큰 기여를 한 점이 중요하다. 해외에서의 직접투자가 극히 적었던 고도성장기의 일본과는 결정적으로 다르다.

장기적으로 보았을 때 향후 공업의 성장을 지탱하는 것은 뭐니뭐니해도 기술진보임은 의심할 여지가 없다. 이는 두 가지 요인에 의존한다. 하나는 외국에서의 기술도입이며, 또 하나는 국내 연구개발체제의 정비이다. 전자는 9장에서 논할 것이므로 여기서는 후자에 대해서만 간단히 소개하고자 한다.

중국의 연구개발 지출의 대 GDP비율은 1990년의 0.7%에서 2002년에는 1.3%로 상승했다. 그러나 일본의 3.4%, 미국 2.8%, 독일 2.5% 등 선진국 수치에는 훨씬 미치지 못한다. 게다가 GDP의 금액 자체가 선진국과 비교해 아직 적어 연구개발 지출의 규모는 더욱 작다. 연구개발에 종사하는 연구자 · 기술자들의 수도 해마다 증가하고 있지만 2000년에는 취업인구 1만 명당 연구자 수는 10명인데 비해, 일본은 97명, 미국은 86

명으로 아직 큰 차이가 있다[11]. 연구자 · 기술자들의 수는 과학기술의 수준에도 영향을 준다. 과학기술의 수준을 나타내는 것으로서 국제적으로 저명한 사이언스지에 수록된 논문 수를 보면 94년에는 중국인 연구자에 의한 논문 수는 전체의 1.32%로 세계 15위이며 2001년에는 8위까지 상승했지만, 여전히 일본의 약 1/5 정도밖에 되지 않는다[12].

생산활동에 직결되는 민간부문의 연구개발활동을 살펴보자. 광공업 부문의 2002년 연구개발 지출은 약 7억 위안으로 이윤총액에서 차지하는 비율은 겨우 0.12%로 낮았다[13]. 그 중에서도 독립채산제를 실시하고 있는 대중형 공업기업의 매출액 대비 연구개발 지출액의 비율은 기껏해야 1.61%(2002년)에 지나지 않아 일본의 제조업 4.03%(2001년)에 비하면 그 차이가 명확하다[14]. 또 광공업 전체의 연구개발 지출의 내역을 보면 기초 15.9%, 응용 35.7%, 실험발전이 48.4%를 차지하고 있고 산업별 내역에서 가장 비중을 많이 차지하고 있는 것은 화학공업으로 23.5%. 교통 · 운수설비 공업이 19.9%, 의약품 생산이 12.2%, 그리고 전자 · 통신설비 공업이 10.7%로 나타나 있다. 최근 중국의 전자공업의 발전이 현저한데 이 분야의 연구개발활동이 이에 기여하고 있는 것으로 생각된다.

중국의 일부 산업, 예를 들면 어패럴(복장) 산업, 제화, 소비자용 전자공업 등의 기술은 이미 세계 최첨단에 가깝다고 한다. 이와 같은 산업에서는 해외에서의 기술도입에 의해서는 새로운 성장을 지속하는 것이 서서히 어려워지고 있다. 또 세계무역기구(WTO)에 가입함에 따라 해외와의 경쟁에서 뒤지는 기업도 특히 자동차 · 기계공업에서만큼은 단기적으로 증가할 것으로 예상된다. 이를 위해서도 향후 공업부문의 성장에 있어서 연구개발이 큰 의미를 가질 것이다.

다카다 마코토(高田 誠)

중국의 스포츠 사정

2004년 8월, 그리스 아테네에서 열린 제 28회 올림픽에서 중국은 사상 최대 인원인 411명의 선수를 보냈다. 올림픽에 처음 참가하는 선수가 223명으로 과반수가 넘으며, 2008년 북경올림픽을 염두에 둔 젊은 선수들의 경험을 중시하는 포진이었는데, 금메달 32개, 은메달 17개, 동메달 14개라는 최고 성적을 거두고, 금메달에서 미국에 이어 세계 2위라는 훌륭한 성적을 거두어 그 존재감을 세계에 널리 알렸다.

다양한 스포츠의 세계에서 뛰어난 선수들을 배출해 온 중국이지만, 지금까지 거의 아마추어가 주도해 왔지만 최근 프로화되는 경향을 보이고 있다. 그 중에서도 229cm의 장신 야요밍 선수는 미국 프로 농구 리그 NBA의 스타 선수로도 유명하며, 그의 활약으로 중국은 아테네 올림픽에서 염원하던 8강에 들수 있었다.

중국에서는 어릴 때부터 우수한 자질을 지닌 선수를 육성하는 체제가 만들어져 있다. 어린시절 손바닥 골격을 바탕으로 장래 신장을 예측할 수 있어, 야오밍은 일찍부터 기대를 받고 있었다. 야오밍은 2001년의 NBA드래프트에서 전체 1위 지명을 받아, 입단한 팀 성적 향상에 크게 공헌했다. 그의 활약으로, 원래 인기가 있었던 중국에서 NBA의 시청률을 급상승했다. 일본인 빅 리거의 등장으로 빅 리그 방송중계가 늘어났듯이, 야오밍의 시합은 중국 산간벽지까지 중계되고, 포브스지가 발표한 '중국의 저명인사 순위'에서 1위를 차지하는 등 야오밍은 말 그대로 수퍼 스타가 되었다.

단, NBA가 야오밍을 얻기 위해 움직인 것은, 야오밍의 뛰어난 자질은 물론이고, 중국으로 NBA침투를 노린 의미도 매우 크다. 기업에 있어서 야오밍은 발전중인 중국시장 진출의 계기가 되어, 그 영향은 중국 전역에 미친다. 수퍼 스타 야오밍의 배후에는 이러한 기업의 전략도 숨어 있다. 그렇다고는 해도 우수한 스포츠 선수의 보고(寶庫)인 중국은 향후 스포츠계 인재 발굴에 있어 좋은 타깃이 될 듯하다.

(리 쉬)

1) 상세한 내용은 미나미 료신(南亮進) 『일본의 경제발전』(제 3판) 동양경제신보사, 2002년, 75페이지 참조.

2) 『중국통계적요 2000』 106항. 중공업화가 가장 급속히 진전된 대약진기인 1960년에는 중공업화율이 66.5%에 달했다(『중국공업통계연감 1998』 12항)또한 중국의 통계에서는 중공업 중에 광업과 전기, 가스도 포함되어 있다.

3) 여기에 관해서는 1980년대 중반과 거의 차이가 없다. 미나미 료신(南亮進) 『중국의 경제발전: 일본과의 비교』 동양경제신보사, 1990, 98-99페이지.

4) 이 지역에만 매년 약 3만 명의 대졸자와 6000명의 대학원 졸업자가 배출된다고 한다(마루야 토요지로 · 이시카와 코이치(편저) 『메이드 인 차이나의 충격』 JETRO, 2001년, 24페이지).

5) 殷醒民 『중국공업 증장모식적 실증연구』 입신출판사, 1996, 55항.

6) 예를 들면 미국의 자동차 산업의 내제화율이 약 50%인데 비해, 일본 업체는 25% 내외이다(아오키 · 고이케 가즈오 · 나카타니 『일본기업의 경제학』 TBS브리태니커, 1986년, 115페이지).

7) 關滿博 · 이케다니 (편) 『중국자동차 산업과 일본산업』 신평론, 1997년, 103-107페이지.

8) 위 저서 145, 146, 156, 160페이지.

9) 이하는 S.M. Colins and B.P. Bosworth, "Economic Growth in East Asia: Accumulation versus Assimilation," Brookings Papers on Economic Activity, February, 1996, pp.157-158, Table 6, 7에 의함.

10) 미나미 료신(南亮進) 『중국고도성장의 요인과 귀결: 일본과의 비교』 『중국경제연구』 제 2권 1호, 2004년 표 2.

11) 중국 사회과학원 공업경제연구소 『중국공업발전보고 2004: 중국공업기술창신』 경제관리 출판사, 2004년, 79항.

12) 주 11의저서 80-81항.

13) 주 11의 저서 512항.

14) 중국의 수치는 주 11의 저서 323항, 일본은 문부과학성 『과학기술백서 2004년판』 부속 통계표.

제4장

국유기업 개혁은 어디까지 진척되었는가?

20년 이상에 걸친 경제개혁 속에서 국유기업 개혁만큼 뜨겁고 게다가 길게 논의된 문제는 없을 것이다.

개혁 전의 국유기업은 '생산단위'(공장), '생활단위', 그리고 행정 · 정치단위라고 하는 세 개의 특징을 가지고 있었기 때문에 경제효율성이 매우 낮았다, 1978년부터 시작된 국유기업의 개혁은 '공장'으로서의 국유기업에 이윤동기나 경영자주권을 도입하는 것에서 시작되었지만 90년대에는 '생활단위'로서의 국유기업에 대한 개혁에까지 영향을 미쳤다. 그러나 '행정 · 정치단위'로서의 국유기업에 대한 개혁은 아직 부분적으로밖에 진행되고 있지 않다.

이러한 사실은 기업의 소유권개혁, 그리고 경영자의 선임 및 장려제도의 개혁을 저해하고 국유기업의 효율성 향상을 저해하고 있다. 향후, 개혁을 완성하기 위해서는 '행정 · 정치' 단위로서의 국유기업에 대한 개혁도 피할 수 없다.

다만, 이는 반드시 국유기업이 실패했다는 것을 의미하는 것은 아니다. 생산성은 대체적으로 상승하고 기업제도도 근대화되어 가고 있기 때문이다. 특히 개혁에 의해서 국유기업에 축적된 경영자원이 원활하게 비국유부문으로 흘러가 그것이 정부의 규제완화 정책이나 장려 정책과 함께 비국유기업의 발전을 가져왔다.

현재 비국유기업은 이미 공업생산액의 70%를 넘는 수준에까지 도달했으며 국유기업 개혁을 더욱 잘 지탱해주는 중요한 조건이 되어 있다.

I 개혁 전의 국유기업

'생산 · 생활단위'로서의 국유기업

경제개혁 전의 국유기업에는 생산, 판매, 고용, 인사, 재무 등의 기본적인 의사결정권이 없었다. 예를 들면 무엇을 얼마나 생산할지는 국가계획위원회(또는 각 지역의 하부조직)가 결정했고, 원자재나 에너지 등은 국가물자부가 공급했다. 투자계획은 국가계획위원회에서 심의되고, 허가된 경우 재정부에서 무상으로 필요한 자금이 공급되었다. 종업원의 고용과 임금수준은 노동인사부의 고용과 임금계획에 근거해 결정되고, 경영자는 그 기업의 감독관청에 의해 임명되었다. 이윤이 발생한 경우 전액을 재무부에 납부하고, 반대로 손실이 발생한 경우에는 전액 보전해 받았다. 비유하자면 국민경제 전체가 하나의 거대기업으로 중앙정부가 그 본사기능을 담당하고 있었던 것이다[1].

정부는 공업화에 필요한 자본을 축적하기 위해서 종업원의 명목임금을 매우 낮게 억제했지만 기업은 다른 형태(의료비, 연금, 퇴직금)로 저임금을 보전(補塡)했다. 일부 오래된 도시를 제외하고는 주택도 기업에서

제공했다. 당시의 중국에서는 주택시장이 존재하지 않아 집을 빌리는 것은 거의 불가능하고 또 저임금 때문에 서민들이 주택을 구입하기란 불가능했다. 또한 기업은 종업원들의 생활을 유지하고, 복지를 내실있게 하기 위해서 식당, 상점, 이발소, 목욕탕, 문화시설, 탁아소, 유치원 등을 마련하고, 대기업은 여기에 병원, 보양시설, 영화관, 초등학교, 중학교 고등학교 등을 갖추고 있다[2]. 이처럼 종업원에게 있어서는 기업은 '생활단위'이기도 했다.

'행정 · 정치단위'로서의 국유기업

국유기업에는 규모나 국민경제에서의 중요성에 따라 행정상의 지위가 부여되고, 그 지위에 상응하는 행정레벨의 감독관청에 의해서 관리되고 있었다[3]. 국유기업은 행정의 틀 속에 편입되어 다양한 행정 서비스(치안 · 가족계획 · 교육 등)를 종업원들에게 제공했다. 또 1장에서도 언급했듯이, 기업조직 속에 공산당 지부가 설치되어 그것이 기업의 의사결정에 영향을 미쳤다. 그 결과 기업 내부에는 공장장을 Top으로 하는 생산 · 경영조직과 당서기를 Top으로 하는 당조직이 병존하게 되고, 게다가 당조직이 기업경영조직보다 우월했다[4]. 또 당조직 주변에 노동조합, 청년조직, 여성조직 등이 만들어져, 기업의 생산 · 경제활동, 그리고 종업원들의 행동이 당의 방침에 따르도록 촉구했다. 대기업이 되면 그 활동내용은 더욱 다양해진다. 예를 들면 당원에 대해 정치교육을 하기 위한 당 학교를 개설하거나 공산당 이외의 민주당파 등이나 소수민족 · 종교관계자, 화교 등에게 촉구하거나, 당원의 부정을 적발하는 등 다양한 일이 이루어졌다.

이러한 국유기업은 이하의 점에서 매우 비효율적이었다. 첫째, 본사에 해당하는 중앙정부의 정보수집능력에는 한계가 있기 때문에 국민수요와 기업의 공급능력을 반영하는 적절한 소비나 생산계획을 만드는 것이 기술적으로 불가능했다[5]. 두 번째로 기업은 본래의 업무와 다양한 사회적 부담을 져야 하고 행정 · 정치기능을 하지 않으면 안 되므로 실적이 나쁜 기업은 그 책임을 정부에 떠밀고 구제를 요청했다. 그 결과 국유기업에서는 안이한 예산제약이 일반화되고 부실경영이 만연했다. 세 번째로 기업 실적과 그 내부 구성원(경영자와 노동자)들의 보수가 거의 관계가 없었기 때문에 경영자나 노동자들에게는 직무에 정려(精勵)하려는 동기부여가 존재하지 않았다. 그 때문에 경제 근대화를 지향하는 덩샤오핑 노선 하에서는 국유기업 개혁이 필수적이었다.

Ⅱ 국유기업의 개혁과 그 결과

기업자주권의 확대

국유기업의 개혁이 반드시 처음부터 명확한 목표가 있었던 것은 아니며, '돌다리도 두들겨보고 건넌다'는 말처럼 개혁의 효과를 확인하면서 이에 의해 야기되는 정치적 마찰이나 사회적 혼란을 피해가면서 시행착오를 거치며 추진되었다[6]. 이것이 점진적 개혁이라 불리는 것이다. 이 방식 하에서 지금까지 다양한 개혁이 이루어졌다.

국유기업의 효율성이 낮은 것은 경영자주권이 없었기 때문이라는 인식에서 1979년에 기업자주권을 확대한다는 방침이 결정되었다. 그 주된 내용은 국유기업이 이윤의 일정비율을 유보하는 것이었다. 유보된 이윤은 종업원 복지와 보너스, 그리고 기업의 생산활동에 사용할 수 있게 되었기 때문에, 기업 경영자나 노동자들의 인센티브(의욕)를 높일 수 있었다. 81년이 되자, 계약에 근거해 기업이 정부에 이윤을 상납하는 이윤청부제가 실시되었다. 이 제도 하에서 기업의 유보(留保)이윤은 큰 폭으로 늘어났으나, 재정수입이 급격히 감소해, 83년부터 실질증세를 의미하는 법인세제도가 도입되었다. 84년이 되자 정부는 국유기업에 대해 생산, 판매, 가격, 물자구입, 자금운용, 노동, 임금 등 10개 항목에 관한 자주권을 확대했다.

기업 내부에서도 다양한 개혁이 실시되었다. 우선 1979년에 보너스 제도가 부활했고 실적에 따라 종업원들에게 더 많은 보수를 주었다. 이윤청부제가 도입된 후부터 기업은 정부와의 계약을 달성하기 위해 종업원 한 사람 한 사람에게 작업목표를 할당하고 그 달성상황에 따라 보수를 지불했다.

청부제의 도입

자주권을 확대하는 정책이 취해졌지만 정부가 기업의 소유자였기 때문에 생산, 고용, 투자, 분배 등 다양한 면에서 기업은 여전히 상급주관기간을 비롯한 많은 정부기관으로부터 간섭을 받았다. 그 때문에 1986년 말부터 국유기업의 소유와 경영을 분리하는 것을 목적으로 하는 청부경영책임제(약칭으로 청부제라 부른다)가 도입되었다. 이 제도 하에서 기업과 정부는 계약의 형태로 생산성, 이윤, 투자, 임금 등에 관한 쌍방의 권리와 의무를 명확히 정하고 그 달성상황에 따라 상벌을 정하고 그 대신 정부는 기업의 일상활동에 개입하지 않게 되었다. 계약기간은 일반적으로 3년에서 5년이라는 비교적 장기간이었기 때문에 기업의 경영자주성이 큰 폭으로 확대되었다. 이 제도는 대중형 기업을 중심으로 급속히 보급되어 88년에는 대중형 국유기업의 90% 이상에서 이 제도를 채택했다[7]. 한편 소형 국유기업 사이에는 청부제 외에 정부에 일정한 자산사용료를 지불하는 리스제 등도 널리 채택되었다.

그러나 1980년대 후반에 발생한 인플레이션을 진정시키기 위해서 정부는 긴축정책을 취했다. 그 결과 많은 기업은 계약을 달성하지 못해 정부가 기업의 손실을 최종적으로 부담할 수밖에 없었다. 그 이유는 국유기업은 독자적인 자산을 가지고 있지 않기 때문에 경영책임을 질 수가 없었기 때문이었다.

재중(在中) 일본계 기업의 활약

일본에서는 그다지 지명도가 높지 않은 야오한이 중국에서는 고급백화점으로 이름이 널리 알려진 것은 이제 과거의 이야기가 되어버렸다. 이전에는 야오한 정도밖에 일본계 소매업은 보이지 않았지만, 90년대 후반 이후가 되자, 북경과 상하이 등의 대도시를 걸으면 익숙한 일본 기업 간판들을 볼 수 있을 만큼 드물지 않게 되었다.

이세단이나 소고 등의 백화점이나 이토요카도 등의 종합 슈퍼의 본격적인 진출도 진행되고, 일본에서 볼 수 있는 같은 상품구색을 볼 수 있게 되었다. 또 요시노야나 나다만 등의 외식산업 진출도 늘고 있다. 일본에서는 거리 곳곳에 있는 편의점의 중국시장 진출도 많이 이루어지고 있다. 상해에서는 로손이 재빨리 매장을 냈으며, 중국인들의 입맛에 맞는 매운맛 오뎅과 주먹밥 등이 상해 사람들에게 크게 인기를 끌고 있다. 북경에서는 세븐일레븐 재팬이 2004년 4월 1일에 1호점을 열었다. 북경을 중심으로 매장오픈 지역을 확대해 갈 예정이다. 소매업뿐만이 아니다. 물론 이전부터 마쓰시타 전기나 소니, 샤프 같은 가전제품은 있었지만, 시세이도가 본격적으로 진출해 화장품 업계에서도 일본계 기업의 이름이 거론되게 되었다. 또 거리를 달리는 자동차 중에도 혼다, 도요타, 닛산 등의 자동차를 종종 볼 수 있게 되었다.

2000년 이후 급속하게 일본계 기업의 이름을 볼 수 있게 된 배경에는, 중국사회의 변화가 깊게 관계되어 있다. 많은 일본계 기업은 지금까지 중국진출을 거의 수출용 조립공장으로밖에 보지 않았으며, 싼 노동력이 진출의 동기였다. 그러나 90년대 후반 이후 고급관료 등 기존의 지배계급과 함께, 뉴 리치라 불리는 부유층이 등장해 (13장 참조) 그들의 소비가 급속도로 늘어났다. 연해부의 일부 부유층만도 약 1억 명에 달하며 이는 일본전체 마켓에 필적한다.

> 또 이들 부유층을 노리고 고가이면서 유명한 일본산 농산물(쌀, 사과, 배, 복숭아 등)도 높은 품질과 안전성을 내걸고 대중수출이 계획되어 있다. 중국은 국내용 판매만으로도 충분히 이익을 확보할 수 있는 시장으로, 지금까지와는 전혀 다른 매력을 갖기 시작했다고 해도 좋을 것이다. 중국 비즈니스는 새로운 단계에 들어섰다고 말할 수 있다.
>
> **(http;//www.pekin-shuho.com/jp/2003.33/-china.htm등에 의함. 리 쉬)**

현대 기업제도의 정비

1993년 11월에 정부는 국유기업에 대한 현대 기업제도 도입을 결정했다.

그 목적은 국유기업에 법인재산 소유권을 부여하는 것으로 기업의 자주적 경영을 인정하고, 그 대신 경영책임을 지게 하는 것에 있었다. 이 제도 하에서는 정부는 출자자로서의 권리를 행사하고 출자한 자본금에 따른 유한책임을 지는 것으로 기업의 일상적 경영활동에는 간섭하지 않게 되었다. 구체적 기업 형태로서 '공사(公司)' 제도가 채택되었다. 주식회사, 유한책임회사, 그리고 국유 독자(獨資)회사가 그것이다. 국유자산의 대표자를 명확히 하기 위해서 국유자산 관리국을 신설했다. 다만, 대형기업집단(일본의 기업 그룹에 상당하는)에는 국유자산을 관리하는 권한을 부여했다. 94년 이후 이러한 현대 기업제도의 실험기업으로서 중앙정부는 대중형 국유기업 100개사, 지방정부는 2000개사 이상을 더 지정했다.

1995년 정부는 '대(大)를 잡고 소(小)를 놓는다*' 는 방침을 내놓고 소형 국유기업에 매각, 리스, 청부, 흡수합병 등의 형태로 기업의 재산권 또는 경영권을 종업원 또는 경영자에게 옮기도록 했다. 특히 지방정부가 관할하는 소형 국유기업의 경우 경영상황의 악화가 지방재정을 직격했기 때문에 이들 기업을 종업원들과 경영자들에게 매각하는 형태로 민영화가 추진되었다[8].

사회부담의 경감

1990년대에 들어 현대 기업제도의 도입과 함께 국유기업의 생활보장 기능에 대한 개혁이 본격적으로 이루어지게 되었다. 사택을 종업원들에게 매각하거나, 병원이나 상점, 영화관 등의 복지시설을 독립시키기도 했다. 부속 초중학교에 대해서는 지방정부에 인도하는 움직임도 확산되었다. 또 국가에 의한 사회보장제도 정비도 추진되어 많은 종업원들이 의료보험이나 연금보험에 가입했다(제 6장)[9]. 이러한 제도가 보급되면 국유기업의 사회부담이 대폭적으로 경감될 것이다.

국유기업에 있어서 또 하나의 큰 부담은 너무 많은 종업원들을 거느리고 있다는 점이다. 개혁 초기까지 정부는 고용기회를 늘리기 위해 국유기업에 필요 이상의 채용을 강요했다. 게다가 그 대부분이 종신고용 종업원들이었다.

개혁 진전에 따라, 정부는 1984년부터 고용기한부 계약공제도를 채택하게 되었으며, 90년대 중반이 되자, 대부분의 종업원들이 계약직으로 이행했다. 또 93년부터 각 직장에서 정원제가 도입되어, 생산성이 낮은 종업원들이 직장에서 배제되었다. 그리고 경영부진, 조업정지, 파산 등에 의해 많은 종업원들이 실질적으로 해고되었다[10].

국유기업의 종업원수는 1978년의 3139만 명에서 증가해, 92년에는 4521만 명으로 절정에 달했다. 그후 잉여인원 감축이 급속히 추진되어 2002년에는 2424만 명으로 감소했다.

행정 · 정치기능에 대한 개혁

시장경제화의 발전과 함께 기업의 행정상의 등급이 이전만큼의 중요성을 잃고 중앙정부가 직접 관할하는 많은 국유기업이 지방정부로 이관되었다. 경쟁력 있는 기업이 커지고 기업과 경영자의 사회적 지위가 높아졌지만 반대로 경쟁력이 없는 기업은 축소되거나 흡수 합병되기도 했다. 또 기업을 직접 관할하는 업종별 관청도 폐지되거나 업계 단체에 개조되거나 해서 행정의 힘이 대폭적으로 약해졌다.

한편 개혁 이후, 당의 방침이 정치투쟁에서 경제건설로 전환됨에 따라 국유기업에 있어서의 당의 역할과 지위도 바뀌었다. 1984년부터, 국유기업에 있어서, 일상의 생산과 경영에 관한 결정권을 공장장에게 부여하는 것을 목적으로 한 공장장 책임제가 실시되어, 공장장 또는 총경리(사장에 상당함)의 기업 내 지위가 확립되었다. 이에 비해 당서기의 경영에 대한 발언권이 약해졌다. 사실 오늘날에는 국유기업 당 간부의 사회적 지위나 경제적 보수는 기업의 경영상황과 밀접하게 연동되어 있기 때문에 기업 발전이나 경영효율 개선에 반하는 행동은 사실상 할 수 없는 것이 현실이다. 그러나 당조직이 본래 영리를 목적으로 하는 기업 내에 존재하는 것 자체가, 국유기업의 가일층의 개선에 걸림돌이 되는 일이 적지 않다[11]. 그런 의미에서는 다른 개혁과 비교하면 국유기업의 행정 · 정치기능에 대한 개혁은 매우 늦어지고 있다고 말하지 않을 수 없다.

국유기업 개혁의 성과

그러면 20년에 걸친 국유기업 개혁을 어떻게 평가하면 좋을까? 여기서는 몇 가지 측면에서 그 성과를 검토해 보고자 한다.

〈표 4-1〉에서는 국유기업의 생산과 경영에 관한 몇 가지 지표가 나타나 있다.

〈표 4-1〉 개혁후의 국유공업기업의 생산과 경영상황

	실질공업 총생산고지수	자본이윤율 (%)[a)]	자본이자세율 (%)[b)]	총요소생산성 A[c)]	총요소생산성 B[c)]
1978	100	22.9	35.5	100	100
1985	170	18.5	33.5	109	117
1990	242	4.8	18.6	127	146
1995	359	3.1	13.5	122	155
1998	382	1.7	10.6	130[c)]	171[d)]
1998[e)]	100	1.7	10.7	100	100
2002[e)]	141	6.5	16.2	167	186
2004[e)]	189	12	24.1	201	233
성장율					
1978-1998	6.7			1.4[d)]	2.9[d)]
1978-1990	8.2			2	3.2
1990-1998	5.9			1.3[d)]	2.3[d)]
1998-2004	11.2			13.0[d)]	15.2[d)]

(注) a)자본이윤률은 이윤총액을 순고정자본액에서 제외한 것임.
b) 자본이자세율은 이윤과 세금총액을 순고정자본액에서 제외한 것임.
c) 총요소생산성 A와 B는 자본의 생산탄력성을 각각 0.6과 0.4로 한정했을 때의 결과임.
d) 숫자는 1997년 또는 1978~97년, 1990~97년의 것임.
e) 국유주가 지배적인 기업도 포함.
f) 복리의 연평균 성장율

(자료) 실질총생산고지수, 자본이윤율, 자본이자세율은『중국통계연감(명년판)』에서 산출 총요소생산성은 1978~97년까지는 류도쿠교 교수「생산성의 변화와 그 요인」미나미 료신 · 마키노후미오(편)『대국으로의 시련: 전환기의 중국경제』일본평론사 1999년 〈표 7-1〉,1998~2004년은 동료의 방법으로 재계산했음.

우선 국유기업의 생산에 대해 살펴보면 1978년을 100으로 하는 실질공업 총생산액은 98년에는 382로 상승하고 연평균 성장률은 6.9%였다. 그후 통계방법 변경에 의해 이전과 직접 비교할 수는 없어졌지만 국유 및 국유주 지배기업(정부 또는 국유기업이 지주지배하고 있는 기업)을 보면 98년을 100으로 하는 실질공업 총생산액은 2004년이 되면 189이 되어 연율 11.2% 증가되었다[12)]. 이 실적은 구 소련과 동유럽 국가들의 체제전환에 따른 생산의 쇠퇴와 대조적이다. 수익률을 보면 자본이윤율은 개혁 초기의 약 23%에서 98년의 1.7%까지 떨어졌지만 그후 크게 개선되었다. 자본이세율(利稅率)도 그간 기본적으로 같은 움직임을 보이고 있다. 다만 수익률의 저하는 시장경쟁 심화에 영향받은 바가 커서 반드시 국유기업의 실패를 의미하는 것은 아니다.

또 한 가지 중요한 지표는 총요소생산성*(TFP)이다. 이는 산출량을 총합투입량(자본과 노동을 각각 생산탄력성을 웨이트로 가중평균을 집계한 것)으로 나눈 것으로 생산의 효율성을 종합적으로 나타내는 지표이다. 과거의 연구에 따르면 개혁 이전에는 국유기업의 총요소생산성은 거의 상승하지 않은데 비해, 경제개혁 이후에는 높아졌다[13]. 표에 나타난 필자의 추계에 따르면, 1990년대 전반까지 총요소생산성은 전체적으로 상승추세를 보였지만, 그 이후에는 상승이 둔화되는 모습이 보인다. 그러나 1998~2004년 사이의 국유기업(국유주 지배기업 포함)의 총요소생산성은 급속히 상승했다. 여기에는 90년대 후반의 경기가 침체에서 빠져나오기 시작한 영향도 있지만 종업원수를 대폭 감소한 사실에서도 알 수 있듯이 국유기업 개혁이 이 사이에 크게 진전되었기 때문이라고 할 수 있다.

마지막으로 오늘날의 국유기업이 정부 개입을 받지 않고 자주적으로 경영하고 경영의 결과에 대해 스스로 책임을 진다는 개혁의 목표에 어디까지 접근했는지의 기준으로 살펴보자. 이 목표는 기업과 정부의 완전한 분리를 의미하며 이론적으로도 현실적으로도 민영화된 기업이 아니면 실현할 수 없다. 앞서도 논의했듯이 1990년대 중반부터 소형 국유기업의 민영화가 급속히 추진되어 99년의 공산당 대회에서는 중형기업 민영화에도 길을 열었다. 중소형 국유기업의 민영화는 이제 시간문제라고 생각된다. 남은 1000개의 대형 국유기업에 대해서는 앞서 기술한 현대 기업제도 도입에 의해 그 일부는 이미 주식회사로 전환되었다. 그 밖의 기업에서도, 사회제도가 거의 정돈되어 비국유자본이 많든 적든 이미 참여했으며 향후 서서히 확대되어 갈 것으로 예상된다. 이와 같은 국유기업 개혁의 진전상황은 국유기업 숫자 변화에서 확인할 수 있다. 1995년의 국유기업 수는 11.8만 개 사에 달했지만 그후 급속히 감소해 2004년에는 3.18만 개사로 줄어들었다. 국유기업 개혁의 길은 20년간의 시행착오를 거쳐 겨우 목적지를 눈앞에 두고 있다고 말할 수 있다.

Ⅲ 국유기업 개혁의 한계와 소유형태의 다양화

경영자원의 부족

국유기업 개혁에는 사회보장부담과 누적채무 등 많은 과제가 남아 있는데, 여기에서는 국유기업에 있어 가장 중요하다고 여겨지는 경영자 문제와 이에 관련된 제반 문제들에 초점을 맞춰 설명하고자 한다.

계획경제 하에서 기업은 정부의 명령에 따라 행동했기 때문에 경영자의 능력과 노력은 중요하지만 생산활동에 미치는 영향은 매우 한정적인 것이었다. 그러나 경영자주권의 확대나 시장경제화의 진전에 따라 경영자의 역할은 결정적으로 중요해지고 있다. 시장이 급속도로 변화하기 때문에 이에 기민하게 대처하는 능력과 노력이 요구된다. 그러나 현실적으로는 반드시 적절한 인재가 경영자로 선임되는 것은 아니다. 1994년에 실시된 어느 조사에 따르면 '경영자로 적임자가 아니다' 라고 자인하고 있는 국유기업의 경영자들의 비율은 다른 형태의 기업보다 높았다[14].

또 설령 유능한 인재가 경영자로 임명되었다 하더라도 그들의 의욕을 높이는 적절한 동기부여가 매우 약하다. 국유기업 경영자의 급여수준은 일반노동자와 그다지 차이나지 않는다. 위와 동일한 조사에 따르면 경영자의 평균임금은 전 종업원들의 평균임금의 불과 2.2배에 지나지 않았다. 임금에 영향을 주는 연령이나 근속년수 등을 조정하면 그 차이는 더 줄어든다. 최근 일부 국유기업에서는 경영자의 보수에 연봉제를 도입하는 사례가 늘어나고 있는데 그렇다 해도 그 금액이 높지는 않은 듯하다. 그 때문에 많은 경영자, 특히 기업 발전에 많은 기여를 한 경영자는 스스로의 노력과 보수와의 불균형에 상당한 불만을 가지고 있으며, 그 불만은 퇴직 전의 부정 축재(蓄財)로 이어지곤 한다. 또 이는 '59세 현상*' 이라 하며 매우 주목받고 있는 사회현상이기도 하다.

애매한 소유권

국유기업의 업적은 전반적으로 나쁘지만 극심한 시장경쟁 속에서 크게 성장해 비국유기업에 손색없는 이익을 올린 기업도 확실히 존재한다. 이러한 기업의 공통적인 특징은 경영자가 유능하고 열심히 노력하고 있다는 점이다. 국유기업에서도 유능한 인재가 경영자로 임명되어 그 노력에 따라 높은 수익을 올릴 가능성이 있다.

그러나 유감스럽게도 그러한 가능성을 모든 국유기업에 기대할 수는 없다. 그 이유 중 하나는 소유권제도에 있다. 국유기업이므로 정부가 경영자를 임명하는 것은 당연하다. 그러나 정부는 반드시 이익만을 추구하는 것이 아니며 또한 임명권을 가진 조직이나 개인은 스스로가 임명한 결과에 대해 아무런 책임도 지지 않기 때문에 반드시 적임자를 경영자로 임명할 필요가 없다. 그리고 임명된 경영자는 공무원이기 때문에 같은 공무원인 종업원이나 정부기관 직원보다 고액의 보수를 그들에게 주는 것도 제도상 어렵다[15].

국유기업의 소유권개혁은 최근 수년간 착실히 진행되었다. 중소형기업의 민영화가 급속히 추진되고 대형 국유기업의 주식화도 본격적으로 진행되었다. 그러나 국민경제에 큰 영향을 준 대형 국유기업이 주식화되어도 정부가 여전히 대주주로서의 지위를 유지하고 기업의 경영권, 특히 경영자의 임명권을 확보하고 있는 것이 현 상황이다.

개혁을 저지하는 당조직

기업 내의 당조직의 존재도, 경영자의 선임과 장려제도의 개혁을 어렵게 하고 있다. 공산당 정권은 명목상, 노동자 계급을 정치기반으로 하고 있지만 이를 안정시키기 위해서는 노동자를 다수 보유하고 있는 국유기업, 특히 대형 국유기업을 확실히 파악하지 않으면 안 된다. 이를 위해서 경영능력이 뛰어난 인물보다는 당의 방침에 충실한 인물을 경영자로 선임하려는 경향이 강하다. 정부가 기업의 인사권을 쥐기 위해서는 국유자산, 또는 국유주의 지배권을 확보해 두어야 하기 때문이다. 같은 이유에서 정부 · 당이 임명한 경영자에 대해 높은 보수를 지불하는 것은 불황으로 생활고에 시달리는 노동자들의 이해를 얻기 힘들다. 필자가 실시한 기업조사에 따르면, 경영자는 종업원과 양호한 관계를 유지하기 위해서 사전 계약을 바탕으로 정부에서 지불되는 고액의 보상금을 자발적으로 사퇴하거나 이를 종업원의 복지사업에 기부하는 등의 사례도 적지 않았다. 또 다양한 역사적 · 정치적 원인에 의해 현재 중국의 지배체제는 '법치'가 아닌 '인치(人治)' 이다. 이 체제 하에서 중국사회를 움직이기 위해서는 공산당조직과 같은 존재가 필수 불가결한 것도 사실이다. 그 때문에 당의 역할 약화로 이어지는 소유권 개혁이나 경영자 임명제도의 근본적 개혁은 진전되지 못했다.

비국유기업의 성장

국유기업 개혁의 어려움과는 대조적으로 비국유기업이 빠르게 성장했다. [그림 4-1]에서는 공업생산액의 소유형태별 비율이 나타나 있다. 이에 따르면, 경제개혁 이후, 국유기업의 공업 전체에서 차지하는 비율이 대폭적으로 저하된 것에 비해 비국유기업은 그만큼 크게 성장했다. 그 주역은 80년대에는 농촌의 향진기업이었지만, 90년대에 들어서면서 삼자기업(三資企業)*과 사기업 등으로 바뀌었고 금세기 들어서는 그 경향이 더욱 짙어졌다.

향진기업이란 중국 농촌에 있는 발단 행정기관인 향(鄕) · 진(鎭) · 촌(村) 및 농민 개인이 출자해서 만든 기업이다. 1983년의 인민공사제도 폐지에 따라 향진기업에 대한 규제가 완화되었다. 이로 인해 향진기업은 노동집약적인 경공업 부문을 중심으로 급속히 성장했다(제 5장). 그 결과 국유기업의 독점체제가 붕괴되고 국유기업이 누려온 독점이윤이 소멸되어 버렸다. 앞의 〈표 4-1〉에서 국유기업의 수익율이 저하된 이유도 여기에 있다. [그림 4-1]에 있는 집단기업에는 향 · 진 · 촌이 출자한 향진 집단기업과 도시 집단기업이 포함되어 있는데, 후자의 비율은 거의 상승하지 않았기 때문에 집단기업의 움직임은 대부분 향진 집단기업의 변화를 나타낸다고 여겨진다. 점유율은 80년대에는 확대 일로를 걸어왔지만 90년대부터 주춤해서 90년대 후반부터 추진된 민영화 개혁에 의해 집단기업의 비율도 대폭 저하되어 버렸다.

그 대신 급성장한 것은 삼자기업과 사기업 등이다. 경제개혁 이후 정부는 외국계 기업에 대해 우대정책을 취하고 적극적으로 유치했다(제 9장).

1998년에 삼자기업의 수는 6.25만 개사가 되어, 공업총생산액에서 차지하는 비율은 15%에 달했다. 통계방법이 바뀐 98년 이후에도 삼자기업은 계속 증가해 연간생산액이 500만 위안 이상인 기업에 대한 통계에 의하면, 삼자기업의 수(홍콩, 마카오, 타이완 포함)는 98년의 2만 6442개사에서 2004년의 4만 2753사로 증가했다. 공업총생산액에서 차지하는 비율도 98년의 24.7%에서 2004년의 31.4%로 상승했다.

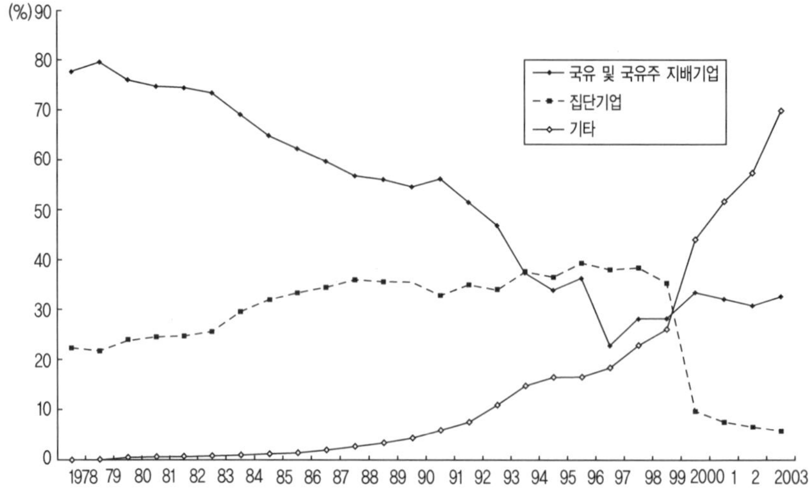

[그림 4-1] 공업생산액의 소유형태별 구성

(자료) 『중국공업경제통계연감 2003, 2005』25, 28항, 21, 24항
상기자료에 의한 전공업총생산액과 집단기업공업생산액의 2000~2003년 Data는 모든 국유 또는 국유주 지배기업과 매출액 500만원 이상의 비국유기업을 대상으로 하고 있다.
『중국향진기업연감』(2001~2005) 및 다른 구가통계자료를 이용하여 1978~1999년과

1990년대 들어 급성장한 또 하나의 기업형태가 사기업이다. 중국의 사기업에는 개인기업과 사영기업 이렇게 두 종류가 있다. 사영기업은 종업원 8명 이상의 기업으로, 개인기업은 그 이하인 기업이다. 개인기업은 개혁 이후 등장해, 90년대 들어서 크게 성장했다. 한편 사영기업은 80년대 말부터 등장해, 90년대 중반부터 급속히 증가했다. 89년의 사영기업 공업총생산액은 불과 97억 위안이었는데, 97년이 되자, 3923억 위안이 되

었고 성장률은 공업 전체는 물론이고 향진기업의 성장률도 크게 웃돌았다[16].

이 외에는 민간자본을 중심으로 하는 주식기업과 주식합작기업 등이 있는데, 이들 기업은 삼자기업과 사기업과 함께 [그림 4-1]의 '기타' 에 포함되어 있다. 이 그림에서 알 수 있듯이 공업부문에서의 국유기업이나 집단기업의 비율저하와는 대조적으로 이 같은 새로운 기업형태의 비중은 90년대 말부터 급속히 상승했다.

〈표 4-2〉 소유형태별 자본이자세율(資本利稅率) (%)

	국유기업	집단기업	주식기업	유한기업	기타
1994	21.0	29.3	39.5	21.5	26.4
1996	12.4	22.1	22.7	15.6	24.1
1998	10.9	23.7	17.8	13.9	19.2

	국유 및 국유주 지배기업	비국유기업
1998	10.7	17.3
2000	15.6	24.0
2002	16.2	27.0
2004	27.4	31.2

(注) 자본이자세율은 이윤과 세금총액을 순고정자본액에서 제외한 것임.
국유기업 1998년의 수치가 〈표 4-1〉고 다른 것은 사용한 자료가 다르기 때문임.
(자료)『중국통계연감』 각년판.『중국통계적요 2004』 43항.

비국유기업 성장 요인

국유기업과 비국유기업을 비교하면 경제적 효율성이 크게 다르다는 점을 알 수 있다. 〈표 4-2〉에 따르면 1994년부터 98년까지의 4년간 국유기업의 자본이세율이 21%에서 11%로 크게 저하된데 비해, 향진기업을 중심으로 하는 집단기업과 사기업을 포함한 기타 기업의 비율은 저하폭이 적고 여전이 높은 수준을 나타내고 있다. 주식기업은 대폭 저하되었지만, 비교적 높은 수준에 있다. 삼자기업은 비교적 자본집약적인 기술을 채택하고 있어 이 비율이 낮지만, 그래도 국유기업보다는 약간 높은 수준을 나타내고 있다. 통계방법이 바뀐 98년 이후에도 국유기업과 비국유기업 사이에 큰 격차가 존재한다.

전반적으로 보면, 국유기업보다 비국유기업의 자본이세율이 압도적으로 높은 것은 말할 필요도 없다. 이는 비 국유기업이 크게 성장해 온 원인이며 앞으로 더욱 성장해 갈 것이라 기대되는 근거이기도 하다. 동시에 국유기업의 민영화를 한층 더 추진할 필요성도 이 데이터를 통해서 알 수 있다.

대중(對中) 비즈니스와 역사의식

일본기업이 중국사람들에게 매력적인 존재가 아니라는 점은 7장의 칼럼(중국인들이 기피하는 일본계 기업)에서도 언급하겠지만 이는 일본계 기업의 대중 비즈니스에도 큰 영향을 미치고 있다. 자동차나 가전제품 등, 일본제품의 질적 우수함은 널리 알려져 있고, 비싸다고는 하지만, 일부러 일본제품을 구매하는 사람들도 적지 않다. 그러나 물건이라는 차원을 넘어서, 일본인 또는 일본이라는 국가가 의식되는 사건이 일어나면 역시 역사적 요인으로 일부 반일운동가들에 의한 대일비판이 속출한다. 이를 단적으로 보여주는 것이 중국의 철도 관련 프로젝트이다.

중국은 2020년에 전국적인 고속철도망을 완성할 예정으로 현재 이를 위한 계획이 진행되고 있다. 고속철도란 최고속도가 시속 250km 이상인 철도를 의미하며 대폭적인 스피드 업으로 인해 운송시간 단축을 목표로 하는 것이다. 향후 5년간 건설되는 고속철도는 북경~상해, 상해~성도, 상해~남경, 무한~광저우, 광저우~홍콩, 복주~하문의 6개 구간으로, 그 중에서도 주목받는 곳이 북경~상해 구간이다.

1994년 건설계획 개시 이래, 독일, 프랑스, 일본이 각각 거국적인 수주획득경쟁을 벌여 왔다. 한때 리니어라는 이야기가 나와 이에 강한 독일이 수주할 것이라고 생각되었지만 독일의 기술로 개통한 상하이의 리니어가 채산성이 맞지 않다고 알려져 레일방식이 채택될 전망이 보였다. 프랑스의 TGV와 일본의 신칸센의 수주경쟁은 지금도 계속되고 있는데, 일본의 신칸센에 대해서는 역시 역사적 관계가 있어 반대론이 일고 있다.

또 도시바 계의 전선 회사인 쇼와전선이 출자한 중일 합병기업 항주부통 쇼와광통신(杭州富通 昭和光通信)이 쇼와라는 이름이 붙어 이것이 침략전쟁을 연상시킨다 하여 투자자들의 반발을 샀고, 상하이 증권거래소에서 예정되어 있던 주식발행을 무기한 연기하는 사건도 있었다.

이는 일본의 대중 비즈니스의 어려움을 상징하는 사건으로 중일 간의 전후(戰後) 처리는 아직 해결되지 않은 뿌리깊은 문제를 드러냈다.

(http://www.pekinshuho.com/JP/2003.33/200333-chna1.htm에 의함. 리 쉬)

그러나 여기서 강조하고 싶은 것은 비국유기업이 크게 발전한 배경에는 국유기업의 공헌이 매우 컸다는 점이다. 향진기업은 발전 초기에 기술, 자금, 마케팅과 경영 노하우(기술과 지식 등의 정보) 등의 경영자원이 매우 부족했기 때문에 공식적 또는 비공식적으로 국유기업에 의존했다[17]. 마찬가지로 사기업도 직간접적으로 국유기업 경영자원을 이용한 것은 두말할 필요도 없다. 또 합병기업의 중국측 파트너의 대부분은 국유기업이다. 이처럼 오늘날 중국의 비국유기업의 발전은 국유기업의 공헌을 빼고는 이야기할 수 없다.

한편 국유기업은 자신들이 직면한 물적 · 제도적 제약을 극복하기 위해서 향진기업을 비롯한 비국유기업과 공동으로 기업을 설립하거나 기술협력을 합함으로써 비국유기업을 하청이나 위탁가공의 상대로서 이용했다[18]. 또 제 11절에서 논의한 국유기업개혁, 특히 대폭적인 인원감축이 가능했던 것도 이를 뒷받침하는 비국유기업의 발전이 있었기 때문이다. 앞으로 국유기업을 더욱 개혁해 나가기 위해서는 비국유기업을 더욱 발전시키는 것이 꼭 필요하다. 비국유기업이 성장하면 많은 취업기회가 창출되고 국유기업 개혁에 따른 실업 증대도 억제할 수 있을 뿐 아니라 국유기업의 주식화와 민영화를 자금면에서 지탱하는 것도 가능하다. 또 그 과정에서 많은 경영인재를 발굴해낼 수 있다. 그리고 그들은 잠재적으로는 민영화된 국유기업의 경영자 예비군이 될 수 있을 것이다. 또 비국유기업의 발전에 의해서 국유기업에 대한 경쟁 압력이 한층 강해져 국유기업의 민영화를 가속화시키는 것도 기대할 수 있다.

류 더 치앙(劉 德强)

---

1) 이 점에서 개혁전의 중국에서는 기업이 없고, 있는 것은 공장뿐이라고 했다(고미야 류타로 『현대중국경제』 도쿄대학출판회, 1989년).

2) 국유기업의 사회부담문제를 특히 강조한 것으로서 林毅夫 · 蔡昉 · 李周(関志雄監訳) 『중국의 국유기업개혁』 일본평론사, 1999년이 있다.

3) 예를 들면 대형 기계기업은 중앙의 기계공업부에, 소형 기계기업은 소재지인 시나 현의 기계공업국에 의해 관리되었다.

4) 물론 양자는 완전히 독립된 것이 아니라, 공장장이 당 위원회의 부서기 또는 멤버를 겸임하는 경우가 많다.

5) F.A.하이테크(이치타니 토이치로 · 이치타니 에이리코 역) 『예속으로 가는 길』 동경창원사, 1993년 64페이지.

6) 국유기업 개혁 프로세스에 관해서는 가와이 신이치 『중국기업개혁 연구: 국가 · 기업 · 종업원의 관계』 중앙경제사, 1996년을, 개혁평가에 관해서는 中兼和津次 『중국경제발전론』 유비각, 1999년 제 7장을, 개혁의 제반 측면에 관한 평가는 미나미 료신 · 마키노 후미오(편) 『대국으로의 시련; 전환기의 중국경제』 일본평론사 1999년을 참조.

7) 陳駿生 『중국개혁정책대전』 홍기출판사, 1993년, 572항.

8) 소형 국유기업의 민영화에 관해서는 丸川知雄 「중소공유기업의 민영화; 사천성의 경우」 『중국연구월보』 2000년 626호.

9) 2005년 전국에서 기본양로 보험에 가입한 종업원수는 1억 7487만 명, 또 기본의료보험에 가입한 종업원수는 1억 3783만 명에 달한다.

10) 이와 같은 것이 가능했던 배경에는, 비국유기업의 발전에 따른 취업기회 증대가 있다. 그러나 도시의 실업문제가 심각해진 것도 사실이다(제 6장).

11) 예를 들면 어느 국유기업에서는 경영자의 의욕을 높이기 위해서 총경리에 연봉제를 도입하자, 당서기와 노조 주석도 스스로의 역할을 강조해 결국 3명이 같은 연봉이 적용되었다.

12) 다만, 국가가 경영권을 갖지 않는 주식기업, 국유기업과 외국자본이 만든 합병기업, 그리고 민영화된 국유기업 등은 그 안에 포함되어 있지 않음을 주의하기 바란다.

13) 데이터 문제를 근거로, 이에 정면으로 반론하는 의견도 있지만, 기업별 데이터나 집계 데이터를 이용한 다양한 추계결과를 종합적으로 판단하면, 개혁 이후 국유기업의 총요소생산성의 상승은 부정할 수 없다(제 3장).

14) 중국기업가 조사계통「중국기업가 성장여발전 전제조사보고」『중국경제연감1996』중국경제출판사.

15) 국유기업의 경영자 문제에 대해서 류 더 치망(劉 德强)「국유기업의 경영자의 능력, 노력과 경영효율; 중국철강기업에 관한 실증연구」『아시아 경제』 제 43권 제 3호, 2002년 3월을 참조.

16) 張厚義 · 明立志(編)『중국사영기업발전보고 1978-1998』사회과학문헌출판사 1999년, 60항.

17) 이에 관한 상세한 논의는 오쓰카 케지로, 류 도쿠 코, 무라카미 나오키의『중국의 미시 경제 개혁』일본경제신문사, 1995년을 참조.

18) 이와는 거꾸로 사영기업이 발달한 장강 델타 지대에서는, 국유기업을 하청 상대로 삼는 사영기업도 적지 않다(2004년 실시한 필자 현지조사에 의함).

제5장

농촌은 얼마나 변화했는가?

개혁개방 이후 인민공사가 해체되어 농가경영청부제도가 도입됨으로써 농촌경제는 크게 변모했다. 경제작물의 작부면적이 증가하고 목축업, 어업, 임업 등이 급성장했으며 식량일변도의 생산구조가 크게 개선되었다. 또한 농민들의 생활수준도 꾸준히 향상되었는데, 그들은 대단한 기세로 비농업 영역으로 진출해 농촌경제의 탈 농업화를 추진했다.

세계무역기구(WTO) 가입은 중국농업에 심각한 영향을 줄 것으로 생각된다. 앞으로의 목표는 경제작물을 중심으로 한 생산구조로의 전환, 일정규모를 가진 전업농가경영으로의 전환을 실현하는 것에 있다.

향진기업의 급성장은 농촌지역에 체류하는 과잉노동력에 고용의 장을 제공하고 농가소득의 지속적 향상에 기여했다. 향진기업의 지속적 성장은 농업근대화를 실현하는 필수조건이지만 1990년대 들어 향진기업의 급성장에 그늘이 드리워져 고용흡수력이 주춤해졌다.

이러한 가운데 90년대 중반 이후 소유구조의 명확화를 목적으로 한 소유제 개혁이 급진전되었다. 농업근대화를 실현하고 도시·농촌 간의 소득격차를 줄이기 위해서는 농촌지역의 도시화가 필수적이었다. 이를 위한 수단으로서 호적제도와 토지소유제도의 개혁도 본격화되기 시작했다.

I 농촌개혁 20년의 회고

농촌개혁의 시작

농촌개혁의 발단은 거지들의 고향이라고도 불리며 가난한 농촌의 대명사였던 안휘성 봉양현(鳳陽縣)에서 시작되었다.

1978년 12월 12일 오후 봉양현 소강촌(小崗村)에 있는 전 농가 18세대가 모여 비밀회의를 열었다. 모인 농민들의 협의 끝에 3개조로 이루어진 서약서를 기안하고 선서한 후 지장을 찍었다. (1)상(정부)은 속여도 하(동료)는 속이지 않고 어떤 일이 있어도 외부에 누설하지 않을 것, (2)국가 상납분, 집단 유보분을 절대 속이지 않을 것, (3)만일 발각되어 체포되는 사람이 나올 경우 그 아이들이 18세가 될 때까지 전 농가가 책임지고 양육할 것.

농민들의 결사의 각오가 느껴지는 조문이지만 소강촌 농민들이 정부 승인 없이 몰래 실시하려 한 것은 단순한 것이다. 그것은 농가별로 농작업을 도급받아, 정액 상납분을 뺀 나머지를 자신들의 몫으로 하는 청부생산(나중에 농가생산책임제 또는 농가경영청부제라고 불린다)의 도입이었다.

처벌될 각오로 실시한 소강촌의 청부생산은 눈 깜짝할 새 전국으로 확산되었다. 당초 3년으로 짧았던 청부기간은 그후에는 15년, 나중에는 30년으로 연장되었다. 청부제의 보급은 농촌의 정치·경제적 구조에 큰 변화를 주었다. 1985년 봄까지 6만 5천 인민공사를 대신해 9만 2천 향진정부가 설립(부활)되었다. 중국사회주의의 상징이며 20년간 계속되어 온 인민공사체제가 소강촌의 비밀회의가 있은 지 불과 수년 만에 해체되리라는 것은 그 누구도 예상하지 못한 일이다.

인민공사에서 청부제로

애당초 '인민공사'란 마오쩌둥의 머릿속에 그린 이상향이었다. 마오쩌둥은 농민이 원하는 때에 원하는 만큼 일하고 먹고 싶을 때 배불리 먹을 수 있는 도원경(桃源境)을 그리고 이를 현실에서 만들려고 했다. 그러나 실제로 만들어진 인민공사는 이상향과는 거리가 멀었고 농민을 농지에 속박시키는 억압장치로서 기능했다.

하방(下放)에서 하강(下崗)으로

1950년대 후반기부터 70년대 말까지의 시기에 도시지역의 실업문제를 완화하기 위해서 도시지역 젊은이들을 중심으로 실업자들을 농촌과 산촌으로 강제적으로 보냈다. 이것이 하방이며 때로는 도시지역의 지식인들을 징벌하는 수단으로서도 사용되었다.

하방은 1955년 마오쩌둥의 지시에서 시작되었다고 한다. 대약진 정책의 실패에 따른 도시지역 실업과 식량난을 해결하기 위해 귀농시키고 또 도시에 사는 일부 중고등학교 졸업자들도 농촌으로 하방되었다. 1966년까지 하방된 젊은이들 수는 약 200만 명으로 추정된다.

문화대혁명 발발 이후 사회혼란이 심각해짐에 따라 대학진학은 중단되고 도시지역의 생활은 혼란, 정체되었다. 동시에 1950년대에 베이비 붐으로 태어난 젊은이들은 중고등학교를 졸업할 해가 되어, 그들의 고용문제가 심각해졌다. 정부는 문화혁명 전의 하방정책에 착안해 도시지역 중고등학교 졸업자들을 강제로 농촌과 산촌으로 이동시켰다. 중국의 농촌은 이미 과잉노동력*이 많아 하방된 도시 중고등학교 졸업자들의 대부분은 동북이나 서북, 서남 등의 변방지역으로 보내졌다. 문화혁명기에 하방되어, 농촌에서 온갖 고생을 한 중고등학교 졸업자는 1700만 명에 달한다고 한다. 1976년 마오쩌둥 사후 하방 청년들은 꾀병을 부리거나 가업을 이어받는다는 등의 이유로 도시로 돌아왔다. 그 결과 도시지역의 실업이 한층 심각해졌다. 50년대 초반에 태어난 사람들은 청춘 시절인 60년대에 하방되어 고생했지만, 90년대가 되어 그들이 중년이 되자, 다시 하방되었다. 이것이 국유기업에서의 일시귀휴=하강이다.

(뤄 환 즈언)

인민공사체제 하에서는 토지를 비롯한 모든 생산수단이 집단소유화되고 농민은 한 명의 예외도 없이 작업조라는 그룹으로 조직되어 농작업에 종사하는 것이 의무화되어 있었다. 수익의 배분은 노동점수라고 불리는 포인트에 따라 이루어졌다. 일하든 일하지 않든 노동점수에 큰 차이가 없어 농민들의 노동의욕은 매우 낮았다.

인민공사의 성립 전후에 제정된 통일매부 · 일수판매제도(統一買付一手販賣制度)와 호적제도*는 인민공사체제를 보완 · 강화하는 것이었다. 통일매부 · 일수판매제도(統一買付一手販賣制度)는 농산물유통의 국가독점을 의미한다. 주요농산물에 공정가격이 설정되어 농민은 공정가격으로 전량을 국가에 매각할 것이 강요되었다. 공정가격은 낮게 측정되어 농민이 마음대로 농산물을 판매하는 것은 금지되었다. 한편 도시호적과 농촌호적을 엄격히 구별하는 호적제도는, 농민이 도시로 나가는 것을 엄격히 제한했다. 낮은 농산품 가격으로 도시노동자의 저임금을 보증해주고 호적제도에 의해 도시인구 증가를 억제해 중공업 우선발전을 지향한 공업화가 추구된 것이다.

인민공사제도는 통일매부 · 일수판매제도(統一買付一手販賣制度), 호적제도로 이루어진 삼위일체의 체제는 농민의 생산의욕을 현저히 감퇴시키는 것이었을 뿐 아니라 도시 · 농촌 간의 노동력 배분, 농공 간의 자원배분의 왜곡을 동반하는 것이었다. 농산물 가격의 통제, 농업용 투입재의 상대적 고가격 정책, 한정된 경지에 대한 높은 인구압력 등의 요인이 겹쳤기 때문에 증산이 증수로 이어지지 않았고, 그렇다고 해서 농업 이외의 직업에 취직하려 하면 즉시 '자본주의의 끄나풀'로 규탄되었다. 농촌, 농민은 출구없는 피폐상황에 놓여 있었다.

이러한 폐색상황을 타파하는 계기가 된 것이 앞서 말한 농가경영청부제의 도입이었다. 청부제의 도입은 농민의 생산의욕을 비약적으로 증대시켰다. 이와 함께 낮게 억제되어 있던 농산물 매입가격이 큰 폭으로 인상되고, 나중에는 통일매입제도 그 자체가 폐지되었다. 이 조치는 농민의 생산의욕을 더욱 증강시키는 기폭제가 되었다.

청부제가 영향을 준 범위는 농업분야뿐만이 아니다. 농민은 자신이 일해서 얻은 자금을 밑천으로 활발히 비농업분야로 진출했다. 향진기업의 급성장이 시작된 것이다. 이처럼 토지의 집단소유나 호적제도는 잔존했지만 농가경영청부제를 계기로 풍요로움을 추구하는 농민들의 거대한 에너지가 개방되어 농촌은 크게 변모하게 되었다.

주요 농산물의 증산

제도개혁의 효과는 '식량'[1])을 비롯한 주요농산물의 증산에 나타나 있다. 1인당 식량생산량은 1978년의 318kg에서 96년 414kg으로 증가하고 그후에는 거의 상시 400kg을 넘고 있다[2]). 가축에게 먹이는 사료나 그 외 소비를 포함해 1인당 400kg의 수준을 유지할 수 있으면 식량의 국내자급은 일단 달성되었다고 간주된다. 인민공화국 성립에서부터 45년의 세

월을 지나 중국은 13억이 넘는 국민들을 어떻게 먹일 것인가라는 난제를 해결한 것이다.

농촌의 증산은 주로 토지생산성의 상승을 통해 실현되었다. 주요곡물의 1헥타르당 생산량은 1979년부터 2004년 사이에 쌀이 4.2톤에서 6.3톤으로, 보리가 2.1톤에서 4.3톤으로, 옥수수가 2.9톤에서 5.1톤으로 증가했다[3]. [그림 5-1]은 1헥타르당 곡물생산량을 다른 아시아 국가들과 비교한 것이다. 중국의 수준은 일본, 한국에는 미치지 못하지만 인도네시아, 태국 수준을 훨씬 웃돌고 있다. 또 중국의 경우 1헥타르당 생산량은 경지 면적당이 아닌 작부(作付)면적당 수량을 나타낸다.

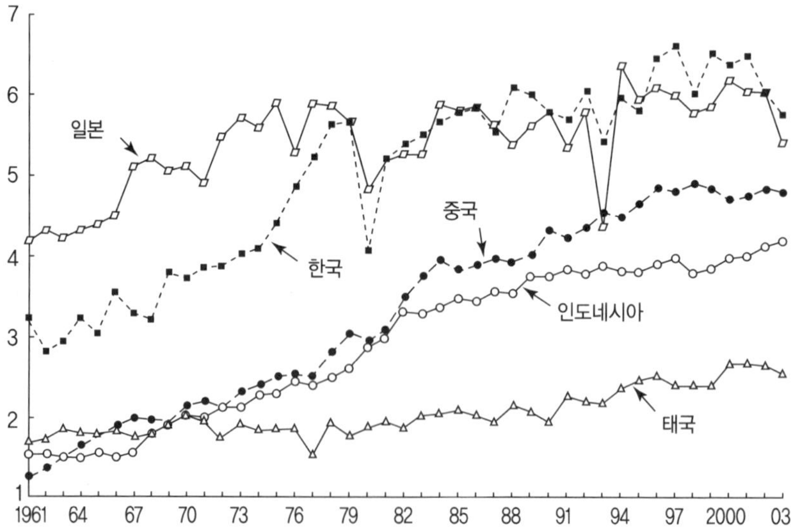

[그림 5-1] 1헥타르당 곡물생산량의 국제비교

(注) a)곡물은 쌀, 소맥, 옥수수, 기타 잡곡
(자료) FAO, Statistical databases (http://www.fao.org/).

[그림 5-2]는 1978년을 100으로 한 주요농산물의 생산량 추이를 살펴본 것이다. 이에 따르면 목화, 유료작물(땅콩, 깨, 유채기름), 당료작물(사탕수수, 황마) 등 상품화를 목적으로 한 다양한 경제작물이 극심한 변동을 동반하면서도 식량과 비교해 현저한 증산을 실현했다.

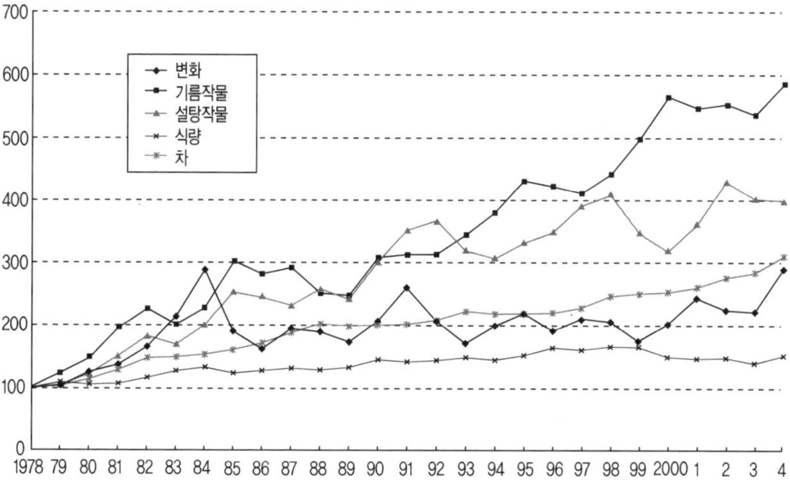

[그림 5-2] 주요농산물의 생산량 추이

(注) a) 숫자는 1978년을 100으로 한 지수.
b) 식량이라 함은 곡물에 콩류, 뿌리식물류(감자 · 고구마)(5분의 1 중량환산)를 합산한 것임.
(자료) 『중국통계연감』 매년판, 『중국통계적요 2006』

배불리 먹을 만큼의 식량생산량을 확보할 수 있게 된 덕분에 중국농업은 식량일변도의 생산구조에서 겨우 벗어날 수 있게 된 것이다.

생산구조의 다양화는 광의의 농업에 대해서도 인정된다. [그림 5-3]은 광의의 농업(경종업, 임업, 목축업, 어업)의 생산액에서 차지하는 각 구성요소의 변화를 보여준다. 1952년부터 개혁개방 전야인 1975년까지 경종업(耕種業)의 비율은 80% 전후로 거의 변화가 없었다. 개혁개방기에 들어서자 경종업의 비율은 급속히 저하되기 시작해 2005년에는 49.7%가 되었다. 앞서 보았듯이, 경종업 스스로가 급성장을 하고 있었기 때문에, 임업, 목축업, 어업 등의 성장이 얼마나 빨랐는지를 알 수 있다. 임업, 목축업, 어업 중에서는 특히 목축업의 발전이 현저했다.

농업개혁이 주요농산물의 증산을 가져오고 그 결과 빈곤인구의 현저한 감소와 농민의 생활수준이 지속적으로 향상되었다(제 13장). 개혁개방 시대인 20년을 거쳐 평균적인 농촌의 평균적인 농민의 생활은 의식주의 기본적 수요를 충족시키는 '온포(溫飽)' 단계에서 그럭저럭 생활수준을 실현한 '소강(小康)' 단계를 향해 한걸음 내딛는 단계에 도달했다고 할 수 있다.

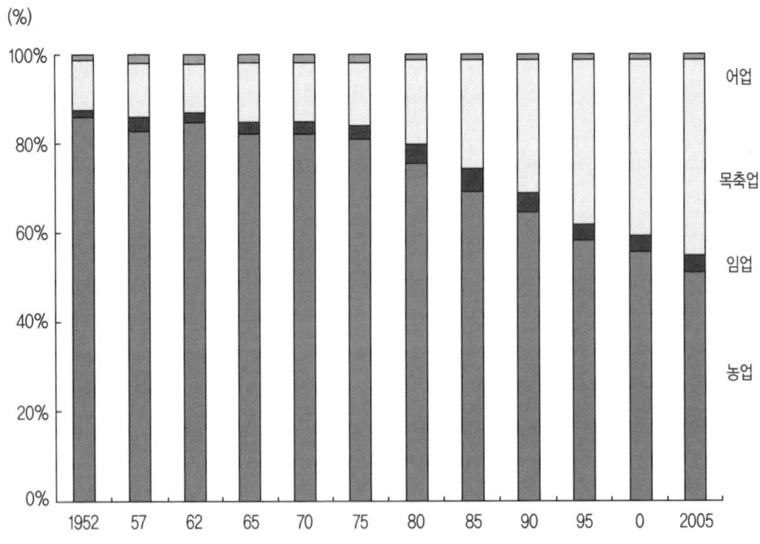

[그림 5-3] 농업생산액의 구성비 변화

(자료) 『중국통계연감』 매년판, 『중국통계적요 2006』

농업근대화의 도달점

농업근대화의 도달점을 나타내는 농업의 기술진보에는 품종개량, 화학비료 · 농약투입에 의한 토지생산성 향상과 트랙터, 자동경전기 등 각종 농업기계의 도입에 의한 노동생산성 인상이라는 두 가지 다른 측면이 있다. 농촌지역에 풍부한 노동력이 존재하고 토지를 새로이 개간할 여지가 적은 중국에서는 농업의 기술진보는 토지생산성 향상을 중심으로 진전되었다.

화학비료, 농약, 농업용 필름(온실재배에 사용되는 비닐 등)과 같은 농업투입재의 사용량은 개혁개방 후 비약적으로 늘어났다. 오늘날 1헥타르당 화학비료 투입량은 280kg을 넘는데 2005년의 사용량 4636만 톤 중 1608만 톤(약 35%)은 수입에 의존하고 있다[4]. 또 농약의 생산량은 1980년대에 일단 감소세로 추이했지만 90년대에 들어 사용량의 증가와 함께 생산량도 회복되었다. 또한 농업용 필름의 생산량은 1998년 83만 톤에서 2005년 177만 톤으로 꾸준히 증가했다.

노동생산성 인상을 목적으로 한 기술진보는 상대적으로 늦었지만 농업기계화가 전혀 진전되지 않은 것은 아니다. 농업기계의 총 동력수는 1978년의 1억 1800만 킬로와트에서 2004년 6억 4140만 킬로와트로 증가했다. 농촌에서도 가장 많이 보급되어 있는 농업기계는 소형 트랙터이다. 2004년의 소형 트랙터 보유대수는 1468만 대에 달하지만 농가 100호당은 5.88대에 지나지 않아 기계 경작률(기계경작면적/경지면적)은 49%에 그친다. 또한 기계 파종률은 34%, 기계 수확률은 23%로 파종 · 수확작업의 기계화는 가장 뒤처져 있다[5].

WTO 가입 후의 중국농업

중국의 세계무역기구(WTO)* 가입을 둘러싼 교섭은 15년이라는 긴 세월 동안 계속되었는데 2001년 12월 중국은 드디어 WTO 가입을 실현했다(제 8장).

WTO 가입은 중국농업에 심각한 영향을 줄 것으로 예상된다[6]. 우선 주요곡물(보리, 옥수수, 쌀)에 대해서는, 2004년까지 중국이 승인한 수입 할당량은 2216만 톤이 되며 상품으로서 판매되는 곡물의 15%에 달한다. 겉겨를 포함한 중량환산으로는 수입할당량은 4107만 톤이며 할당량 한도 최고로 수입되면 국내생산량의 9.1%에 상당한다(대두는 포함하지 않음). 수입량을 국내생산량의 5% 이하로 억제하는 것이 식량안전보장의 기준이라는 것을 감안하면 이미 위험수준을 넘는 것이 된다. 수입품 급증이 국내생산에 타격을 준 사례로서 옥수수를 들 수 있다. 옥수수는 동북부의 특산품이지만 수입 급증에 의해서 팔리지 않고 남은 물건이 대량으로 발생했다.

이와 같이 WTO 가입은 중국농업에 큰 도전이 되고 있는데, 지금까지 보아 온 것과 같이 WTO 가입이라는 외압이 없었다 하더라도 개혁개방 20년을 거쳐 중국농업은 이미 새로운 발전단계에 들어갔다고 할 수 있다. 오늘날의 농업이 직면하고 있는 과제는 예전과 같이 양의 확보가 아니라 더 부가가치가 높은 농작물을 얼마나 효율적으로 생산하는가에 있다.

향후 중국농업이 지향해야 할 목표는 (1)식량일변도의 생산구조에서 야채, 가축, 과일 등 경제작물을 주력으로 한 생산구조로의 전환, (2)자가소비를 중심으로 한 영세규모경영에서, 상품생산을 목적으로 하고 일정한 경영규모를 가진 전업농가경영으로의 전환이라는 이중 전환을 실현하는 것에 있다. 장래적으로는 농산물을 가공해서 부가가치를 더해 도시지역에 파는 우리의 농협과 비슷한 독자적인 생산 · 유통 · 판매망 형성도 시야에 넣을 필요가 생길 것이다.

중국정부는 노동생산성 향상을 동반하는 효율적인 농업경영의 실현을 지향하고 생산구조의 다양화, 대규모 경영농가의 육성과 같은 시도를 적극적으로 하고 있다. 그러나 그 앞길이 반드시 밝지만은 않다. 거듭되는 정부매입가격 인상 결과 중국의 농산물 가격은 이미 국제적 수준에 필적하는 정도로 상승해 버렸다. 이러한 가운데, 대규모 경영에 의한 효율화, 노동생산성 인상을 실현하기 위해서는 무엇보다도 우선, 농업에 종사하는 농민들의 수를 줄여야 한다. 어느 추계에 따르면 현재 여전히 농촌지역에는 2억 명이 넘는 과잉노동력이 존재한다고 한다(제 6장). 이들 노동력이 비농업영역으로 흡수되어야 비로소 농업근대화의 조건이 완성된다.

역설적이기는 하지만 농업근대화를 실현하기 위해서는 탈 농업을 적극적으로 추진하는 것밖에 방법이 없는 것이다.

Ⅱ 변용하는 향진기업

탈 농업을 가속화시키는 농업경제

농촌개혁의 초기단계에서는 주로 농산물의 증산과 농산물 가격 인상이 농가소득 향상에 공헌했다. 그러나 통일매입제도가 계약매입제도로 바뀐 1980년대 중반 이후, 농산물가격이 떨어지고, 그것이 농업생산의 정체를 일으켰다. 이른바 '농업배회'의 출현이다. 그런데 흥미로운 것은 농업배회 속에서도 농가소득 신장이 멈추지 않았다. 왜냐하면 농촌 내부에서 2차, 3차 산업이 발생해, 그것이 농가소득 정체를 보충했기 때문이다.

농촌 비농업부문 발전을 견인한 것이 향진기업이다. 향진기업이란 농촌말단행정조직(향 · 진 · 촌)이 경영하는 기업 및 농민이 공동 또는 단독으로 경영하는 기업의 총칭이다. 향진기업의 발전은 놀라울 정도였다.

1978년 시점의 향진기업 수는 152만, 종업원수는 2826만 명이었는데, 2004년에는 기업수 2213만, 종업원수 1억 3867만 명으로 증가했다. 같은 해에 향진기업이 실현한 부가가치액 4조 1815억 위안은 GDP의 30.5%를 차지했다[7].

향진기업은 농업, 공업, 운수업, 상업 · 서비스 업의 폭넓은 업종을 커버하는데 그 대부분은 농산물가공, 의료 · 봉제에서 기계부품까지 다종다양한 제품을 생산하는 중소기업이다. 2004년의 향진기업이 창출한 부가가치액 중 공업부문은 약 70%를 차지한다. 또 한 기업당 종업원수는 공업기업에서는 12.7명, 향진기업 전체에서는 6.3명에 지나지 않는다[8]. 다만 전국 유수의 가전업체로 성장하고 홍콩시장에서 주식을 상장한 과룡집단(科龍集團)처럼, 향진기업의 대군 속에서 몇 개 대기업, 기업그룹이 출현하고 있다.

향진기업의 발전에는 큰 지역불균형이 보인다. [그림 5-4]는 향진기업 부가가치액의 지역분포를 살펴본 것이다. 향진기업이 창출한 부가가치의 67%는 동부에서 발생했고 그 중에서도 산동, 절강, 강소, 광동 등의 동남연해부에 집중되어 있음을 알 수 있다.

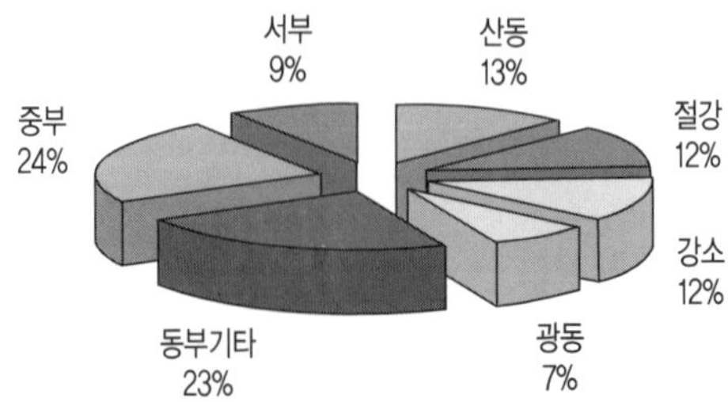

[그림 5-4] 향진기업 부가가치액과 지역별 분포(2002년)

(자료)『중국향진기업연감 2005』 115항.

향진기업은 왜 발전했는가

향진기업이 급성장을 한 요인은 여러 가지가 있지만, (1)시장의 수요에 맞춰 생산을 재빨리 조정하는 등, 중소기업으로서의 우위성을 발휘할 수 있었던 점, (2)마오쩌둥 시대에 발전한 사대기업(社隊企業: 인민공사와 생산대대가 경영하는 기업)에서 축적된 기술과 자본이 그후 크게 도움이 된 점, (3)향촌정부가 공업용지나 노동력, 융자담보를 제공하는 등, 시장의 미발전을 보전하는 데 있어 적극적인 역할을 한 점 등이 주요 요인으로 지적되고 있다. 특히 (3)의 논점과 관련해 정부와 기업과의 상호의존, 상호제약의 관계는 많은 관찰자의 주목을 끌었다.

여기서의 논의 포인트는 향진기업의 소유구조에 있다. 향진기업의 대부분은 향촌정부가 소유하는 공유기업이다. 명확한 소유구조의 존재가 기업경영의 효율성을 보증한다는 통설(코스의 정리*라 불리는)에 따르면, 애매한 소유구조를 가진 향진기업은 국유기업이 그렇듯이 비효율적일 것이다. 그러나 향진기업은 국유기업과 비교해 매우 양호한 경영실적을 보어주었다. 왜 그럴까?

이 문제에 대해서 어떤 이들은 향진기업의 성공이 반드시 상기의 통설에서 일탈한 것은 아니라고 주장한다. 즉 향진기업의 소유구조는 일견 애매한 듯이 보이지만 실제로는 지역 커뮤니티(중국에서는 '社區'라고 불린다)의 내측과 외측(마을 사람인가 아닌가)에 의해서 명확하게 구별되고 있다. 전 인민의 소유이어야 할 국유기업 종업원은 기업에 대한 충성심이 낮고 기업경영에 대한 관심도 엷다. 그러나 종업원의 대부분이 마을 주민인 향진기업의 경우 기업에 대한 충성심은 높고 기업이 자신들의 것이라는 의식이 매우 강하다. 또 향진정부의 기업에 대한 개입은 자의적인 듯이 보이면서 실은 일정한 룰에 따른 것이며 양자의 관계는 명확한 계약관계를 기초로 하고 있다고 한다.

또한 소프트한 예산제약을 특징으로 하는 국유기업과는 달리 향촌정부의 예산제약은 하드(중앙은행을 가지지 않는 지방정부는, 비효율적인 기업을 언제까지나 온존할 수 없다)하다는 점, 향촌정부끼리의 극심한 시장경쟁의 존재가 기업의 경영효율을 높이는 역할을 한 점 등도 향진기업 성공을 설명하는 요인으로 지적된다.

지금까지의 연구에서 명확해졌듯이 향진기업의 성공은 결코 기업이론에서 일탈한 예외라고는 할 수 없다. 그러나 발전 초기단계의 성공은 결코 그후의 성공을 보장해주는 것은 아니다. 향진기업이 더욱 발전을 거듭해 가려 한다면, 기업규모의 확대, 기업활동의 광역화를 피할 수 없다. 그러한 한 단계 나아간 발전단계에서도 향촌정부가 향진기업을 유효하게 감독하고, 향진기업의 경쟁력을 유지할 수 있을 것인가. 나중에 언급할 내용이지만 향진기업의 소유권개혁이 지금 와서 가속화되고 있다는 점을 주목한다면 향진기업의 발전은 지금 큰 전환점에 있는지도 모른다.

향진기업의 소유권개혁

이주민 노동자의 증가와 함께 주목해야 할 최근의 변화는 1990년대 중반 이후 향진기업의 소유권개혁이 급진전한 것이다.

발전의 초기단계에서는 향촌정부와의 긴밀한 관계가 기업발전에 유리하게 작용한 측면이 컸다. 그러나 시장화가 진전됨에 따라 그것이 오히려 발전의 제약이 되는 측면이 많았다. 예를 들면 지역에서의 고용확보, 치안유지를 최우선으로 삼는 향촌정부는 지역노동력이 고갈되었을 때 타지역에서 저가의 노동력을 이입하기보다 노동절약형기술을 선택하는 경향이 강하다. 지역 커뮤니티를 넘어선 생산요소의 자유로운 유동이 제한되어 있는 것이 자본집약적 편중을 초래하고 있는 것이다. 또 만성적인 적자재정에 빠져 있는 향촌정부의 공무원들이 향진기업에 세금 이외의 비용부담을 임의로 요구하는 사례도 적지 않다.

이러한 문제를 해결하는 수단으로서, 주식제도의 전환을 지향한 소유권개혁이 광범위하게 실시되고 있다. 경영자가 대부분의 주식을 갖고 있는 경우나 종업원들에게 비교적 평등하게 주식이 배분되는 경우 등 다양한 사례가 보고되고 있는데, 향촌정부가 '집단주' (기업자산의 일부를 집단경제의 기여분으로서 주식으로 환산)의 소유자로서 기업경영에 직접 관여하는 경우가 감소하고, 경영자에게 권한을 집중시키는 경우가 늘어나고 있다. 어느 조사에 따르면, 향진기업 발전의 모델지역이라 물리는 중국 강소성 남부지역(소남지역)에서조차, 향진기업의 소유권 개혁이 거의 완성되어 모든 향진기업이 이에 준한 기업형태로 개혁되었다고 한다.

무엇보다도 제도상으로는 향촌정부가 기업경영에서 철수한 것처럼 보이지만, 비합법적인 행정간섭이 완전히 사라진 것은 아니다. '시장의 미발달[9]' 은 그렇게 간단하게 극복할 수 없고 행정 서비스의 재원으로서 향진기업 이윤에 의존하는 현상도 곧바로 사라지지 않을 것이다. 이렇게 생각하면 정부와 기업과의 상호의존, 상호유착관계는 당분간 계속될 것으로 보아야 한다.

Ⅲ 농촌근대화 문제

심각해지는 '삼농문제'

최근 20년간 농촌경제는 크게 변모했지만 남겨진 과제도 많다. 농촌이 직면한 과제는 '삼농문제(농업, 농촌, 농민문제)라고 불린다. 보통 농촌에 거주하고 농업에 종사하는 사람이 농민이다. 그러나 중국의 농민은 모두가 농업에 종사하는 것은 아니다. 중국의 정의에서는 농촌 호적을 가진 사람들은 직업에 관계없이 모두 농민으로 불린다(호적제도* · 민공조 참조). 또, 모든 농민이 농촌에 거주하는 것은 아니다. 전국에 9800만 명이 있다고 하는 도시지역 이주민 노동자는 이주한 시간적 길이와 장소에 관계없이 모두 농민이다. 따라서 농업문제를 해결하는 것만으로는 농촌문제는 해결되지 않으며 농민문제는 농촌 내부만으로는 완결되지 않는다. 중국농민의 이러한 특수한 지위가 삼농문제를 복잡하게 하고 있다.

삼농문제가 구체적으로 드러난 것이 도시 · 농촌 간의 소득격차 확대이다(제 13장). 또, 소득이 낮은 농민이 도시주민보다 세부담이 큰 것도 문제이다. 2002년부터 일부 성에서 '세비개혁' 이 실시되었다. 이는 세금 이외에 농민에게 부과되는 무거운 '비용' (세외세) 부담을 개선하는 것을 목적으로 각종 '비용' 을 폐지하고 농업세를 일원화한다는 것을 지향한 제도 개혁이다. 이에 의해 농민부담은 경감되었지만 도시주민과 농민의 소득분배 불평등 구도는 변하지 않았다. 현행 세제도에서는 월수입 800위안 이하의 도시주민은 소득세부담이 없다. 그러나 농민 한 사람의 평균 연수입은 2600위안임에도 불구하고, 8.4%의 농업세를 부담해야 한다.

상해시, 북경시, 절강성 등 연해부의 부자지역은 농업세를 빨리 폐지하려는 움직임이 시작되었다. 농민에게는 환영할 만한 변화이지만 풍요로운 연해지역의 부담 경감이 선행하고 빈곤한 내륙지역인 농촌에서는 개혁이 늦어지는 현상이 생기고 있다.

민공학교: 이주자 자녀 글방

2003년 여름 어느 날 아침, 싼 교복을 입은 아이들이 정비되어 있지 않은 울퉁불퉁한 교정에서 체조를 하고 있다. 낡은 교실 바로 뒤에 건설된 신축 고층 아파트를 바라보면서 이소매(李素梅) 씨는 '이 학교도 또 이전해야겠군….' 하고 탄식하며 중얼거렸다. 이씨는 북경시에 있는 민공학교의 여성 부교장이다.

하남성의 초등학교 교사였던, 이씨가 북경으로 올라와 이주민 노동자인 친척 6명의 아이들을 위해서 야채밭 가운데에 가건물 교실에서 국어와 산수 수업을 시작한 것은 1996년의 일이었다. 이를 보고 주변의 이주민 노동자들이 자신들의 아이들도 부탁한 것이다. 이것이 계기가 되어 이씨 부부는 학교를 설립했다. 그 후 규모가 점차 확대되어 2003년 현재 5~6세의 취학전 아동을 대상으로 한 학급, 초등학교, 중학교를 합쳐 3000명을 넘는 학생들을 수용하고 있다. 수 십 명의 학생에서 수천 명까지 다양한 규모의 민공학교는, 북경시만 200교 이상이라고 한다.

1990년대에 들어서면 가족들을 데리고 온 이주민 노동자들이 도시지역에 증가했다. 도시 호적을 갖지 않은 이주민 노동자들이 아이들을 공립학교에 넣기 위해서는 다양한 명목의 기부금 등을 지불해야만 한다. 또 여러 가지 일을 전전하며 바꾸기 때문에 공립학교의 경직된 학적관리제도도 이주민 노동자들의 아이들에게는 장애가 된다. 아이들에게 교육을 받게 하고 싶은 노동자들의 니즈에 응하기 위해서, 민공학교가 많이 만들어져 있는 것이다.

민공학교의 대부분은 정부의 인허가를 받지 않은 곳이다. 또 정부로부터 지도나 원조도 거의 받지 않는다. 이런 의미에서 민공학교는 비합법적인 존재이다. 교실을 포함한 시설은 열악하고, 교사전원이 교원면허를 가진 것은 아니다. 그러나 싼 수업료로 기초교육을 받을 수 있기 때문에 이주민 노동자들 사이에 큰 인기를 누리고 있다. 때때로 정부로부터 단속을 받지만(그 때문에 이씨의 학교도 몇 번이나 이전했다), 민공학교는 끈질기게 살아남는다. 기초교육의 보급이라는 본래 정부가 담당해야 할 것을 민공학교가 대행하고 있다. 민공학교의 성립과 발전은 중국 특유의 교육재정제도와 도시주민의 이주자 노동자에 대한 차별의식에 의한 것이다. 인구의 대다수를 차지하는 농민에게 도시주민과 같은 대우를 해주지 않는 한, 민공학교는 사라지지 않을 것이다

(뤄 환 즈언)

중앙정부에 있어서도 삼농문제는 최우선 과제이다. 원자바오 총리는 2004년 3월 정부 활동보고에서, 5년 이내에 농업세를 전면 폐지한다는 것을 확약하고, 삼농문제 해결에 본격적으로 힘을 쏟을 결심을 표명했다. 이 방면에서 정부가 해야 할 일은 많지만 삼농문제의 근본적 해결에는 기존 도시의 발전과 함께 농촌지역의 도시화가 필수적이다. 농민의 비농업영역으로의 진출에 의해서 농업종사자들이 감소해야 비로소 농업의 노동생산성이 상승해 농가소득이 도시주민 소득에 가까워진다.

개혁개방이 시작된 당초 향진기업의 발전이 농민의 비농업영역으로의 진출을 강력하게 뒷받침했다. 그러나 보다시피 향진기업의 발전은 여전히 멈추어 있으며 향진기업을 더욱 발전시키려 하면 기업 규모의 확대, 집중 · 집적의 이익을 추구한 산업입지 개선이 필수불가결해진다. 산업입지의 개선에 의해서 공장이 특정지역에 집중되면 서비스 부문에서의 새로운 고용이 그곳에 생겨난다. 이러한 일련의 변화는 농촌 내부에 새로이 도시가 형성되는 과정에 지나지 않는다.

세계은행의 추계에 따르면 2020년에 중국의 도시인구비율은 50%를 넘는다[10]. 도시인구가 약 7억 5000만 명이 되어 1998년 시점보다 3억 7000만 명이나 증가한다는 계산이다. 이 정도로 많은 인구를 기존 도시에서 모두 흡수하는 것은 도저히 불가능하다. 농촌지역의 도시화에 크게 기대되고 있는 이유는 바로 여기 있다(제 6장).

호적제도의 단계적 폐지와 토지유동화

도시화가 얼마나 진전될 것인가는 공업화의 진전과 밀접한 관계가 있는데, 중국의 경우 호적제도나 토지소유제 개혁의 향방과도 관계되어 있다.

호적제도는 1958년부터 지금까지 도시화를 억제하는 제도장벽으로서

기능해 왔다. 개혁개방 후 식량사정이 호전되는 한편 건축노동자 등 도시지역에서의 노동수요가 급증했다. 이 때문에 상해나 북경과 같은 특대도시를 예외로 하면 호적제도의 운용은 탄력적으로 이루어지게 되어 중소도시에서는 거의 형해화되어 버렸다. 정부의 대응도 도시지역에서 정착해 살고 있는 농민들의 현황을 긍정하고 이를 서서히 용인해 가는 방향에 있다. 잠시 동안은 기존 도시로의 유입제한이 남을지도 모르지만 가까운 장래에 호적제도는 사라질 가능성이 높다.

한편, 토지를 비롯한 농촌집단 소유제도는 농민의 이농을 농촌 측에서 규제하는 역할을 해왔다. 토지를 청부만 하고 있으면 자가 소비분의 식량을 확보할 수 있기 때문에 토지에 일종의 사회보장기능이 부여되어 있었다고 할 수 있다.

최근 들어 겨우 농민의 도시 이주 촉진을 목적으로 토지청부방식 재검토가 시작되었다. 그러나 농지의 공업용지로의 전용을 획책하는 지방정부가 충분한 보상없이 농민들로부터 토지를 거두어들이는 사건이 빈발해, 전국에서 4000만 명이 넘는 토지없는 농민이 출현했다. 이러한 가운데 2002년에 '농촌 토지 청부법'이 제정되었다. 이 법률은 토지를 가진 농민의 권리를 보장하고 토지의 정상적인 유동화를 촉진하는 것이 목적이다. 토지 유동화의 움직임은 이제 막 시작되어 앞으로 우여곡절이 있을 것으로 예상되지만 농민의 이농을 촉진한다는 큰 방침에는 변화가 없다.

이들 제도개혁이 성공을 거두고 농촌지역의 도시화가 순조롭게 진척되었을 때 도시 · 농촌 간 소득격차가 비로소 축소로 돌아설 것이다. 개혁개방 20년간 확실히 중국은 크게 변모했다. 그러나 농촌지역의 도시화에 성공하고 농업근대화를 실현하기까지의 여정은 아직 멀고 험난하다고 해야 할 것이다.

가토 히로유키(加藤弘之)

1) 식량이란 곡물과 콩류, 감자류(5분의 1 중량환산)를 합한 것이다.

2) 『중국통계연감』 각 년판.

3) 『중국농촌통계연감 1985』 171항, 『중국통계연감 2005』 458-464항.

4) 『중국농촌통계연감 2005』 44, 45, 245항.

5) 『중국농업연감 2005』 159, 163, 167, 248항.

6) 韓俊 (편) 『중국 삼농 100제』 중국발전출판사, 2004년, 230항.

7) 『중국향진기업연감 2005』 115항.

8) 『중국향진기업연감 2005』 111, 113, 115, 133~135항.

9) 농촌에서의 시장 형상에 대해서는 가토 히로유키(편) 『중국농촌발전과 시장화』 세계사상사, 1995년, 가토 히로유키 『중국의 경제발전과 시장화』 나고야대학 출판회, 1997 등을 참조.

10) World Bank, China 2020: Development Challenges in the New Century, 1997, p.46.

제3부

노동시장과 금융 · 자본시장

Economic Development in China

제6장 실업률은 정말 낮은가?

제7장 금융은 중국경제의 아킬레스건인가?

제6장

실업률은 정말 낮은가?

신 중국 성립 전부터 현재까지, 중국의 인구동태는 높은 출산 · 높은 사망에서 높은 출생 · 낮은 사망으로, 그리고 낮은 출산 · 낮은 사망으로 전환되었다. 이러한 전환을 실현한 것은 한 자녀 정책을 중심으로 하는 엄격한 인구정책과 여성의 학력상승과 도시화 등의 근대화 요인이다. 세계적으로도 독특한 한 자녀 정책은 확실히 인구의 경제에 대한 부담을 경감시키는 데 기여했지만, 성비(性比)를 무너뜨리고, 무호적 자녀, 급속한 고령화 등 많은 문제를 초래하는 것도 사실이다.

개혁 전에 노동시장은 존재하지 않았다. 개혁 후, 비국유기업의 발전과 농촌 노동력의 도시지역 유입에 의해 도시지역에서는 노동시장이 형성되었다. 고용구조의 중심은 1차 산업에서 2차 산업, 그리고 3차 산업으로 변화되고 국유기업의 고용상의 지위 저하도 주목된다.

중국에서는 도시에서도 농촌에서도 다량의 과잉노동력을 안고 있다. 도시의 과잉노동은 노동시장 형성에 의해 표면화되고 실업률은 높은 수준에 있다. 한편 농촌에서도 대량의 과잉노동력이 존재한다.

인구고령화, 실업문제의 표면화, 도시지역의 빈곤문제 심각화 등에 의해서 사회보장제도 개혁과 재구축이 시급해지고 있다. 고용과 사회보장이 일체화된 기본 제도가 이미 붕괴되고, 시장경제에 적응할 수 있는 연금보험, 실업보험, 의료보험, 최저생활보장 등 새로운 보장제도가 모색되고 확립되어 가고 있다.

I 인구이동과 노동력

인구규모와 그 변동

중국은 세계 제일의 인구대국이다. 2003년 말 현재 중국인구(홍콩, 마카오, 대만 제외)는 12. 9억 명이었다[1]. 이 숫자는 세계 인구의 약 5분의 1을 조금 넘고 2위인 인도보다 2.6억 명 많고 OECD의 30개 가입국 전체보다도 1.5억 명 많다.

1949년 중국의 인구는 5.4억 명이었으므로 해방 후 54년간 2.4배 증가한 셈이 된다. 또한 이 기간의 인구증가는 큰 변동을 동반했다. 중국의 인구이동은 다음과 같이 5단계로 나눌 수 있다.

1단계는 1949~59년의 1차 인구증가기로 내전이 종결되고 사회보장이 안정되어 베이비 붐이 일어났다. 2단계는 59년~61년의 인구급감소기로 대약진정책 실패에 의해서 큰 기근이 찾아왔다(제 1장). 출생률이 급속히 저하된 데 비해 사망률이 급속도로 상승해 공식통계에서도 60년 인구의 자연증가율(출생률－사망률)은 마이너스를 기록했다. 아사(餓死) 등에 기인하는 비정상 사망인구는 2000만 명에서 3000만 명으로 추계된다.

3단계는 1961~71년의 제 2차 인구증가기로 전기 출생률이 급격히 저하된 반동도 있어 이 시기의 출생률은 급격히 회복되어 63년에는 사상최고인 43.4‰ (per mill, 1000명 당)에 달했다. 한편 사망률은 저하되는 추세였기 때문에 인구는 매우 증가했다.

4단계는 71~79년으로 정부는 정식으로 인구억제정책을 발표하고 출생률은 급속히 저하되어 인구의 자연증가율도 서서히 저하되었다.

5단계는 1979년 이후로 엄격한 인구정책이 실시되어 출생률이 안정되고 인구증가율은 낮은 수준에서 추이했다. 1978~2005년의 연평균 증가율은 11.4‰이지만 98년 이후 자연증가율은 10.0‰를 밑돌고 있다.

인구전환과 그 요인

이상과 같은 중국의 인구변동은 기본적인 인구전환론*으로 설명할 수 있다. 해방 전의 중국의 인구변동은 고출생 고사망 · 저 자연증가의 단계이며 그후 71년까지는(1950~61년의 대 재난기를 제외하면) 사망률 저하에 의해서 자연증가율이 상승하고, 71~79년은 출산율 저하에 의해서 자연증가율이 저하되었다. 그리고 80년 이후에는 전형적인 저출생 · 저사망 · 저자연 증가라는 최종단계에 도달했다고 생각된다.

선진국의 경험에서 말하자면 저출생 · 저사망으로의 전환은 공업화가 실현되고 1인당 소득이 높은 수준에 달하고 나서 발생하는 경우가 많다. 현재 많은 개도국에서는 여성의 교육수준과 사회 진출 등의 근대화가 늦어지고 있어 출생률 감소가 좀처럼 실현되지 않는다. 그러나 중국인구의 자연증가율은 이미 중소득 국가 보다 낮고 선진국 수준에 가까워지고 있다. 이는 중국정부가 실행해 온 엄격한 인구정책 및 80년대 이후 급속한 근대화에 기인한다고 생각된다.

1960년까지 중국은 실질적인 인구억제정책을 취하지 않았다. 특히 50년대 한때 출산 증가정책까지 채택한 적이 있었다. 그러나 70년 이후 인구정책은 더욱 엄격해졌다. 만혼과 계획출산이 장려되고 78년에 제정된 새로운 헌법에서는 계획출산이라는 방침이 명확이 나타났다. 이듬해인 79년에는 부부 한 쌍당 자녀 1명이 가장 바람직하고 많아도 두 명, 출생 간격은 3년 이상으로 할 것이 제기되는데, 이른바 한 자녀 정책이 시작된 것이다.

한 자녀 정책을 엄격하게 실행하기 위해서 중앙정부는 각 지방이나 직장의 지도자들에게 계획출산책임제를 담당하게 했다. 즉, 지도자의 업적 평가시에 미리 정한 출산계획 달성이 기본적인 평가기준이 되었다. 구체적으로는 장려와 징벌이라는 당근과 채찍정책을 각지에서 실행했다. 장려정책으로는 예를 들면 첫째 아이를 가진 후 수술을 해서 둘째 아이를 갖지 않는다는 것을 선언하는 한 자녀 증서를 주고 장려금, 의료, 유치원, 초등학교 입학 보조금 등의 우대조치를 취했다. 한편 출산계획을 무시하고 멋대로 출산하면 임금 삭감과 벌금 등이 부가되고 때로는 징계면직처분을 받게 된다. 또 지방정부의 계획출산 책임자는 강권적으로 임산부를 유산시키거나 하기 때문에 중국의 인구정책은 때로는 인권을 무시하는 제도라며 서방 선진국들로부터 비난받았다[2].

1980년대 이후의 인구증가율 저하의 원인에는 인위적인 정책뿐 아니라 사회생활의 근대화라는 측면도 있다는 것을 간과해서는 안 된다. 특히 여성의 고학력화와 사회진출, 도시화 진전 등이 출생률 저하에 크게 기여했다.

중국의 인구학자들의 연구에 따르면 71~98년 사이의 출생자수 감소는 6.3억 명에 달하고, 그 중 46%는 근대화 요인에 의한 것이라 한다[3].

한 자녀 정책의 문제점

우선 출생성비(여아출생 100명에 대한 남아출생수의 비율)의 왜곡을 들 수 있다. 인위적인 출생억제가 이루어질 때의 성비 106내외에 비해 실제의 출생성비는 급상승했다. 즉 1981년 107.5에서 89년 111.9를 거쳐 99년에는 116이라는 매우 높은 수준으로 상승한 것이다. 이는 임신중의 태아 성별을 검사해 여아일 경우 유산하거나 여아를 낳고 나서 아이를 처분하거나 또 일부 지역에서는 첫 아이가 여아일 경우 둘째 아이를 갖는 것을 허용해 주는 등의 정책에 의한 것으로 여겨진다. 출생성비의 왜곡은 장래 신부감 부족이라는 심각한 문제를 초래할 수도 있다[4].

다음으로 무호적 자녀 문제가 있다. 계획 외 출산에 대한 처벌을 피하기 위해서 아이를 호적지와는 다른 곳에서 낳거나, 낳아도 호적등록을 하지 않는 경우가 많다. 이처럼 호적등록이 되지 않은 아이들을 헤이하이즈(黑孩子: 무호적 자녀)라고 한다. 호적이 없기 때문에 무호적 아동들은 취학, 의료, 취직 등에서 많은 문제를 안고 있다.

또 한 자녀 정책의 필연적 결과로서 고령화가 급속히 진전되고 있다. 고령화율(65세 이상의 인구가 전체 인구에서 차지하는 비율)은 젊은 인구 감소에 의해 급상승하고 있다.

[그림 6-1]은 세계 17개국의 1인당 GDP와 고령화율과의 관계를 나타낸 것이다. 이에 따르면 둘 사이에는 유의미한 상관관계가 있으며 1인당 GDP가 높으면 고령화율도 높다는 것을 알 수 있다. 그런데 중국의 1인당 GDP는 5003달러(구매력 평가 환산)인데, 고령화율은 이미 5.9%에 달한다. 이 때문에 중국의 위치는 표에 그려진 회귀선을 웃돌고 있으며 경제발전 정도에 비해 고령화가 빠르게 진행되고 있음을 알 수 있다. 이 비율은 일본(16.0%), 미국 (10.7%) 등 선진국 수준에 달하지는 않지만 태국(5.4%), 말레이시아(3.5%), 인도(5.0%), 브라질(4.9%)를 크게 웃돌고, 한국(7.0%), 싱가포르(6.5%) 등 중진국 수준과 같은 수준에 달했다.

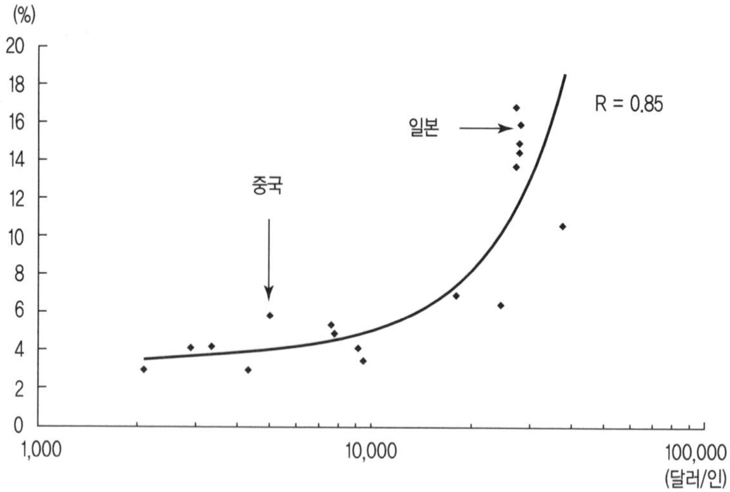

[그림 6-1] 고령화율의 국제비교(2003년)

(注) a) 고령화율은 65세 이상 인구의 비율
b) 1인당 GDP는 구매력 평가(PPP)*로 환산한 것.

(자료) 국연(國連) 개발계획(UNDP) (편) 『인간개발보고서 2005』 국제협력 출판회, 280-283항. 314-317항.

중요한 것은 중국의 고령화 진전이 선진국들보다 빠르다는 점이다. 예를 들면 고령화율이 7%에서 17%까지 가는 데 걸리는 시간은 선진국에서는 보통 80년이었지만, 중국에서는 40년이 채 안 될 것으로 추계된다. 1990년에 중국의 고령자는 6299만 명이었으나 2000년에는 8811만 명으로 증가했다. 2040년의 고령화율은 20%를 넘을 것으로 예상된다. 따라서 고령자를 어떻게 부양할 것인지가 큰 문제이다. 현재 중국에서는 이 문제는 '421종합증'(4명의 조부모, 2명의 부모, 1명의 아이)이라는 이름으로 다양한 논의가 이루어지고 있다.

한 자녀 정책의 완화

21세기 들어서, 위에서 말한 한 자녀 정책의 문제점이 서서히 표면화되고 있다. 인구고령화에 대응하기 위해서 연금제도 재구축을 서두르는 한편, 엄격하게 시행해 온 한 자녀 정책도 실질적으로 완화하게 되었다.

2001년에 실시된 중국 최초의 '중화인민공화국 인구와 계획출산법' 에서는 기존의 한 자녀 정책을 강조하면서 일정한 조건을 갖추면 두 번째 자녀 출산을 허용한다고 인정하고 있다.

속아넘어간 주룽지: 중국판 Mission Impossible

중국 민간에 전해지는 노래 중 다음과 같은 일절이 있다. '촌이 향, 향이 현, 위의 관청들을 잇따라 속이고, 마지막으로 도달하는 곳은 국무원'. 공산당 일당독재인 중국에 있어서, 어떻게든 속여서라도 상급 공무원을 만족시킬 것인지는, 하급 공무원의 중요한 처세술이다. 실은 주룽지마저도 1998년에 국무원총리(수상)에 취임한 직후, 지방정부에 속은 일이 있다.

주룽지는 식량문제를 중시해 국유식량기업은 농민이 파는 식량을 정해진 가격으로 모두 매입해야 한다는 정책을 내놓았다. 그래서 이 정책이 잘 실시되고 있는지를 점검하기 위해서 안시성의 중요한 식량생산기지인 남릉현을 골라 시찰할 계획을 세웠다. 총리 내방 통지를 받은 지역 관계자들은 당황해 허둥지둥했다. 왜냐하면 그들은 주룽지가 제정한 정책을 충실히 이행하지 않았고, 매입 식량으로 가득해야 할 창고는 조금밖에 채워져 있지 않았기 때문이다.

궁지에 몰린 관계자들은 계책을 내어 결사적인 '스파이 대작전'을 감행했다. 우선 가능한 한 인원과 트럭을 최대한으로 동원해 4일간 불철주야 작업해서 다른 창고에서 1031톤의 식량을 반입해 빈 창고를 채웠다. 이 작전을 성공시키기 위해서 부현장 스스로 진두지휘하고, 성, 시, 현의 간부들은 주룽지 시찰 전날 꼼꼼히 리허설까지 했다. 또 당일 보고 및 질문에 잘 대답하기 위해서 가짜 창고장이 특별 양성되었다. 이 가짜 창고장은 정부의 식량정책문언이나 날조된 숫자를 하룻밤 사이에 암기하는 등, 만전의 준비가 이루어졌다. 98년 5월 22일에 주룽지는 예정대로 창고를 시찰하고 예의 그 창고장에게 보고를 받고, 식량으로 가득 찬 창고를 확인했다. 그는 자신이 만든 정책이 '예상외로' 바르게 집행되고 있다는 것을 확인하고, 기분이 좋아졌다. 주룽지는 이 시찰결과를 바탕으로 농민보호를 목적으로 한 식량매입정책을 식량매입조례로 격상할 것을 공표했다.

진상을 아는 사람은 만약 그때 주룽지가 속아넘어가지 않았다면 동 조례는 재검토 되어 그후 식량정책이 다른 방향으로 갔을 것이라고 술회한다. '거짓말도 방편' 이라는 것은 실로 이런 것일지도 모른다.

이 사건은 책에 소개되어 있으므로 당연 어느 시점에서 주룽지 총리의 귀에도 들어갔을 것이다. 그러나 속인 당사자가 그후에 어떤 처벌을 받았는지에 대한 정보는 전혀 알 수 없다. 아마 체면이 구겨진 총리를 깊이 생각해서일 것이다.

(〈당대순구류〉중국당안출판사, 1998, 〈중국농민조사〉 인민문학출판사, 2004 등을 참조함. 뤄 환 즈언)

이로 인해 예를 들어 중국에서 가장 인구고령화가 진전된 상해에서는 부부가 둘 다 한 자녀일 경우 등 두 번째 아이 출산을 허용하는 '상해인구와 계획출산조례' 를 공표하고 또 기존의 아이를 전혀 낳지 않는 부부에 대한 장려를 두 배로 늘리는 등의 정책은 폐지되었다. 사실 위의 조례를 공표하고 나서 두 번째 아이 출산 신청이 눈에 띄게 증가하고 있다[5].

노동력률

거대한 인구에서는 방대한 노동력이 제공된다. 노동력 규모에 영향을 주는 요인에는 인구의 연령구성과 노동력률이 있다. 2000년 전국 인구센서스에 따르면 15세 이상 인구(노동연령인구)는 전 인구의 77.1%이다[6]. 이 비율을 2003년의 인구에 적용하면 같은 해 중국노동연령인구는 약 10억 명이 된다. 노동연령인구는 노동력과 비노동력으로 나뉜다. 노동연령인구 중, 학생, 가사전종자(家事專從者), 정년퇴직해서 일하려 하지 않는 사람, 노동의욕을 잃은 사람 등은 비노동력인구에 넣고 그 외의 사람들이 노동력 인구이다. 노동연령인구에서 차지하는 노동력인구의 비율이 노동력률이다. 노동력률은 고등학교나 대학 진학률, 라이프 스타일, 고용관행 등에 영향을 받는다.

전체적으로 중국의 노동력률은 일본보다 높다. 2000년의 숫자를 보면 중국남자는 82.6%로 일본보다 6포인트 높고, 여자는 70.6%로 일본보다 21포인트 높다. 또 연령별로 보면 [그림 6-2] 15~24세의 노동력률은 남녀 모두 중국이 현저히 높다. 이는 일본의 젊은이들은 거의 전원 고등학교에 진학하고 그 대부분이 대학에 진학하는 데 비해 중국의 고등학교 및 대학 진학률은 낮다는 것에 유래한다. 그러나 대학의 증가 등으로 중국의 15~19세 노동력률은 확실히 저하되고 있다. 25~49세의 남자 노동력률은 중국은 약간 높지만 그다지 큰 차이가 보이지 않는다.

그러나 큰 차이는 여자 노동력률에서 보인다. 일본 여성의 대부분은 학교를 졸업하고 당분간은 일하다가 나중에 결혼, 출산을 하고 육아에 전념하기 위해 퇴직해 전업주부가 된다. 육아가 끝날 연령이 되면 다시 일을 시작하기 때문에 일본 여성의 연령별 노동력률은 M자형이 된다.

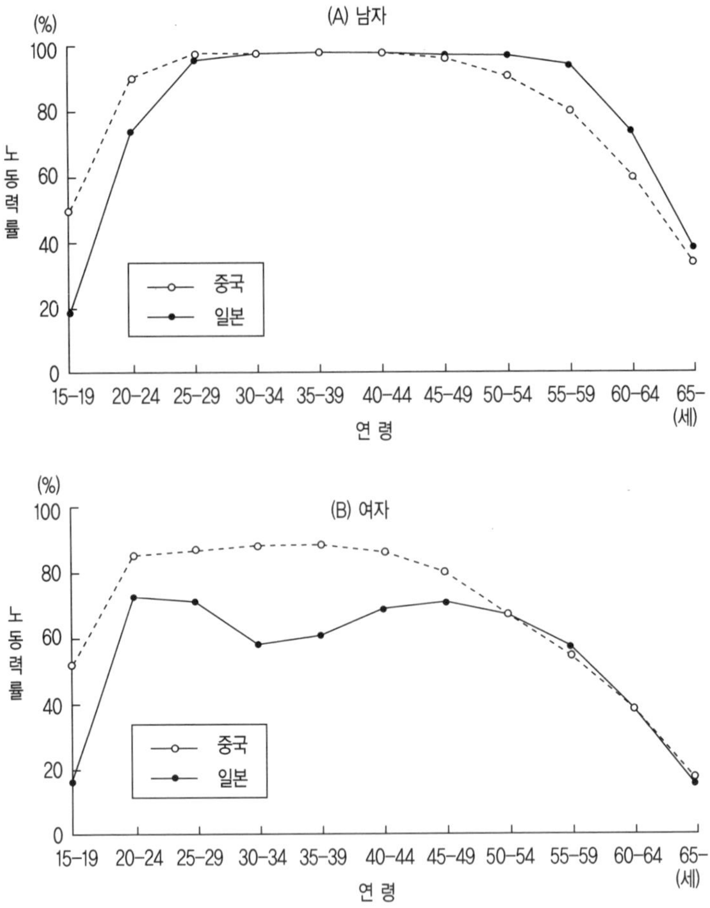

[그림 6-2] 연령별 노동력률의 중일비교

(자료)『중국 2000년 전국인구조사자료(중)』 2001년, 1241~1242항

이에 비해 중국에서는 이런 패턴이 보이지 않는다. 중국의 여성들은 경력채용이라는 습관이 없기 때문이다. 또 한 가지 차이는 고령자의 노동력률이다. 중국에서는 50세 전후부터 빠르게 저하되기 시작한다. 이는 중국 노동자의 정년퇴직 연령이 일본보다 낮기 때문이다[7].

Ⅱ 도시노동시장의 형성과 실업

도시노동시장의 형성

개혁개방 이전에는 고용에 관해서 집중적인 계획관리제도가 실시되고 있었지만, 도시지역에서는 노동시장이 존재하지 않았다. 이 시기의 노무인사관리의 특징은 다음과 같이 정리할 수 있다. 우선 엄격한 호적제도*를 통해서 노동력을 도시와 농촌으로 나누어 농촌노동력의 도시 이동과 취업을 금지했다. 다음으로 도시노동력에 대해서는, 다음과 같은 정책이 취해졌다. ①종업원의 채용, 배속은 정부가 책정한 계획을 바탕으로 실시한다. ②기업 내에서는 종신고용제를 실시한다(고정공제도*) ③정부가 종업원의 임금을 계획적으로 결정한다 ④종업원에 대한 복리후생은 모두 기업이 제공한다.

그러나 1970년대 말부터 개혁개방정책에 의해서 도시 노동시장이 형성되었다. 첫째로 많은 비국유기업이 등장했다. 비국유기업은 국가에서 노동력을 직접 배분받지 않기 때문에 스스로 종업원을 모집해야 한다. 또 정부는 오랜 세월 현안이었던 실업문제를 해결하기 위해서 비국유기업에 의한 도시 노동력채용을 적극 촉진했다.

두 번째로 비국유기업의 발전 및 외국자본 진출에 의해 국유기업의 경쟁환경이 어려워졌다. 국유기업은 경쟁에서 살아남기 위해 많은 개혁을 시도했다(제 4장). 고용제도 개혁은 국유기업개혁의 중요한 일환으로 종업원의 채용 · 승진 · 승급 · 해고에 대해 기업에 어느 정도 자주권이 주어졌다. 우선 기업이 자주적으로 종업원의 임금을 결정하게 되었다. 또 기존의 종신 고정공제도에서 고용계약기간에 제약이 있는 계약공제도*를 도입했다. 국유기업의 계약공은 1984년의 200만 명에서 99년 1억 88만 명(전체의 85.7%)로 급증했다.

세 번째로 농촌노동력의 유입이다(이 현상을 민공조*(民工潮)라고 부른다). 도시지역의 비 국유기업의 발전에 의해서 농촌에서 온 일시적 이주민 노동자를 고용하게 되었다. 현재, 비 국유 기업을 중심으로 약 8000만~1억 2000만 명의 농민공이 고용되어 있다. 농민공의 유입은 도시노동시장을 활성화시킬 뿐 아니라 도시노동자의 강력한 경쟁상대가 되어 있다.

대학은 나왔지만: 현대중국 취업사정

대학생의 취업난 하면 오늘날 일본의 취업사정이라 생각할 것이다. 그러나 중국에서도 2003년이 되어 대졸자의 취직문제가 커다란 사회문제로 떠올랐다. 대학정원이 약 1.5배로 늘어난 1999년 학번들이 이 해에 졸업하게 된 것이 그 원인 중 하나였다. 이 해의 대학 졸업자는 전국적으로 212만 명이었는데, 졸업시즌이 가까운 5월이 되어도 입사 내정자는 50% 정도였다고 하니 그 사태의 심각성을 알 수 있다(중국에서는 9월에 신학기가 시작되므로 7월에 졸업식이 있다).

전문대학 졸업 이상의 대학재학생 인구비율은 2000년의 국세조사에서도 불과 3% 정도. 다른 선진국에 비하면 현저히 적은 숫자라 지금까지 엘리트 중의 엘리트 대접을 받아온 중국의 대학생들이 거꾸로 일에 대한 너무 높은 기대와 현실적인 고용환경 속에서 번민하는 모습이 목격된다. 사천대학(四川大學)이 최근 실시한 조사에 따르면 취직할 곳으로서 중요시하는 항목에 발전된 지역인 대도시 또는 중도시를 꼽은 대학생들이 90%에 달하고 월급도 2000위안 이상을 희망하고 있다고 한다.

확실히 대졸자들의 취업 희망지는 80%가 대도시이지만 비교적 임금수준이 높은 외국계 기업은 즉전력(卽戰力)을 요구하는 경향이 강해 자격이 없는 학생들은 취직이 어렵다. 또한 금융이나 정보통신을 전공한 학생들의 취업은 순조롭지만 인문계(역사나 철학)쪽의 취직은 어려운 상황이며 전공에 따라 차이가 나타난다. 시장에서는 금융이나 정보통신쪽 인재가 부족한 상황이지만 학과 개설이나 정원 변경은 정부 허가가 필요하기 때문에 좀처럼 힘들며, 여전히 인문계를 전공한 학생들이 많다. 경직된 교육제도가 노동시장의 수요에 대응하지 못하고 있는 것도 한 원인인 듯하다.

이러한 상황에 대해서 정부는 대졸자들에게 직업자격 트레이닝 프로젝트를 실시해 자격증 취득을 지원하는 시도나 2년간 서부지역에서 교육, 의료, 빈곤부조(貧困扶助) 등을 하는 것을 조건으로 일정한 우대조건을 부여하는 시도를 실시하고 있다.

또 대졸자들이 사업을 시작하는 것도 취직의 일원이라는 발상에서 회사설립에 관련된 행정제반 비용의 감면이나 저금리 대출을 하는 정책도 실시되고 있다. 시장경제화에 의한 실용주의의 파도는 지금까지 취직 걱정 없었던 대학생들의 특권까지 무너뜨리기 시작했다고 말할 수 있다.

(http://www.pekinshuho.com/jp/2003-27/200327-china1.htm 등에 의함. 리 쉬)

네 번째로 시장경제의 발전과 함께 정부가 기존과 같이 모든 도시노동력을 행정적인 수단으로 배분하는 제도가 개정되어 구직자들은 자주적으로 취직활동을 할 수 있게 되었다. 그 때문에 도시노동자들은 자유로운 취직활동이 가능해진 반면, 취직 자리를 찾지 못하면 실업상태로 있어야 하는 리스크를 안게 되었다.

다섯 번째로 위에서 기술한 제반 변화에 따라 정부는 실업보험을 비롯해 사회보장제도의 정비에 노력하고 있다. 이 밖에도 도시노동자들의 취직활동을 원활히 하기 위해서 많은 직업소개소 · 직업훈련시설이 정비되었다.

고용구조

고용구조란 취업자가 어떤 산업에 분포하는지를 의미한다. 고용구조의 변화는 경제발전 단계와 밀접하게 관련되어 있다. 고용구조의 중심은 경제발전에 따라 제 1차 산업에서 제 2차 산업으로, 그리고 제 3차 산업으로 이행되어 간다(제 3장). 취업자의 산업 간 이동은 소득수준이나 생산성의 변화에 의해서 유발되기 때문에 취업자의 산업구조와 GDP의 산업구조는 밀접한 대응관계가 있다.

우선 산업별 고용구조를 살펴보자(〈표 6-1〉). 개혁개방 이래 제 1차 산업의 취업자 비율은 저하되었지만 취업자 수 자체는 1990년 중반까지 계속 늘어났다. 90년대 후반부터 제 1차 산업의 취업자수와 비율은 둘 다 저하되었지만, 99년 이후의 비율은 50% 그대로로 그 절대수는 2002년까지는 거의 일정했다(98년의 3.5억 명에서 2005년의 3.4억 명). 90년대 후반까지 2차 산업, 3차 산업의 취업자수와 비율은 모두 증가했지만 98년 이후 제 2차 산업의 취업자수와 비율은 모두 저하되었다. 90년대 중반부터 제 3차 산업의 취업자수는 2차 산업을 웃돌아 지금도 그 기세가 계속되고 있다. 산업별 구성에 관한 취업자와 GDP [그림 3-1]를 비교하면 큰 차이를 볼 수 있다. 즉, 90년대 후반이 되면 1차 산업의 취업자 비율은 거의 50%인데 비해, GDP에서 차지하는 비율은 20%를 밑돌고 있다. 이는 1차 산업의 노동생산성이 낮기 때문이다.

중국의 고용구조는 소유제라는 관점에서 관찰할 필요도 있다(〈표 6-2〉). 도시지역에서의 경제개혁이 본격화되기 이전인 1985년까지는 도시지역의 고용은 거의 국유기업이나 집단기업이 독점하고 있었다. 80년대 중반부터 외국자본의 진출이나 개인 · 사영기업 등의 발전에 따라 국유기업 · 집단기업의 비율은 서서히 저하되었다. 2005년은 불과 23.7%였다. 이에 비해 개인 · 사영 · 외국기업은 90년의 0.7%에서 2005년의 17.3%로 급상승했다. 특히 신규고용의 창출에 있어 이들의 역할은 크다. 예를 들면 2002년의 도시지역 신규고용 1392만 명 중 국유기업에 취직한 비율이 18.2%인데 비해, 사영기업과 개인기업에 취직한 사람의 비율은 40.1%를 차지했다[8]. 국유기업은 이제 취직의 주력기업이 아니게 된 것이다.

〈표 6-1〉 산업별 취업자 구성

년차	제 1차 산업	제 2차 산업	제 3차 산업
1978	70.5	17.3	12.2
1980	68.7	18.2	13.1
1985	62.4	20.8	16.8
1990	60.1	21.4	18.5
1995	52.2	23.0	24.8
2000	50.0	22.5	27.5
2005	44.7	23.9	31.4

(자료) 『중국통계연감 2005』 118항, 『중국통계적요 2006』 44항

내부노동시장과 임금결정

노동시장은 외부노동시장과 내부노동시장으로 나뉜다. 외부노동시장에서는 노동력을 사는 쪽과 파는 쪽이 서로 경쟁해서 가격(임금)과 거래량(고용량)을 정한다. 이에 비해 기업조직 내에서 어떻게 종업원이라는 인적 자원을 활용할지를 다루는 것이 내부노동시장의 기능이다. 내부노동시장에서는 종업원의 승진 · 승급 · 직업훈련 등이 결정된다. 노동이동이 빈번한 미국에서는 외부노동시장이 발달해 있고, 종신고용제를 특징으로 하는 일본(특히 대기업)에서는 내부노동시장이 발달했다는 것이 통설이다.

그러면 중국은 어떤 타입에 가까울까? 기존에는 외부노동시장이 존재하지 않았기 때문에 국유기업은 배분된 종업원들을 스스로 훈련 · 양성해야만 했었다. 또 기업 간의 이직이 적고 중간 관리층은 거의 내부에서 승진한 사람이었다. 이러한 의미에서는 개혁 전까지의 중국은 내부노동시장 중심이었다고 할 수 있다.

〈표 6-2〉 도시지역의 기업 소유제별 취직자수 구성

연차	국유기업	집단기업	개인 · 자영업	외자기업 (외국계 기업)
1978	78.3	21.5		
1985	70.2	26.0		
1990	60.7	20.8	0.3	0.4
1995	59.1	16.5	2.5	2.7
2000	35.0	6.5	5.5	2.8
2005	23.7	3.0	12.7	4.6

(注) 외국계 기업은 홍콩, 마카오, 대만에서의 투자도 포함한다. 각 소유제의 취직자수 비율 합계는 100이 아니다.

(자료)『중국통계연감 2003』 120항,『중국통계적요 2004』 45항.

개혁 이후 비국유경제의 발전에 따라, 국유기업을 둘러싼 노동시장, 특히 숙련노동시장은 일변했다. 많은 숙련노동자들이 국유기업에서 유출되어 버렸다. 숙련노동의 유동화는 국유기업 종업원들의 숙련양성이나 채용행동에도 큰 영향을 주었다. 즉 일본기업이 기업 내 양성 · 기업 내 승진을 중시하는 것에 비해, 중국기업은 숙련자 즉, 경력자를 채용하여 연공서열임금이 아닌 종업원 생산성과 효율을 중시한 임금체제와 승진제도를 마련하려 하고 있다. 중국의 노동시장은 미국형 외부노동시장 의존으로 바뀌려 하고 있다.

마지막으로 중국기업에서의 임금결정을 살펴보자. 개혁 이전에는 국유기업에는 종업원들의 임금을 정할 주도권이 없었다. 즉 정부가 기본적으로 학력이나 연령에 따라 종업원들의 임금수준을 결정했다. 또 승급액이나 그 시기도 정부의 결정에 의존했다. 이 같은 임금 결정방식은 악평등주의 '다과반(多鍋(飯)' (많은 사람이 식사를 하기 위해서 큰 솥을 사용해 밥을 짓는다는 의미에서 전하여짐)이라고 불리며 종업원들의 노동의욕을 현저히 꺾었다.

개혁 이래 기업은 종업원들에 대한 임금결정권을 얻게 되었지만 국유기업의 개혁은 미완성 상태였기 때문에 현재의 기업내부의 임금결정은 시장경제원리에 바탕한 것과는 크게 다르다. 임금결정권을 손에 넣은 국유기업에서는 경영자를 포함한 종업원들에게 거액의 소득을 배분하게 되었으므로 임금 상승률은 노동생산성 상승률을 크게 웃돌았다. 그 결과 노동분배율은 개혁 이래 일관성 있게 상승하고 있다.

실업과 일시귀휴(一時歸休)

도시노동시장의 형성은 동시에 실업의 표면화를 의미한다. 종래 정부는 모든 행정수단으로 고용을 통제했기 때문에 실질상 실업이 존재해도 그것이 표면화되는 일은 없었다. 그러나 1992년 이후 실업이 정식으로 인정되어 실업통계도 발표되게 되었다(〈표 6-3〉).

주의해야 할 것은 중국의 등록실업자의 정의는 일본에 비해 좁아서 실업자는 과소(過小)해진다는 점이다. 구체적으로 말하면 ①남성은 50세 이상, 여성은 45세 이상의 실업자, ②농촌호적의 실업자, ③기업과의 고용관계를 계속하고 있는 일시귀휴자(후술)는 실업통계에는 포함되지 않는다.

일본의 실업개념에 가까운 숫자는 다음 표의 인구조사에서 추산할 수 있다. 이에 따르면 1990년대의 중국 도시지역 실업률은 약 3%였지만, 95년 이후 약 6%로, 그리고 2000년에는 약 8%로 뛰어올랐다.

현재 중국이 안고 있는 가장 심각한 문제 중 하나가 일시귀휴자, 즉 하강(下崗)의 처우이다. 국유기업 및 집단기업은 기업부담을 경감하기 위해서 1990년대 중반 이래 잉여인원을 대규모로 삭감했다. 구조조정된 종업원 일부는 실업자가 되는데, 대부분은 일시귀휴자(일에는 종사하지 않지만 기업과의 고용관계를 유지하고 있는 자)가 되었다. 일시귀휴자는 기업과의 고용계약을 해제하지 않았기 때문에 기업마다 설정된 재취직 서비스 센터에 들어가 기본생활비를 수령하면서 취업훈련이나 재취직 알선을 받는다. 그러나 일시귀휴자는 언제까지나 재취직 서비스 센터에 머무를 수는 없어서 3년을 경과해도 취직하지 못하면 고용계약 그 자체가 해제되어 완전 실업자가 된다.

〈표 6-3〉 중국 도시지역의 실업률

	등록실업률	인구조사의 실업률
1978	5.3	
1985	1.8	
1990	2.5	2.86
1995	2.9	5.59
2000	3.1	8.27
2003	4.3	
2005	4.2	

(자료) 등록실업 데이터는 『중국통계적요 2006』 46항. 인구조사 실업률: 丸川知雄 「실업문제의 현황과 전망」 中兼和津次(편)『현대중국의 구조변경2 경제: 구조변경과 시장화』 도쿄대학 출판회 2000년, 263페이지(원자료는 중국의 관련인구조사자료). 또 2000년의 실업률은 『중국 2000년 인구보사자료』 (중) 1241-1248항, 2003년의 등록실업률은 『중국통계적요 2004』 43항.

사회보장제도의 개혁과 재구축

중국의 사회보장제도는 사회보험, 사회복리, 사회우대(주로 퇴역 · 현역군인 및 그 가족을 대상으로 하는 구조(救助)보조제도), 사회구조 및 주택보장 등에 의해 구성된다. 그 중에서 중심을 이루는 사회보험은 연금보험, 실업보험, 의료보험, 노동자 재해 보상보험과 출산보험을 포함하고 있다.

1950년대부터 국영기업을 기본으로 하는 계획경제 확립과 함께 취업과 사회보험의 일체화를 특징으로 하는 단위보장제도가 확립되었다. 단위보장제도의 특징은 다음과 같이 정리할 수 있다. ①취업과 보험이 일체화되었기 때문에 종업원의 연금이나 의료보험 등은 모두 기업(단위)에 의존했다. 종업원들은 일단 기업을 떠나면 모든 사회보장도 동시에 잃게 된다. 이러한 단위보장제도는 종업원들의 노동이동이나 노동시장 형성을 저해했다. ②연금이나 의료보험은 모두 기업이 부담하는 형태를 취했지만 국영기업은 모든 이익을 정부에 상납했기 때문에 정부가 종업원들의 사회보장비를 부담하는 것과 결과적으로는 같았다. 종업원들은 사회보장비용을 자기 부담하지 않았으며 그 수령액도 근무성적과 무관하게 정해져 있었기 대문에 종업원들의 사회보장에 관한 의식이나 관심은 매우 낮았다. ③실업자나 생활빈곤자들이 있었기 때문에 시장경제에 있어서 중요한 실업보험이나 최저생활보험제도는 이른바 3무(친족이 없고, 의지할 사람이 없고, 생활 자금원이 없는) 사람들에 대한 구제조치를 빼놓고는 존재하지 않았다.

취업과 사회보장이 일체화된 단위보장제도는 시장경제로의 이행에 따른 기업개혁, 노동시장의 형성 및 인구고령화에 의해 붕괴되고 시장경제에 적응할 수 있는 새로운 사회보장제도의 재구축이 요구되고 있다.

우선 사영기업이나 외국계 기업에 비해 국유기업의 사회보장 부담은 너무 무겁다. 1998년에 전체 생산액에서 차지하는 국유기업의 비율은 이미 28.2%로 저하되었는데, 정년퇴직자들에 대한 지불 비율은 여전히 80% 이상을 차지했다. 이 불공평함을 시정할 필요가 있다.

다음으로 노동시장 형성에 따른 실업의 표면화 및 도시빈곤층 출현에 의해 실업보험이나 생활 부조제도(최저생활보장제도)가 요청되게 되었다.

마지막으로 한 자녀 정책이나 근대화에 의한 급속한 고령화의 진전은 기존의 가족에 의존한 보장구조가 이미 한계에 달했음을 드러내고 사회

전체적으로 대응할 수 있는 제도 구축을 요구하고 있다.

연금 · 실업보험 · 최저생활보장

사회보장제도의 개혁 및 재구축에 있어서 연금제도, 실업보험, 최저생활보장제도의 확립은 가장 중요한 골자이다.

1984년부터 국유기업 개혁과 함께 기업연금제도의 개혁도 시도되었다. 약 15년간의 시험적인 개혁을 거쳐 97년에 국무원은 전국도시지역의 연금제도를 통일했다. 새 제도에 따르면 일정조건이 충족된 종업원들은 정년 후 기초연금과 개인연금에 의해 구성된 기본연금을 받을 수 있다. 연금보험에 가입한 퇴직자의 평균 수급액은 621위안(2003년)이다[9].

1980년대 중반에 정부는 국유기업의 파산 및 종업원들의 해고를 인정함과 동시에 실업보험제도를 서서히 도입했다. 99년에 '실업보험조례'가 공표되어 전국 통일적인 실업보험제도가 출범했다. 도시지역의 기업 · 사업단위 및 그 종업원들은 모두 실업보험제도에 가입해야 한다. 사용자는 임금총액의 2%, 종업원들은 임금의 1%를 실업보험료로 납부해야 한다. 실업자는 일정한 조건이 충족되면 일정기간 동안 실업보험을 받을 수 있다. 2005년 전국 1억 648만 명이 실업보험에 가입해 362만 명이 실업보험금을 수령했다.

그러나 실업보험제도는 이제 막 정비된 것이어서 실업보험기금 축적액은 아직 적다. 1998년 이후 국유기업의 대규모 구조조정으로 많은 종업원들이 일자리를 잃었지만 현행 실업보험제도는 이에 다 대응하지 못했다. 정부는 어쩔 수 없이 98년에 국유기업을 중심으로 일시귀휴자의 생활보험제도를 제정했다. 국유기업의 종업원들은 일자리를 잃어도 곧바로 실업자가 되는 것이 아니라 재취직 서비스센터에 들어가 일시귀휴자가 되고 그곳에서 기본생활비를 수령한다. 센터는 또 일시귀휴자를 대신해 연금보험, 실업보험, 의료보험료를 지불한다. 1998~2003년 사이 전국에서 2400만 명의 국유기업 종업원들이 재취직 서비스센터에 들어가 기본생활비 지급과 사회보험료 대행지불 서비스를 받았다, 2001년부터 정부는 일시 귀휴제도를 서서히 철폐하고 일자리를 잃으면 곧바로 실업자로 보는 제도로 이행하고 있다.

90년대 이래 시장경제의 발전, 빈부격차의 확대에 의해 실업자나 일시 귀휴자를 중심으로 하는 도시빈곤층이 형성되었다. 이에 정부, 상하이시를 비롯해 많은 도시에서 시행을 거쳐 99년에 정부는 도시주민 최저생활보장조례를 공표하고 정식으로 최저생활보장제도를 도입했다. 2003년 말에는 전국 도시주민 중 생활보장을 받는 주민은 2247만 명에 달했으며 1인당 보조금은 58위안/월이다.

Ⅲ 농촌 노동시장의 형성과 구조

농촌 노동시장

계획경제 하에서는 엄격한 호적제도에 의해 농촌에서 도시로의 인구이동이 엄격하게 제한되어 노동시장은 도시와 농촌으로 분단되어 있었다. 또한 집단화된 농업생산체제는 농촌 간의 인구이동을 제약하고 농촌 노동시장의 형성을 저해했다.

70년대 말부터 농촌개혁은 노동시장을 창출했다. 우선 인민공사체제의 붕괴, 농업생산책임제 도입(제 5장)에 의해서 농민은 신분적 속박에서 해방되어 자유롭게 일자리를 고를 수 있게 되었다. 다음으로 향진기업의 발달은 많은 농촌 노동력을 흡수했다(제 5장). 또 도시개혁에 의해 도시 지역의 비국유기업은 많은 농촌노동력을 고용하게 되었다. 이 때문에 대규모의 농촌노동력의 도시 이동(후술)이 발생했다.

이렇게 해서 형성된 농촌 노동시장은 특수한 구조를 가지고 있다. 이는 기본적으로는 아서 루이스의 이중구조 모델*을 사용해 설명할 수 있다. 그러나 중국의 현실은 이 모델과는 맞지 않는 부분도 있다. 첫째로 농촌에서 도시로의 이동은 호적제도에 의해서 제한되어 있다. 두 번째로 향진기업의 발달에 의해서 많은 과잉노동력이 향진기업에 흡수되어 반드시 도시지역으로 이동할 필요가 없다. 세 번째로 도시지역에 입지한 국유기업의 대부분은 시장경제 원리에 근거해 행동하지 않기 때문에 오히려 전통경제 부문에 가깝다.

노동의 한계생산력*은 극히 낮은 수준에 있으며 농업노동력의 약 60%(약 2억 1000만 명)는 과잉노동력*이라고 한다[10]. 경제성장을 계속하는 중국은 어차피 과잉노동력이 소멸하는 전환점을 넘겠지만 이는 상당히 먼 훗날의 일이 될 것이다.

농촌노동력의 이동

과잉 농업노동력은 더 높은 소득을 추구해 해당지역의 향진기업에 취직하는 경우가 많다. 실제로 2005년 말에는 향진기업 종업원은 1.4억 명으로 농촌노동력의 약 1/4을 차지하고 있다. 그러나 도시지역의 국유기업 개혁의 진전, 외국자본의 진출, 경제전체의 부족에서 과잉기조로의 전환, 그리고 향진기업의 낮은 기술수준, 낮은 신제품 개발능력, 종업원들의 낮은 질 등이 원인으로 작용하여 향진기업의 고용흡수능력은 해마다 낮아지고 있다.

이는 필연적으로 농업노동력의 지역 간 이동, 특히 농촌에서 도시지역으로의 이동을 유발했다. 농업노동력의 이동은 90년대에 최대 규모가 되었으며 민공조*(民工潮)라 불린다. 농촌노동력 중 지역 외로 이동한 사람은 연령이 18~46세의 청장년층이 많고(전체의 80% 이상), 남성이 많으며(약 70%), 중고등학교 졸업자의 비율이 높다(약 60%)는 것이 특징이다. 이는 외부노동시장이 더 질 좋은 노동력을 추구하고 있다는 점을 반영한다고 생각된다.

농업노동력의 지역 외 유출에 대해서는 다양한 추산이 있지만, 대략 1억 명에 달한다고 보는 것이 가장 타당할 것이다. 이는 농촌노동력의 약 17%, 도시노동력의 약 40%에 해당한다. 농업노동력의 지역 간, 특히 농촌의 농업에서 도시지역의 비농업으로의 이동 원인으로서는 과잉노동력이 존재하고 소득이 낮기 때문에 농촌에서 떠밀려 나온다는 'push 설' 과 도시비농업 취업기회에 끌려 이동한다는 'pull 가설' 이 있다. 1억 명에 달하는 대규모적인 농업노동력의 이동도 이 두 가지 가설로 설명할 수 있다.

전술했듯이 인민공사의 붕괴나 농업생산 책임제로의 이행은 농가에 자유로이 노동력을 배분할 권리를 주었다. 1인당 경지면적이 적기 때문에 한계생산력이 낮고 그것이 농업노동력을 외부로 떠미는 기본적인 힘이 된다. 현실적으로 농업노동력의 1인당 경지면적이 적은 지역일수록 노동력 외부 유출이 많다. 그 때문에 사천성, 하남성, 호남성 등 경제발전이 뒤처진 지역일수록 유출 농업노동력이 많은 것이다.

한편 유출되는 노동력을 수용하는 대도시지역, 특히 광저우, 상하이, 베이징 등의 대도시는 소득수준이 높고 취업기회도 많아서 더 많은 농민공(이주 노동자)들을 흡수하고 있다. 도시에 이동해 온 농민공들은 주로 도시노동자들이 기피하는 3D직종이나 영세한 서비스 업종에 취업하고 있다. 이러한 의미에서는 도시주민에게 있어서는 농민공이 없으면 생활을 쾌적하게 보내는 것이 지금은 사실상 불가능한 일이 되고 있다.

그러나 유입된 농민공은 도시지역에서도 많은 문제를 일으키고 있다.

농민공들에 의한 범죄나 생활습관 · 가치관 차이에 의한 도시주민들과의 알력이 생겨나 도시지역 주민들의 불만이 높아지고 있다. 또 도시지역의 고용악화에 의해서 농민공과 일반 도시노동자들과의 경쟁이 격화되어 도시지역의 실업문제를 한층 악화시키고 양자간 대립이 생겨나고 있다. 도시정부는 지역주민들을 보호하기 위해서 농민공 고용주에게 이런저런 비용을 징수하거나, 농민공들이 취직할 수 있는 직종을 한정하는 등의 제한 조치를 취하고 있다.

뤄 환 즈언(羅 歡鎮)

---

1) 국가통계국 『2003년 국민경제와 사회발전 통계공보』. 한편 중국의 인구전문가들은 보고에서 누락된 것이 약 1000~1500만 명이라고 예측하고 있다. 이를 더하면 인구는 13억을 넘는 것이다.

2) 한 자녀 정책은 도시지역에서 엄격하게 실시되었지만 농촌지역에서는 그렇지 못했다. 대부분의 농가부부들은 여전히 2명 내지는 그 이상의 아이들을 슬하에 두었다.

3) 『인민일보』(해외판) 1999년 10월 12일, 제3판.

4) 중국 전문가들의 계산에 따르면 0~5세의 여아인구에 비해 남아인구는 1800만 명 많다. 105라는 성비로 계산하면 장래 결혼 상대로서의 여아는 1100만 명 정도 부족하다고 한다.(汝信 · 陸學藝 · 李培林 『2003: 중국사회형세분석 여예측』 사회과학문헌출판사, 68~69항)

5) http://www.chna.com.cn/chinese/renkou/654361.htm을 참조.

6) 『중국 2000년 전국인구보사자료』 1241항.

7) 중국의 법정 정년연령은 남자 60세, 여자 50세이다. 그러나 과잉고용을 경감하기 위해서 남녀 모두 조기퇴직 장려제도가 도입되어 정년 전에 퇴직하는 사람이 최근에 늘고 있다.

8) 『중국노동통계연감 2003』 126-127항.

9) 국무원 신문변공실 「중국적 사회보장상황 화정책」『사회보장백서』 http://www1.peopledaily.comcn/GB/shizheng/1027/2766953.html. 이하 실업보험과 최저생활보장 데이터도 원칙적으로 『사회보장백서』에 따름.

10) 농촌 노동시장의 구조 및 과잉노동력의 계측 상세내용은 本臺進 · 羅歡鎮 〈농촌경제의 변모와 노동시장〉미나미 료신 · 마키노 후미오(편) 『흔들리는 대하(大河): 중국 농촌노동의 이동』 일본평론사, 1999년을 참조.

제7장

금융은 중국경제의 아킬레스건인가?

중국의 금융개혁은 개도국들의 공통적인 문제와 이행경제의 특이한 문제점 등 성격이 다른 두 가지 과제를 동시에 해결해 가는 프로세스였다.

개도국에 공통적인 과제란, 금융시장에서의 거래를 어떻게 효율적으로 할 것인가, 이를 위해서 자유화를 어떻게 추진해 갈 것인가라는 문제이다. 계획경제에서 시장경제로의 이행에 대해서는 자금순환방향의 변화가 중요하다. 계획경제에서의 자금은 정부에 집중되어 있기 때문에 은행은 존재하고 있지만 실질적인 기능을 다하지 못했다. 개혁이 진행됨에 따라 정부를 대신해 가계가 자금공급부문이 되어 가계에서 기업으로의 자금 흐름이 중심이 되었다. 이렇게 각기 다른 주체들 사이에서 자금을 중개하는 은행의 역할이 회복되어 직접금융보다 간접금융을 주 업무로 하는 금융시스템이 형성되었다. 한편 직접금융의 형태인 국채나 주식, 어음 등과 같은 증권을 취급하는 금융시장은 여전히 취약했다. 이 때문에 중앙은행이 금리 등의 조절을 통해서 거시경제를 유도하는 것이 불가능했다.

금융시장이 미숙했기 때문에 국유기업은 은행자금 등 외부자금에 대해 과도하게 의존하게 되었다. 이에 의해 발생한 높은 자본비용은 국유기업의 경영을 압박하고 은행의 부실채권문제를 표면화시켰다. 그렇지만 실물경제의 급속한 성장 덕택에 금융시장의 육성은 서서히 진전되고 있으며, 부실채권처리를 비롯한 개혁은 은행부문 보호를 의식한 것이 되고 있다.

I 금융시스템 개혁을 촉진시킨 요인

자금순환의 변모

경제의 가장 기본적인 단위는 가계, 기업, 정부이다. 이 주체들 간의 자금흐름을 보면 통상 가계부문은 저축이 투자를 웃도는 저축초과 주체이고 기업은 반대로 투자초과 주체이다. 둘 사이를 이어주는 기능이 금융중개라고 불리며 금융기관이나 금융시장이 그 역할을 다한다. 효율적인 금융중개가 없으면 경제성장을 정체시키는 요인이 된다. 예를 들면 가계의 자금을 기업에 중개할 때 금리나 그 외 조건이 적절하지 않으면 가계는 자금을 제공하지 않게 될 것이다. 또 은행이 예금을 인출하는 것을 거부하거나 맡겨둔 예금을 돌려받지 못한다면 가계는 은행을 신용하지 않을 것이고 결국 돈을 장롱 속에 넣어두는 등 자금이 사장되어 버릴 것이다. 그렇게 되면 사회 전체적으로 자금의 흐름이 정지되어 버릴 것이다.

중화인민공화국 성립 전, 특히 2차 세계대전 전에 상하이에서는 아시아의 금융센터 중 하나로서 고도로 발달된 금은 환시장, 은행 간 자금시장이 형성되어 있었다. 그러나 중화인민공화국 성립 후 집권적인 계획경제를 지향하게 되자 자금(신용)도 계획에 따라 정부가 배분하고 그 이외의 주체가 자금을 거래하는 것이 금지되었다. 그리고 전쟁 전에 설립된 많은 은행들은 중국인민은행으로 합병되어 중국인민은행만이 유일한 은행으로 인정받는 단일은행(모노뱅크)제도가 펼쳐진 것이다.

이런 식으로 계획경제기에는 자금이 모두 정부에 집중되었다. 이외에는 잉여자금을 가진 주체도, 자금을 필요로 하는 주체도 없어져 금융시장은 성립되지 않게 되었다. 즉 계획경제기에는 금융기관은 존재하지만 금융기능은 존재하지 않았던 것이다. 자금의 흐름을 모두 정부에 집중시킨 결과 정부가 저축과 투자를 동시에 실시해 정부가 자신의 오른쪽 주머니에서 왼쪽 주머니로 돈을 옮겨넣는 상태가 되었다. 이 자금이 효율적으로

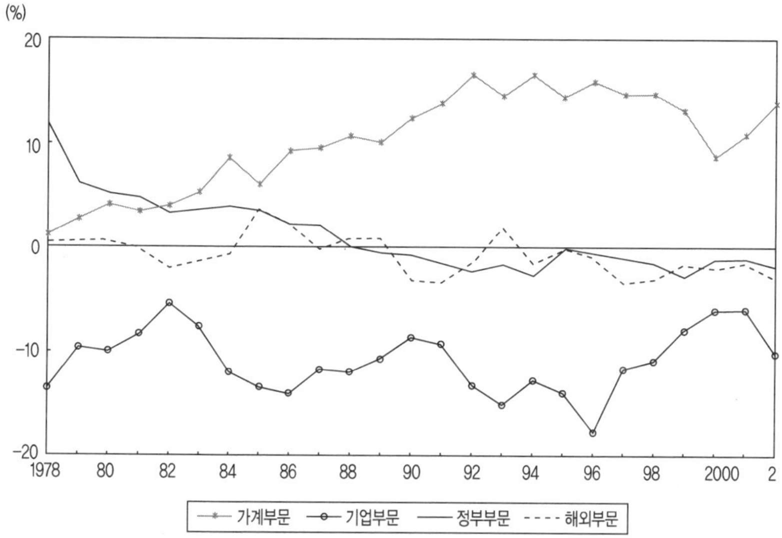

[그림 7-1] 부문별 자금과 부족 동향

(注) a)숫자는 GDP에 대한 비율.
b)해외부문에 대해서는 자금잉여가 마이너스로 표시된다.

(자료) 1978-1994년: 당성(唐成)「가계와정부: 거시자금흐름의 변화」, 渡辺邊眞理子(編)『중국의 부실채권문제』아시아경제연구소 1999년, 5항 그림2. 1995-2002년: 『중국인민은행통계기보』 각 연도 자금유량표./

사용되고 있는지 여부는 아무도 관심을 갖지 않았던 것이다. 금융기관은 타인들 사이에서 자금을 중개하는 기능을 잃고 정부 내에서의 자금 이동을 장부에 기입하기만 하는 존재였다.

[그림 7-1]에는 중국경제의 저축주체가 바뀌는 모습이 나타나 있다. 개혁개방이 시작된 1970년대 말에는 정부가 최대의 저축초과부문이었다. 그러나 그후 정부의 저축초과폭은 급격히 저하되어 90년대 초에는 투자초과로 전환된다. 정부를 대신해 저축초과부문, 즉 자금공급부문이 된 것이 가계이다. 가계부문의 저축초과폭은 급속도로 확대되어 90년대 이후에는 GDP대비 10~15%라는 높은 수준의 추이를 보이고 있다. 참고로 개도국에서는 주로 국내 저축이 부족해 해외부문에서의 자금유입에 의존하는 경우가 많다. 그러나 중국의 경우 해외부문은 반드시 안정된 저축초과부문은 아니었다.특히 90년대에는 93년을 빼고는 일관적으로 투자초과부문이며 중국은 해외로 자금을 유출해 갔다[1].

전체적으로 개혁개방의 진전에 의해서 가계가 중국경제에 대한 최대의 자금공급주체로 변화하고, 그 잉여분을 해외로 유출하기에 이르렀다. 그리고 저축초과부문과 투자초과부문이 분리되자, 전자에서 후자로 자금을 이전시키는 금융중개 기능이 필요해졌다. 이렇게 해서 자금순환의 변화가 중국의 금융개혁을 촉진시키는 하나의 요인이 되었다.

간접금융 중심의 금융시스템

가계부문에서 기업부문으로의 자금흐름을 이어주는 금융중개에는 증권시장을 통한 직접금융과 금융기관을 통한 간접금융의 두 가지 방식이 있다.

먼저 간접금융에 대해서 말하면 중국에서 금융중개의 중심이 된 것은 은행부문, 특히 국유은행이었다. 1999년 말 현재에 이르기까지 가계가 보유한 자산의 70%는 은행예금이며 기업이 조달하는 외부자금의 70%가 은행을 통한 자금이었다. 이처럼 간접금융을 중심으로 금융시스템이 형성된 것은 다음과 같은 역사적인 요인이 있다. 첫째로 단일은행제 하에서 은행의 지점망이 이미 전국적으로 뻗쳐 있었기 때문에 은행예금은 가계가 가장 많이 이용하는 편리한 금융서비스였다. 두 번째로 개혁기에 들어서고 난 다음부터 현재에 이르기까지 대체 서비스로의 진입이 민간과 국유를 불문하고 상당히 제한되어 있었다. 이러한 이유에서 중국의 금융시스템은 은행을 중심으로 한 간접금융이 중심이 되었다.

한편 직접금융은 주식이나 채권 등의 발행과 유통이 제한되어 제대로 기능하지 않았다. 현재 주식시장, 국채시장은 상당한 규모에 달하고 있지만 자금을 조달하는 기업 측에서 본다면 문제가 많다. 2003년 말 현재, 상장기업은 1200개 사를 넘는 규모가 되었다. 그러나 주식시장에서의 자금조달은 시장원리에 근거한 것이 아니며 상장기업의 선정은 1999년까지 정부가 기업수를 할당하는 형태로 이루어졌다. 또 기업의 회사채 발행액은 미미한 수준으로 현재도 증가하지 않고 있다. 어음 등의 상업신용에 대해서도 삼각채(三角債) 문제의 존재*로 상징되듯이 혼란스러운 상태이다. 그 결과 자금을 제공하는 쪽도 빌리는 쪽도 간접금융에 의존할 수 밖에 없게 되었다.

외부자금조달 중 간접금융과 직접금융 중 어느 쪽 비율이 높은지는 경제에 따라 크게 다르다(〈표 7-1〉). 은행의존형 경제로서 유명한 것은 일본, 독일 등이며, 직접금융 의존도가 높은 곳은 미국, 영국 등이다.

〈표 7-1〉 각국의 자금조달에서 차지하는 내부자금과 외부자금 점유율(%)

	내부자금			외부자금			자기간접금융			자기직접금융		
	1994	1997	2002	1994	197	2002	1994	1997		1994	1997	2002
중국	19	29	33%	81	71	67%	57	53	47%	1	7	4%
일본	87	91	232	13	9	−133	8	−4	−99	6	1	−10
미국	70	66	−	31	34	−	12	13	−	−3	−2	−
영국	71	49	−	29	51	−	0	24	−	24	26	−
독일	55	65	−	45	35	−	26	26	−	14	1	−

(자료) 중국 : 국가통계국(편) 『중국통계연감』(매년판) 자금흐름표에 의해 작성. 기타: 일본은행 『국제비교통계 1999』 54페이지. 일본 data: http://www.mof.go.jp/ssc/h17.pdf의 검색기능을 사용하여 「자금조달의 추이」를 찾으면 있다.

중국은 계획경제로부터 이행하는 과정에서 극단적으로 간접금융에 의존할 수밖에 없었지만 정부는 이 편중된 모습을 시정하도록 자본시장 육성에 힘을 쏟고 있다. 그러나 최종적으로 어느 시스템이 정착될 것인지는 아직 알 수 없다.

경쟁이 진행되는 은행업계

현재 중국 금융기관의 형태는 다음의 9가지로 나눌 수 있다[2)]. ①중앙은행 ②정책은행 ③상업은행 ④보험회사 ⑤신탁투자회사 ⑥증권기관 ⑦금융회사 ⑧신용조합 ⑨기타 리스 회사 등이다.

간접금융의 중심인 상업은행은 다음과 같은 개혁을 통해서 경쟁이 생겨났다. 1978년까지의 계획경제 시절에는 중국인민은행밖에 존재하지 않는 단일은행제도였다. 85년에는 일반적인 시장경제국가에서 볼 수 있는 중앙은행과 시중은행의 2단계 체제로 이행했다. 이때 중국인민은행은 중앙은행으로서의 업무에 전념하고 시중은행으로서 4개의 전업은행이 설립되었다. ①도시지역의 상공업자들에 대한 융자를 전문으로 하는 중국공상은행 ②인프라를 위한 융자를 전문으로 하는 중국건설은행 ③외국

무역을 전문으로 하는 중국은행 ④농업 · 농촌대상 융자를 전문으로 하는 중국농업은행이다.

그후 1995년의 상업은행법 시행에 의해 이러한 전업은행은 융자대상 제한이 사라지고 자유롭게 고객을 선택할 수 있는 상업은행으로 개조되었다. 이 밖에 제 2분류 은행[3] 이라고 불리는 지역성 상업은행이나 주식제 상업은행이 새롭게 등장해 경쟁력을 강화하고 있다. 이렇게 해서 중국의 금융기관은 상기의 9개 업태 체제로 정비되었고, 은행업계는 국유 전업은행의 독점체제에서 동종타사 간의 경쟁이 인정되는 체제로 변화했다.

또 1995년에 시행된 상업은행법은 은행은 일정 수준 하에서 대출 대상 등을 자유롭게 선택하는 것을 인정했기 때문에 4대 국유상업은행 이외의 제2분류 은행은 법률시행과 동시에 대부범위 관리에서 해방되어 자주적으로 자산과 부채를 관리하는 자산부채관리가 인정되었다. 자산부채관리란 은행에 대한 정부규제의 주안점을 예금이 주인 부채와 대부가 주인 자산 사이에 균형이 잡혀 있는지에 두고, 개개 예금이나 대부 조건에 대해서는 규제 대상으로 하지 않는다는 방침을 의미한다.

한편 국유기업을 주 대부(貸付) 대상으로 삼던 4대 국유 상업은행은 이 자주적인 자산관리를 곧바로 인정받지 못했다. 나중에 언급하겠지만 거시경제 관리를 위해서 대출액에 상한선을 설정하는 신용폭 규제가 필요하다고 생각했기 때문이다. 그러나 주된 대부대상인 국유기업의 경영악화가 4대 국유상업은행의 경영을 압박하고 수익력에서 제2분류 은행과 격차가 벌어졌다.

이 때문에 국유상업은행도 1998년에는 자산부채관리를 인정받게 되어 자산운용의 자주권이 주어졌다. 그 결과 은행의 대출관리는 엄격해졌으며 우량고객을 둘러싸고 은행 간 경쟁도 극심해지고 있다.

증권시장과 증권회사의 발전

제 Ⅲ절에서 언급하겠지만 국유기업이 안고 있는 최대 문제 중 하나는 과소자본이다. 이 이상 부채를 확대할 수 없는 국유기업에서는 주식발행 · 증자에 의한 자금조달이 중요한 방법이 되었다. 이 때문에 개혁개방 이후의 증권시장의 발전은 국유기업 개혁을 지원하는 성격이 강했다. 1981년 국채발행에 의해서 중국의 증권시장이 부활했다. 그후 국유기업 개혁이 소유권 개혁 · 주식회사화로까지 진전된 95년에서 97년 전반 증권업계는 황금기를 맞이했다. 이 사이 상장기업은 200개 사 정도에서 약 700개 사로 급격히 확대되고, 투자가들도 500만 명에서 1000만 명으로 늘어났다. 이처럼 증권시장이 과열되는 가운데 불법적인 거래가 만연하고, 95년에는 상하이 만국증권의 불법 국채선물거래가 발각되었다. 그후에도 금융기관 파산이 잇따라 정부는 분업관리(은행, 증권, 보험 등 업태의 벽을 만들어 관리하는 방법)를 철폐했다. 우선 은행과 신탁투자공사가 분리되었으며 이에 의해 은행업무와 증권업무가 실질적으로 분리되었다.

중국식 경영? 하이얼의 성공

국유기업의 경영은 여전히 어렵다. 그러나 그 가운데에서도 기업개혁에 적극적으로 나서고 경영관리에 많은 노력을 기울여 국내외의 어려운 경쟁 속에서도 살아남은 기업도 있다. 하이얼 그룹공사가 그 대표적인 예이다.

하이얼은 중국가전업계 1위를 자랑하는 기업이며 2004년의 국내매출액 상위 100개 사 중 19위를 차지했다. 그 전신은 1984년 12월에 두 개의 적자기업이 합병해 독일에서 기술을 도입해 냉장고 공장으로 재출발한 청도냉장고이다. 새로 임명된 사장은 우선 불합격된 냉장고를 부수는 것부터 시작해 품질 향상에 주력하고 브랜드를 확립한 이후 제품을 서서히 늘려 지금은 백색가전에서 로봇까지 제조하는 중국 최대의 종합가전업체로 성장했다.

하이얼의 성공은 다양한 측면에서 연구되고 있다. 경영전략, 경영형태, 인적자원관리, 유통 등에 중국적 특색이 인정되어 이는 중국적 경영방식이라 부를 수 있다. 하이얼의 가장 주목할 만한 관리방법은 'OEC관리' 방식(Overall, Everyone, Everyday, Everything, Control&Clear: 전면적으로 각자가 매일 모든 일을 컨트롤하고 정리한다)고 명명되었다. 키워드는 ①목표관리 시스템 도입 ②매일 근무평가 ③인센티브 메커니즘 도입이다. 간부들을 포함해 하이얼의 모든 종업원들은 '우수사원', '합격사원', '시용사원' 세 종류로 나뉘어 실적에 따라 승진, 강등된다. 각 생산현장에서는 현장별로 각 종업원들의 매일, 매월 목표와 달성도가 일람표로 붙어 있다. 매일, 매월의 최고와 최저 종업원의 이름이 붙고 최저 종업원은 그 이유를 스스로 기입해야 한다. 연속해서 최저 평가를 받으면 해고되며 그 상사와 팀의 성적에도 영향을 미친다. 이는 이른바 도요타의 간판방식을 철저히 모방한 것이다.

엄격한 성과주의적 관리방식은 리스크를 상당한 정도 종업원들에게 지게 하는 것으로, 리스크가 높은 분야나 기업실적이 둔화될 때 과연 그것이 충분히 기능할 것인지는 의문스럽다. 그러나 그러한 방식은 국유기업도 글로벌 경쟁에서 이길 수 있음을 증명했다.

(孫健等「한 개 중국기업적 성장」기업관리출판사. 2001 등에 의함. 츠언 련 치용)

98년부터 2000년 사이 신탁업무와 업무분리가 추진되어 증권업무를 해온 신탁투자공사는 증권회사로의 전환이나 신탁업무로 특화해야 하는 상황에 처하게 되었다. 99년 7월에는 증권법이 시행되어 증권관리체제가 완성되었다.

그후 1999년에는 증권회사 스스로의 재편이 크게 진전되었다. 99년 7월 현재, 중국에는 97개사의 전업증권회사, 300개사 정도의 증권업무경영기구가 있었다. 이 중 등록자본금이 10억 위안을 넘는 회사는 11개사로, 400개사 정도는 자본금이 3000만 위안이 되지 않는다. 이처럼 소규모 증권회사가 분산적으로 존재하고 있고, 증권회사 자체의 역사가 일천

하여 자본축적이 이루어져 있지 않다. 또한 세계무역기구(WTO)* 가입에 의해 금융부문의 개방이 예상되는 가운데, 증권업계 재편이 진행되었다. 또한 2000년대에 들어 분식회계 등의 불법행위가 폭로되어 파산 · 흡수합병에 의해 대규모 증권회사로의 통합이 추진되었다.

또 1997년부터 2004년에 걸쳐 정부의 규제당국도 업태에 맞추어 분리되었다. 보험감독관리 위원회, 증권감독관리 위원회가 협력해서 각 업태의 금융기관을 각각 관리하는 체제가 마련되었다.

Ⅱ 금융정책과 거시 컨트롤

금융조절의 역할과 수단

다음으로 금융의 거시적 측면을 살펴보자. 거시경제의 안정을 확보하는 수단으로서 재정정책과 금융정책 두 가지가 있다. 금융정책(금융조절)은 금리나 통화공급량을 조절하는 것을 통해 경제를 안정시키는 정책이다. 보통 이는 중앙은행의 임무이다.

일반적으로 시장경제국가에서는 중앙은행은 다음과 같은 금융정책을 실시한다. 우선 중앙은행은 베이스머니(현금과 중앙은행예입금〈시중은행 예금의 일정비율〉 합계에서 중앙은행 재대출을 공제한 것)을 조절함으로써 통화공급량과 물가안정을 꾀한다. 경험적으로 베이스머니의 일정비율([그림 7-2]의 k로 신용승수(信用乘數)라 불린다)이 통화공급량의 잔고가 된다고 여겨지고 있기 때문이다. 베이스머니를 조절하는 수단으로서는 ①중앙은행 대출과 ②채권 · 어음의 공개시장 조작이 있다. 전자는 중앙은행이 유담보(예를 들면 어음) 또는 무담보로 민간은행에 부여하는 신용이며 여기서 적용되는 기준금리를 공정금리라고 불린다. 후자인 공개

시장 조작은 채권(국채가 주) · 어음이 거래되는 단기금융시장에서 중앙은행이 채권이나 어음을 매매하는 것을 말한다[4].

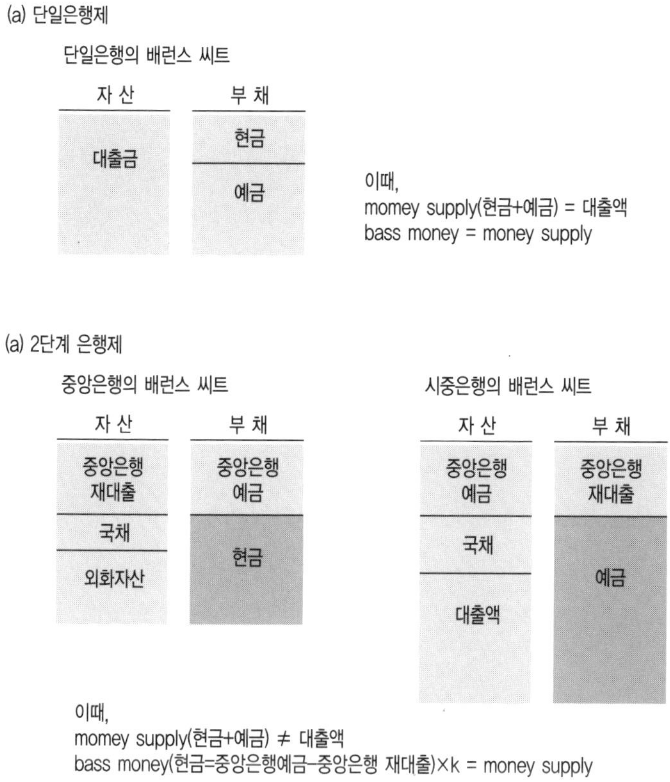

[그림 7-2] 단일은행제와 2단계 은행제에서의 화폐조절(개념도)

예를 들면 중앙은행이 국채를 사거나 또는 재대출을 늘렸다고 하자. 그러면 국채와 대금, 혹은 재대출액은 중앙은행 예입금 계좌로 새로 불입되므로 베이스머니가 증가하게 된다. 그렇게 되면 시중은행은 중앙은행 예입금이 늘어난 만큼 예금을 대출로 돌리고, 그것이 새로운 예금을 낳아 통화공급량이 증가하게 된다.

우선 계획경제의 단일은행제 하에서는 지극히 심플한 방법으로 금융조절이 이루어졌었다. [그림 7-2(a)]에서 알 수 있듯이, 경제 전체에는 은행이 하나밖에 존재하지 않기 때문에 단일은행의 예금과 현금 합계 즉 통화공급량은 경제 전체의 대출액과 일치했다. 이 때문에 대출액을 컨트롤하는 것은 통화공급량을 컨트롤하는 것을 의미하고 있었다.

개혁개방기에 2단계 은행제로 이행되자 이 구조는 무너진다. 중앙은행 대출이나 공개시장조작에 의한 조절이 필요해진 것이다. 개혁기 당초, 중국의 금융조절은 중앙은행 대출(중국인민은행 재대출이라고 불린다)에 압도적을 의존했었다. 이는 채권 · 어음의 공개시장조작을 하는 장소인 단기금융시장이 애당초 존재하지 않았다는 이유에 따른 것이었다. 그리고 중앙은행 대출만으로는 금융조절을 충분히 할 수 없었기 때문에 민간은행 대출액에 중앙은행이 직접 상한선을 설정하는 신용폭 관리라는 수단이 금융조절의 기본이 되었다. 이미 언급했듯이 4대 국유상업은행에 대해서 대출액, 자금조달액을 각 은행이 자유롭게 설정하는 자산부채관리로의 이행이 늦어진 것은 거시적 면에서의 금융조절이라는 목적 때문에 상업(전업)은행의 대출액을 컨트롤해 왔다는 역사적 경위가 있었기 때문이다.

신용폭관리의 한계

그러나 신용폭관리는 금융조절의 수단으로서 많은 문제를 안고 있었다. 1979년부터 84년에 걸쳐서의 신용폭관리는 국유은행의 예금수입액과 대부액을 연결짓는 것이었다. 그러나 대부금이 예금을 웃돌았을 때 현금을 발행하는 형태였기 때문에 대출금은 컨트롤하고 있었지만 중앙은행이 시중에 공급하는 화폐, 즉 베이스머니는 컨트롤되지 않고 방치되었다.

그 결과 통화공급량이 확대되어 인플레이션이 발생했다. 즉 당시의 정부는 민간은행의 대부액(신용폭) 조절을 통해서 거시경제를 조절하려 했지만 이는 본질적으로 바른 방법이 아니었던 것이다. 한편 통화공급량을 컨트롤하기 위해서 필요한 베이스머니의 관리에 대한 인식이 없었기 때문에 통화공급량이 확대되었다. 참고로 중국의 제도 하에서는 [그림 7-2(b)]에 있는 베이스머니는 현금+중국인민은행 예입금-중국인민은행 재대출(이하 재대출이라 부른다)로 이루어진다. 1985년부터 88년에 걸쳐 국유은행을 중앙은행이 독립시켜 재대출을 중앙은행에서의 자금 분배가 아닌 중앙은행에서의 차입으로 했다. 즉 시중은행은 중앙은행에 대해서 재대출을 받으면 금리를 지불할 필요가 생겨난 것이다. 이 같이 국유은행의 자금조달 조건이 까다로워졌다.

한편 국유은행 대부에 대한 규제, 즉 신용폭관리를 완화했다. 그러나 국유은행은 정부의 경제정책을 실행하기 위한 정책금융을 담당한다는 의무를 지고 있기 때문에 수익성에 문제가 있는 조건에도 대출을 실행하지 않을 수 없었다. 이 때문에 국유은행은 이 정책금융업무를 방패로 재대출 증액을 요구하고, 중앙은행은 이에 응할 수밖에 없었다. 그 결과 화폐공급 조절이 잘 되지 않아 인플레이션이 발생했고 88년에는 정점에 달했다. 그리고 이것이 나중에 천안문사건을 유발하는 요인이 되었다. 그 때문에 88년에는 베이스머니 조절과 함께 국유은행에 대한 신용폭관리를 부활시켜 신용폭관리가 주, 베이스머니가 종이라는 이중관리제도가 되었다.

대외거래 자유화가 신용폭관리에 준 영향

또한 이 신용폭관리를 베이스로 하는 금융조절은 1994년부터 대외무역거래에 관한 외환관리 자유화에 의해서 무력화된다. 그때까지 환율시세는 공정시세와 외환시장의 수급으로 정해지는 시장시세 두 가지로 관리되고 있으며, 해외와의 물건거래와 자금흐름은 차단되어 있었다. 그러나 94년에 공정시세가 철폐되고 외한보유고와 환율시세는 재화나 서비스의 흐름(국제거래상의 경상수지)에 따라서 변화하게 되었다. 단 이때부터 현재에 이르기까지 중국의 위안화 환율은 미 달러에 대해 일정하게 유지되고 있다. 이 때문에 물건 흐름(경상거래)의 변동은 중앙은행의 외환보유고증감이라는 형태로 변동되는 체제로 되어 있다.

이 제도변화는 중앙은행의 금융조절에도 크게 영향을 주었다. 1994년 이후 중앙은행이 보유한 자산([그림7-2(b)] 중앙은행의 대차대조표의 자산쪽) 중 외화점유율이 10% 남짓에서 50%까지 급격히 확대되었다. 이는 92년경부터 시작된 대중투자 붐에 의해서 직접투자가 확대되고, 수출 확대에 의해서 대량의 외화가 유입되었기 때문이다. 중국으로 유입된 외화는 중국 내에서 이용하려 할 때 반드시 위안화로 교환되어 외화는 중앙은행(외화관리국)에 모인다. 이렇게 해서 중앙은행이 보유한 외화자산은 증가해 결과적으로 위안화 현금 또는 시중은행의 중앙은행 예입금이 확대되었다. 이 베이스머니의 확대가 시중에 나도는 화폐공급을 확대시키는 요인이 되었다.

이론적으로 중앙은행은 이러한 외화자산 증가가 화폐공급 확대를 초래하는 폐해를 피할 수 있다. 예를 들면 중앙은행 예입금을 늘리고 재대출을 회수 또는 공개시장조작(어음 · 채권시장에서 국채를 매도하는 등) 등으로 외화자산 이외의 자산항목 증가를 억제하고 베이스머니 확대를 억제하면 된다(불태화정책*). 그러나 이 시기의 중국에서는 후자인 어음 · 채권을 매도해 화폐를 흡수할 수 있는 단기금융시장이 기능하고 있지 않았다. 이 때문에 결국 중국인민은행은 재대출 회수로 대응할 수밖에 없었다.

이 시기에 인민은행의 자산항목 중 재대출 점유율은 저하되었지만 통화공급량 그 자체는 [그림 7-3]처럼 1993년에 급격히 확대되었다. 결과적으로는 재대출 회수에 의한 불태화(不胎化) 정책은 실효를 거두지 못하고 맹렬한 인플레이션에 직면하게 되었다. 또 94년 이후의 통화공급량에 비해 은행신용의 수축은 현저하며 이것이 디플레이션을 유발할 가능성이 있다. 경제를 안정적으로 조절하기 위해서는 단기금융시장의 육성이 필수적이라는 사실이 인식된 것이다[5].

그후 1998년경부터 단기금융시장은 확대되어 시장으로서 정착했다. 지방은행, 증권회사, 보험회사 등도 현재는 주로 국채의 현물시장에서 단

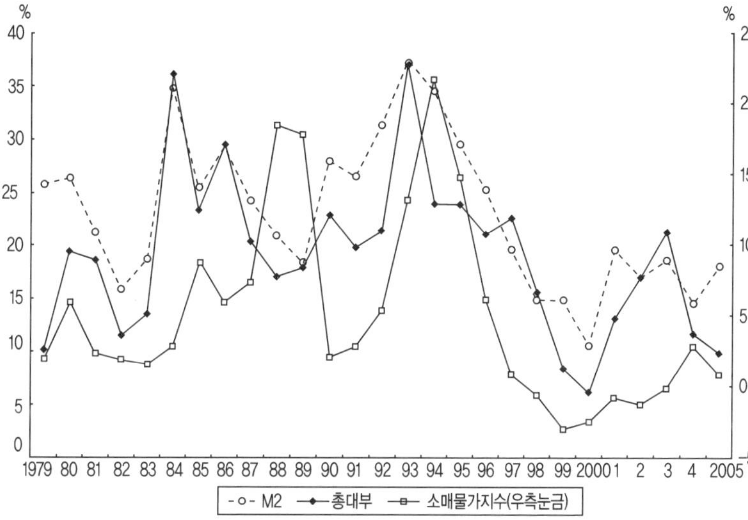

[그림 7-3] 통화공급량, 총대부, 물가의 변동

(注) M2는 화폐(현금+요구불예금)+준화폐(정기예금+저축예금+기타예금). 총대부는 인민은행, 4대 국유은행 및 농촌신용사의 연말대부잔고.

(자료) 『중국금융연간 1988』 54-55항. 『동(同) 1996』 434항, 중국인민은행 『중국인민은행 통계계보』 2000년 제1기, 2004년 제2기, 『중국정보핸드북 2006』 350 페이지. 중국인민은행 Homepage: http://www.pbc.gov.cn/diaochatongji/tongjishuju/index2.asp?year=2005

기 자금융통을 하고 있다. 그리고 중국인민은행도 이 시장에서의 금리유도를 시작하고 있다. 이렇게 해서 금리에 의한 금융조절을 하는 환경은 상당히 정비되어 가고 있다. 2003년 후반부터 시작된 거시 컨트롤에서는 금리에 의한 조정은 보류되고 직접대출 대상을 제한하는 대응이 취해졌고, 2004년 가을에는 대출금리 상승과 예금금리 하한이 철폐되어 금리마진을 은행이 자율적으로 정할 수 있게 되었다.

Ⅲ 부실채권문제의 발생: 미시적 문제

부실채권문제란 무엇인가

은행의 대부채권의 일부가 부실채권이 되는 것 자체는 실은 종종 발생하는 일이다. 이 부실채권이 심각한 문제가 되는 것은 은행 자산의 대부분을 차지하는 대출채권이 회수불능한 상황이 됨으로써 은행의 자금부족 현상이 일어나고, 기업으로서의 은행의 경영상황이 악화되는 단계에 이르렀을 때이다. 왜 문제가 되는가? 여기에는 은행의 특수성이 관련되어 있다. 은행은 기업에 대한 자금 대부 외에 자금 지불과 수취 등의 업무를 하고 있다. 이 결제업무[6]를 하기 위해서 은행은 자금결제 네트워크를 구축하고 있다. 여기에 참가하는 특정 은행이 결제불능 상태에 빠지면 연쇄적으로 다른 은행들도 이에 휘말리게 된다. 은행의 결제망을 통해서 한 은행의 경영악화가 은행시스템 기능 전체를 정지시켜 버리는 것이다.

위에서 언급했듯이, 중국에서는 거시적인 금융조절은 시장을 통한 베이스머니 조절이 아닌 시중은행의 대출액에 상한선을 설정하는 형태로 이루어졌다. 이것이 유효한 정책수단으로서 기능하도록 하기 위해 자금중개를 은행신용에 집중시켜 규제하는 형태가 취해졌다. 이 체제는 기업

재무에도 큰 영향을 준다. 기업은 자금을 조달할 때 외부자금, 특히 은행에서의 차입에 크게 의존하고 그 결과로서 자본 비용이 상승하고 기업경영 악화에 박차를 가하게 된다. 이렇게 해서 은행의 대출자산가치가 열화(저하)되는 한편, 기업이 자산을 조달할 조건은 엄격해져 은행은 자산부족에 빠지고 다음에서 말하듯 부실채권문제가 악화되어 갔다.

국유기업의 경영악화와 부실채권문제 발생

1990년대 중반, 대출자산의 열화가 중국의 은행경영을 압박하는 상황이 되었다. 중국의 부실채권문제는 대부 대상인 국유기업의 경영악화가 그 원인이다. 시장경제화의 과정에서 국유기업을 둘러싼 제도는 많은 문제를 안고 그것이 국유기업의 경영을 악화시키는 계기가 되었다(제 4장). 무엇이 문제였을까?

중국의 국유기업 자금조달 양상을 살펴보면 다음과 같은 특징이 있다. 우선 외부에서의 자금조달에 대해서는 일관되게 은행에서의 차입이 80% 내외를 차지하고 있다. 이는 앞서 말했듯이 간접금융 우위의 금융중개구조를 반영하고 있으며, 현재의 일본도 같은 정도이므로 그 자체는 특별히 드문 일은 아니다. 중국이 특징적인 것은 자금조달 전체를 내부자금(내부유보와 감가상각)과 외부자금(은행차입, 주식 및 외상매입대금으로 나누었을 때 전자에 대한 의존도가 매우 높다는 점이다(〈표 7-1〉), 일반적으로 외부자금은 실질적인 코스트가 높기 때문에 기업은 내부자금에 대한 의존도를 높이려 한다. 이 때문에 내부자금비율은 일본에서는 90% 내외, 독일에서도 60% 내외이다. 그러나 중국에서는 이 내부자금 비율이 극단적으로 낮고 외부자금에 대한 의존도가 높다. 중국기업은 실질적인 비용이 높은 자본조달방법을 강요당해 왔다고 추측할 수 있다. 그리고 이 높은 자본비용이 국유기업의 경영을 압박하고 적자로 전락시키게 되었다.

그러면 왜 높은 비용이 드는 외부자금에 의존하는 사태가 발생한 것일까?

〈표 7-2〉 국유광공업 기업의 조(粗) 부가가치분 배구성(%)

중국	세금	이윤 · 상납	이자지불	임금	감가상각비	합계
1980	25.6	44.5	1.3	19.8	8.8	100
1985	32.1	35.6	3.1	16.7	12.5	100
1990	34.2	9.1	11.1	30.8	14.8	100
1994	29.5	11.5	13.8	28.1	17.1	100

일본	세금	영업순이윤	이자지불	임금	동산 · 부동산 임대	합계
1994	5	1.9	10.2	73.7	9.3	100

(注) 일본의 「동산 · 부동산」의 일부가 감가상각비에 해당한다.
(자료) 중국 · 국유기업: 肖炎舜 『영향국유기업효과의 원인 분석 및 정책건설』 내부자료
일본: 『재정금융통계일보』 1999년 8월. 20-21페이지

〈표 7-2〉는 기업의 조(粗) 부가가치 구성에 대해서 중국과 일본을 비교한 것이다. 이에 따르면 중국의 국유기업은 세금 비율이 높다는 것을 알 수 있다.

국가에 대한 '기여'가 매우 중요한 것이다. 그리고 내부자금을 구성하는 감가상각비는 일본보다 약간 높다. 그러나 실질적인 의미가 다르다. 중국에서는 1994년 이전에는 이 상각비를 기업 내에 유보시키지 않고 국가에 상납하게 해 진정한 의미에서의 내부자금이 되지는 않았다. 또 이윤에 대해서도 1980년대는 모두 국가에 상납하고 있어 이 역시 진정한 의미에서의 내부자금이라고는 말할 수 없었다. 즉 내부자금으로서 계산되는 항목은 그 점유율이 특별히 낮았던 것은 아니었지만, 국가에 대한 상납이 이루어졌기 때문에 극심한 내부자금 부족이 일어난 것이다. 그 결과 외부자금에 의존할 수밖에 없어 국유기업의 경영악화와 은행의 채권 열

화가 진행되었다.

이렇게 해서 은행의 대출채권이 열화된 결과 은행의 경영도 악화되어 1996년경에는 중국공상은행, 중국건설은행, 중국농업은행의 자기자본비율이 2%대로 떨어졌다. 국제결제은행(BIS)는 국제적인 은행시스템의 안전성을 확보하기 위해서 해외에서 활동하는 은행에 대해 자기자본비율[7]을 8% 이상으로 유지하도록 요구하고 있다.

〈표 7-3〉 부실채권비율의 추이

	1999년 말	2000년 말	2001년 말	2002년 말	2003년 말	2004년 말 6월 말
중국공상은행	47.6	34.4	29.5	25.4	21.2	-
중국농업은행	-	46.8	42.1	-	-	-
중국은행	-	27.2	27.5	23.4	16.2	-
중국건설은행	-	20.3	19.4	15.2	9.1	-
국유독자은행 전체	-	-	29.9	-	-	15.6
주식제상업은행	-	29.2	25.4	-	-	5.2
은행섹타 전체	-	-	-	-	17.8	13.3
상술(구분류)	-	-	24.4	19.9	15.2	-

(注) 불량채권비율은 다음 2가지 기준에 근거한 것을 표시하고 있다.「구분류」(은행섹타 전체)의 수치는 연대기관을 기준으로 한 것임. 기타 수치는 리스크 오인을 가미한 Bis기준에 따른다.
(자료) 각 은행연보 및 중국은행업 감독관리 위원회 HP.

이 3개 은행 모두 해외에서의 자금조달 등을 하고 있기 대문에 이 기준을 준수해야 하는데 실제 자기자본비율은 8%에 훨씬 못 미치는 상태에 빠진 것이다. 〈표 7-3〉에서 나타나듯이 부실채권비율도 중국공상은행, 농업은행은 40%대, 건설은행, 중국은행 모두 20%대로 매우 높은 수준이며, 은행시스템이 위기적 상황에 있음을 드러내고 있다.

은행시스템의 보호와 규율 강화

정부는 은행부문의 보호를 전혀 생각하고 있지 않은 것은 아니었다. 뒤늦게나마 은행에 대해 금리 자유화의 순서와 부실채권문제 처리과정에서 보호조치를 부여함으로써 은행부문의 안정을 유지하려 하고 있다.

금리 자유화는 다음과 같은 과정을 밟았다. 우선 대출금리에 일정한 변동폭을 갖게 하고 다음으로 1996년에 은행 간 위안화 시장에서 자유롭게 금리를 설정할 수 있도록 했다. 또 80년대 말 및 90년대 중반의 인플레이션 시기에는 예금자보호를 위해서 1년 이상의 정기예금에 대해 공정금리에 물가 상승분을 추가하는 인플레이션 보전(補塡)을 실시했다. 90년대 중반의 인플레이션 보전시에는 은행의 예금금리가 대출금리를 웃도는 현상이 발생하고 96년에는 은행의 자기자본비율 저하를 가속화시켰다.

이렇게 해서 발생한 은행의 자본부족을 해소하기 위해 은행부문에의 공적자본 주입(1998년), 그리고 금융자산관리 공사로 부실채권의 위양(委讓)(2000년)을 추진해 은행부문의 보호에 노력하고 있다[8]. 그후 부실채권의 산정기준 엄격화와 경영개선을 추구해 부실채권비율 인하를 달성한 중국은행(2003년 말의 부실채권비율 16.2%)과 중국건설은행(동 9.1%)에 대해서는 예를 들면 전면적인 상장을 인정함과 동시에 외화준비를 자본으로 설립한 중앙 회금관리공사(中央匯金管理公司)를 출자자로 다시 한 번 자본주입을 실시하는(2004년 1월) 등의 지원적 정책을 취하고 있다.

금융 · 자본시장은 아킬레스건인가?

중국의 금융 · 자본시장은 아직 완전한 시장화를 달성하지 못했다. 그리고 개혁개방정책으로의 전한 이후 안고 온 모순은 특히 은행부문에 집중되어 왔다. 구체적으로 국유기업은 불합리한 자본구조를 강요당한 결과 경영이 악화되었고, 여기에 대부를 강제적으로 요구당한 국유상업은행은 커다란 부실채권을 안게 되었다. 이러한 짐을 떠안게 된 데다 금융시스템 자체가 시장원리에 따른 금융규제 하에서 막 운영되기 시작한 것이다.

지금까지의 중국의 금융시스템은 국유기업에 대한 자금배분을 우선하고 리스크 관리의 개념이 뒤로 밀려나 있었다. 시장베이스에서의 규제로의 이행은 간단하지는 않았다. 이러한 경위는 신용폭관리를 둘러싼 우여곡절에 나타나 있다.

신용폭관리에서 탈피하는 것은 용이하지 않아, 결국 1997년까지 4대 국유상업은행에 대한 신용폭관리는 계속되었다. 그리고 은행부문에 부실채권이라는 형태로 체제 모순이 집중되어 버렸다.

그러나 1990년대 후반에는 국유기업 보호에서 은행보호로 옮겨가게 되었다. 부실채권관리의 틀은 서서히 실행으로 이행되고 있다.

대부 폭 규제도 철폐되어 시장베이스에서의 금융조절이 움직이기 시작하고 있다. 금리의 자유화도 은행부문의 수익을 확보하면서 추진되고 있다. 또 대외적으로는 윤택한 외화준비를 유지하고 있어 대외지불에는 문제가 없다. 현재 아킬레스건을 보호하는 근육을 단련하고 '잘 끊어지지 않는 아킬레스건' 으로 만드는 시도가 거듭되고 있다.

이상의 조건들은 많은 개도국들과 비교해도 안전한 상황에 있다고 할 수 있다. 현재 중국의 금융시스템은 부실채권이라는 큰 문제를 안고 있지만 그 처리는 구체적으로 시작되고 있다. 위기의 가능성이 완전히 사라졌다고할 수 없지만 어려운 수술에 필요한 자금은 수중에 있는 상태이다[9].

와타나베 마리코(渡辺眞理子)

중국인들에게 경원(敬遠)되는 일본계 기업

중일 간의 무역 · 투자는 해마다 증가해 양국의 경제관계는 더욱 긴밀해지고 있지만, 다른 한편으로 중국에 진출한 일본계기업으로는 도시바 노트북 사건(노트북 결함에 대해서 미국 소비자에게는 배상금을 내주었지만 중국 소비자에게는 해당하는 법률이 없어 이를 행하지 않아 중국 여론의 반발을 샀다), 미쓰비시 파제로 사건(브레이크 결함에 의해서 사고가 발행한 리콜에 응하지 않았다), 그리고 일본항공의 중국인 여행객들 대우를 둘러싼 비판과 도요타 자동차의 광고를 둘러싼 비판 등 그다지 좋은 보도는 들리지 않는다.

사실 이러한 일본 기업들에 대한 평가에 호응이라도 하듯이 대학생들의 희망 취직자리로서 일본계 기업은 그다지 인기가 없다. 빈번하게 인용되는 중국 취업 정보 사이트 '중화 영재망(中華英才網)'에 의한 대학생들의 희망 취직처 설문조사 결과를 살펴보자. 2004년 조사결과는 1위가 하이얼, 2위가 IBM, 3위가 P&G로 상위 10위 내에 일본계 기업의 이름은 없었으며 서구기업과 중국기업이 다 차지하고 있었다.

2003년에는 상위 50개 사에 일본 기업은 3사밖에 들어가 있지 않았고, 2004년에는 2개 사로 줄어들고(도요타가 순위 밖으로) 또 순위도 떨어져 있다(소니 17위→26위, 마쓰시타 전기 32위→46위). 일본계 기업이 인기가 없다는 것이 한눈에도 명백하다.

일본계 기업이 인기가 없는 이유는 첫째로 일본계 기업의 현지화가 진전되지 않고 승진의 길이 닫혀 있다는 것을 들 수 있다. 중국 대학생들은 상승지향성이 강해 기업에서 경험을 쌓아 나중에 독립하는 것을 꿈꾸는 이들이 많다. 연공서열형 일본기업에서는 급여가 낮을 뿐 아니라 좀처럼 중요 직책을 맡을 수 없기 때문에 의욕적인 학생들은 이들 기업을 기피하는 것이다. 두 번째로 일본적인 애매함에 바탕한 기업 내 커뮤니케이션이 서구 지향적인 학생들에게 있어서는 좀처럼 이해하기 어려운 점도 있을 것이다. 업무분담이 명확한 서구 기업이라면 일의 범위를 이해하고 업적이 노력과 비례하기 쉽다. 그리고 세 번째로 가장 큰 이유는 언어의 문제이다. 영어는 초등학교부터 이미 의무화되어 빠른 곳에서는 유치원 때부터 배우기 시작한다. 세계공통어도 영어이다. 영어에 대한 친근감은 당연히 서구 기업들에 대한 친근감을 낳는 것이다.

수출용 조립 라인을 단순노동자들이 움직일 뿐이라면 임금이 싼 이주노동자들을 고용하면 될 일일지도 모른다. 그러나 중국시장 진출을 노리고 있다면 아무래도 우수한 현지사원들은 필수적이다. 일본계 기업의 인기침체를 어떻게 만회해 갈지는 중국진출 기업들에게 부과된 중요한 과제라 할 수 있겠다.

(http://www.chinahr.com/ 등에 의함. 리 쉬)

---

1) 경상수지* 적자는 해외에서의 자금유입(의 필요성)을 의미하고 경상수지의 흑자는 해외로의 자금유출을 의미한다. 잉여자금은 일본의 경우(주로 민간자금의) 자본수지*의 유출초과(적자)라는 형태로 균형잡혀 왔다. 이에 비해 중국에서는 정부가 외화를 집중관리하고, 자본이동의 자유를 제한하고 있기 때문에 정부가 외채 등으로 운영하고 있는 외화준비고 증가라는 형태로 밸런스가 취해지는 방침으로 되어 있다. 그러나 중국의 국제수지표를 보면 위기관리를 회피한 민간자금유출을 나타낸다고 추측되는 오차탈루(誤差脫漏) 항목이 큰 적자를 계상해왔다. 이 때문에 실제로는 외화준비고의 증가로 불법자금유출의 형태로 밸런스를 취하고 있다고 생각된다.

2) 중국의 금융을 둘러싼 제도 및 역사적 변천에 대해서는 戴相龍(편)(桑田良望 역) 『중국금융독본』 중앙경제출판사, 1997년 참조.

3) 중국공상은행, 중국은행, 중국건설은행, 중국농업은행 등 자산규모가 큰 상업은행은 1분류, 그 외 지역성 상업은행, 주식제 상업은행, 도시 상업은행은 2분류 은행으로 불린다.

4) 금융 메커니즘의 개념에 대해서 岩田規久男 『금융정책의 경제학: 일은이론의 검증』 일본경제신문사, 1993년이 일본제도를 베이스로 상세하게 해설하고 있다.

5) 2004년 현재, 중국인민은행에 의한 공개시장조작은 주로 국채의 현물 · 선물거래시장(현선시장), 인터뱅키 외환시장 및 콜 시장에서 이루어지고 있다. 규모가 가장 큰 것은 국채의 선선시장이다.

6) 자금결제는 은행을 거치지 않아도 개인이나 기업이 일상적으로 하고 있는 활동이다. 그러나 개인이나 기업이 일상적으로 멀리 떨어진 주체와 자금을 주고받을 때, 또는 현금을 갖고 다니는 것이 곤란할 정도로 거액의 자금을 거래할 때 운행계좌 간 결제가 이루어진다. 이는 은행과 은행이 자금의 지불이나 수취를 모아서 하기 때문에 네트워크를 구축함으로써 비로소 자금결제를 효율적으로 할 수 있다. 이 결제업무는 실은 은행업의 역사 속에서 기업 대부보다 먼저 발달했으며, 다른 금융기관(증권회사나 보험회사)과 구별되는 중요한 특징이다. 이 결제업무가 은행을 특수한 존재로 만들고 있다.

7) 여기서 자기자본비율(자기자본/총자산)은 총자산의 평가에 리스크 요인을 가미한 BIS기준에 의한 것이다.

8) 예를 들면 금융자산관리 공사에 이양된 부실채권은 싼 가격으로 이루어져 모체는 대차대조

표상 전혀 손실을 내지 않는 형태로 이루어지고 있다. 보통 부실채권이 이양되었을 경우에는 자산평가가 실시되어 실태를 반영한 숫자가 확정된다. 싼 가격인 채로 은행에서 부시채권을 박리(剝離)한 것은 세계적으로도 드문 예이다. 또 중소기업의 매각이나 M&A 등에 대해서 실제 파산기업처리는 은행채권 보전을 강하게 의식한 것으로 되어 있다.

9) 상세하게는 와타나베 마리코(渡辺眞理子)(편) 『중국의 부실채권문제』 아시아 경제연구소, 토픽 레포트, 1999년 및 이마이켄이치(今井健一) · 와타나베 마리코(渡辺眞理子) 『기업의 성장과 금융제도』(현대중국경제4) 나고야대학 출판회, 2005년 제 2부 참조.

제4부

대외개방과 국제관계

Economic Development in China

제8장

수출은 성장의 엔진인가?

중국경제의 눈부신 성장요인 중 하나로서 개혁개방에 의한 국제무역 신장이 있다. 특히 1987년부터 실시한 수출지향 전략 및 환율인하에 의해서 수출이 급격히 증가했다. 이로 인해 많은 연차에서 경상수지가 흑자화되었다. 일본의 내수의존형 경제와 대비해 중국경제는 외수의존형이며 국제무역이 경제성장에 큰 역할을 하고 있다.

국제무역은 중국의 산업고도화를 촉진시켰다. 수출에서 차지하는 농산물 · 원자재 등 1차 생산품의 점유율은 크게 저하되고, 공업품 등의 2차 제품이 증가했다.

그 중에서도 기계 등의 자본집약적 품목의 수출입 증가가 현저하다.

본 장은 중국의 대외무역 발전 경위를 설명하고 일본과 비교하면서 국제무역이 이룩한 역할에 대해서 검토한다. 또 중국의 수출확대에 의한 세계의 위안화 절상 요구와 중국정부의 대응, 중국의 대두에 의한 아시아 경제 재편에 대해서도 언급한다.

Ⅰ 국제무역과 경제성장

국제무역의 신장

개혁개방 이전의 중국의 대외관계는 정치적으로나 경제적으로 사회주의 국가들과의 교류가 대부분으로, 세계 각국과의 무역은 크게 제약되어 있었다. 그러나 1978년의 개혁개방에 의해서 무역이 재개되고, 특히 80년대 후반부터 실시된 연해지역 경제발전 전략에 의해서 수출입이 급속히 증가했다.

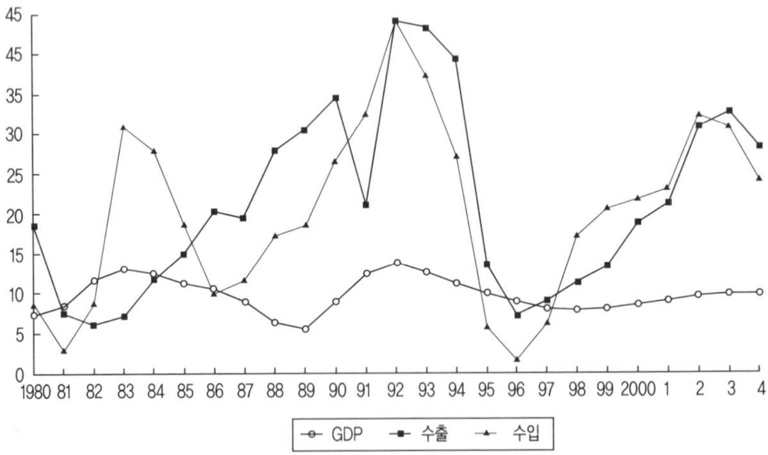

[그림 8-1] 무역성장률과 경제성장률

(注) 1980~2005년의 3년 이동평균치. 모든 명목치에 의한다.
(자료)『중국통계연감 2005』 578항.『중국통계적요 2006』 23, 169항.

89년의 천안문사건*에 의한 서쪽의 경제제재로 인해 수출입은 대폭적으로 감소했지만, 92년부터 제 2차 경제 붐 및 94년의 위안화 절하에 의해서 수출은 다시 늘어났다. 95~97년 사이 중국정부는 WTO(세계무역기구)*가입을 위해 국내시장을 개방해 관세인하 등의 무역자유화를 실시하고 외국계 기업에 대한 우대정책 일부를 폐지·변경했기 때문에 수출은 감속했다. 또 97년의 아시아 경제위기도 수출침체의 요인이 되었다. 그러나 99년에 아시아 경제가 회복된 점, 수출진흥책 실시 및 WTO 가입에 의해 수출입은 다시금 회복되었다.

1980~2005년의 연평균 성장률은 수출은 21.7%, 수입은 20.3%에 달해 9.7%의 경제성장률을 웃돌았다. 이 무역신장률은 세계적으로도 손꼽히는 수준이다. 다음에서 기간을 나누어 무역발전 경위를 설명하고자 한다([그림 8-1]).

첫째는 1980년대 중반을 중심으로 하는 상승기이다. 84년부터 시작된 도시개혁은 제 1차 경제 붐을 일으키고 특히 수입을 촉진시켰다.

두 번째는 1980년대 말부터 90년대 초에 걸친 하강기이다. 천안문사건* 후의 서쪽의 경제제재로 인해 수출입은 80년대 중반에 비해 대폭적으로 감소했다.

세 번째는 1992~1995년의 고성장기이다. 92년에 덩샤오핑의 남순강화* 직후, 경제발전 제 2차 붐을 맞이해 수출입은 다시 높은 수준을 기록했다. 또 정부는 계획경제의 고정환율제에서 시장경제의 자유환율제로 전환하기 위해서 94년 1월부터 2중 환율(정부가 정하는 공정환율과 시장환율의 병존, 중국어로는 双軌制라 불린다)을 시장환율로 일원화하고 위안화의 미국달러대비 시세를 대폭적으로 인하했다. 이에 의해서 특히 수출이 급증했다.

네 번째는 1990년대 후반의 침체기이다. 이 사이에 중국은 WTO 가입을 위해 국내시장을 개방하고 관세인하 등의 무역자유화를 실시했다. 또 95~96년에 외국계 기업에 대한 일부 우대정책이 폐지·변경되었다. 특히 수출제품에 대한 부가가치세의 도입과 동 세금의 환부율(還付率) 인하

(이전의 전액환부정책에서 부분환부로의 변경[1]) 등의 정책이 수출기업에 큰 영향을 주었기 때문에 수출은 하락했다. 또 아시아 금융위기*에 의한 NIES 등의 경제부진으로 인해 수출은 대폭적으로 감소했다. ASEAN 각국들이 수출진흥을 위해 통화가치를 인하한 것에 비해 중국은 통화위기의 만연을 방지하고 아시아 경제를 지원하기 위해서 주룽지 총리(당시)는 98년 3월에 위안화 절상을 실행하지 않는다는 국제공약을 했다. 그 결과 위안화 가치가 상대적으로 증가(增價)해 수출의 국제경쟁력이 저하되었다. 결국 수출은 둔화되어 수입증가율도 마이너스가 되었다. 그후 정부는 수출의 재진흥, 경제자극 등의 정책을 취하고, 또 2001년의 WTO 가입에 의해 수출은 점차 회복되었다. 증가율은 2004년 35.4%의 고수준이 되었다[2].

수출입액 증대는 중국의 세계무역에서의 지위를 끌어올렸다. 중국 수출액의 전세계 수출액에서 차지하는 점유율은 1980년의 0.9%에서 2004년의 6.5%로 상승해 세계 랭킹은 80년의 30위에서 2004년에는 3위로 비약했다. 수입액의 전세계 수입액에서 차지하는 점유율은 80년의 1.1%에서 2003년에는 5.3%로 상승해 세계 순위도 26위에서 3위로 올라갔다[3]. 또 2002년의 중국 재(財)수출의 대 세계기여도(세계의 재 수출액의 증가분에 대한 중국 수출의 증가분의 비율)는 10.9%이며 일본 5.2%, 미국 3.1%를 크게 웃돌아 중국 수출이 세계무역에 영향력을 크게 미치고 있음을 보여주고 있다[4].

무역의존도의 변화와 국제비교

무역이 국민경제에 미치는 영향을 보기 위해서는 무역의존도에 주목할 필요가 있다. 이는 무역액(수출과 수입의 합계)의 GDP에 대한 비율이며 국민경제활동 속에서 무역활동이 어떠한 지위를 차지하고 있는지를 나타내는 지표이다. 이는 1970년대 말에는 11% 정도에 지나지 않아 대외 개방은 현저히 늦어져 있었음을 알 수 있다. 그러나 개혁개방에 의해서 급속히 상승해 80년대에는 25%를 넘어섰고 2004년에는 69.8%(후술)가 되었다.

그러면 현 시점에서의 무역의존도는 국제적으로 어떻게 평가되고 있는 것일까? 이 평가에 있어서는 사이먼 쿠즈네츠(Simon Smith Kuznets)*의 가설을 적용해 볼 수 있다. 일찍이 쿠즈네츠는 무역의존도의 국제비교를 실시해 나라의 규모가 클수록 의존도는 작고 1인당 GNP가 높을수록 의존도는 높다는 결론을 내렸다[5)]. 국가 규모가 크면 원자재 · 연료 등의 자급이 비교적 용이하고 또 국내시장이 크기 때문에 무역에 대한 의존이 적어져 내수형 경제발전 패턴이 된다. 또 1인당 GNP가 높고 생활이 풍요로워지면 사람들의 기호가 다양해져 외국 제품에 대한 수요가 늘어난다.

지금 무역의존도(D)를 국가 규모(인구:N)와 1인당 GNP(y)에 의해 설명하는 방정식을 설정하고 이를 2003년(101개국)의 데이터를 사용해 계측해 보자[6)].

$$\ln D = 5.304 + \underset{(2.77)}{0.046 \ln y} - \underset{(4.70)}{0.094 \ln \mathrm{N}} \qquad \bar{r}^2 = 0.210$$

여기서 ln은 자연대수이다. 이 계측결과에 의하면 N의 parameter부호는 마이너스(인구가 많을수록 무역의존도는 낮다), y는 플러스(1인당 GNP가 높을수록 무역의존도는 높다)이며, 쿠즈네츠의 가설이 성립된다는 것을 알 수 있다. 다음으로 이 방정식에 중국의 N과 y의 계수를 대입하면 D의 이론치를 얻을 수 있다. 이론치는 37%이며 실제치 57%보다 상

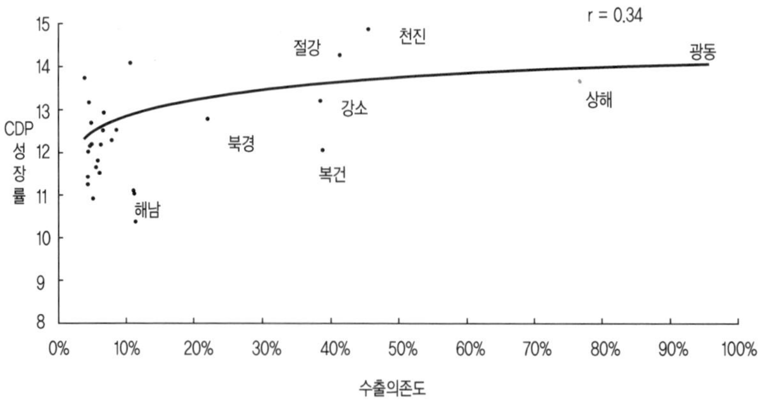

[그림 8-2] 지역별 수출의존도와 GDP성장률과의 관계(2003년)

(注) a) 수출의존도=수출액÷GDP×100
b) GDP성장률은 명목치
c) 티벳과 내몽골은 데이터 불비로 제외하였다.
(자료) 『중국통계연감 2005』

당히 작다. 즉 중국의 대외의존은 국제적 평균에 비해 이상적으로 높다고 할 수 있다.

수출주도형 성장*

중국의 경제성장에는 수출의 기여가 크고 그 성장은 수출주도형이라는 주장이 일반적으로 나오고 있다. 앞에서 본 중국의 높은 무역의존도 자체가 그러한 주장의 근거라고 할 수 있다.

또 두 가지 근거를 지적하고자 한다. 첫째로 1980~2005년 25년간에 대해서 수출액 성장률과 GDP성장률 사이에는 어느 정도의 상관관계가 발견되었으며, 특히 90년대 이후 수출이 급속히 신장될 때에는 경제성장도 급속해지고 있음을 알 수 있다([그림 8-2]).

두 번째로 각 지역의 수출의존도(수출액의 GDP에 대한 비율)와 GDP

성장률과의 관계를 보자. [그림 8-2]에 의하면 수출의존도가 높은 광둥, 상하이, 텐진, 복건(福建), 절강(浙江) 등의 연해지역에서는 GDP의 신장률도 높아져 경제성장률의 수출이 플러스 기여를 하고 있음을 알 수 있다.

이러한 수출이 경제성장을 주도하는 성장 형태는 일본과는 현저히 다르다. 일본에서는 어디까지나 내수중심이며 해외시장 확대(수출증대)는 이를 보충하는 의미를 지니고 있었다. 그러나 한국이나 대만 등 아시아 신흥공업경제군(NIES)이라고 불리는 국가 · 지역은 국내시장이 좁기 때문에 수출중심의 성장을 시도해 성공했다(동아시아 모델*). 중국의 개방정책은 이 성공에 크게 자극받은 바 크다고 생각된다. 주목되는 점은 이러한 외향형 발전전략은 작은 국가뿐 아니라 중국과 같은 거대 국가에도 적용이 가능하다는 점이다[7].

그러면 수출 신장이 왜 경제성장을 주도할 수 있는 것일까? 첫째로 수출은 유효수요 중 하나의 요인이며 수출 증가는 수요면에서 경제성장을 지탱한다. 두 번째로 수출에 의해 수입확대가 가능해져 경제성장에 필요한 자재가 대량으로 국내에 들어온다. 중국에서는 생산하지 않는, 또는 생산해도 질이 나쁘고 가격이 비싼 다양한 원자재 · 소비재 · 자본재를 수입하는 것은 경제의 효율화를 가져온다. 특히 개도국에 있어서 자본재의 유입은 중요한 의미를 가진다. 이는 새로운 기술을 체화하고 있기 때문에 이를 수입하는 것은 새로운 기술을 도입하는 지름길이다. 2차대전 전의 일본에서도 이 루트로부터의 기술도입은 매우 중요했다[8].

Ⅱ 무역구조와 산업발전

무역구조에서 본 비교우위

국제무역의 이론에 따르면 한 개 나라의 생산 · 무역구조는 그 나라의 생산요소를 부존상황(賦存狀況)(자연자원 · 자본 · 노동 등의 생산요소의 많고 적음), 생산비용의 상대적 낮음 등에 의해 정해진다. 일반적으로는 자원이나 노동이 풍부한 개도국에서는 노동집약적 제품을 생산 · 수출하고, 자본이 풍부하고 기술수준이 높으며 노동력이 부족한 선진국에서는 자본 · 기술집약적 제품을 생산 · 수출하는 것이 이익이 된다.

〈표 8-1〉 무역구조의 변화(%)

	수출				
	제1차산품	제2차산품	내소비 광물성연료	내소비 경공업품	내소비 기계제품
1980	50.3	49.7	23.5	22.1	4.7
1985	50.6	49.5	25.9	16.5	2.8
1990	25.6	74.4	8.4	20.3	9.2
1995	14.4	85.6	3.6	21.7	21.1
2000	10.2	89.8	3.2	17.1	33.1
2004	6.8	93.2	2.4	17	45.2

	수출				
	제1차산품	제2차산품	내소비 광물성연료	내소비 경공업품	내소비 기계제품
1980	34.8	65.2	14.5	20.8	25.6
1985	12.4	87.7	10.5	28.1	39.0
1990	18.3	81.6	12.5	16.7	31.6
1995	1.5	81.5	13.1	21.8	39.8
2000	20.8	79.2	13.4	18.6	40.8
2004	20.9	79.1	11.7	13.2	45.0

(자료) 21세기 중국총연 (편) 『중국정보핸드북 2005』 蒼蒼社. 424페이지.

무역구조를 보면(〈표 8-1〉) 1980년에는 수출품목이 식량, 담배, 원유 등의 농산물과 원료가 50%, 노동집약적인 경공업제품은 22%로 합쳐서 72%를 차지했다. 수입에 있어서 화학공업제품, 기계제품은 합해서 40%였다. 이 시기에는 자원 · 노동집약제품의 수출, 자본집약제품의 수입이라는 패턴이 선명하다.

그러나 80년대 후반 이후 중국의 무역구조는 크게 변화했다. 1985~2005년 수출에 있어서의 1차산품(농산물, 광물 등)의 비율은 격감하고 2차산품(공업제품 등 가공이 이루어진 제품)의 비율은 대폭적으로 증가했다. 수입에서는 1차산품의 비율이 약간 증가하고 2차산품의 비율은 줄었지만 여전히 공업제품 수입이 주류였다. 품목을 보면 수출에서는 식량 · 동물사료 등의 농산물과 원유 등의 광물연료가 급감했다. 한편 섬유 · 의류 등의 경공업품의 수출은 저하되고, 자본설비 및 수송기계 수출은 약진했다. 이는 외국계기업 등의 생산 · 수출이 증가해 위탁가공무역(Ⅲ절)이 활발해진 것이 원인이라고 보여진다. 수입에 있어서는 식량 · 동물사료 등의 농산물은 급감하고 기계제품은 급증했다. 이는 고도성장에 따른 설비투자용 기계 · 수송기계 등의 신장이 커졌기 때문이라고 생각된다.

밀수

수년 전의 일이다. 중국의 유명한 전자상가에 갔을 때 갑자기 낯선 사람이 말을 걸어 "대편(大片)을 사시지 않겠습니까? 황편(黃片)은 필요하지 않으신지요?"라는 말을 들었다. 중국인임에도 이 말이 무슨 의미인지 알 수 없어 반문하자, "대편은 미상영 외국 비디오, 황편은 외국 성인 비디오로 개당 20위안"이라고 대답해주었다.

즉 이는 밀수에 의한 외국 비디오 판매이다. 중국은 1978년부터 대외개방의 창을 열고 외국의 자본이나 선진기술을 도입해 고도성장을 이룩했는데, 그 창으로 나쁜 것도 들어와 경제성장에 따른 당 · 정부의 간부들의 부패가 발생하고 거의 근절되었던 밀수는 배금주의(拜金主義)사상과 함께 부활했다. 처음에는 연해지역에서 어선을 사용해 시계나 계산기 등의 소규모 밀수였지만 80년대 후반부터 대형선박, 외국 선박을 이용한 대규모 밀수가 급증했다.

또한 당 · 정 · 군의 비즈니스 활동이 활발해짐으로써 밀수는 당 기관, 정부, 군대 및 공안, 세관 등에 만연했다. 밀수품 범위도 담배, TV, 양주, 자동차, 골동품, 마약, 해적판 비디오, 컴퓨터 등으로 확대되었다. 특히 1999년 4월에 적발된 하문사건(廈門事件)은 시의 당 부서기, 부시장, 세관직원에서 중앙 공안부 부부장, 군대 정보부장까지 관련된 조직범죄로 밀수 금액은 500억 위안에 달했다. 이 밀수사건만으로 약 500명의 당과 정부 간부가 체포되어 재판 결과 몇 명의 고급간부들이 사형 판결을 받았다.

이 같은 사건에 대해서 93년 중앙정부는 '전국 밀수일소회의'를 열고, 밀수를 엄격히 단속했다. 또한 99년에 국가밀수단속경찰이 출범해 정부 · 군대의 상업활동도 금지되었다. 2002년에 적발된 밀수건수는 9818건, 압수된 밀수품의 총액은 52억 8000만 위안이었다. 2001년에 WTO에 가입한 중국은 지적재산권 보호, 간부부패 방지, 마약적발을 위해 밀수단속을 한층 강화하고 있다.

(http://j.peopledaily.com.cn/home.html 등에 의함. 쉐진쥔(薛進軍)

기러기형 발전*

전후 일본경제를 견인하는 주요산업은 1950년대의 섬유산업으로 시작해 60년대에는 선박 · 철강 · 석유화학 등으로, 70년대 후반부터는 기계산업으로 이행해 일본은 아시아 지역 중에서도 가장 빨리 산업구조 고도화를 이룩했다. 그 중에서 일찍이 가장 수출 점유율이 높았던 섬유산업은 80년대 후반에는 수입초과로 전환하고, 중화학공업도 70년대 중반에 정점을 지나 이후에는 기계산업이 높은 수출점유율을 나타내고 있다. 그러나 85년의 플라자 합의 이후 기계산업에 있어서도 높은 수준을 유지하고 있지만 기업의 해외진출에 따라 하향추세로 가고 있었다. 이러한 산업구조의 변화는 그림으로 나타내면 마치 날아가는 기러기 떼와 같은 형태를 하고 있어 기러기형 발전*이라고 불린다.

한편 국제무역의 이론에 따르면 개도국은 공업화를 추진하기 위해서 처음에 많은 공업제품이나 자본재를 수입한다. 그러나 국내산업이 발전해 가면 그 상품을 수입에서 국산으로 바꾼다. 이것이 수입대체로 공업화의 첫 단계 장애물이다. 또 공업화가 진행됨에 따라 일반 가공업제품이 해외로 수출되고 이어서 부가가치가 높은 기계, 전자전기 등의 제품이 해외에 수출된다. 이것이 수출지향의 제 2단계 장애물이다. 이러한 패턴은 후발국가들에게서 일반적으로 보이는 모습이다.

중국의 기러기형 발전은 [그림 8-3]에 잘 드러나 있다. 우선 경공업 · 중공업[9]의 수입의존도(=수입/{생산+수입−수출})와 수출 · 생산비율(=수출/생산)의 변화를 살펴보자. 경공업품의 수입의존도는 1980년대 중반까지는 상승하고 그 이후에는 5~10% 사이로 거의 일정하다. 한편 수출 · 생산비율은 수입의존도보다도 장기간 즉 90년대 중반까지는 상승했지만 그 이후에는 저하추세로 향하고 있다.

중공업의 수입의존도는 순환변동을 반복하면서 1980년대 초기부터 상승세를 타기 시작했다. 수출 · 생산비율은 89년부터 서서히 증대되어, 93년 경제 붐의 내수확대에 의해 일시적으로 저하되었지만 94년 이후 상승, 특히 2000년 이후 가속적으로 상승하고 있다.

이처럼 2가지 지표(수입의존도와 수출 · 생산비율)의 변화를 경공업부문과 중공업부문으로 비교해 보면, 수입 → 국산화 → 수출, 아울러 경공업 → 중공업이라는 두 종류의 기러기형 발전이 명확해진다.

동아시아의 산업별 성장 패턴도 최근 중국의 대두에 의해서 변화가 보

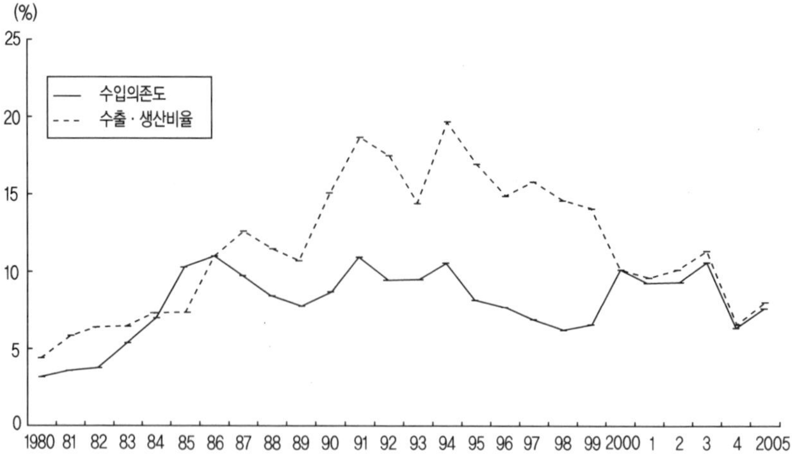

(a) 경공업

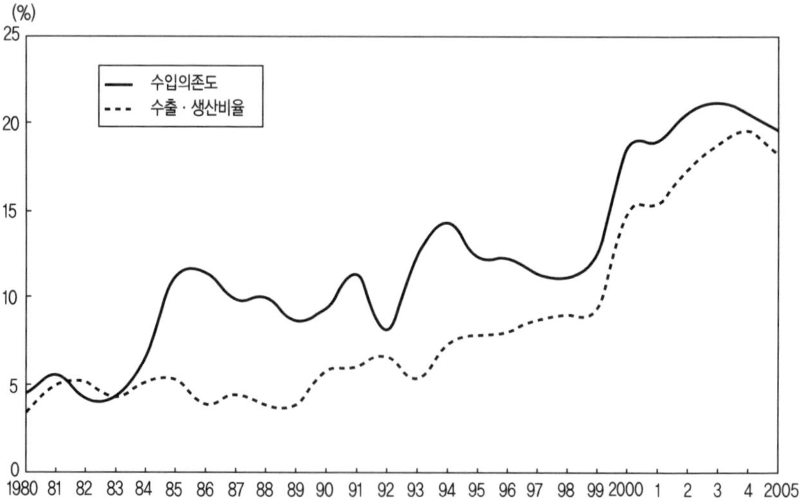

(b) 중공업

[그림 8-3] 공업제품의 수입의존도와 수출 · 생산비율

(注) 수입의존도=수입액÷(생산액+수입액−수출액)×100 ; 수출 · 생산비율=수출÷생산×100
(자료)『중국통계연감 2003』 459, 657항.『중국통계적요 2006』 133, 168항.

인다. 그 특징으로는 중국이 생산면 및 수출면에서의 양적 확대와 함께 비교적 노동집약적인 섬유산업에서 기술집약적인 기계산업에 이르기까지 국제경쟁력을 향상시키고 있다는 점이다. 중국에서는 섬유산업이 1980년대 후반부터 국제경쟁력을 높임과 동시에 기계산업도 90년대 중반부터 급속히 국제경쟁력을 높이고 있다. 바꾸어 말하면 중국의 무역은 국가의 발전단계에 따른 경공업분야뿐 아니라 첨단산업도 포함해서 다른 국가들과 경쟁하게 되었다. 이러한 변화는 종래의 일본이 선두로 다음으로 NIES, 그리고 동남아시아 · 중국이 뒤따르는 기존의 아시아 경제발전의 기러기형 발전을 붕괴시키고 있으며 새로운 발전형태로 변화되고 있음을 나타내고 있다.

〈표 8-2〉 무역상대국별 무역액(억달러, %)

나라 · 지역	수출				수입			
	1990년		2003년		1990년		2003년	
	금액	정유율	금액	정유율	금액	정유율	금액	정유율
아시아	445	71.8	2,955	49.8	289	54.2	3,695	65.8
홍콩	266	45.9	1,009	17.0	142	26.6	72	1.3
일본	90	14.5	735	12.4	76	14.2	943	16.8
한국	12	2.0	278	4.7	7	1.3	622	11.1
대만	3	0.4	136	2.3	22	4.2	648	11.5
구주	93	15.0	1,224	20.6	128	24.0	891	15.9
영국	6	0.9	150	2.5	14	2.6	48	0.8
독일	20	3.2	236	4.0	29	5.4	304	5.4
북아메리카	56	9.0	1,332	22.5	80	15.0	521	9.3
미국	52	8.4	1,249	21.1	66	12.4	447	8.0

(자료) 『중국대외경제통계연감 1995』 112-123항, 『중국정보핸드북 2005』 420페이지.

무역상대국

중국의 주요 무역상대국과 지역은 미국, 홍콩, 일본, EU, 한국, 대만 등이다(〈표 8-2〉). 수출에서는 미국, 홍콩, 일본, 한국, 독일, 수입에서는 일본, 대만, 한국, 미국, 독일 순으로 크다(2004년). 수출에서도 수입에서도 상위 5개국이 중국 수출입 전체의 60% 이상을 차지하고 있다.

지역별로는 아시아가 가장 많다. 아시아의 수출, 수입은 중국수출입 전체의 각 50%, 66%를 차지한다[10]. 특히 최근 한국, 대만 및 동남아시아 각국에서의 수입이 해마다 증가하고 있어 중국의 대외무역은 아시아에 편중되어 있는 경향을 엿볼 수 있다. 그 이유는 아시아 NIES, ASEAN 각국에 약 5000만 명의 화교가 있어 그 혈연, 지연 관계가 자연스럽게 비즈니스 찬스로 이어지기 때문이며, 경제발전단계의 차이에 의한 상호보완관계의 무역니즈가 있기 때문이다(제 10장).

여기서 중국과 일본의 무역상대국을 비교해 보자. 일본의 주요 수출지는(2005년) 미국, EU, 아시아의 점유율이 각각 약 23%, 15%, 48%이며, 수입지는 각각 12%, 11%, 44%이다[11].

이렇게 보면 일본은 최근 대 중국 수출입 급증에 의해 아시아에 대한 의존도를 높이고 있는데, 중국무역의 아시아에 대한 의존도는 일본보다 높고, 미국에 대한 의존도는 일본보다 낮다.

또한 대만과의 무역에 대해서는 제 10장에서도 설명할 것이므로 여기서는 간단하게만 언급해 두겠다. 중국대륙과 대만은 통일문제로 대립을 계속해 특히 90년대 이후 관계가 악화되었지만 서로 간의 경제교류, 무역은 더욱 진전되고 있다. 1990~2004년 대륙의 수출총액에서 차지하는 대만 점유율은 0.4%에서 2.3%로 증가했고, 수입총액에서 차지하는 대만의 점유율은 4.2%에서 11.5%로 3배 가까이 증가했다[12]. 한편 대만의 대 대륙수출입의존도(대만의 대 대륙 수출입액/대만 수출입 총액)도 17.1%

에 달했다[13]. 대륙과 대만의 '양안무역(兩岸貿易)'은 확대되었으며 대만 경제의 대 대륙경제에 대한 의존도가 높아지고 있다. 그러나 대만 측에는 양안 경제교류 확대에 대해 우려가 높아 '삼통(三通)(양안의 직접통상, 통우, 통항)'이라는 대중투자 · 무역확대 정책에 주저할 수밖에 없다. 한편 최근 대만의 천수이볜 총통은 독립지향성이 높아지는 데 대응해 대륙과의 투자, 무역에 대한 소극적인 자세를 보이고 있다.

Ⅲ 국제무역정책과 무역자유화

국제무역정책

중국은 국제무역을 추진하기 위해서 수출지향 등의 무역추진 정책을 실시했다. 즉 1979년에는 '합병기업법'(중외합자경영기업법)을 제정하고, 외국자금의 도입, 기술이전, 수출촉진을 외국기업과의 합병에 의해서 달성하려 했다. 같은 해 광동성과 복건성에는 대외무역과 외자도입의 자주권을 부여하고 80년에는 광동성 심천(深圳), 주해(珠海), 산두(汕頭), 복건성(福建省) 하문(廈門)의 네 개 경제특별구를 설치해 다양한 우대조치를 해주었다. 84년에 연해 14개 도시가 대외개방 도시로 지정되고 다음해 주강 델타, 장강 델타, 민남(閩南)삼각지구 41개 시 · 현이 연해경제개방구로 지정되었다. 86년 외자기업법이 제정되어 이로 인해 제품 수출의무는 있지만 외국기업의 단독투자에는 지역의 제한이 사라졌다.

1988년부터 연해지구 경제발전전략(자본과 원료조달 및 제품시장을 해외에서 구하고 해외 위탁가공에 의해 외화를 벌어들이는 등)이 실시되었다. 이에 따라 대외개방 붐은 한층 왕성해져 요동반도, 산동반도, 발해경제권 등의 지역도 연해 경제개방구에 들어가고 성(省)으로 승격된 해남도(海南島)도 경제특별구로 지정되었다. 90년 상하이 푸동 개발구*가 결정되어 수출세 면제 등의 정책을 실시했다. 또한 92년에 중경(重慶)무한(武漢) 등 장강유역 6개 도시의 대외개방, 14 국경도시의 대외개방 외 경제 기술개발구 설치 등이 실시되어 장강유역의 대외개방, 수출자주권도 허가되었다. 99년 서부 대개발 계획*이 본격적으로 시작되어 대외개방은 연해지역에서 내륙으로도 미치게 되어 내륙의 국제무역도 활발해지고 있다.

환율정책도 크게 변화했다. 계획경제기에는 공정환율제도였지만 1980년부터 관리 프로트 제도로 바뀌었다, 이 제도에 의해 인민은행은 전날의 거래치 가중평균시세를 기준 시세로 공표하고 시장참가자들에 대해서 기준시세의 일정범위 내에서 대 고객 시세를 결정하도록 지도하고 있다. 또 관리 프로트 제도로 이행하기 위해서 공정시세와 시장시세의 공존이라는 이중환율제도가 취해졌다. 국제환시장의 움직임에 의해서 위안화는 몇 차례 인하되었다. 특히 94년 이중환율제도가 일원화되어 위안화의 달러 대비 환율은 5.7위안에서 8.6위안으로 51% 인하되었다. 이 해에 수출 신장률은 전년도의 8%에서 31%로 약진했다. 그러나 아시아 경제위기의 영향으로 위안화의 실질실효환율은 98년 중반 이후 높아져 있다.

가공무역의 발전과 외자기업의 역할

가공무역의 신장은 중국의 큰 특징이다. 가공무역이란 관세 없이 국외에서 원자재나 부품 등을 수입해 국내에서 가공 · 조립한 후 제품을 국외로 수출하는 것이다. 가공무역의 구체적인 형태는 주로 세 종류가 있다. ①외국기업이 원료를 들여오고 중국기업이 가공한다 ②외국기업이 지정한 디자인, 사양에 맞춰 중국기업이 생산한다 ③외국기업이 부품을 들여오고 중국기업이 조립한다. 이와 같은 가공무역은 1980년대에는 적었지만 90년대 이후 홍콩 · 대만 수출기업의 생산거점이 중국기업으로 옮겨져 더 싼 노동력이나 자원을 이용해 급속도로 증가하고 있다. 1980년 수출총액에서 차지하는 가공무역의 비율은 불과 10%였지만 2005년에는 55%에 달했다[14]. 가공무역이 중국의 대외무역의 주력이 되었음을 엿볼 수 있다. 또 가공무역에 의해서 외자도입과 기술이전이 촉진되어 GDP의 성장, 기업의 관리수준 향상, 기술진척에 크게 공헌하고 있다.

활발해진 가공무역과 함께 국제무역에서의 외국계기업의 역할이 증대되고 있다. 1990년 이전에는 외국계기업이 적었기 때문에 수출총액에서의 외국계기업의 수출은 85년에는 1.1%에 지나지 않았다. 그러나 외국계기업은 93년 이후 성장궤도에 올라 이 때문에 가공무역 수출이 급증했다. 2004년 외국계기업에 의한 가공무역수출액은 2364억 달러로 그 외 수출액과 함께 수출 전체의 70%를 차지했다[15]. 또 수입도 외국계기업이 주력이 되어 수입 전체의 48%를 차지했다. 이처럼 외국기업은 중국의 경제발전에 있어 매우 중요하며 앞으로도 그 역할이 확대되어 갈 것으로 보인다.

WTO 가입 후의 수출증가와 무역마찰

중국은 1986년부터 WTO의 전신 '관세와 무역에 관한 일반협정(GATT)' 에 가입을 희망하게 되었다. 그러나 천안문사건*에 대한 경제제재의 일환으로서 서구는 중국의 가입신청을 보류해 버렸다.

그후 다시금 가입을 향해 움직이기 시작했지만 미국의 강한 견제로 13년간 마라톤 협상이 이루어졌다. 그 큰 장애물은 중국이 선진국인가 개도국인가 하는 문제이다. 미국은 구매력 평가를 기준으로 GDP를 계측하면 중국은 바야흐로 개도국이 아닌 선진국이라고 보아야 한다고 주장했다.

이에 대해서 중국은 무역보호 색채가 강한 외자우대 · 장려정책을 서서히 폐지하는 등 무역자유화를 실시했다. 그 결과 2001년 12월 카타르 도하에서 열린 WTO 각료회의에서 중국과 대만의 가입이 인정되었다. 이로 인해 중국의 거대시장 개방이 진전되고 자유무역체제가 강화되었으며 그와 동시에 국경을 넘어선 경제 통합과 경쟁이 가속화되게 되었다. 가맹에 따라 중국은 시장개방을 위해 다양한 제도개혁, 관세인하, 수입제한 등의 비관세장벽* 철회 약속을 이행하고 있다. 평균관세율은 WTO 가입 전인 1988년의 39.5%에서 2005년의 9.9%로 저하되었다[16]. 동시에 금융, 서비스 분야의 규제완화도 추진되었다.

중국 모조품 사정

거리를 걷고 있으면 "롤렉스, 롤렉스"라고 외치며 알지 못하는 남자가 손목시계를 팔기 위해 다가온다. 중국에서 이런 체험을 한 사람들이 적지 않을 것이다. 고가의 명품을 조금이라도 싸게 손에 넣고 싶은 마음은 누구나 같을 것이다. 그러나 가짜가 범람해 진품이 팔리지 않는다면 이는 간과할 수 없는 문제다. 기업은 새로운 상품 개발에 거액의 자금을 투입하고 있는데, 쉽게 시장에서 가짜 상품이 유통된다면 투자자금을 회수할 수 없고 기업 제품개발의 의욕을 꺾을 뿐 아니라 나아가서는 경제 전체의 기술진보도 늦출 수 있다.

유감스럽게도 지금 중국은 가짜 상품의 거대시장이 되어 버렸다. 시장규모는 약 2000억 위엔으로서 상당히 크다. 도요타 자동차의 'SURF'와 똑같이 생긴 자동차의 이름은 장성(長城) 자동차에서 만든 'SAFE'. 가격은 도요타 자동차의 절반 이하라 폭발적으로 팔렸다. 또 SONY를 흉내낸 SQNY라는 우스운 브랜드도 나돌고 있다. 가짜 고급 골프채는 정품의 10% 가격에 살 수 있고 공도 잘 쳐진다고 한다. 야마하 등 일본제 오토바이 복제, 가짜 자동차 부품, 가짜 DVD 등 다 열거할 수도 없다.

물론 정부당국은 단속강화를 공언하고 있지만 실태에 좀처럼 대응하지 못하는 것이 현실이다. 재판을 걸어도 반드시 승소한다고는 볼 수 없고 또 가령 승소해

> 도 배상금을 지불해주지 않는 경우가 있다고 한다. 어설프게 하면 '중국기업의 발전을 방해하는 행위'로 선전되어 국민들로부터 심하게 비난받을 가능성도 있다. 가짜 물건의 존재를 알면서도 재판까지 가지 않는 기업들이 많은 것도 이러한 이유 때문이다.
>
> 그러나 시각을 달리하면 가짜 상품 현상은 그것을 만들 만한 기술력이 있다는 것을 의미한다. 서구기업들이 최근 대형 연구개발투자를 중국에서 하고 있는 것도 중국의 우수한 기술자들을 확보하려는 목적에서이다. 또 풍요로워진 소비자들은 가짜 상품보다는 진짜 상품을 선호하고 있다고도 한다. 중국기업은 가짜 상품 만들기에 힘을 쏟는 것은 하늘에 대고 침 뱉는 것과 같은 것으로, 독자적 브랜드 확립에 힘을 쏟는 것이 장기적으로 이익이 된다는 것을 배워야 할 것이다.
>
> **리 쉬(李旭)**

이러한 진전에 대해 미국, 일본, EU 각국들과 지역은 WTO의 경과적 심사 리뷰에서 중국의 법령정비 등의 구조를 적극적으로 평가했다[17]. 그러나 지적재산권 침해에 대한 권력행사의 강화 등에 대해서 더욱 엄격한 대응을 요구하고 있다.

위안화 절상 문제

중국 공정시세(달러대비 위안화 시세)는 1980년 1달러가 1.45위안이었으나 93년에 5.8위안으로 조정되었다. 또한 전술한 바와 같이 중국은 이중환율제를 시장환율로 일원화하고 위안화의 달러대비 시세를 대폭적으로 절하해 1994년 시세는 단번에 8.6위안이 되었다. 그후 실제로는 정부의 관리환율제로 미 달러와 사실상 고정되어 있다(1996년부터 2005년까지 8.27위안 정도의 수준을 유지하고 있다). 위안화 절하는 중국제품의 국제경쟁력을 높여 수출을 촉진시켰다.

이 결과로 몇 개 국가와의 사이에서 무역마찰이 발생했다. 미국의 중국으로부터의 수입이 급격히 증가해 대중무역적자는 2003년 1294억 달러에 달했다. 또 중국의 수출 급증에 대해 반덤핑*과 잠정적 긴급수입제한*조치가 급격히 늘어나고 있어 무역마찰문제는 앞으로 한층 심각해질 것이다. 이러한 맥락에서 최대 문제는 바로 위안화 절상 문제이다. 미·일은 중국이 수출촉진을 위해서 낮은 환율을 설정하는 것을 비판하고, 중국제품 수입 급증에 의한 자국수출제품의 국제경쟁력 저하나 국내 실업 증가 등을 배경으로 위안화 절상을 요구하고 있다.

그러나 중국은 1985년 플라자 합의*에 의한 일본 엔화의 절상이 그후의 일본 수출 부진 및 경제침체의 원인이라고 생각하고 통화절상에는 강한 경계심을 갖고 있다. 중국에 진출한 일본계 기업도 부품조달을 위한 수입이 불리해지므로 절상에 반대하고 있다. 그러나 무역자유화, 금융자유화의 내외압력이 점점 강해질 것이 예상되는 오늘날, 변동환율제로의 이행은 시간문제일 뿐이라는 견해가 강하다. 중국정부도 이 문제를 인식하고 미국의 요청에 따라 미중 위안화 문제 공동연구를 비롯해 향후 시기를 보아 가며 단계적으로 변동환율제로 이행할 것이라는 자세를 표명하고 있다.

자유무역협정(FTA)의 체결과 아시아 경제의 재편

중국과 무역상대국 간의 자유무역협정(FTA)의 체결도 진행되고 있다. 그 배경 중 하나는 WTO에서는 가입국이 많고 신 다각적 무역협상 라운드를 둘러싼 개도국과 선진국 간의 의견조정이 어려우며 교착상태에 빠져 있다는 점 등이 있다. 또 북미자유무역협정(NAFTA)의 실적이나 EU의 확대에 의해 아시아 각국들의 FTA에 대한 뜨거운 시선이 쏟아지고 있다. 이와 같은 상황 속에서 중국은 2000년 11월에 '중국·ASEAN 자유무역협정 구상'을 제출하고, 또 2002년에 일본에 앞서 ASEAN과의 사이에서 '중국 · ASEAN 포괄적 경제협력 기본협정'에 서명했다(일본은 2003년 12월에 서명). 또 중국과 태국은 이미 농산물 FTA를 실행하고 있으며 한국 등과의 교섭도 계속되고 있다. 또한 중국은 일본, 한국과 연계해 ASEAN+3(한중일) 형태로 아시아 경제통합을 추진할 것을 표명했다. 이것이 실현되면 아시아 경제의 상호의존관계가 강화되어 아시아의 국제경제사회에 있어서의 지위 향상도 기대된다(제 11장).

이처럼 국제무역의 신장은 중국의 고도성장에 큰 역할을 하고 있으며 중국 경제성장의 엔진이 되고 있다. 한편 중국의 고도성장에 의해서 내수, 이어서 수입이 크게 증대되고, 중국은 '세계의 공장'에서 '세계의 시장'으로 전환하기 시작하고 있다. 이러한 급속한 국제무역의 발전과 고도성장은 세계 속의 중국경제의 영향력을 높임과 동시에 아시아 경제의 재편을 촉진하고 있다.

쉐 진 쥔(薛 進軍)

---

1) 제품을 수출한 경우 그 부가가치액에 부과된 세금의 일부를 외국계기업으로 반환하는 우대정책이다.
2) 『중국통계적요 2004』 159항.
3) 21세기 중국총연(편) 『중국정보 핸드북 2003』 蒼蒼社, 2004년, 440페이지.
4) 일본무역진흥기구 『JETRO 무역투자백서 2004』 (http://www.jetro.go.jp/ged/j/press/2004).
5) 상세한 것은 미나미 료신 『일본경제발전』(제 3판) 동양경제신보사, 2002년, 154페이지.
6) World Development Indicators 2004, CD-ROM 판.
7) 이 점에 대해서는 미나미 료신 · 薛進軍 『갈림길에 선 중국의 대외개방정책』 〈세계경제평론〉 제 41권 제 9호, 1997년 9월 및 大橋英夫 『경제의 국제화』(시리즈 현대중국경제5), 나고야대학 출판회, 2003년, 제 4장을 참조,
8) 상동 160-161페이지.
9) 중국의 수출입산업 분류에 따르면 경공업은 음식료 · 담배 · 섬유 · 고무제품 · 잡제품 등, 중공업은 광산물 · 연료 · 유지, 화학제품, 금속제품, 기계 등으로 정의되어 있다(『중국통계연감 2003』 656항).

10) 1993년부터 중국의 무역통계 방법이 변화되어 홍콩 · 마카오 경유 중국무역을 최종 소비지와 원산국으로 명확하게 분류했으므로 홍콩 등 경유 수출의 비율은 감소했다. 그 때문에 대 아시아 수출입 비율도 70%에서 60% 정도로 저하되었다.

11) 일본 무역진흥기구 『JETRO 무역투자백서 2004』 (http://www.jetro.go.jp/ged/j/press/2004/pdf/20040811point02.pdf)

12) 『중국정보 핸드북 2004』 442페이지.

13) 대만주통처 『국정통계통보』 (http://dgbasey.gov.tw/dgbas03/bs3/analyse/new93201.htm)dmf 참조.

14) 『중국통계적요 2004』 159항.

15) 『중국정보 핸드북 2003』 36, 450페이지.

16) 제트로 『통상공보』 2005년 1월 11일.

17) 상세한 내용은 『JETRO 무역투자백서 2003』 161페이지를 참조.

제9장

외자(外資)는 무엇을 가져왔는가?

중국의 투자율은 개도국으로서는 매우 높은 수준이다. 이 높은 투자율은 국제적으로도 높은 저축률에 의해 뒷받침되고 있다. 투자의 원천(저축)은 일찍이 주로 정부였지만 개혁 이후 점차 가계로 크게 변모되어 가고 있다. 중국의 개인 저축률은 세계적으로도 매우 높은 수준이며 강한 중국경제의 한 요인이다.

또 한 가지, 투자의 원천인 외자는 개혁개방에 의한 정부의 외자 우대정책에 의해 급증했다. 경제성장에 있어서의 그것의 역할은 점차 커지고 있다. 외자도입의 내역은 차관(借款)에서 직접 투자로 변화하고 직접투자의 대상은 노동집약형 산업에서 하이테크 산업으로, 연해지역에서 내륙지역으로 옮겨가고 있다.

외자도입에 의해 대량의 기술도입이 이루어져 외자도입은 기술이전의 주요 채널이 되고 있다. 또 그 대부분이 큰 성공을 거두고 있는데 도입기술을 얼마나 소화 · 흡수하고 타부문으로 전파시켜 나가는가가 지금 중국이 직면한 긴급한 과제라 할 수 있을 것이다.

I 투자와 저축

투자율의 추이

〈표 9-1(A)〉는 2002년의 GDP에 대한 저축(조(粗) 국내저축) · 투자(조 국내투자 또는 자본형성) 비율의 국제비교이다. 여기서 GDP에 대한

〈표 9-1〉 저축 · 투자 균형과 자본형성 성장률의 국제비교(2003년)

	(A) 저축 · 투자 균형(대 GDP비)			(B) 자본형성의 성장률
	국내저축	국내투자	균형	1990-2003년
저소득국(429)	14	22	8	5.8
베트남(471)	23	35	13	15.9
인도(510)	16	23	7	6.6
인도네시아(874)	12	18	5	1.9
중저소득국(1442)	20	28	8	5.0
중국(1209)	31	38	7	11.0
필리핀(1041)	23	17	-6	3.3
태국(2239)	20	25	5	4.1
중고소득국(4076)	11	20	9	0.1
말레이시아(4079)	24	22	-2	7.8
고소득국(26995)	5	20	15	2.2
한국(12245)	18	30	12	6.1
싱가포르(22583)	30	15	-16	3.0
일본(37651)	7	24	17	0.0

(注) 1) 인구 100만인 미만 및 data 미비국은 제외
2) 나라별 순위는 세계은행 2003년에 해당하는 분류임.
3) 괄호 내의 숫자는 1이당 소득이며 달러로 표시되어 있음.
(자료) World Bank, World Develop Indicators 2006.

투자비율은 투자율이라고 불리는 것으로 투자활동의 활발한 정도를 나타낸다.

이를 보면 저소득 국가 22%, 저위 중소득 국가 28%, 고위 중소득 국가와 고소득 국가는 20%이며 저위 중소득국이 다른 레벨의 국가들보다 높지만 그 중에서도 중국이 이상적으로 높다. 이것이 세계적으로 높은 중국의 경제성장률의 큰 원인이다.

여기서 (B)에 보인 투자 성장률을 보면 중국에서는 1990~2003년에는 11.0%였으며 이에 필적하는 국가는 거의 없다. [그림 9-1]은 투자율의 변화를 나타낸다. 이는 전체적으로 대약진기(58~60년)의 격심한 변동 및

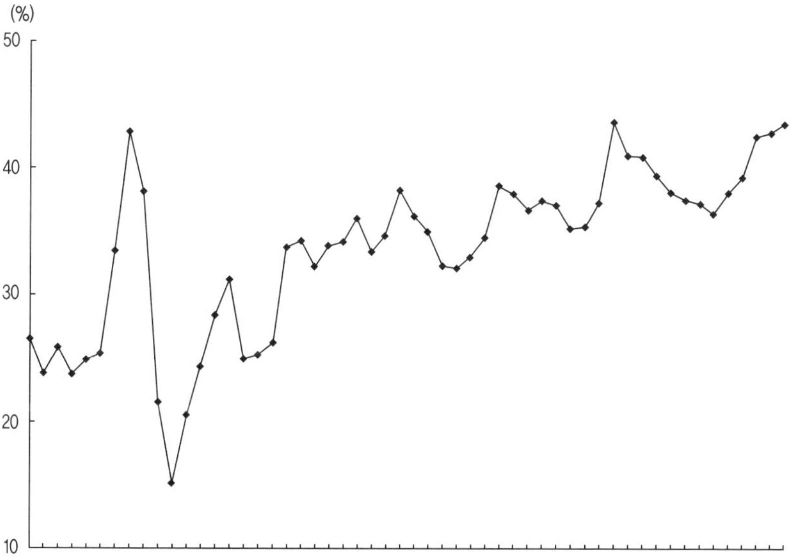

[그림 9-1] 투자율의 추이

(注) 투자율=자본형성÷국내총지출(GDE)×100
(자료) 1978년 이전은 국가통계국(편) 『신중국 50년 통계자료편』 중국통계출판사 1999년 6항.
1978년 이후는 『중국통계적요 2006』 34항.

그후의 반동을 제외하고 점차 상승하는 추세에 있으며 특히 개혁개방 후 현저한 상승을 기록했다. 높은 투자율에 의해 급속한 공업화를 꾀한다는 전략은 '강축적(强蓄積)'이라 불리며 개혁개방 이전의 중국경제의 특징이 되었는데, 이는 개혁개방 후에도 계속되었고 오히려 한층 더 강해졌다고 할 수 있다.

투자율과 경제성장률과의 관계

높은 투자율은 경제성장에 어떠한 영향을 주는 것일까? 지금 (실질)GDP를 Y, 그 증가분을 ΔY, (실질)투자를 I 라고 하자. 경제성장률은 다음과 같이 나타낼 수 있다.

$$\Delta Y / Y = I / Y \times \Delta Y / I$$

우측 제 1항은 바로 투자율이며 제 2항은 투자가 얼마만큼의 GDP증가를 창출하느지, 즉 투자효율(한계생산 · 자본비율)을 나타낸다. 이 식은 투자효율이 변하지 않으면 경제성장률은 투자율과의 정(正)의 관계가 있음을 나타낸다. 투자가 활발할수록(강축적), 투자효율이 일정한 한, 경제성장은 급속해진다.

이 관계가 성립되는지의 여부는 국제비교를 통해서 검토해 보자. 〈표 9-2〉의 횡축에는 세계 약 150개국의 투자율(I/Y)로 보고, 세로축에는 경제성장률($\Delta Y/Y$)로 잡고 양자의 관계를 나타냈다. 명확히 양자 사이에는 정의 관계가 있으며 그 중에서도 중국은 원점에서 떨어져 있어 강축적에 의한 공업화 돌출이 두드러진다[1].

개혁 전, 투자활동의 주체는 정부였다. 국유기업의 고정자산투자에서 차지하는 정부투자의 비율은 1980년대까지는 60~80%였지만, 80년대부터 급격히 저하되어 21세기 초에는 약 6% 불과했다. 정부투자 대신에 기업 스스로에 의한 저축이 증가했다. 기업이윤의 상납제가 폐지되고 세금(공상세(工商稅)와 소득세)을 지불한 후의 이윤은 기업이 자유롭게 처분할 수 있게 되었다(제 4장). 자기투자는 전체의 30% 미만이었지만 80년대부터 점차 늘어나 21세기 초에는 약 70%로 상승했다. 또 하나의 자본조달수단인 국내 금융기관 등에서의 차입금은 80년대 이전의 5% 미만에서 80년대 후반 이후의 20%로 증가했다.

자본형성의 원천

자본형성에 필요한 자금은 국내 저축과 외국에서의 자금 순유입(유입 – 유출)에 의해 조달된다. 〈표 9-1(A)〉에는 저축/GDP비율(저축률)과 투자/GDP비율과의 차이가 거론되어 있는데, 2003년 중국에서는 7%가 되었다. 80년대와 90년대 초까지는 저축이 투자를 밑돌았지만(예를 들면 89년에는 -2%), 90년대 후반에 역전되었다. 고정자본형성에서 차지하는 외자의 비율은 80년대 4%에서 90년대 후반에 약 10%로 크게 상승했지만 21세기 초에는 5% 정도에 그치고 있다. 이 숫자로 보면 중국의 자본형성에 있어서의 외자의 역할은 그다지 크지는 않지만, 외자의 내용(선진기술이나 경영 노하우 등)을 생각하면 숫자 이상의 역할을 하고 있다고 인정할 수밖에 없다.

중국의 저축률은 2003년에는 31%에 달해(〈표 9-1(A)〉란) 저소득국으로서는 비정상적으로 높아 전세계적으로도 말레이시아(24%)나 싱가포르(30%)와 동등한 수준이다. 이러한 활발한 저축활동이 세계적으로도 높은 투자율을 뒷받침하고 있다.

국내저축은 정부저축, 기업저축, 개인저축에 의해 구성된다. 우선 정부저축은 정부의 경상수입과 경상지출의 차이다. 경상수입은 세수, 상납

이윤 등으로 구성되며 공채(公債)수입은 들어가지 않는다. 경상지출은 재화 · 서비스의 경상구입(군사비 포함)과 이전(移轉)지출로 이루어지며 자본형성은 포함되지 않는다. 일찍이 중국에서는 정부가 압도적인 저축의 원천이었지만 그 지위는 개혁에 의해 급속히 저하되었다. 대신 지위를 높인 것이 기업이윤의 유보부분이 증대되어 이것이 기업저축 증가를 초래했다. 한편 개인저축은 아래와 같이 소득 상승에 의해 증대되었다. 개인저축의 큰 역할은 시장경제의 일반적인 모습이며 중국에서의 시장경제화가 자본축적으로까지 파급되었다.

개인저축률의 추세

〈표 9-2〉를 보면 1980~2003년에 농촌과 도시 주민들의 평균 수입은 둘 다 급속히 증가해 그 결과 농촌 · 도시의 저축률 모두가 상승했다. 농촌과 도시 주민들을 비교하면 저축률은 대개 농촌 쪽이 높다. 도시에서는 안정된 임금수입과 함께 주택, 연금, 의료 등의 면에서 보장되어 있기 때문에 저축에 많이 의존하지 않아도 그다지 불안감을 느끼지 않기 때문이다. 이에 비해 농촌에서는 사회보장이 완전히 보급되어 있지 않는 데다 노후 생활도 자신의 저축이나 자녀들에게 의존해야 한다. 그러나 80년대 후반부터 시작된 도시 개혁에 의해서 과거와 같은 사회보장 시스템이 붕괴되어 도시 주민들도 결코 안심할 수 없게 되었다. 또 도시가정의 평균 수입이 농촌가정 이상으로 상승하는 등이 같은 이유로 도시가정의 저축률이 크게 상승하여 최근에는 농촌가정 수준을 웃돌고 있다.

중국 전체의 개인저축률에 대해서는 정확한 통계자료가 없지만 〈표 9-2〉의 숫자에서 추측하면 2006년에도 20%를 밑도는 일은 없을 것이다. 이는 2002년의 미국(2.6%), 영국(5.5%), 오스트레일리아(4.5%) 등은 물론이고, 선진국 중에서 저축률이 높은 일본 (9.6%), 독일(9.6%), 이탈

리아(9.5%), 프랑스(11.1%) 등의 국가들보다도 크게 높다[2]. 즉 높은 개인 저축률도 높은 투자율을 지탱하고 있는 것이다. 문제는 이 저축을 생산적인 투자로 어떻게 연결시키는가 하는 점이다.

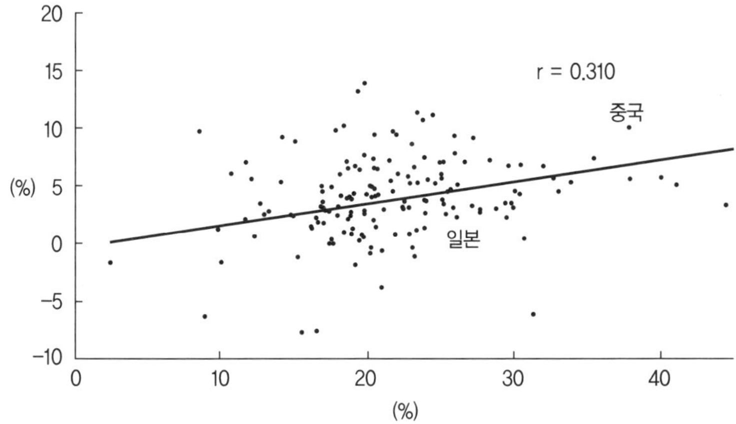

[그림 9-2] 투자율과 경제성장률과의 관계: 국제비교(2003년)

(注) a) 샘플은 150개국
(자료) World Develop Indicators 2006

〈표 9-2〉 농촌가정 · 도시가정의 저축률

	1980년	1990년	2000년	2005년
(A) 농촌가정				
(1) 1인당 순수입(위안)	191.3	686.3	2253.4	3254.9
(2) 1인당 소비지출(위안)	162.2	584.6	1670.1	2555.4
(3) 개인 저축률(%)	15.2	14.8	25.9	21.5
(B)도시가정				
(1) 1인당 가처분수입(위안)	477.6	1510.2	6280.0	10493.0
(2) 1인당 소비지출(위안)	412.4	1278.9	4998.0	7942.9
(3) 개인저축률(%)	13.7	15.3	20.4	24.3

(注) 개인저축률(3)=[(1)−(2)]÷(1)×100
(자료) 『중국통계적요 2006』 108−109항.

저축이란 소득에서 소비지출을 뺀 나머지이다. 이는 반드시 금융기관의 예금이나 국채나 회사채 · 주식의 구입으로 향하는 것은 아니므로 경제의 확대재생산에 사용한다고는 할 수 없다. 특히 농민들 사이에서는 '장롱 속 예금'이 많다고 한다. 은행 등 금융기관이 가까이 있지 않거나 예금하면 그 출처를 조사당하지 않을까 두려워하는 심리가 작용하기 때문이라고도 한다. 이러한 잠재적 투자자금을 어떻게 흡수할 것인가가 중요한 과제이며 이를 위해 금융기관 · 조직의 개혁이 필요하다(제 7장). 이 점에서는 최근 큰 개선이 있었다. 개인예금잔액이 1990년의 7034억 위안에서 2005년 14조 1051억 위안으로 급상승해 1인당 예금잔액은 615위안에서 10787위안으로 증가했다[3].

Ⅱ 외자정책(外資政策)의 전개와 귀결

외자정책의 전개

1979년 중국은 그때까지 금지했었던 외국으로부터의 직접투자*를 해금하는 한편 한정된 자원과 자금을 유효하게 이용하고 대외개방의 국내 충격을 완화하기 위해서 개방지역을 특정지역으로 한정하는 정책을 취했다. 대외개방을 상징적으로 나타내는 '중외합자경영기업법(中外合資經營企業法)'은 이해 7월에 공포되었다. 이 법률의 목적은 외국기업과의 합병사업을 통해 선진국(또는 지역)의 자금이나 기술 및 경영 노화우 등의 도입을 추진해 가는 것이었다.

이 한정적 개방정책을 수행하기 위해서 1980년에 광동성 심천, 주해, 산두, 복건성 하문에 경제특별구를 설치했다(88년에 해남성이 추가됨). 경제특별구에서는 소득세나 토지 · 인프라(사회 전체에 공통되는 경제기반)의 사용 및 원자재 수입, 출입국 등의 면에서 우대받는다. 이어 84년에 대련, 천진, 상해, 광주 등 14개 연해도시가 개방됨과 동시에 이들 도시에 경제기술개발구가 설치되었다. 경제기술개발구는 경제개방도시 교외에 마련되어 경제특별구에 준하는 우대조치가 부여된 공업개발구이다. 또 85년에 주강 델타, 민문(복건성 남부) 델타, 장강(양자강) 델타가 연해개방지구로 지정되었으며, 88년에는 요동반도와 산동반도 등의 지역이 개방되었다. 1990년대에 들어 개방정책은 종래의 연해지역에서 연변(沿邊)과 연강(沿江)(양자강)으로 확대되었다. 2만 킬로미터를 넘은 국경선을 가진 중국의 국경지대에는 광서(廣西), 운남(雲南), 티벳, 신강(新疆), 내몽골, 흑룡강(黑龍江) 등 8개 성(省)과 자치구가 있다. 이들 성 · 자치구는 북한, 러시아, 몽골, 파키스탄, 인도, 베트남 등 수십 개국과 인접해 있다. 중국국경 내에는 경외 주민들과 같은 민족에 속하고 공통된 언어와 생활습관을 가진 민족도 30을 넘는다. 92년에는 장강연안과 내륙지역의 주요도시가 개방도시로 지정되었으며 주변국가들에 인접한 국경도시 등이 잇따라 개방되었다.

일본을 사는 중국기업

일본기업이 중국을 사도 뉴스가 되지 않겠지만 중국기업이 일본기업을 사면 뉴스가 된다.

2001년 12월, 상하이 전기그룹이 세계 최첨단 인쇄기술을 가진 업계 3위의 아키야마 인쇄기계제조를 인수했다. 이는 세계 언론의 이목을 끌었으며 '일본을 사는 중국'이라는 화제가 세간을 떠들썩하게 했다. 이는 상하이 전기그룹에서 대표이사 사장이 아키야마에 파견되어 중국식 실력주의(實力主義)의 도입으로 아키야마의 코스트 관리나 인사제도가 수정되었다. 이를 계기로 아키야마는 경영을 재건해 대 중국 수출확대로 실적이 급속도로 회복되고 있다. 또한 상하이 전기그룹은 2004년에 공작기계의 명문기업 이케가이(池貝)를 인수했다. 1889년의 이케가이 철공소로 창업한 이케가이는 생산액 세계 제일의 자리를 20년 이상 유지하는 등 일본의 공작기계산업 발전에 큰 역할을 한 전통있는 기업이다. 그러나 일본 국내의 공작기계시장 축소에 따라 그 경영이 악화되어 2001년 2월 28일에 도쿄 지방법원에 민사회생절차를 신청했다. 이케가이는 회생으로의 길을 걷고 2004년 6월에 회생절차가 완료되어 흑자 전환했지만 재기의 길은 여전히 멀다. 이러한 상황에서 상하이 전기그룹에서 인수 이야기가 나와 이케가이의 브랜드를 남기고 2년간 상하이 전기집단이 20억 엔을 지원한다'는 조건으로 쌍방간의 합의가 성립된 것이다.

일본기업은 세계적으로 자랑하는 높은 기술력을 가지고 있지만 '잃어버린 10년'의 불황, 은행의 대출기피 등으로 자금조달이 어려워 경영부진에 빠지고 있다. 한편 중국의 제조업 수준은 최근 급속히 높아져 왔음에도 불구하고 세계의 최첨단 기술과는 아직 거리가 벌어져 있다. 높은 기술력을 가진 일본기업을 인수함으로써 중국기업은 기술력을 높여 가기를 원한다. 그것이 일본기업을 인수하는 이유인 것이다. 상하이 전기그룹 외에도 의약품 업계로의 진출을 지향하는 산주(三九)그룹 등 일본기업에 촉수를 뻗치고 있는 중국기업은 적지 않다. 이러한 기업인수는 중국에 일방적인 이익을 가져올 뿐 아니라 높은 기술을 보유하고 있음에도 경영이 어려워진 일본기업에 있어서도 회생의 기회이다.

(〈중국이 세계를 사들이기 시작했다〉〈이코노미스트〉임시증간, 2004년 10월11일호 등에 의함. 츠언 련 치용(岑 鏈瓊)

장강유역은 화동, 화중, 서남의 3대 경제구에 걸쳐 있으며 양안(兩岸)에는 수십 개의 대도시와 중소도시가 있다. 이 유역의 인구, 경지 및 수력자원은 전국의 약 3분의 1, 공농업 생산액은 전국의 약 절반을 차지하고 있다. 장강유역의 개발에 있어서도 가장 중요한 위치를 차지하는 것은 상하이시, 강소성(江蘇省)과 절강성(浙江省)으로 이루어진 장강 델타이다. 이 장강 델타의 개발에 박차를 가한 것은 1990년에 정해진 상하이시 푸동(浦東) 개발지구*의 설치이다. 장강하구의 중요한 문호로서 중국의 연해개방지대의 중심에 위치하는 푸동의 입지조건은 매우 혜택받은 곳이다. 예를 들면 와이가오차오(外高橋) 지구에는 항구 등 수운(水運)을 발전시키기 위한 좋은 조건이 있으므로 이곳에 중국 최초의 보세구역[4]이 설치되었다.

대외차관에서 직접투자로

20여 년간에 걸친 대외개방정책의 결과 대량의 외자가 중국에 유입되었다. 특히 1992년 이래 외자의 중국진출은 눈부시다. 외자는 이 시기의 중국경제 발전에 크게 기여했다. 중국경제의 국제화 · 시장화의 진전, 기술이전과 하이테크 산업의 발전, 수출진흥, 고정자산투자의 확대, 고용의 창출, 향진기업과의 합병과 국유기업과의 기술제휴를 통한 국내기업의 활성화 등이 외자도입이 중국경제에 미친 효과로 지적된다.

한편 외자도입에 의해서 국내기업과의 경쟁이나 소수 업종의 시장독점이 생겨나고 부동산 투자 등에 의한 난개발, 지역 간 격차나 임금격차, 대외부채의 부담 증가 등의 문제도 일으키고 있다. 2004년에 외국계기업의 매출액의 국내시장 점유율은 전자 · 통신기기에서 77.6%, 기기 미터기 67.7%, 문화 · 교육 · 스포츠 용품에서 59.5%, 피혁제품 51.1%, 가구 50.4%, 어패럴 제품 46.7%에 달했다[5]. 외국계기업은 기술 · 경영면에서 우위이기 때문에 국내기업은 매우 어려운 입장에 놓여 있다. 중국 최고의 자전거 업체인 심양(瀋陽)자전거는 이미 97년에 파산했으며, 다른 대형 업체들도 파산의 위기에 처해 있다.

1990년대 초기까지 대외차관이 직접투자보다 크고 외자도입이 중심적인 역할을 해왔다. 그러나 그후 직접투자가 급속도로 늘어 90년대 중반부터 대외차관의 몇 배 규모가 되었다. 그러나 2001년 이후 통계에서 사라질 정도로 대외차관의 역할은 급속히 축소되고 있다. 직접투자 중에서는 특히 합병기업과 외국계기업이 큰 점유율을 보이고 있다.

노동집약적 산업에서 첨단산업으로

〈표 9-3〉은 직접투자의 변화를 나타낸 것이다. 우선 업종별 직접투자를 보면 공업이 약간 내려갔지만 일관되게 압도적으로 큰 점유율을 유지하고 있으며 1990년대 이래 전체의 70~80%를 차지하고 있다. 공업에 이어 그 다음이 부동산업이며 또 최근 사회서비스(호텔, 오락, 정보서비스 등) 관계투자가 급증하고 있다.

공업에 있어서 홍콩, 마카오, 대만 자본을 포함한 외국계기업 수는 95년에는 실로 5만에 달했다. 외국계기업은 원래 어패럴과 방적 등의 전통적 · 노동집약적 사업과 자원관련산업(비철금속)이 많았지만 최근에는 새로운 첨단관련산업도 급속도로 늘어나고 있다. 95년의 '공업 센서스'에 의하면 외국계기업의 비율(기업 수와 부가가치)은 전자 · 통신설비 부문에서 가장 높았다(각 36.3%와 58.8%)6). 또 2004년의 데이터에 따르면 외국계기업 3만 8581사 중 어패럴(4035) 및 방적업(3115) 등 노동집약적 경공업이 여전히 많은데, 전자나 통신 및 기계설비 등 첨단기술을 가진 산업도 상당수에 달한다. 기업 수 1000을 넘는 업종 중에는 전자통신(2937), 금속제품(1929), 전기기계(2333), 일반기계(1714), 교통운수설비(1319) 등이 있다[7].

연해 우선에서 내륙 중심으로

개혁개방 전 정부는 지역격차의 축소, 공업입지의 균형, 국방상의 배려 등에서 내륙지역에 대한 투자를 중시하는 정책을 취했다. 그 결과 지역격차는 확대되지 않았지만 연해지역과 내륙지역 모두 낮은 성장에 그쳐 동아시아 주변국가 · 지역과 비교해 현저하게 뒤처졌다(제1장). 이 때문에 덩샤오핑은 선부론*(先富論)을 전개하고 전술한 것과 같이 일부 연해지역에 우대정책을 해주었다. 그 결과 연해지역과 내륙지역간의 격차

〈표 9-3〉 직접투자의 변화(100만달러, %)

	1990년	2004년
(A) 업종별		
총계	6,596.1(100.0)	153,479.0(100)
농림수산업	122.3(1.9)	3,271.0(2.1)
공업	5,569.2(84.4)	109,735.8(71.5)
부동산업	452.5(6.9)	13,488.0(8.8)
사회서비스	-	6,742.5(4.4)
건축업	181.1(2.8)	1,768.9(1.2)
교통, 운송, 창고, 우편업	36.5(0.6)	2,373.0(1.5)
상업, 음식업	106.6(1.6)	2,168.9((1.4)
	1990년	2004년
(B) 지역별		
지역합계	3,168.4(100.0)	51,389.3(100.0)
동부지역	2,974.1(93.9)	45,874.6(89.3)
강소성	124.2(3.9)	10,189.6(19.8)
광동성	1,460.0(46.1)	11,334.0(22.1)
복건성	290.0(9.1)	3,838.4(7.5)
중부지역	122.6(3.9)	4,103.7(8.0)
서부지역	71.7(2.3)	1,411.0(2.8)

중국상무연감에는 이 항목이 없다. 그래서 2002년차의 수치를 그대로 사용.

(注) 1) 업종별은 계약기준; 지역별은 실행기준

2) 비율의 합계가 100이 되지 않은 것은 사사오입을 했기 때문임.

3) 동부: 북경시 · 천진시 · 하북성 · 요녕성 · 상해시 · 강소성 · 절강성 · 복건성 · 산동성 · 광동성 · 광서치완족자치구 · 해낭성;

중부:산서성 · 내몽골자치구 · 길림성 · 흑룡강성 · 안휘성 · 강서성 · 하남성 · 호북성 · 호남성;

서부:사천성 · 중경성 · 귀주성 · 운남성 · 티벳자치구 · 섬성성 · 감성 · 청해성 · 영하회족자치구 신강 위구르 자치구

4) 『중국대외경제무역연감』이 『중국상무연감 2005』로 되어있으나 항목(B) 지역별 수치는 2002년도 되어 있다.

(자료) 『중국대외경제무역연감 1991』 580-589항, 『동 2003년』 874-877항, 『중국상무연감 2005』 889항

가 확대되었다(제 13장). 그 격차는 직접투자의 지역별 배분과 관련되어 있다(〈표 9-3〉).

동부지역에 대한 투자는 일관적으로 약 90% 이상을 차지하고 중부지역과 서부지역을 포함한 내륙지역의 비율은 극히 낮다(중부는 어느 정도 늘어났다). 같은 동부지역 중에서 광둥성(廣東省)이 수위의 자리를 유지하면서도 1990년대에는 하향추세에 있다. 광둥성의 점유율이 높은 것은 재외 화교인들의 출신지역에 대한 투자가 많으며 경제특별구를 갖고 있기 때문에 외국기업의 투자도 많기 때문이다. 그러나 90년대 들어서는 같은 연해지역에서도 양자강 델타나 산둥반도 및 요령반도 등으로 북상하고 있다. 특히 강소성(江蘇省)이나 상하이시, 산둥성(山東省), 요령성(遼寧省), 절강성(浙江省) 등이 두드러진다. 내륙지방으로의 외자도입이 앞으로는 크게 기대된다. 1999년 11월에 중앙경제회의에서는 서부 대개발 전략*이 내세워졌다. 이어 2000년 3월에는 국무원 서부 개발령 도소조(導小組)가 조직되어 개발계획 · 정책 제정, 인프라(사회기반) 관련 '10대 프로젝트' 실시, 78개 크고 작은 건설 등에 착수하기 시작했다. 이것이 계기가 되어 가까운 장래 내륙지역으로의 외국투자도 늘어날 것으로 예상된다.

또 2003년부터 새롭게 동북진흥*을 위한 전략이 나와 2004년부터 정식으로 실시되었다. 당면 중앙정부 예산에서 600억 위안의 자금원조가 계상되었는데 동북지역에도 향후 외자도입이 크게 기대된다.

외자도입의 국제비교

2차대전 후 개도국의 대부분은 외자도입을 적극 추진했다. 특히 1970년대 이후 눈부신 발전을 이룩한 아시아 신흥공업경제군(NIES, 대만 · 홍콩 · 한국 · 싱가포르)에서는 외자의 역할은 결정적으로 중요했다. 또

80년대 후반 이후 NIES의 뒤를 이어 성장을 시작한 ASEAN 4개국(인도네시아 · 말레이시아 · 필리핀 · 태국)에서도 외자는 큰 역할을 하고 있었다. 한국의 경우 60년대 후반까지의 자본형성 중 80%가 외국자본에 의해 조달되었다. 대만의 경우에는 한국 정도까지는 아니지만 60년대 초기까지의 국내 자본형성에서 차지하는 외국자본의 비율은 40% 내외 수준을 유지했다. 그러나 60년대 이후 양국은 모두 외국자본의 비율이 점차 낮아져 갔다[8]. 즉 한국과 대만을 대표로 하는 동아시아 각국들도 많은 선진국들과 마찬가지로 경제발전 초기에는 외국자본에 크게 의존하지만 후기에는 점차 자립하는 패턴을 따르고 있다.

그러면 위의 국가들과 비교해 중국은 어떠할까? 확실히 개혁개방 이래 외국자본이 물밀듯이 들어왔고 일부 산업에서는 외국계기업의 점유율이 상당히 높다. 2005년 직접투자 수입액(受入額)은 중국이 603.3억 달러로 세계 제일이다[9]. 또 고정자본형성의 원천으로서는 외국자본이 차지하는 비율은 1985년의 3.6%에서 96년의 12.0%로 3배 이상이나 상승했다[10]. 개혁개방 이후 중국의 경험은 동아시아의 경험과도 공통되어 있다(동아시아 모델* 참조).

Ⅲ 기술도입의 성과와 문제점

기술도입의 성과

중국은 해방 직후부터 적극적으로 기술도입을 실시했다. 1950년대에는 구 소련이나 동유럽 각국들로부터 400(27억 달러)의 기술을 도입했다, 제 1차 5개년 계획기간(1953~57년)의 야금(冶金), 기계, 자동차, 석유, 석탄, 전력, 전신, 화학 등 156개 중점 프로젝트가 그 대표적인 것이다. 70년대에 들어서 중국의 대외관계 발전(중일 · 중미 국교회복)에 의해 기술도입은 구 소련 · 동유럽에서 점차 서방 선진국들로 바뀌어 갔다. 예를 들면 1972~77년에 일본, 독일, 프랑스, 영국 등에서 222건(32억 달러)의 기술을 도입했다.

개혁개방 후, 기술도입은 더욱 대규모로 확대되었다. 기술도입 계약은 1985년에 826건(32억 달러)였지만 90년에 들어 가속화되어 95년에는 3629건(130억 달러)로 상승했다. 도입방식에 있어서는 플랜트(기간설비를 포함)수입과 라이센스 생산이 큰 점유율을 보였으며 기술컨설팅 · 서비스나 공동생산 등이 있다. 업종별로 보면 80년대에는 기계 · 전자와 경공업(방적을 포함)이 가장 많고, 통신 · 교통과 야금 · 금속이 이 뒤를 잇고 있다. 95년에는 기계 · 전자는 여전히 압도적으로 많았지만 경공업(방적을 포함)은 후퇴하고 통신 · 교통과 에너지가 증가했다[11].

다음으로 기술도입의 내용에 대해서 음미해 보자. 1985년의 '공업 센서스'에 따르면 수입설비 중에서 중공업이 전체의 75.3%를 차지하고 있다. 그러나 설치된 수입설비 중에서 80년대에 제조 · 출하된 설비비율은 경공업에서는 65.6%로 중공업의 32.6%보다 두 배 정도 높다. 업종별로는 수입설비의 비율과 신 설비의 비율은 화학섬유나 플라스틱 및 전자 · 통신 등의 신흥산업 쪽이 에너지, 야금, 기계, 화학, 방적 등의 기존산업보다 높다[12].

1995년에는 산업별 데이터가 없지만 기계 설비별 자료가 있다. 이에 따르면 전통분야에서는 도입기술보다는 국내 기술에 많이 의존하고 있는데 비해 첨단분야에서는 상당 정도 도입기술에 의존하고 있다. 예를 들면 금속절삭 공작기계는 국내제품이 284만대인데 비해 수입품이 불과 15만대 정도이다. 한편 컴퓨터 생산라인은 각각 435세트와 626세트로 양자의 관계는 역전된 모습을 보인다[13]. 80년대와 비교해 90년대에는 기술도입의 주체가 기초적 · 기존산업에서 점차 첨단 · 신흥산업으로 옮겨가고 있음을 알 수 있다.

대지의 아이

일본을 감동의 도가니로 몰아넣고 반복 방영되어도 감동이 빛 바래지 않는 드라마가 바로 山崎豊子 원작의 '대지의 아이'(1991)이다. 1995년 겨울에 처음 방영되었지만 시청자들의 재방영 요청이 높아 거의 매년 재방영되고 있다. 일본인이면서 중국에서 자라고 최종회에서 '나는 대지의 아이입니다'라고 강한 어조로 말하는 주인공은 2차대전 후 중국에 남겨진 잔류고아이다(중국잔류 일본인 고아*를 참조).

전쟁 말기의 혼란 속에서 중국인 양부모에게 맡겨진 일본인 아이들 중에는 노동력으로 인신매매되어 힘든 인생을 산 사람들이 적지 않다. 그러나 진정으로 그들은 보살펴 준 중국인 양부모들이 있었던 것도 사실이다. 본 서는 이러한 양부모와 주인공의 감동적인 마음의 교류, 일본인이기 때문에 받게 되는 다양한 부당한 처사, 노동개조소(勞動改造所)의 힘든 하루하루 속에서 싹튼 우정, 그리고 일본인 친부모와의 생각지도 못한 재회 등 그 스토리의 다이나믹한 전개에 자기도 모르는 사이에 끌려 들어가게 된다.

작자의 재능은 물론이고 이 드라마는 집필 시의 취재부터 드라마 제작에 이르기까지 중일 관계자들의 깊은 협력 없이는 있을 수 없는 것이었다. 8년이라는 긴 취재에 의해 쓰여진 본 서는 그 취재에서도 후에 민주화 운동에 대한 대응을 비판받아 제명된 호요방(胡耀邦) 총서기의 힘이 더해졌었음이 알려져 있다. 또 드라마 제작 시에도 몇 번이나 힘든 고비가 있었지만 양국 스탭들의 노력으로 어려움을 타개해 나갔다. 배우도 대단하다. 주인공역을 맡은 가미카와 다카야(上川隆也)는 중국어를 전혀 몰랐음에도 불고하고 대사의 절반 이상이 중국어라는 어려운 역을 멋지게 소화해내 그의 유창한 중국어는 중국 스탭들을 놀라게 했다. 주인공의 양아버지 역할은 중국에서도 1급 배우로 유명한 주욱(朱旭)이었으며 부인 역할은 현재 여배우로서 대활약중인 장문려(蔣文麗)로 둘 다 멋진 연기를 보여주었다.

드라마 '대지의 아이'가 항상 외지인으로 취급받으면서 일본인으로서도 중국인으로서도 불충분한 대우밖에 받지 못한 잔류고아들에게 이목을 집중시킨 의의가 크다. 그러나 귀국한 잔류고아들의 고생이나 어려운 생활 실상을 보면 이 드라마는 앞으로도 더욱 많이 재방영되어야 할지도 모른다.

(http://www.kufs.ac.jp/toshokan/bibl/bibl153/pdf/p17.pdf 등에 의함.
리 쉬(李 旭)

이는 기존 산업의 기술수준은 국제적으로 손색이 없는 정도까지 향상되었지만 첨단산업은 아직 낮은 수준이라는 것을 말해주고 있다.

기술도입의 성공예를 들어보자. 개혁개방 전 중국의 가전산업은 매우 빈약했다. 1980년의 생산대수는 냉장고 5만대, 세탁기 25만대, 컬러 TV 3만대였지만, 5년 후인 85년에는 각각 145만대, 887만대, 435만대에 달했다. 단기간에 이만한 성과를 올릴 수 있었던 것은 기본적으로 80년대 전반을 중심으로 외국에서 도입된 170개 가전 생산라인 덕택이다[14].

스필오버 효과

기술은 외부경제를 가진 준공공재이므로 기술도입은 스필오버(파급)효과를 갖는다. 기술도입에는 체화된 자본설비 도입에서 체화되지 않은 노하우 도입까지 다양한 채널이 있는데, 현지 엔지니어나 기술자 및 노동자들이 생산현장에서 그 기술을 소화 · 흡수하는 것이 가능하다. 물론 이 소화 · 흡수의 효과나 스피드는 국가에 따라 상당히 다르다. 예를 들면 2차대전 전부터 후에 걸쳐 일본은 이 점에서 세계적으로 성공을 거두었다. 중국도 일본에는 미치지 않지만 대체적으로 성공하고 있다고 할 수 있다.

어느 연구에 따르면 중국에 진출한 외국계기업에서는 대다수가 첨단기술 및 이에 준하는 기술을 사용하고 있다. 일부 기업에서는 그것이 중국 국내의 기술적 공백을 메우고 있다[15]. 그렇다면 이들 기술은 어떤 효과를 갖고 있는 것일까? 유엔 공업개발기구(UNIDO)의 보고를 소개해 보겠다. 이에 따르면 높은 기술제품 수출에서는 1985년에 중국은 25위 안에 들지 않았지만 98년에는 11위에 들어갔다. 중간 기술제품에서도 마찬가지로 85년에는 순위 밖이었으나 98년에는 13위가 되었다. 또 저 기술제품은 수위를 차지했다. 한 개 국가의 공업전반의 실력을 반영하는 공업경쟁력지수(CIP)도 85년 61위에서 98년에는 37위가 되었다[16]. 이들 숫자는 직접적이지는 않지만 간접적으로 기술도입의 성과를 나타내고 있다.

기술도입의 문제점

기술도입은 큰 성과를 거두고 있는 한편 많은 문제점을 안고 있다.

첫째로 기술도입이 비효율적이다. 중국의 산업발전에 특히 필요한 기초소재나 기초부품에 관한 기술 · 설비보다도 일반적인 가공설비, 자원 · 기술적 조건에 상응하지 않는 기술 또는 같은 기술이나 같은 수준에 있는 기술의 중복 도입이 많았었다. 그 중 중복도입은 가장 큰 문제를 일으켰다. 컬러 TV를 예를 들어보면 80년대 말에 생산라인은 113세트였지만 그 중 72세트는 도입한 것이어서 9억 달러의 외화를 사용했다. 이 설비를 풀가동시킨다면 매년 3억 달러 이상의 부품을 수입해야 한다. 세탁기, 냉장고 등의 경우도 비슷하다. 아무리 진보된 기술이라고는 하지만 적정한 도입정책이 없으면 그 효과는 마이너스 요인에 의해 상쇄되어 버릴 우려가 있다.

두 번째로 기계 · 설비 도입이 중심이다. 지금까지의 기술도입은 기술서비스나 컨설팅 등의 소프트웨어 부분은 늘어나고는 있지만 플랜트(기간설비를 포함) 수입과 라이센스 생산이 여전히 큰 점유율을 차지하고 있다. 이는 중국기업의 외화사용권 결여나 대외무역체제의 제약 및 지식 ·

기술을 높이 평가하고 있지 않은 점 등에 원인이 있다.

세 번째로 도입기술의 소화 · 흡수가 불충분하다. 일찍이 일본은 대형 발전기 제 1호를 수입했는데 그후 이에 대해 연구개발(R&D)을 철저히 해 기술을 흡수하고 제 2호기 이후부터는 국산품으로 바꾸었다. 중국 기업들이 도입기술의 소화 · 흡수에 게으른 이유 중 하나는 기술개발비가 부족하다는 점이다. 그 근소한 기술개발비는 설비나 원자재 구입에 충당되어 연구개발에 투입되는 부분은 적은 금액에 지나지 않는다. 50만 달러에 도입한 기술도 5만 위안(도입 액의 약 80분의 1)의 시운전비용이 없어서 효과를 발휘하지 못했다는 보고마저 있다. 결국 '도입이 도입을 부른다' 는 악순환에 빠질 우려가 있다.

관 취안(關 權)

---

1) 중국 이외의 동아시아 · 동남아시아 각국들의 높은 경제성장률도 비교적 높은 투자율에 의해 뒷받침되고 있다. 강축적에 의한 공업화 전략은 다른 아시아 공업국에 공통적이다.

2) OECD통계(http://www.oecd.org/dataoecd/8/4/1874420.pdf)

3) 『중국통계적요 2004』 98항.

4) 보세구역은 그 장소에 수입품이 있는 동안은 관세가 부과되지 않는 장소이다.

5) 『중국 공업경제통계연감 2003』 69-107항.

6) 상세한 내용은 王洛林(편) 『중국외상투자보고』 경제관리출판사, 1997년, 384-394항.

7) 『중국 공업경제통계연감 2003』

8) 한국과 대만의 외자 의존 상황에 대해서는 渡辺利夫 『개발경제학: 경제학과 현대아시아』 일본평론사, 1986년, 223-225페이지.

9) 『중국통계적요 2004』 168항.

10) 1996년 이후는 저하되어 최근에는 5~6%에 그치고 있다. 『중국통계연감』 각 년판.

11) 『중국 과학기술통계연감』 각 년판.

12) 상세한 내용은 국무원 공업보조령 도소조 변공실 · 국가계위경제연구소 『중국공업현황』 인민출판사, 1990년 124항.

13) 『중화인민공화국 1995년 제 3차 전국공업보사자료회편(종합 · 행업권)』 354-381항.

14) 『중화인민공화국 1985년 공업보사자료(제 1권 보충본 · 대중형 공업기업)』 1987년 58-59항.

15) 江小涓 『중국적 외자경제』 중국인민대학 출판사 2002년.

16) UNIDO, Industrial Development Report 2002/2003.

제10장

중국은 국제사회에 있어 위협인가?

20여 년간 계속되고 있는 고도성장은 중국경제의 높은 성장 잠재력을 말해주고 있다. 주목할 점은 경제대국으로 성장하는 과정에서 중국경제의 대외의존도가 높아져 아시아 지역 및 국제경제에 미치는 영향도 계속 커지고 있다는 점이다. '성장을 계속하는 중국은 세계경제의 안정 요인이다' 라고 중국정부는 주장하고 있지만, 중국 위협론이 뿌리깊게 존재하고 있다는 점도 부정할 수 없는 것이 사실이다.

중국의 경제대국화와 세계질서의 관계를 생각하는 데 있어서 이른바 대 중화경제권 발전과 중미 간의 경제마찰은 중요한 테마이다. 확실히 중국경제의 국제화 과정에서 세계 화교인 자본 네트워크가 크게 강화되어 있는데, 대 중화경제권 발전에 있어 정치적 장애 극복과 비즈니스 환경 안정이 대전제이며 그 발전은 기존의 세계질서를 붕괴시키는 일은 없을 것이다.

다른 한편 중국이 세계 시스템에 편입되어 가는 과정에서 중미관계는 매우 중요하다. 중국은 미국의 패권주의에 대한 반발을 강화하고, 미국은 대 중국 무역적자 확대로 인해 중국에 대한 경계감을 강화하고 있다. 그러나 중국이 세계의 위협이 된다는 필연성은 없고, 중국은 미국의 외압을 이용해 국내 개혁을 촉진한다는 면도 잊어서는 안 된다.

I 대 중화경제권(大中華經濟圈)의 생성

다양한 층의 화교인 경제 네트워크

이른바 대 중화경제권은 홍콩이나 대만의 일부 학자들이 제기한 것이며 중국대륙에서는 아직 시민권을 얻지는 못했다. 이 용어에 관련된 강한 민족주의적 느낌은 세계에 수천만 명의 화교들이 있는 중국으로서는 불필요한 민족대립으로 번질 위험성을 내포하고 있어 외교적으로는 바람직하지 못하다는 이유에서일 것이다. 그러나 경제적 측면으로 한정해서 보면 민족적, 언어적, 문화적 동일성을 배경으로 하는 화교인 경제 네트워크가 이미 형성되어 있다는 것은 부정할 수 없을 것이다. 이 사실을 처음 인상적으로 세계에 알린 것은 1993년에 세계은행이 공표한 보고서이다[1]. 이는 중국대륙, 홍콩, 대만을 중화경제지역이라 이름붙이고 그 경제력을 합해서 평가한 후 그것이 세계경제의 미래에 미치는 영향에 대해서 논한 것이다.

넓은 의미에서의 중화경제지역(화교인 경제 네트워크)에는 '양안사지(兩岸四地)' (대만 해협서해안의 중국대륙, 홍콩, 마카오와 동해안의 대만) 또는 세계 각지의 화교인 자본도 포함된다. 특히 동남아시아에서는 인구의 4분의 3을 중국인에 의해 점령당한 싱가포르와 같은 국가도 있으며 화교들이 소수파인 총인구의 10%에도 미치지 못하는 국가도 있지만 이 모두 화교자본이 경제활동의 중심을 담당하고 있다.

이러한 화교 경제 네트워크의 형성은 중국대륙의 개혁개방, 즉 국내 통일시장의 형성을 촉진시키는 것과 동시에 해외와의 경제관계를 긴밀화 한다는 정책 전환에 호응하는 것이다. 상품거래에서 시작해 생산요소나 정보 유동화로 분야를 넓혀 중국경제의 성장은 화교인 자본에 있어 풍부한 비즈니스 찬스를 제공하고 있다. 한편 무역과 직접투자에 의해 해외 화교인들이 가진 자본, 기술, 정보, 관리지식이 중국대륙에 유입되어 중국의 경제대국화를 촉진하고 있다. 해외화교와의 밀접한 연계는 중국경제 국제화의 큰 특징이라고 할 수 있다.

대 중화경제권(大中華經濟圈)의 구성원리

강조할 것은 양안사지의 경제관계든 중국과 동남아 화교인 자본과의 관계든, 화교인 경제 네트워크는 호혜적 이익추구를 최대 목표로 삼고 있으며 시장 메커니즘에 바탕한 비즈니스 네트워크라는 점이다.

공통의 문화와 언어라는 배경은 어디까지나 이익공동체의 결성을 매개하는 데 지나지 않는다는 것이다.

이 구성원리는 국내 중국인의 무역과 투자 패턴에 반영되어 있다. 즉 제 8장과 9장에서 소개했듯이 중국이 취한 정책은 경제특별구나 수출 가공지역 설치 등에 의해 직접투자를 불러모으고 중국이 해외시장에 진출하기 위한 경영자원을 해외에서 유치하는 것이다. 이 점에서는 해외 화교기업이 중국의 니즈에 가장 적합하다고 할 수 있다. 홍콩이나 대만 기업으로 대표되듯이 화교 기업은 장기간에 걸쳐 수출산업에 종사하고, 시장개발에 큰 실적을 축적해 왔다. 그러나 노동집약적 수출산업의 성공에 의해 사람들의 소득이 상승하고 그 결과 임금과 토지가격이 급등했다. 이러한 수출기업이 제품의 가격경쟁력을 유지하기 위해서는 중국대륙과 같이 생산비용이 상대적으로 낮은 생산기지를 찾을 수밖에 없다. 이러한 상황에서 무역과 직접투자를 통해서 국내외의 중국인 기업가들 사이에서 거래가 빈번해지는 것은 당연한 결과라 할 수 있다.

무역과 투자의 다이나미즘

여기서는 중국정부가 발표한 통계자료를 이용해 무역과 직접투자를 통해 국내외 중국인들의 연계를 살펴보자. 〈표 10-1〉은 1992년과 2004년의 두 시점의 중국의 대외거래를 나타내고 있다. 92년을 고찰 시작 시점으로 한 것은 같은 해 봄 덩샤오핑이 경제발전과 대외개방 가속화를 촉구하는 남순강화를 발표했기 때문이다. 이에 의해 대외개방에 박차가 가해져 수출과 수입 및 외국 직접투자가 급증했다. 이 같은 기세는 97년의 아시아 경제위기 발발에 의해 일시적으로 둔화 징후를 보였지만 2001년의 중국 WTO 가입이 계기가 되어 새로운 고조기(高潮期)를 맞이하고 있다.

이 표에서 나타나듯이 1992년부터 2004년까지 12년 사이 중국의 대외무역액은 수입과 수출이 거의 6배로 확대되었다. 또 2002년의 해외 직접투자 수령액도 10년 전에 비해 거의 5배 규모에 달했다. 여기서는 화교인 사회인 홍콩, 대만, 마카오를 화교인 경제그룹 1로 보고, 화교들이 큰 경제력을 가진 싱가포르와 ASEAN 4(태국, 말레이시아, 필리핀, 인도네시아)를 화교 경제그룹 2로 보고 각각 대중 비즈니스 전개를 고찰해 보자.

〈표 10-1〉 중국 대외무역과 대중 직접투자의 추이(억달러/%)

	중국수입		중국수출		대중직접투자	
	1992	2004	1992	2004	1992	2004
세계총계	806.1	5612.3	850.0	5,933.3	112.9	1534.8
구성비	100.0	100.0	100.0	100.0	100.0	100.0
아시아 합계	60.8	65.8	71.9	49.8	89.7	60.7
일본	17.0	16.8	13.8	12.4	6.6	6.0
한국	3.3	11.1	2.9	4.7	1.1	9.1
화교인경제그룹 I	33.0	13.7	45.6	19.6	79.4	40.0
대만	7.3	11.5	0.8	2.3	9.3	6.1
홍콩	25.5	2.1	44.1	17.0	68.2	32.7
마카오	0.2	0.0	0.6	0.3	1.8	1.2
화교인경제그룹 II	5.2	10.7	5.0	6.3	2.4	4.8
싱가포르	1.5	2.5	2.4	2.1	1.1	2.9
ASEAN 4	3.7	8.2	2.6	4.1	1.3	1.9

(注) ASEAN4라 함은 태국, 말레이시아, 필리핀, 인도네시아를 말한다.
b) 데이타의 제약으로 1992년의 「대중국직접투자」에는 직접투자 외에 「기계투자」(증권발행, 국제리스, 보상무역, 가공조립)이 포함되어 있다.
(자료) 『중국통계연감 1993』 『동 2005』 『중국대외경제통계연감 2005』 125항

우선 대륙과 세계시장을 연결하는 데 있어서 홍콩이 큰 역할을 하고 있다는 사실을 이 표에서 알 수 있다. 1992년 시점에서는 인구가 불과 600만 명 정도였던 이 홍콩 도시는 중국대륙의 수입의 25.5%, 수출의 44.1%를 차지했다. 또 대중국 해외직접투자의 68.2%는 홍콩의 현지법인에 의한 것이다. 자유무역항으로서의 홍콩은 대륙에 있어 중요한 무역중계항일 뿐 아니라, 뛰어난 경영자원을 해외에서 도입하는 창구이기도 하다. 대만이나 동남아 화교인 기업뿐 아니라 일본이나 한국의 비화교인 기업의 일부도 잇따라 홍콩에서 현지법인을 설립해 홍콩을 대중 비즈니스의 플랫폼으로 이용했다. 이 움직임은 홍콩경제의 발전과 구조변화에 있어 큰 추진력이 되었다[2].

그러나 92년 이후 대륙과 홍콩과의 경제거래는 상대적으로는 후퇴하

고 있다. 이는 주로 무역통계 방법이 변화한 결과이다. 이른바 원산지기준이 채택되게 되어 지금까지 홍콩을 경유한 서구대상 수출재는 중국의 대(對) 홍콩 수출로 취급되어 왔지만 93년 이후 이를 대(對) 서구 수출에 산입하게 되었다. 마찬가지로 서구의 홍콩경유에 의한 대(對) 중국 수출도 지금까지는 중국의 홍콩에서의 수입으로 분류되어 왔지만 새로운 분류법으로는 이를 원산국인 대(對) 중국 수출에 산입하게 되었다. 따라서 통계에서 본 대(對) 홍콩 무역비율 저하는 대륙과 홍콩 간의 무역관계 정체를 의미하는 것은 아니다. 반대로 통계방법의 변경이 초래한 결과는 대륙의 대외무역에 미치는 홍콩의 중계지로서의 역할이 매우 크다는 것을 새삼 부각시켰다고 할 수 있다.

무역 패턴의 변화

중국의 수입통계에 따르면 1992년과 2004년 두 시점에 홍콩의 점유율은 25.5%에서 2.1%로 대폭적으로 감소했지만, 같은 기간 아시아 전체에서의 점유율은 반대로 60.8%에서 65.8%로 증대되었다. 그 중 대만 점유율은 7.3%에서 11.5%로 상승하고 화교인 경제그룹 2의 점유율도 5.2%에서 10.7%로 현저히 확대되었다. 중국 최대의 수입상대국인 일본 및 한국에서의 수입도 그 점유율이 순조롭게 상승하고 있다. 동아시아는 중국의 수출가공산업을 지탱하는 자본재 공급기지로서 그 중요성이 증가하고 있다는 것을 이 통계를 통해 알 수 있다.

한편 수출에서도 홍콩의 점유율은 1992년의 44.1%에서 2004년의 17.0%로 크게 하락했다. 일본 수출은 12%대의 높은 수준을 유지하고 있지만 대(對) 한국, 대만, 싱가포르, ASEAN4의 수출점유율은 최근 10년 사이에 약간 증가했다. 이 숫자에서 추측할 수 있는 것은 지금까지 홍콩을 경유한 중국제품은 그 일부는 최종 소비지로서 아시아 특히 일본을 향하고 있지만, 같은 기간 아시아 전체의 비율이 71.9%에서 49.8%로 저하되어 있어 홍콩기업을 중개역할로 삼는 중계무역의 대부분은 구미, 특히 미국 시장을 향하고 있음을 알 수 있다.

전체적으로 보면 최근 10년 남짓 중국의 무역에는 대(對) 동아시아 수입확대와 대(對) 선진국 수출확대라는 두 가지 추세를 볼 수 있다. 이러한 무역 패턴은 중국의 생산구조 변화로 규정되는 것이며 그 배경에는 직접투자를 통한 경영자원의 중국 이전이 있다. 즉 홍콩을 중심으로 하는 화교인 기업을 통해 일본이나 그 외 동아시아에서 자본재와 중간재를 조달하고, 중국에서 가공한 후 미국 등의 선진공업국에 판매하는 구도가 점점 더 선명해지고 있다.

이러한 무역패턴이 형성된 것은 철새라고 불리는 수출가공기업이다. 이들 기업은 제품의 수출경쟁력을 유지하기 위해서 생산거점을 비용이 상대적으로 싼 새로운 프론티어로 이동시키고 있다. 1992년부터 2004년까지의 사이에 대 중국 직접투자 총액은 10배 가까이 증가했지만, 화교인 경제그룹 1과 2는 여전히 대중투자의 주역이다. 특히 홍콩은 대중 직접투자의 큰 비중을 차지하고 있으며[3] 중국에 수출가공산업을 도입한 철새의 주체는 해외의 화교인 기업임을 추측할 수 있다. 이 무역과 투자의 연결은 와타나베 토시오(渡辺利夫) 등에 의해서 지적된 동아시아의 투자와 무역의 호순환 메커니즘 그 자체이다[4].

Ⅱ 대 중화경제권(大中華經濟圈)과 세계경제 질서

대 중화경제권(大中華經濟圈)은 위협인가?

위에서 말한 것과 같이 대륙중국과 해외의 화교 등과의 비즈니스 네트워크 확대는 주로 경제현상으로서 이해되어야 할 것이다. 그러나 민족적, 문화적 측면에 주목하는 일부 논자는 이를 중국의 위협이라고 보고 있다. 즉 역사적 또는 문명사적 시점에서 중국의 대국화를 파악한다면 중국의 대국화는 중화민족주의를 고양시키고 나아가 중화사상(중국이 세계의 중심이라는 사고방식)과 중화세계의 질서 회복으로 번져 기존 세계질서를 위협한다는 견해도 나오고 있다. 나아가서는 장래 중국과 그 공영권이 거대화되어 서구 문명의 보편주의에 도전하고 이윽고 문명의 충돌*을 일으킨다는 극론도 존재하고 있다.

여기서는 문명사적 관점에서 그 문제를 거론하지는 않겠지만 보다 현실적인 문제로서 급발전을 해온 대 중화경제권이 기존 국제경제의 시스템과 조화될 것인지, 아니면 이에 대항할 것인지를 생각해 보자.

일부 미래학자는 포스트 냉전의 시대에 들어서고 나서 기업, 금융, 정보의 무국경화(無國境化)가 진행되어 이윽고 21세기에는 아시아 경제가 국민경제 범위에서 일탈해 네트워크형 경제로 전환된다고 예언했다[5]. 그러나 세계경제 질서의 근간을 이루는 국민국가의 제도적 틀과 시장경제 메커니즘에 의존하는 비즈니스 네트워크의 발전에 따라 국가 · 지역 간의 경제관계가 더욱 긴밀해지고 'win-win'의 경제관계로 발전시킬(상호 플러스가 됨) 가능성을 넓히는 관계가 존재한다. 또 한편으로는 국가 · 지역 간 관계의 조화는 안정된 비즈니스 환경을 확보하기 위해서 필요한 것이며, 정부나 국제기관이 제공하는 제도적 인프라(사회기반)가 없으면 국경을 넘어선 거래가 저해되는 것도 명확하다. 바꾸어 말하면 네트워크 경제는 국제 경제질서를 안정시키는 측면과 그 자신의 발전이 국제 경제질서 안정에 의존하는 측면을 동시에 갖고 있어서 양자는 강한 보완관계에 있다고 생각된다.

비즈니스 네트워크의 전개

우선 비즈니스 네트워크의 국가 · 지역 간 경제관계를 강화하는 측면에 대해서 생각해 보자. 중국경제의 국제적 존재감 증대에 따라 동아시아에서는 한때 '중국 위협론'이 대두된 적이 있다. 특히 생산요소의 구조가 중국경제와 많은 공통점을 가진 동남아시아 경제에 있어서는 중국과 비슷한 생산구조와 무역구조를 갖고 있기 때문에 중국의 성장에 따라 다음과 같은 세 가지 우려가 부상하고 있다. ①제3국 시장에서의 수출상품을 둘러싼 경쟁에서 중국상품에 눌려 자국의 수출이 피해를 입는다는 우려, ②해외 직접투자의 유치면에 있어서 중국과는 라이벌 관계에 있어 외자가 동남아보다는 중국에 집중하게 되면 양자 사이의 생산기반 격차가 더욱 확대될 것이라는 우려 ③중국 무역확대에 따라 수출재 가격의 하락과 수입재 가격의 상승이라는 교역조건의 악화가 나타나는데, 중국과 비슷

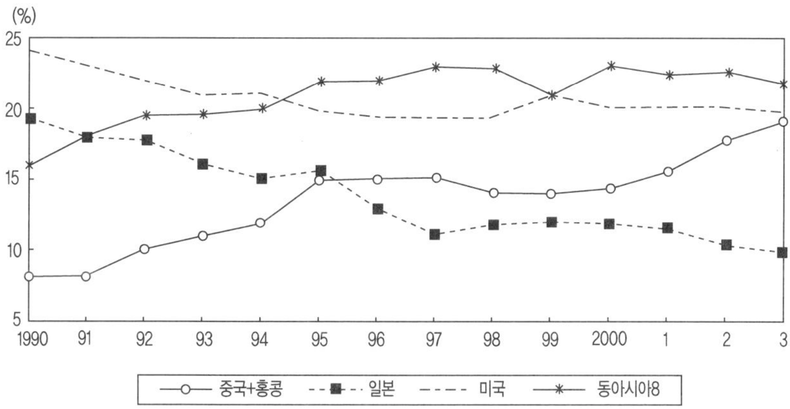

[그림 10-1] 동아시아 수출 시장의 지역별 구성

(注) a) 동아시아제국(중국, 일본, 홍콩을 제외함)의 수출액 · 수출선별 구성비
b) 동아시아 8이라 함은 한국, 대만, 싱가포르, 태국, 말레이시아, 필리핀, 인도네시아, 브루나이를 말한다.

(자료) Direction of Trade Statistics, various issues, 원 data는 각국 지역의 수출보고(FOB base)에 의거함.

한 구조를 가진 경제에 있어서도 교역조건의 악화라는 불이익을 당할 것이라는 우려이다.

그러나 동아시아로 확산되는 비즈니스 네트워크의 전개에 의해서 이 지역의 수평분업관계는 크게 발달해 중국경제의 약진은 동아시아에 있어서 큰 시장의 출현이라는 의미도 된다. [그림 10-1]은 1990년 이후의 동아시아 경제의 수출시장 변화를 나타낸 것이다. 알려진 대로 동아시아 공업화의 본격적인 전개는 미국과 일본 시장에 크게 의존하고, 80년대 미일은 각각 동아시아 수출총액의 20% 남짓을 흡수해 왔다. 그러나 90년대에 들어서는 미국에 대한 의존도는 계속 높은 수준을 유지하고 있는데, 수출시장으로서의 일본은 상대적으로 위축되는 경향이 있다[6].

주목해야 할 점은 저하되는 일본의 점유율이 홍콩을 포함한 중국시장 및 동아시아 역내 시장 확대에 의해 보충되어 온 점이다. [그림 10-1]에 나타나 있듯이 수출시장으로서의 중국의 위치는 90년대 초의 6%대에서 2003년의 20% 가까이까지 미국에 필적하는 수준으로까지 늘어나고 있다. 또 동아시아 8개 경제의 상호 간 무역도 확대되는 경향에 있고, 2000년 이후는 미국 점유율을 웃돌아 동아시아에 있어 가장 중요한 시장은 바로 동아시아 자신이라는 사실을 이 그림에서 알 수 있다. 앞으로 중국기업의 동아시아에 대한 직접투자 확대에 따라 이 지역의 생산요소와 시장의 보완성은 한층 강화되어 중국 성장을 위협이 아닌 큰 비즈니스 찬스로 보는 견해가 더욱 강할 것으로 예상된다.

아시아 경제위기의 영향

아시아 경제(통화)위기는 국제 경제질서의 불안정성이 비즈니스 네트워크의 발전에 있어 큰 저해요인이 될 수 있음을 보여주었다. 동아시아를 석권한 이 위기는 실로 국민경제의 근간인 통화와 금융시스템을 직격한 것이며, 비즈니스 네트워크에 의존하는 이 지역의 무역과 투자에 큰 피해를 주었다. 중국의 통계가 나타내듯이 위기발생 후인 1998년에 중국의 대외 무역과 대내 직접투자는 현저하게 정체되었다. 특히 큰 비중을 차지하는 대 아시아 거래에 대해서는 무역도 투자도 마이너스 신장률을 보이고 있어 중국의 대외 경제관계가 아시아 경제위기의 영향을 직접적으로 받았다고 볼 수 있다.

양안사지의 경제관계에 대해서 살펴보자. 대륙, 홍콩, 마카오는 각각 다른 통화시스템을 취하고 있지만 아시아 경제위기 속에서 모두 사실상 달러 페그(대 달러 환율을 고정하는 환율제도)를 유지하고 있다.

근린국가들에 비해 위안화가 조금 높아진 것이 중국의 수출확대에 찬물을 끼얹었다는 견해도 있지만 대(對) 미국이나 대(對) 유럽 수출이 늘어나고 있는 사실을 감안하면 아시아 각국들의 경기침체가 중국의 수출부진을 초래하는 최대 요인이라고 할 수 있다. 한편 중계무역에 대한 의존도가 높은 홍콩의 입장에서 본다면 대륙의 대외무역 침체가 홍콩경제의 지반침하의 한 요인이 되었다. 국제금융 중심으로서, 또 대(對) 중국투자의 최대기지로서의 홍콩은 1998년의 대(對) 대륙 직접투자액 약 10% 감소를 기록했다. 한편 대만의 통화는 98년에 약 20% 떨어졌는데, 무역과 경제성장에 대한 영향은 비교적 가벼웠다. 그러나 금융기관의 부실채권 문제가 표면화된 점도 있어 대(對) 대륙 직접투자가 11.4%의 마이너스가 되었다. 전체적으로 보면 경제위기 속에서의 홍콩과 대만의 대(對) 중국 거래는 일본과 한국과 같은 비화교 경제의 대(對) 중국관계와 기본적으로는 같은 패턴이다.

동아시아 각국들은 경제위기로 어쩔 수 없이 통화절하를 단행해야 했다. 전체적으로는 대 중국 수출이 약간 늘어나는 한편, 중국에서의 수입은 13.7%로 감소했다. 전체적으로 말하면 경제위기시기의 동아시아의 대

중국경제 관계의 변화는 통화와 금융제도 안정이 비즈니스 관계 발전의 전제조건임을 드러내고 있어, 이 시기의 동아시아 경제관계의 변화는 보통의 경제논리로 설명할 수 있는 것이며, 중국인의 민족성과 연계된 화교 자본 특수론의 증거는 찾아볼 수 없다고밖에 말할 수 없다[7].

대 중화경제권의 향방

화교경제 네트워크가 순조롭게 확대된 시기에서는 '피는 물보다 진하다' 는 화교인 자본에 관련된 신화가 크게 유행했다. 그러나 화교들 사이의 비즈니스 관계 발전에는 강한 경제적 보완성이 존재하며 정치적 장애 극복 및 안정적 경제환경 유지라는 두 가지 요인이 있다는 것도 간과해서는 안 된다. 양안사지 관계에서 홍콩과 마카오가 1국2제도* 실험을 시작함으로써 일단 정치적 결말이 지어졌다고는 할 수 있지만 대륙과 대만의 양안관계에 대해서는 이등휘(李登輝) 총통(대통령)의 '국가와 국가와의 관계론' 이 등장한 이래 긴장감이 높아지고, 대만 독립을 강령으로 내건 민주당 출신의 천수이변 총통이 당선되고 나서부터는 양안관계의 장래를 우려하는 목소리는 점점 커지고 있다.

한편 아시아 경제위기는 아시아의 비즈니스 환경을 크게 변화시키고 화교 경제 네트워크의 한계를 드러내는 결과가 되었다. 정치적 안정은 물론이고 시장 메커니즘의 기능을 발휘하기 위한 제도적 인프라 구축도 중요한 과제가 될 것이다. 이 면에서는 다음의 두 가지 동향이 앞으로 주목할 만하다고 생각된다. 우선 중국과 대만의 WTO 가입에 따라 양안사지가 함께 WTO의 정식 멤버가 되어 화교사회 간의 거래는 WTO의 규율에 따라 측정되고 보호되게 된다. 특히 대륙과 대만의 '3통' (통상, 통항, 통신)이 실현되면 양안관계의 안정적인 발전에 크게 기여할 것으로 생각된다.

또한 90년대 이후 FTA(자유무역협정)*에 대한 노력이 활발해진 것도 특필할 만하다(제 11장). 2002년 11월에는 ASEAN과 '포괄적 경제협력을 위한 기본협정'을 조인하고, 2003년에는 홍콩, 마카오와의 사이에 '더욱 긴밀한 경제무역협력 협정'(CEPA)를 체결했다. 물론 홍콩을 대 대륙 비즈니스 거래의 주요 무대로 하는 대만기업들도 이 제도를 크게 환영했다. CEPA는 장래 대 중화경제권을 구상하기 위한 포석이라고 볼 수도 있을 것이다.

이상의 고찰에서 나타나듯이 대 중화경제권 발전은 비즈니스 환경의 안정을 전제하고 있다. 이를 달성하기 위해서는 정치적 장애 극복 및 중국인 세계의 틀을 넘어선 국제적 협력에 적극적으로 참여하는 것이 요구된다. 이런 의미에서 대 중화경제권의 발전은 기존 국제 경제질서에 위협되지 않으며 오히려 중국인들의 비즈니스 사회가 아시아 경제위기를 계기로 국제 경제질서의 강화에 보다 적극적인 역할을 할 것으로 예상된다.

Ⅲ 중국위협론과 미중관계

중국위협론이란 무엇인가?

중국위협론에는 '두 종류의 위협이 내포되어 있음을 알 수 있다. 첫째는 중국이 팽창, 강대화됨으로써 생겨나는 위협이다. 그리고 두 번째는 중국이 혼란, 무질서화에 의해 생기는 위협이다.'[8] 중국의 입장에서 본다면 이러한 위협론은 불합리한 것일 터이다. 즉 강대화되면 위협이 된다, 반대로 약체화되어 뿔뿔이 흩어지면 이것 역시 위협이 된다, 세계 각국에 중국은 항상 위협적인 존재라는 말이다.

확실히 인구, 토지 등의 규모를 생각했을 때, 중국경제가 세계경제에 연결되면 중국의 움직임이 다른 국가에 큰 영향을 줄 것이다. 그것은 충분히 있을 수 있는 일이다.

예를 들면 중국 내의 식량과 에너지 수급 변화가 세계시장에 큰 영향을 준다는 것을 우선 생각해 볼 수 있다(제 12장). 또 일찍이 일본이 섬유 · 철강 · 자동차 등의 대미수출에서 경험했듯이 경제대국으로 성장하는 단계에서는 수출 증가에 의해서 경제마찰이 일어난다는 것도 상상할 수 있을 것이다. 그러나 지켜야 할 공공의 규율이 기능하는 한, 어떻게든 마찰은 해소된다. 이렇게 생각하면 중국경제가 국제 경제시스템에 편입되어 중국이 국제거래 규율을 따른다면 문제가 발생해도 해결 전망은 반드시 보일 것이며 중국 위협론은 성립하지 않을 것이다.

미국화된 경제학의 교육과 연구

1980년대 중반, 세계은행은 수년간에 걸쳐 중국대학에서의 경제학 교육에 대한 조사를 실시해 그 결과로서 새로운 커리큘럼을 중국정부에 제안했다. 많은 미국과 일본의 경제학자들이 이 프로젝트에 참여했었다. 제안이 채택된 지 십여 년이 지나 중국의 경제학 교육은 큰 변화를 보였다. 현재 주요대학의 경제학부 각 교과는 거의 모두 미국 교과서를 사용하고 있다. 그 선정과 번역 작업은 재미 중국인 경제학회가 중심이 되었다.

학과 설치도 바뀌었다. 미국대학처럼 '일본경제'나 '미국경제' 등 지역특정 과목이 점차 경제학부에서 밀려나고 중국경제론마저 개발경제학이나 비교경제체제론의 응용문제로 다루어지게 되었다. '향진기업연구' 등 일찍이 인기를 누린 과목도 점차 사라지고 있다.

경제학자들 사이의 토론에는 영어가 자주 사용된다. 경제연구를 목표로 하는 학생들은 미국 유학을 위해 TOFEL 테스트에 힘을 쏟는다. 보통 강의 시간표를 짤 때 TOFEL 관련수업은 다른 교과보다 먼저 확정된다. 왜냐하면 같은 시간에 다른 강의를 개설해도 학생들이 신청하지 않기 때문이다.

> 미국화된 경제학 현황에 위기감을 갖는 학자들이 없다고는 말할 수 없지만 여기서 중국 경제연구의 장래를 발견하려는 학자들이 확실히 않다. "21세기에는 세계의 경제학 연구를 중국이 주도해 갈 것이다"라고 林毅夫(북경대학 교수)는 예측하고 있지만, 당분간은 경제학의 세계에서도 중국이 미국의 '패권'을 받아들일 수밖에 없을지도 모른다.
>
> **두 진(杜 進)**

중국 위협론의 배경에는 두 가지 가정이 있다. 이는 세계질서 그 자체가 불안정하고 중국이 기존 세계질서를 파괴하려 한다는 것이다. 확실히 냉전구조가 붕괴됨으로써 세계는 새로운 질서를 모색하기 시작했는데, 이러한 이행기에 대국화되고 있는 중국의 장래상이 명확하게 보이지 않아 중국 위협론은 이러한 상황에서 대두된 것이다.

그러나 중요한 것은 중국의 발전에 따라 생기는 무역마찰의 가능성을 논리적으로 분석하는 것이다. 많은 중국 연구자들 사이에서는 다음의 두 가지가 공통적인 인식이 되고 있는 듯하다. 첫째로 중국경제가 최근 20년의 고도성장을 앞으로도 지속할 것이라는 가장 낙관적인 시나리오를 가정한 경우라 해도, 2020년에는 구매력평가(PPP)*로 계산한 1인당 GDP가 1만 달러에 약간 못 미치며 미국이나 일본의 현재 소득 수준에 비해 절반도 되지 않는다는 것이다[9]. 따라서 경제성장과 소득수준 향상을 추구하는 것은 앞으로도 중국에 있어서 최대의 목표가 될 것이다. 두 번째로 정치적 또는 군사적 야심은 중국과 세계의 관계를 긴장시키고 중국경제의 성장에 있어서 마이너스 요인이 되기 때문에 중국은 적극적으로 이를 회피할 것이다[10].

미중관계: 지원과 대항

현실적인 문제로서는 세계 경제질서 속에서 중국이 어떻게 편입될지는 중국의 국내사정이나 대 중화경제권 발전에 의해서 규정되는 것은 아니며, 중국에서 본 미국의 패권주의*에 크게 의존하고 있다는 점이다. 중국경제의 국제적 발전에 있어서는 미국이 중요한 수출시장 및 자금과 기술의 조달처이며, 또한 이에 그치지 않고 미국은 중국에 대해 관여정책(후술)을 실행하고 있어 무역정책의 투명성 문제, 시장접근 문제, 지적재산권 보호 문제 등 폭넓은 분야에서 중국에 강한 압력을 가하고 또 이들 경제문제를 중국의 인권문제*라는 국내정책과도 연결짓고 있다. 중국의 WTO 가입을 둘러싼 교섭에서 나타나 있듯이 중미 간의 마찰과 그 해결을 둘러싼 교섭은 중국의 국제사회와의 관계에 큰 영향력을 갖고 있다[11].

신 중국성립 후의 중미관계는 기본적으로는 적대관계였지만 1972년의 닉슨 대통령 중국방문을 계기로 중미 간 국교가 정상화되었다. 70년대 말에 개혁개방이 시작된 이래 중미관계는 다음과 같이 몇 개 단계로 나누어 생각해 볼 수 있다.

첫째는 개혁개방에서 1989년까지의 초기단계이다. 중국의 국제사회에의 복귀를 지원하는 것이 미국의 대중정책의 중요한 기둥이었던 시기이다. 80년대에는 미국이 강한 영향력을 가진 주요 국제 경제조직 중 IMF(국제통화기금)과 세계은행이 중국 가입을 승인했다. 이 이후 대중융자뿐 아니라 인재양성, 시장경제에 관한 지식 전수와 자문 서비스 제공 등의 면에서도 중국의 체제개혁을 지원했다. 86년 중국은 GATT(관세와 무역에 관한 일반협정)에의 복귀(지위회복)를 정식으로 신청했는데, 결성된 워킹 그룹은 중국의 무역규율과 정책의 투명성을 중심으로 논의해 중국의 신청에 긍정적인 자세로 심의가 계속되었다.

두 번째는 1989년의 천안문 사건*에서 96년까지의 시기로 중미관계에 극적인 변화가 보였다. 인권문제를 둘러싸고 미국 정부는 중국에 대한 경제제재를 발동하고, 의회와 매스컴을 중심으로 지금까지 중국에 대한 친근감이 급속도로 혐오감으로 바뀌어 갔다. 물론 국제환경의 변화도 중미관계에 영향을 주었다.

구 소비에트의 해체와 구 사회주의 진영의 붕괴에 따라 중미 동맹의 전략적 의미가 엷어졌기 때문이다. 한편 이 시기에 중국경제의 약진이 계속되었으며 미국 국내에서는 대중 무역수지 불균형 문제가 큰 관심을 불러일으켰다. 이러한 제반요인들이 겹쳐 중국에 대한 미국의 정치적 관용성이 급속이 상실되어 갔다. 중국을 경제적 위협으로서, 또 장래적으로는 미국과 군사적으로 대항하는 세력으로서 논의되기 시작해 중국을 봉쇄하려는 적시적 정책주장이 그 세력을 더해갔다.

미중관계: 관여정책의 전개

세 번째는 1996년 이후의 시기로 대항정책에서 관여정책으로의 전환이 이루어졌다. 중국의 대국화는 미국에게 있어 큰 비즈니스 찬스이기도 하다는 것이 강하게 인식되기 시작했기 때문이다. 클린턴 정권은 대중 '관여' 정책을 명확히 천명했다. 이는 중국을 국제사회에 포함시키고 고립시키지 않음으로써 아시아 지역의 안정을 도모한다는 정책이다. 안전보장면에서의 고려와 함께 대중투자나 무역확대, 미국 기업의 중국진출 후원이라는 경제적 이익을 추구하는 것도 이 정책의 중요한 목표이다. 관여정책의 골자는 중국에 최혜국대우(MFN)*을 공여하는 것인데, 클린턴 정권의 목표는 이것의 항구화(恒久化)를 실현시키고 대중 비즈니스 환경을 안정시키는 것이었다. 그러나 미국 내에서는 중국의 인권문제 외에 대만문제, 핵기술에 관한 스파이 의혹 등의 문제가 제기되어 의회 내의 강경파들은 대중정책 재검토를 요구했다. 중국에 강한 압력을 가하면서도 경제적 기회를 제공한다는 당근과 채찍 전략은 중국과의 교섭에 위력을 발휘해 불공정 무역문제, 지적재산권 보호문제, 중국의 WTO 가입 조건 문제 등을 둘러싼 교섭에서는 대체적으로 중국이 미국의 조건을 받아들이는 결과가 되었다.

대중관여정책의 급속한 진전은 1996년의 클린턴 대통령 재선 후에 시작되어 97년 장쩌민 국가주석이 미국을 정식으로 방문하고 미중 간의 전략적, 건설적 파트너 십 관계를 수립하는 것으로 결실을 맺었다. 98년의 클린턴 방중과 99년의 주룽지 총리의 방미는 모두 정상외교가 미중관계의 개선에 크게 기여한 것으로 생각된다. 99년 11월, 중국의 WTO 가입을 둘러싼 미중 양자간 교섭이 결착되었다. 또 2000년 5월 24일에는 미국에 의한 중국에의 항구적인 최혜국대우 공여가 결정되어 미국의 대중관여정책의 기본 틀이 정비되었다고 할 수 있다.

부시 정권 탄생에 따라 중국을 잠재적인 라이벌로 보고 중국의 경제대국화를 경계하는 논조가 한층 강해졌지만 테러와의 전쟁, 한반도 비핵화 문제 등 지역적, 세계적 문제를 해결하는 데 있어서 중국과의 협력관계의 중요성이 더해져 관여정책 하에서의 미중경제관계는 우여곡절을 동반하면서도 한층 긴밀함을 더해가고 있다.

미중 무역마찰

무역마찰은 미중 경제관계 중에서 가장 빈번하게 논의되는 테마이며 미중 간의 경제교섭에 있어 중요한 과제이다. 여기서는 우선 미중 간의 무역관계 추이를 통계를 이용해 확인해 보자. 〈표 10-2〉에 나타나 있듯이 중국과 미국의 무역액은 양국이 각각 통계숫자에 큰 차이가 보인다. 중국의 통계에 따르면 1992년까지는 중국의 대미 무역은 적자의 연속이었다. 대조적으로 미국 상무부 통계에 따르면 미국의 대중무역은 83년에 적자로 전환되고 그후 적자폭이 계속 확대되고 있다. 무역수지(경상수지 참조)에 대한 양국의 통계차이는 96년에 290억 달러에 달했으며, 2000년과 2004년에는 각각 540억 달러, 817억 달러로 더욱 확대되었다. 또한 숫자에 큰 차이가 있지만 중국의 무역통계도 양국 간의 무역수지 불균형 확대를 나타내고 있다.

〈표 10-2〉 미중 무역통계 비교(억 달러)

	대중수출		대중수입		무역수지	
	미국통계	중국통계	미국통계	중국통계	미국통계	중국통계
1988	50.1	66.7	85.1	33.8	−35.0	32.9
1992	74.2	89.0	257.3	85.9	−183.1	3.1
1996	119.9	161.6	515.1	266.8	−395.2	−105.3
2000	162.5	223.6	1,000.6	521.0	−838.1	−297.4
2004	347.2	446.6	1,967.0	1,249.4	−1,619.8	−802.8

(자료) Statistical Abstract of U.S 2006 『중국통계연감 2005』

일반적으로 양국 간의 무역수지 통계에 어느 정도 오차가 생기는 것은 불가피하다. 예를 들면 수입액을 CIF(Cost Insurance Fright의 약자로 보험 · 운임을 포함한 가격)로 계산하거나 FOB(Free on Board의 약자로 보험 · 운임을 포함하지 않는 본선인도(本船引渡) 가격)로 계산하느냐에 따라 5~10% 정도의 가격 차이가 발생한다. 그러나 상기와 같이 290억 달러에 달하는 거액의 격차는 그것으로는 도저히 설명되지 않는다. 문제의 초점은 홍콩을 경유하는 중계무역의 취급에 있다. 미국의 압력도 있어 중국은 1992년 이후 무역통계를 원산지주의로 변경하고 홍콩을 경유하는 대미수출은 대 홍콩 수출이 아닌 대미수출로 계상하게 되었다. 그러나 실제로는 중국이 중계무역으로 홍콩에 보낸 상품금액과 홍콩이 미국으로 수출하는 상품금액은 후자의 재수출 마진분(중계무역에 쓴 유통비용, 제품개발비, 은행수수료, 보험료, 수출이익)만 높아진다. 이것이 수출금액의 30% 이상을 차지해 버린다. 미국은 홍콩에서의 중계무역액을 그대로 중국에서 수입한다고 계산하는데, 중국은 이 홍콩 마진을 미국의 중국대미수출액 통계에서 공제하고 있다. 이러한 무역통계 방식의 차이가 무역마찰이라는 민감한 정치문제로 번진 것이다.

무역불균형의 의미

무역수지 문제를 생각할 때 다음의 두 가지가 중요하다. 첫째로 특정국가나 지역과의 무역관계가 아닌 대 세계 전체의 균형에서 무역수지 문제를 생각해야 한다는 것. 두 번째로 무역수지의 밸런스를 거시경제 레벨에서 이해해야 한다는 것이다. 즉 미국의 경상수지 적자는 기본적으로는 국내의 저축과 투자 밸런스에 원인이 있으며 상대국의 불공정무역이나 중상주의 정책으로 돌릴 것이 아니라는 점이다[12].

전술한 것과 같이 중국의 대 동아시아 무역적자는 대미 무역흑자와 동시에 확대되고 있다. 그 배경에는 직접투자를 통해서 동아시아 수출생산기지가 중국으로 이전했다는 사실이 있다. 미국의 통계가 나타내고 있듯이 중국의 대미수출 주력상품은 노동집약적 소비재이며, 그 대부분은 일찍이 일본이나 아시아 NIES의 대미수출 주력상품이었던 것이다.

이 사실은 미국에 있어 다음과 같은 것을 의미하고 있다. 첫째로 미국은 1970년대 이후 일관되게 이들 제품생산이 축소했으며 현재 거의 생산하지 않는 것도 많다. 따라서 수입이 증가해도 미국의 고용에 대한 영향은 극히 한정적이다. 두 번째로 중국에서의 수입량이 늘어남과 동시에 일본과 NIES에서 같은 제품을 수입하는 양이 감소하는 경향을 볼 수 있다. 즉 미국에 있어 생산기지가 중국에 있는지 또는 그 외 동아시아 경제에 있는지는 대 세계무역의 대국에서 보면 중요하지 않다는 점이다. 바꾸어 말하면 설령 대 중국 무역적자가 축소되어도 미국 수입량 그 자체가 크게 변하는 일은 없을 것이다.

이전의 대일 무역마찰에서도 보였듯이 논리적으로는 설득력이 부족하지만 양국 간의 무역불균형 문제가 미국 국회에서 종종 핫 토픽으로 거론되어 제제조치를 취할지 여부가 대대적으로 논의되는 일이 있다. 이는 상대국이 정책조정을 해야만 하는 큰 외압이 되고 있다. 무역마찰을 계기로 미국은 중국의 대외경제정책 전반에 대해서 엄중한 체크를 실시하게 되었다. 특히 중국시장의 폐쇄성과 통상정책의 불투명성이 문제시되어 불공정 무역관행에 대한 조사(통상법 301조) 대상이 되었다. 1980년대 중반 이후 '외국 통상장벽에 관한 국가통상평가 보고서'에는 매년 중국의 무역장벽에 대해 상세한 리스트가 실리게 되었다.

지적재산권을 둘러싼 제제전쟁

1996년 5월 15일 미국정부는 지적 재산권 침해를 이유로 대중 경제제제 리스트를 발표했다. 리스트에 오른 중국제품 수입에 대해 100%의 관세를 부과하는 내용이며 이 조치에 의해 중국측은 30억 달러를 넘은 손실을 입게 될 것으로 예측되었다. 이에 대해 중국정부는 즉일 역 제제 리스트를 발표해 여기 나온 미국제품에 100%의 특별관세를 부과함과 동시에 미국기업의 대 중국 투자를 제한하는 제제조치를 발표했다. 제제 규모는 미국을 웃돌았다. 그러나 제제 발동 예정일인 6월 17일 직전에 중미 간의 아슬아슬한 타협이 이루어져 무역전쟁은 피하게 되었다.

특필할 만한 사항은 1996년은 중미관계가 긴장의 정점에 달한 시기이다. 대만의 이등휘(李登輝) 전 총통은 '비공식적으로' 미국을 방문했다. 또 대만에서 처음으로 국민에 의한 총통선출 선거가 실시되었다. 중국은 대만의 독립추세를 견제하기 위해서 대만해협에서 군사연습을 반복하고 이에 대해 미국의 중국비판이 높아지고 항공모함이 대만해협으로 파견되었다. 긴박한 정치정세에도 불구하고

> 지적재산권의 협상은 큰 진전을 보였다. 중국은 미국의 요구를 거의 무조건 받아들인 것이다. 지도자는 지적재산권 보호가 시장경제 확립에 필수적임을 이해하고 경제문제를 정치적 격류에 휘말리지 않도록 냉정하게 대응한 것이다.
>
> **두 진(杜 進)**

미중관계 전망

미국에서 본 중국의 불공정 무역행위 리스트는 환율 조작, 관세에 의한 보호, 무역허가증 제도, 수량제한, 수출입 보조금, 지적재산권 등 광범위하게 걸쳐 있다. 그 중 지적재산권 보호문제는 국교정상화 이후 미중관계의 큰 화제거리 중 하나이다. 문제의 배경에는 사회주의 제도 하의 중국에서는 지적 생산물은 일종의 공공재로서 간주되기 쉬워 이를 시장가격으로 평가하고 교환할 수 있는 것이라고는 보지 않았다. 이러한 습관은 시장화 개혁 이후에도 뿌리깊게 남아 있어 지적재산권 침해사건이 끊이지 않는 것이 현실이다. 한편 저작권, 특허, 상표 등의 지적재산권은 바야흐로 미국 기업의 최대 자산이 되어 가고 있다. 이러한 배경 하에서 중국과 미국 사이에는 이 문제를 둘러싸고 극심한 대립이 보이고 있다. 미국정부는 1996년까지 3회에 걸쳐 이른바 '스페셜 301조 조사'(그 주된 내용은 '지적재산권의 적절하고 유효한 보호를 거부하는 국가 분류'이다)를 시작했다.

지적재산권을 둘러싼 협상과정에서 중국은 미국의 고압정책과 경제패권주의에 반대하는 자세를 보이면서도 결과적으로는 항상 미국의 요구에 양보해 왔다. 중국의 이러한 양보는 정부 스스로의 선택이기도 하다.

즉 협상을 통해서 국제적 규범에 대해서 이해를 깊이 한 중국정부는 국내의 관행에 대해서 고식적인 태도를 취하기보다는 국제적인 규범에 비추어 정책을 확립하는 편이 중국에 이익이 된다고 판단했기 때문이다(칼럼 '지적재산권을 둘러싼 제제전쟁' 참조).

이 사례에 나타나 있듯이, 중국의 대미관계는 큰 딜레마에 빠져 있다. 미국의 패권주의에 반대하는 한편 경제의 개혁개방을 추진하기 위해서는 미국의 협력이 필요하다. 중국정부는 종종 미국의 '외압' 을 국내 제도개혁의 추진력으로 의식적으로 이용하고 있는 듯 보인다[13]. 단 이 전략을 성공시키기 위해서는 미국의 반응을 보는 것도 중요하다. 즉 중국과의 협상시에는 제시하는 조건을 중국이 받아들일 의사나 능력이 있는지를 충분히 살펴보는 것이 중요하다. 중국의 WTO 가입을 둘러싼 대미교섭의 자세는 하나의 좋은 사례라 할 수 있을 것이다. 1994년 말 중국은 가입조건이 지나치게 엄격하다고 해서 일단 협상을 중단했지만 수년 후 협상재개를 제안했다. 그 이유에 대해서는 경제성장과 시장화 진전에 의해 중국이 이전보다 양보할 수 있는 분야가 늘어났기 때문이라고 설명했다. 경제관계에 있어서는 중국은 앞으로도 미국에 대해 '반발하면서도 보조를 맞추어 간다' 는 전략을 취할 것이다.

두 신(杜 進)

1) World Book, Global Economic Prospects and the Developing Countries, 1993

2) 篠原三代平 『중국경제의 거대화와 홍콩: 그 타이밍의 해명』 동양경제신보사, 2003년, 加藤弘之 · 上原一慶(편) 『중국경제론』 미네르바 서방, 2004년, 12장 참조.

3) 홍콩 자본의 대 대륙투자 실태에 대해서는 불명확한 부분이 많다. 그 1/3 이상이 대륙투자의 우회투자였다는 지적도 있다. 상세한 것은 Y. Huang, FDI in China: An Asian Perspective, Chinese University Press, 1998참조. 또한 중국의 통계가 나타내듯이 최근 버진 제도나 버뮤다 섬의 오프쇼어 은행(세율이 매우 낮은 국가, 지역에 있는 은행, 또는 그 지점)에서의 대중국 직접투자가 현저히 늘어나고 있는데 그 대부분이 대륙기업을 포함한 중국인 기업에 의한 것으로 생각된다.

4) 상세한 내용은 渡辺利夫 · 足立文彦 · 文大宇 『도해 아시아 경제』(제 2판) 일본평론사, 1998년 참조.

5) 전형적인 것은 J. Naisbitt, Megatrends Asia, Megatrends Asia Group, 1996이 있다.

6) 단 여기서 지적하고 싶은 것은 일본시장의 상대적 위축이다. 동아시아의 대일본 수출 절대액은 오히려 늘어나고 있으며 일본 수입에서 동아시아의 점유율도 높아지고 있다. 즉 일본에서 보면 동아시아의 중요성은 오히려 늘어난 것이다. 이러한 비대칭적 현상은 동아시아 경제와 일본 간의 무역신장률 차이에 의해서 생기는 것이며 신장률이 낮은 일본에서 본다면 대 동아시아 무역이 증가했지만 고성장을 지속하는 동아시아 측에서 본다면 일본의 비율은 상대적으로 저하되었다.

7) 같은 견해는 朱炎 『화인자본: 대중국투자는 애국심에 근거한 것은 아니다』 關志雄(편) 『최신 중국경제입문』 동양경제신보사 1998년, 175-93페이지.

8) 天兒慧(편) 『중국은 위협인가』 경초서방(勁草書房), 1997년 6페이지.

9) World Bank, China 2020: Development Challenges in the New Century, 1997, p. 21.

10) 예를 들면 毛里和子(편), 『현대중국의 구조변동: 대국 중국에의 시점』 동경대학 출판회, 2000년을 참조.

11) GATT/WTO의 중국가입 문제에 관한 중미 협상의 상세한 경위에 대해서는 協蔚然(편) 『関門前的談判: 中國復関入世台前幕後』 사천인민출판사, 1999년 참조.

12) 바그워티 교수가 지적했듯이 미국은 종종 고압적인 수단으로 그 무역상대국에 공정한 무역을 요구하지만, 사실상 스스로의 보호주의적 무역정책을 정당화하려 하고 있다(J. Bhagwati, free Trade Today, Princeton University Press, 2003).

13) 이 점에 대해서는 니콜라스 라디의 뛰어난 분석(N. Lardi, Integrating China into the Global Economy, Washington, D.C., Brookings Institution Press, 2002)을 참조하기 바람. 이 점에 대해서 중국 국내에서 신 좌파라 불리는 지식인들은 미국이 말하는 대로 자유무역과 경쟁장려 정책을 도입하는 정부의 자세를 통렬히 비판하고 있다(예를 들면 韓德强〈碰撞〉 중국경제관리출판사, 2000년).

제11장

중일관계는 어떤 모습이어야 하는가?

2차 세계대전 후의 일본과 중국은 정치체제의 차이에서 국교 회복이 늦어졌을 뿐 아니라 그후에도 역사인식 차이 등으로 인해 교류확대에 많은 난점이 가로놓여 있었다. 그러나 중국이 개혁개방노선으로 전환해 국제사회에 복귀하면서 중일 간의 경제관계는 급속히 깊어져 양국은 중요한 파트너가 되고 있다.

일본도 중국도 서로 가장 중요한 무역상대국이 되었으며 일본의 경제협력을 통해서 생산설비나 기술이 이전되고 있다. 일본기업의 중국진출도 1990년대부터 본격화되어 중국을 거점으로 삼는 생산과 판매 네트워크가 생겨나고 있다. 중국에서는 더욱 많은 노동집약적인 제품이나 고도의 부품, 소재, 기계기기가 수입되고 있다. 또 중국에서는 이민자가 일본의 3D직종에서 일하는 한편 최근에는 중국 경제의 발전에 따라 풍요로움을 손에 넣은 다수의 사람들이 관광객으로서 일본을 방문하게 되었다.

아시아 경제위기 이후 동아시아 지역에서 지역주의와 지역협력의 기운이 생겨났는데 그 움직임을 중국은 적극적으로 추진하고 있다. 양국 간에는 아직 해결되지 않은 과제가 많이 남아 있지만 동아시아에 새로운 발전의 가능성이 생겨나고 있다. 동아시아의 주요국으로서 양국은 자국의 이익을 안이하게 추구하는 것이 아닌 21세기 동아시아의 지역경제 사회의 발전을 위해 협력하고 새로운 동아시아 사회를 창조하는 주체가 되어야 할 것이다.

Ⅰ 중일 경제관계의 발전

국교수립과 무역의 재개

제 2차 세계대전 후 일본과 중국 사이에 정식으로 국교가 수립된 것은 중화인민공화국 성립 후 23년째인 1972년의 일이다. 미국의 닉슨 대통령의 방중을 계기로 다나카 가쿠에이(田中角榮) 총리가 내각 구성을 마치고 곧바로 방중해 중일 공동성명에 조인(調印)함으로써 실현되었다. 이 국교수립시에는 이미 78개국이 중국을 정식 국가로 승인했다.

중일 국교수립이 이렇게 늦어진 주된 이유는 일본이 1951년 9월에 샌프란시스코 강화조약과 일미 안전보장조약에 조인하고, 미국의 정책에 따라 중화민국정부(대만)를 정통적인 정부로 여겨 왔기 때문이다. 참고로 일본의 중화민국과의 국교개시(일화평화조약)는 샌프란시스코 강화조약과 미일 안전보장조약의 발효일이며 그 소멸은 중일 공동성명이 발표된 당일이다.

일본은 미일 안보조약을 체결하고 자유주의 진영에 속해 구 사회주의 진영을 적시하는 길을 선택했다. 그러나 같은 아시아의 인접국가로 역사적으로 깊은 관계가 있는 중국과의 우호관계를 구축하려는 시도는 이데올로기를 넘어 항상 계속되어 왔다. 1952년에 한국전쟁이 끝나자 중일간에 민간 차원의 무역협정이 체결되었고, 그러한 노력은 쌍방의 신뢰관계를 깊게 하였으며 중일 국교회복을 뒷받침해 74년의 중일 무역협정, 78년의 중일 평화우호조약 조인으로 발전하게 되었다.

1978년 화궈펑(華國鋒) 총리는 '국민경제발전 10개년 계획'을 발표하고 경제근대화에 대한 강한 의욕을 표명했다. 같은 해 덩샤오핑 부총리가 방일했을 때에도 그는 최첨단 신닛테쓰(新日鐵) 기미쓰(君津) 제철소 등을 적극 시찰하고 근대화에 대한 의욕을 보였다. 이러한 일본에서의 기술이나 플랜트 수입계약이 잇따라 체결되었다. 중일 무역도 [그림 11-1]에서 보듯이 76년의 30억 달러에서 80년에는 3배인 94억 달러로 큰 폭으로 증가했다. 또 그때까지 10%를 밑돌았던 대일수입에서 차지하는 기계류 점유율도 80년에는 40%까지 늘어났다. 그러나 이때 중국의 대외지불능력을 초과하는 계약이 체결되어 81년에는 어쩔 수 없이 조정하게 되었

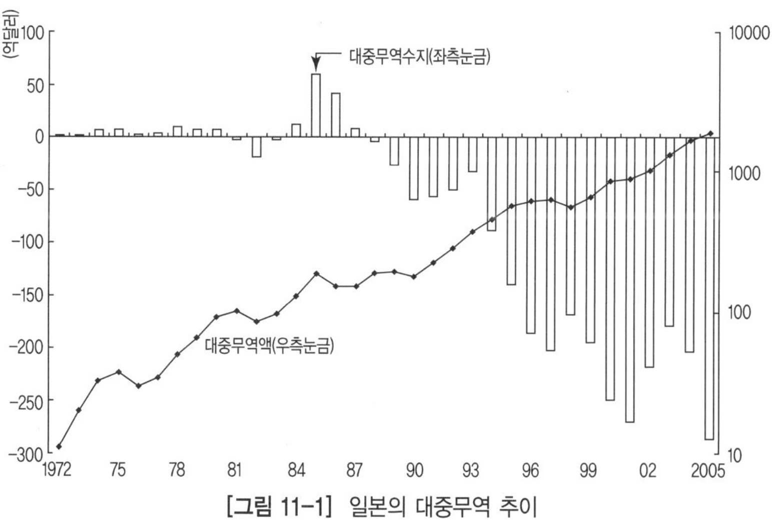

[그림 11-1] 일본의 대중무역 추이

(자료) 중일경제협회(http://www.jc-web.or.jp/data/e_data/trade/cindex.htm)

는데, 이러한 상황에도 불구하고 이 시기의 수입 붐은 대단한 것이었다.

확대되는 중일무역

개혁개방은 중국의 대외경제관계를 한층 더 깊게 만든다. 1989년의 천안문사건*으로 국제사회의 알력이 강해져 무역은 잠깐 감소하지만 92년에 덩샤오핑에 의한 남순강화*에 의해 무역도 순조롭게 발전하게 된다(제 8장). 일본의 대중무역도 마찬가지로 80년의 94억 달러(수출 51억 달러, 수입 43억 달러)였던 대중무역액은 84~90년에 100억 달러대, 91년에는 200억 달러대, 95년 이후에는 500~600억 달러대로 증가하고 2005년 이후에는 1800억 달러를 돌파했다([그림 11-1]). 무역수지(경상수지 참조)를 보면 88년 이후는 일본의 입초(入超)규모가 확대되어 2005년에는 287억 달러에 달했다. 바야흐로 중국에 있어 일본은 최대의 무역(수입+수출)상대국이며 일본에게 있어 중국은 1위의 수입상대국이다.

중일무역도 그 구성이 크게 변화한다. 일본의 대중수출 구조를 보면 80년대 초반에는 철강제품, 선박, 일반기계, 화학비료, 합성섬유가 많았지만, 90년대 말부터는 전기기계, 전기부품 등 기계류가 큰 점유율을 보

〈표 11-1〉 일본의 대중 자금협력 추이(지출총액) (100만 달러)

	1979-80	1981-85	1986-90	1991-95	1996-2000	2001	2002	2003	누계79-2003	구성비(%)
증여	6.0	186.0	737.3	1,487.3	1,722.2	299.56	320.18	372.76	5,131.30	29.3
무상자금협력	-	83.9	227.8	65.6	197.4	23.02	54.92	72.63	1,025.27	5.9
기술협력	6.0	102.1	509.5	1,130.8	1,524.9	276.54	265.25	300.13	4,115.22	23.5
차관	0.9	1,338.0	2,541.7	4,359.0	3,969.7	386.57	508.53	386.96	12,391.36	70.7
합계	6.9	1,524.0	3,279.0	5,846.3	4,591.9	683.13	828.71	759.72	17,519.66	100.0

(자료) 21세기중국총연(편) 『중국정보핸드북 2005』 蒼蒼社,526항

이고 있다. 일본의 수입에서는 80년대 초에는 원유 · 동 정제품의 두 품목이 절반을 차지하고 있었다. 그후 의류나 잡화 등 노동집약적 제품이 주요한 수입품이 되어 90년대 말 이후는 그때까지의 주요품목 점유율이 줄어들기 시작하고 대조적으로 기계기기가 크게 신장했다.

Ⅱ 중일관계의 긴밀화

대중경제협력

경제협력은 ODA(정부개발원조)*, 그 외의 정부자금(OOF), 민간자금 세 가지로 분류된다. 일반적으로 ODA가 경제협력으로 간주되고 이것이 다시 증여와 유상자금협력(차관)으로 나뉜다. 일본의 대중경제협력은 오히라 마사요시(大平正芳) 총리가 중국을 방문해 중국 근대화에 대한 협력을 표명한 1979년부터 시작되었다. 첫 공여는 260만 달러의 기술협력이며 80년에는 제 1차 차관이, 81년부터는 무상자금협력도 시작되었다(〈표 11-1〉).

2003년까지의 경제협력 누계액은 175억 달러이며, 이 중 차관이 71%, 증여가 29%로 증여내역은 기술협력이 24%, 무상협력이 6%이다. 경제협력은 90~91년에 천안문사건의 영향으로 크게 줄어들었다. 그후 90년대 전반에 회복되었지만 후반부터는 감소했다. 무상협력은 최초의 협력 프로젝트인 중일 우호병원건설 외 중일 우호 청소년 교류 센터나 중일 우호 환경보전센터 건설이 대규모적인 것이다. 문화협력이나 풀뿌리 협력은 거의 한 건당 수백만 엔에서 수천만 엔 규모이지만 협력 의의는 결코 작지 않다.

기술협력의 주된 형태는 연수원을 받아들이거나, 전문가, 조사단, 협력대 파견 등이며 국제협력사업단(JICA) 등이 실시하고 있다. 2003년도까지의 누계로 JICA는 연구원을 14,210명 받아들였으며, 전문가를 4,875명, 조사단을 11,980명, 협력단을 508명 파견했다.

유상자금협력에서는 2000년까지 다년도 방식에 의해 4차에 걸쳐 엔 차관이 공여되었는데 그후에는 매년 정부 간 협의에 의해 한도액을 정하는 단년도 방식이 되었다. 1, 2차에서는 주로 철도, 항만, 전력시설이 건설되고, 3차에서는 전력, 철도와 함께 농업용 용수로나 댐이 건설되었다. 4차는 철도, 공항 외 상하수도나 산성비 대책, 오수처리 등의 환경대책이 중시되었다. 2001년 이후에는 환경정비나 내륙지역 인재육성 등의 사회개발 등을 중심으로 하고 있다. 협력대상은 초기의 인프라(사회기반) 정비 중심에서 환경이나 인재육성, 내륙지역 중심으로 옮겨 가고 있다.

1990년대 말부터의 변화는 일본에서 92년에 ODA대강(大綱)이 제정되고 또 대폭적인 재정적자가 계속되는 한편 중국에서 개방 후의 경제발전과 함께 군비확장 · 무기수출, 우주선 발사(제 12장 칼럼 '유인우주 로켓 · 신단(神丹) 참조), 중국 자신의 대외원조 등이 실시된 데 대한 비판이 높아진 것을 배경으로 대중경제협력 재검토 기운이 강해졌기 때문이다. 2001년 10월에는 국민의 이해를 얻을 수 있도록 일본의 국익을 중시한 안건에 대한 협력(환경, 시장경제화의 촉진, 내륙지역의 민생향상 · 사회개발 등), 엔 차관의 단년도 방식으로의 변경, 안건적상(積上)방식 도입과 투명성을 높이기 위한 엔 차관 안건 후보 리스트방식 채택 등의 방침을 담은 '대(對) 중국 경제협력계획'이 작성되었다.

또한 이러한 대중국 ODA의 재검토 움직임은 2004년 11월의 ASEAN+3 정상회담 무렵에 실현된 고이즈미 준이치로(小泉純一郎) 총리와 원자바오 총리와의 회담에서 더욱 강해졌다. 이 회담에서는 ODA의 삭감문제가 논의되어 중일 간의 대 중국ODA의 향후의 삭감 · 폐지가 일정에 들어가게 되었다.

대중투자의 변화

대외개방정책에 의해 중국은 자본이나 선진적인 기술 · 경영관리기법의 도입을 위해 외국기업 유치를 추진하고 있다. 그리고 1988년 연해지구 경제개발전략은 이 경향을 더욱 가속화시켰다. GDP에서 차지하는 대중 직접투자액 비율은 85년에는 3.4%였지만 90년대부터 극적으로 증가해 2004년에는 32.9%가 되었다[1]. 90년대 이후의 중국의 경제발전에 직접투자가 한 역할은 매우 컸다(제 9장).

[그림 11-2]와 같이 일본의 직접투자는 1983년까지는 미미했으며 중국측에서 불만이 터져나올 정도였다. 그러나 80년대 말부터 증가추세가

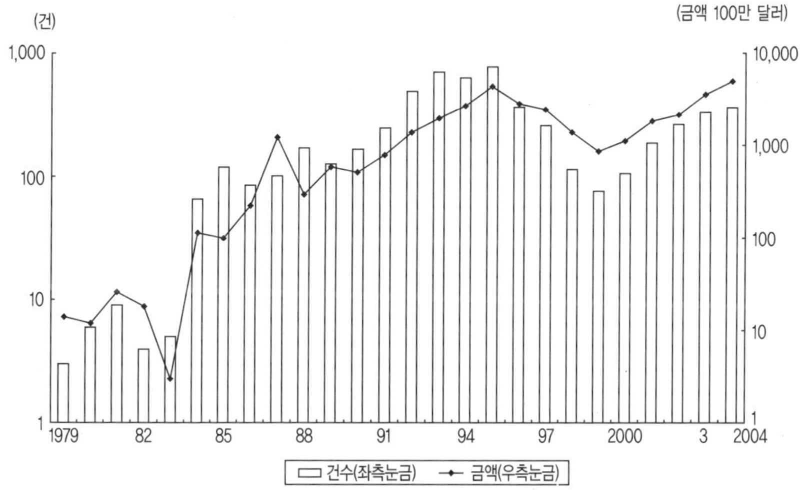

[그림 11-2] 일본의 대중직접투자

(注) 재무(대장)성 『대외직접투자를 기초한 통계』 1995년~2004년은 연평균율로 달러로 환산.

(자료) 재무(대장)성 『재정금융통계월보』 1995년 12월호, 2003년 12월호 『중국정보핸드북 2005』 52항.

강해져 90년대 들어서 본격화되었다. 80년대 중반에 수천만 달러대였던 투자 실행액은 92년 이후 상시적으로 10억 달러대를 기록하고 절정을 이룬 95년에는 46억 달러에 달했다. 그후 격감했지만 2000년 이후 다시금 증가추세로 돌아서 2002년에는 17억 달러가 되었다. 일본의 해외 직접투자 총액에서 차지하는 중국의 점유율은 90년에 0.6%였지만, 다음해부터 급증하여 95년에는 정점인 8.7%가 된 후 급감했다. 그러나 2000년 이후 다시금 상승해 2003년에는 8.7%로 다시 회복되었다. 참고로 이 점유율은 동남아 국가연합(ASEAN) 주요 4개국 합계인 5.3%, 아시아 신흥공업경제군(NIES)의 3.2%를 웃돈다[2]. 한 건당 투자액은 90년대 중반부터 대형화 경향을 보인다. 재무성의 도출실적통계에서 90년대 초에 200만 달러대였던 것이 96년에 약 600만 달러, 98년부터 2000년에는 900만 달러를 넘어, 2004년 이후에는 1300만 달러대에 있다[3].

그렇지만 대중 직접투자 총액에 대한 일본의 점유율은 1980년대의 10~16%에서 90년대 이후 오히려 감소하고 있다. 중국정부의 실행 베이스 통계에서는 93년에는 전체의 4.8%로 크게 떨어져 그후 회복경향이 보이지만 2004년에는 7.9%이다. 최대의 투자국 · 지역은 홍콩이며 33.7%를 차지하고 있다. 미국은 9.0%로 일본과 거의 비슷하지만 약간 많다.

일본의 대중 직접투자가 90년대 이후에 증가한 배경에는 중일 양국 투자환경이 변화한 데 있다. 일본의 대 아시아 대외직접투자는 1985년 플라자 합의* 후 급격한 엔화 강세에 의해 증가했지만 처음에는 NIES로, 이어서 ASEAN 국가들로 향하고, 90년대 들어서는 중국으로 향했다. 이는 중국의 싼 임금과 80년대부터의 고도성장이 뒷받침된 시장의 장래성 때문이다.

대중투자의 요인과 구조

1990년대부터 오늘날까지의 일본기업에 대한 설문조사에서는 예외없이 중기적(향후 3년 정도)으로 가장 유망한 투자처는 중국이며, 그 이유로서 ①시장이 크고 그 잠재성장성 ②일본에 지리적으로 가깝고 일본에 있어서 공급거점이 된다는 두 가지 점을 들고 있다[4]. 또 중기적으로 해외사업을 강화 · 확대하려는 기업이 가장 많은 지역도 중국이며, 국제협력은행의 2003년 조사에서는 중국에서 74%의 기업이 사업을 강화 · 확대한다고 회답했다[5].

일본의 대중투자의 업종별 구성을 보면, 처음에는 제조업의 진출이 적었다. 이 업종은 자본 회수에 장기간을 요하며 투자환경이 정비되어 있지 않으면 리스크가 크기 때문이다. 1980년대에 상사나 관련회사와의 공동출자가 많았던 것도 진출기업이 해외정보나 판로, 금융 등에서 그러한 기업의 힘을 빌릴 수 있고 리스크 분산을 꾀할 수 있기 때문이었다. 중국이 사회주의 체제를 취하고 있는 것도 이러한 형태가 취해진 요인이라 생각된다.

그러나 그후에는 제조업의 진출이 현저하다. 대중 투자총액에서 차지하는 제조업 투자 점유율은 1980년에 15%에 지나지 않았지만 90년대에 70%를 차지할 정도로 상승해 현재에 이르고 있다[6]. 특히 90년대에 들어서는 일본의 대형 전기기업의 집중적이고도 집단적, 조직적 진출이 주목된다. 예를 들면 마쓰시타 전기가 37개사, 산요전기가 16개사, 히타치가 25개사, 도시바가 13개사 진출했는데[7] 그 대부분이 90년대에 진출했다. 각 회사 모두 중국에서의 사업을 전체적으로 조정하고 통괄하기 위해서 지주회사를 두고 있다[8].

기술이전

선진국 기업의 유치를 꾀한 개방정책의 목적은 선진기술이나 경영관리법을 도입하는 것이었다. 1970년대의 석유위기를 계기로 선진국의 산업구조는 전통적인 중후장대(重厚長大)형에서 경박단소(輕薄短小)형으로 바뀌어 가고 IT(정보기술)의 발달은 산업의 내용, 경영의 본 모습을 크게 바꾸었다. 그때까지 국내 정치에 농락당해 온 중국은 누구의 눈에나 명확한 비효율적인 경영을 쇄신함과 동시에 이 기술혁신의 물결을 타려 한 것이었다.

그 기술도입에서 주목되는 방법 중 하나가 직접투자인데 기존의 주요 기술도입 형태는 플랜트, 중심설비 수입, 라이센스 취득 등이다. 1990년대 전반(91~95년)의 기술도입 계약액 합계는 333억 달러로 그 중 74%는 플랜트 수입, 라이센스 취득과 중심시설이 각각 10%였다. 그러나 그후 기술도입 규모 구성도 크게 변화했다. 도입액은 2003년 134억 5125만 달러, 04년 상반기에는 64억 3996만 달러이며 그 중 반 이상이 노하우와 기술 컨설턴트 · 기술 서비스로 플랜트는 1/5이다. 특허는 10% 정도를 차지한다. 도입국으로서 일본은 유럽, 미국과 함께 일관적으로 최대 또는 주요기술 공여국이었다. 2003년의 금액 점유율에서 일본은 26%, 유럽이 25%, 미국이 24%였다. 업종별로는 전자 · 통신설비, 철강, 교통운수설비 등에 집중되어 있다[9].

참고로 플랜트에 의한 기술도입의 전형은 중일 경제협력의 상징이라고 불린 보산(寶山)제철소 건설이다. 보산제철소는 1978년에 체결한 중일 장기무역 협정의 제 1호 프로젝트로 신닛테쓰(新日鐵)가 세계 최고수준의 기술과 설비를 제공해 7년이라는 세월에 걸쳐 85년에 제 1기 공사가 완성되었다. 완성이 가까운 84년에 들어서자 보산제철소 조업을 위해 한 사람당 6개월의 일정으로 중국에서 총 1000명에 가까운 사람들이 신닛테쓰의 키미쓰(君津), 하치만(八幡), 오이타(大分) 제철소에 와 실습훈련을 받았다. 그러나 이 기간 동안 79~80년에는 중국측의 경제조달정책 덕택에 당초 계획이 축소되어 공장건설 계약이 취소되거나 원료의 품질 확보 문제나 전력부족 문제 등의 난제가 잇따라 발생해 상호 불신감을 발생시킨 일도 종종 있었다. 그러나 보산제철소는 일본과 중국의 기술이전을 통한 경제협력의 대표적 예가 되고 있다.

증가하는 방일중국인

일본의 외국인 등록자 총수는 1978년에는 77만 명이었지만 80년대 말부터 급증해 2004년에는 197만 명이 되었다[10]. 이 외에도 현재 약 22만 명의 불법잔류자가 있을 것으로 추정되고 있다. 등록자수에서 현저한 증가를 보인 것이 중국인과 브라질인이다. 80년대까지의 등록자 70%는 재일한국인과 북한 국적 사람들이었지만, 2004년에 한국 · 북한 사람들의 비율이 31%로 감소하고 대조적으로 중국이 25%(49만 명), 브라질도 15%(29만 명)로 늘어났다. 중국과 브라질 사람들이 많은 것은 90년에 입국관리법이 개정되어 일본계 브라질인이나 중국잔류 일본인 고아와 그 가족 등의 '귀국자'에 대한 취업제한이 폐지되었기 때문이다. 또 일본정부의 유학생 수 10만 명 수용계획에 따라 많은 중국인 유학생들이 온다는 점도 있다. 문부과학성의 조사에 따르면 2005년도 외국인 유학생 총수는 처음으로 계획을 달성해 12만 1812명이 되었는데, 그 중 66%, 8만 592명이 중국인이다. 아시아에서 온 유학생들이 유학생 총수의 93%를 차지하고 있다.

외국인 취업에 대해서 일본정부는 1990년까지 특별한 기술이 없는 외국인들의 취업을 인정하지 않았다. 그러나 90년대 후반의 거품경제화로 노동력이 부족하고 3D직종을 일본인들이 싫어하게 되자 많은 외국인들이 불법 잔류해 그 틈새를 채워 그 수는 93년 30만 명에 육박했다. 그 때문에 일본정부는 일본인 이민이나 중국 잔류 일본인 고아들이나 그 가족들에게 우선적으로 취업의 기회를 줌으로써 불법 잔류자들을 줄이기 위해 법을 개정했다.

일본 국내에서는 사람들이 싫어하는 힘들고 저임금의 일이라도 개도국 사람들에게 있어서는 분국 소득과 비교해 압도적으로 유리한 취업기회이기 때문에 일본은 매력적인 국가이다. 그 때문에 80년대 말부터 위조여권 입수나 위조 호적작성 등 다양한 비합법적 수단으로 입국하려는 사람들이 급증했다.

1980년대 이후에는 중국 사람들을 조직적으로 밀항시키려는 사두(蛇頭: 칼럼 참조)라고 불리는 범죄조직 활동이 활발해져 한번에 수백 명의 사람들이 난민으로 가장해 화물선 창고에 숨어들어 밀항을 시도하는 집단밀항사건도 다발했다. 법무성의 〈범죄백서〉에 따르면 일본의 경찰이나 해상보안청이 검거한 집단밀항사건의 검거자수는 97년에 1360명으로 최고를 기록했다. 그러나 그후 단속강화 등으로 급감해 2002년의 검거자수는 170명이었다[11]. 이러한 사람들은 고액의 알선료를 지불할 뿐 아니라 목숨을 걸고 풍요로움을 손에 넣으려는 것이다.

참고로 재일 외국인 범죄가 90년대에 들어 급증해 2004년에는 1만 5천 명 이상이 검거되었다. 중국인 검거자수는 84년에 319명, 전체의 25%였는데 그후 급증해 2000년 이후 40%를 넘는 높은 점유율을 보이고 있다. 이 때문에 정치가들의 중국 사람들에 대한 차별발언도 보이고 있다.

한편 경제발전에 따라 많은 사람들이 관광객으로서 일본을 방문하게 되었다. 2003년에는 521만 명의 사람들이 일본을 방문했는데, 그 중 45만 명, 8.6%가 중국에서 온 관광객이었다. 2002년에 한일 월드컵 공동개최로 한국인 여행자들이 가장 많았고 2003년에는 127만 명, 24.3%였다.

중국은 대만, 미국에 이어 4위이며 그 수는 급증하고 있다.

각종 신문보도에 따르면 해외로 여행하는 중국인 관광객들은 2002년에 1660만 명, 2003년에는 2020만 명을 넘어 일본 해외여행자수를 넘어서 아사아에서 최다수를 기록했다. 20년의 2020년의 해외여행자수는 2억 명이 될 것이라는 말도 있으며, 각국 정부나 관련업계에 의한 유치전쟁이 멀어지고 있다. 일본은 2010년까지 방일외국인 여행자수를 1000만 명으로 늘린다는 목표를 내걸고 '비지트 인 재팬 캠페인' 을 전개하고 있으며 그 최대 대상국이 중국이다.

사두(蛇頭)

'황금의 나라 지팡구(Zipangu)' 를 생각하며 많은 중국인들이 일본에 온다. 그러나 그 중에는 불법적으로 일본에 입국하는 사람들도 있다. 그러한 밀항중국인의 청부조직이 사두이다.

그들의 활동은 개방정책이 시작될 무렵부터 활발해졌다. 리더는 홍콩, 대만, 태국 등의 재주자(在住者)를 포함한 중국인으로 알선료를 받기 위해 중국 국내 협력자들과 함께 해외에서 취직자리를 구하는 사람들을 밀항시켜주는 것으로 알려져 있다. 청부료는 1인당 200~300만 엔, 보내는 지역은 복건성이 중심이고 당초 밀항지는 미국이었지만 80년대 후반부터 거품경제기를 구가한 일본도 주요 밀항지가 되었다. 밀항 수단도 시기에 따라 다르다. 1989년에는 난민을 가장한 밀입국이 시도되거나 사용된 선박도 소형 목조어선이 많았다. 일본의 연안경비가 철저해지자 화물선이나 고기잡이배 선원을 매수해 도쿄, 오사카, 나고야, 니이가타 등의 주요 항으로 밀입국시키는 방법을 사용하게 되었다. 예를 들면 99년 12월의 밀입국에 사용된 화물선은 선창에 약 100명을 수용할 수 있는 3층의 밀실이 만들어져 있었다. 그후 위조여권에 의한 입국, 노숙자와 위장결혼, 중국잔류고아 가족을 가장한 입국 등 모든 수단이 동원되고 입국 후 수배에서는 종종 폭력단원이 관여되어 있다.

밀항은 사도에 의해서 비즈니스화되고 그에 따라 밀입국자수가 팽창되고 있다. 2000년 4월에 이시하라(石原) 동경지사가 '삼국인(三國人)' 발언으로 물의를 빚었는데 이 발언의 최대 목적은 중국 밀항자들이었다고 여겨진다. 중국도 사두에 대한 단속을 강화하고 있어 국경경비대는 99년에 밀항자 9000명 이상, 사두 멤버 800명 이상을 체포했다.

법무성의 『범죄백서』는 일본에 온 집단밀항자 검거자수가 97년의 1360명을 정점으로 감소하기 시작해 2002년에는 170명까지 감소했다고 보고하고 그 이유를 단속강화라고 하고 있다. 실제 2004년 6월 5일의 대만신문은 관광객을 가장해 중국인을 일본에 밀입국시킨 대만인 사두 멤버를 대만 검찰당국이 적발했다고 보도했다. 대만 검찰당국에 따르면 2004년 1~4월 사이에 적어도 100명이 대만인을 가장해 일본에 밀입국해 근절하지 못하고 있다.

(〈아사히 신문〉 등 각종 신문보도에 따름. 히라카와 히토시(平川 均))

2002년 5월에는 국토교통성과 중일 문화교류위원회가 중국국가 관광국 등과 공동으로 중일 우호문화 관광교류식을 도쿄에서 실시하고 중국에서 4000명이 넘는 여행객들이 참가했다. 일본정부는 2004년 9월부터 중국인 관광객에 대한 비자 발급대상지역을 확대하고 이를 바탕으로 일본의 지방자치단체나 여행회사들이 재빠르게 유치 움직임을 보이고 있다.

Ⅲ 21세기 동아시아와 중일관계

아시아 경제위기와 지역경제 통합

1997년 아시아 경제위기를 계기로 ASEAN 각국이나 한국의 통화가치가 급락해 이들 국가와 수출시장에서 경쟁관계에 있는 중국의 경쟁력이 저하되었다. 이에 대해 중국이 위안화를 낮추면 위기에 처한 ASEAN이나 다른 동아시아 각국들의 수출이 더욱 어려워져 동아시아 전체가 환율 절하라는 악순환에 빠지게 될 것이 우려되었다. 이에 중국은 동아시아, 나아가서는 세계경제의 안정을 우선해서 환율을 유지하는 정책을 취하고 국제정치에서의 지위를 높이게 되었다.

그런데 아시아 경제위기는 동아시아에 새로운 국제질서를 창출하는 계기가 되었다. 위기에 빠진 태국의 요청도 있어 1997년 8월에는 도쿄에서 태국 지원회의가 열렸는데, 미국이 결석한 이 회의에서 IMF와 일본이 지원총액 172억 달러의 절반 정도를 부담하고 홍콩, 중국을 포함한 많은 동아시아 각국들이 나머지 절반을 부담하기로 합의했다. 이 해 가을에 일본이 제안한 아시아 통화기금(AMF) 구상은 미국과 IMF의 강한 반대로 단념되었지만 다음해 일본은 다시 위기에 처한 나라에 대한 금융지원을 제안해 실현시켰다.

단기 및 중장기 융자를 하는 신 미야자와(宮澤) 구상이 바로 그것이다. 한편 아시아 경제위기가 심화된 97년 말에 열린 ASEAN 창립 30주년 정상회담에서는 한중일 3개국 정상이 초대되어 ASEAN+3 정상회담이 실현되었다. 이 회의는 이후 매년 개최되어 99년 11월에는 동아시아 협력 공동체를 역사상 처음으로 채택하고, 그후 금융, 경제, 사회 등 다방면에서의 협력이 추진되고 있다(제14장). 이렇게 해서 2000년 5월에는 아시아 경제위기 재발을 방지하기 위한 양국 간 통화스왑협정*(치앙마이 이니셔티브) 체결이 합의되고 2003년 6월에는 동아시아 중앙은행 간부회의(EMEAP) 하에서 총액 10억 달러의 아시아 채권기금(ABF) 창설이 실현되었다.

자유무역협정의 전개

이러한 경제협력의 진전은 동시에 경제통합 제도화도 추진시키고 있다. 그리고 그 주요 추진국은 중국이다. 1980년대 말부터 유럽과 미국에서 FTA 체결 붐이 일어난 데 비해 동아시아에서는 92년에 ASEAN 자유무역지대(AFTA)이 체결되었을 뿐이었다. 그것이 90년대 말부터 한국과 싱가포르가 적극적인 자세로 돌아서고 일본이 협상에 응하게 되자 중국은 대담한 제안을 하게 된다.

2000년 11월의 ASEAN · 중국 정상회담에서 ASEAN에 FTA 체결 제안을 하고, 다음해 11월 정상회담에서 향후 10년 이내의 FTA체결에 합의했다. 이어 2002년 11월의 정상회담에서는 경제협력 기본협정 조인에 도달했다. 협정은 중국이 앞서 특정농산물을 자유화한다는 양보에 의해 실현되었다. 그리고 태국과의 사이에서는 이 협정을 더욱 앞당기는 형태의 합의가 이루어져 2003년 10월부터 태국도 야채, 과일 등의 관세를 철폐했다. 또한 2002년의 정상회담에서 중국은 일본과 한국에도 FTA를 제안해 그후 한중일 FTA 논의가 활발해지고 있다.

일본은 2001년 1월에 싱가포르와 새시대 경제연계협정(JSEPA)를 체결했지만, 농산물 자유화를 피해 ASEAN과 FTA를 진지하게 생각하지 않았다. 그러나 중국의 FTA정책 압력을 받아 2002년 1월에 ASEAN 각국에 포괄적 경제연계구상을 제안하고 2003년 10월의 ASEAN과의 정상회담에서 '일본 · ASEAN 포괄적 경제연계의 기본틀'에 서명했다. 그때까지 FTA에 대한 경계심이 강해 진전이 없었던 ASEAN 각국들도 이 무렵이 되자 FTA에 대해 적극적인 자세를 보이게 된다. 2004년 8월 시점에서 일본은 한국, 태국, 말레이시아, 필리핀과 정부협상을 하고 있다.

중국이 ASEAN에 FTA를 제안하는 것은 중국의 경제성장에 위협을 느끼는 ASEAN과 신뢰관계를 만들기 위해서라고 하는데, 일본과의 이니셔티브 싸움이 지적되고 있다. 동아시아에서는 당초 한국이나 싱가포르의 제안을 계기로 했지만, 중국이 FTA에 본격적으로 나섬으로써 일본이 그 뒤를 쫓고, 경제통합 제도화가 가속화되고 있다. 이는 유럽과 미국에서 지역경제 통합이 추진되어 새로운 세계경제 질서가 생겨나고 있는 것에 대응하는 동아시아 지역 움직임이라 볼 수 있다. 경제적으로도 정치적으로도 동아시아에서 큰 영향력을 가진 일본과 중국이 ASEAN이나 한국의 입장을 배려하면서 협력을 강화해 나가지 않으면 세계경제 속에서 동아시아가 발전을 지속하기는 어려울 것이다.

중일관계의 과제

1998년 11월 장쩌민 국가 주석이 방일해 중일 공동선언이 발표되어, 72년 공동성명과 78년의 중일 우호평화협약에서 이루어진 모든 원칙을 준수해야 한다는 게 다시금 확인되었다. 아시아 경제 위기 후에는 ASEAN+3 정상회의가 정기적으로 개최되게 되어 동아시아의 협력 틀이 생겨나고 경제통합으로의 움직임도 급속도로 진전되었다. 2003년 12월에는 일본 · ASEAN 특별정상회담이 열려 도쿄선언이 발표되었으며, 동아시아 공동체* 구상을 위한 동아시아 협력 심화도 논의되었다.

그러나 그 선언에 서명한 고이즈미(小泉) 총리 스스로는 총리 취임 이래 매년 중국이나 한국의 반발을 사는 야스쿠니 신사참배를 하고 있어 중일 양국 간 정상방문은 끊어진 채로 있다(2005년 1월 현재). 2004년 8월 베이징에서 열린 아시아컵 축구에서는 중국 응원단에 의한 반일행동이 일어난 후 그는 곧바로 야스쿠니(靖國) 신사참배*를 표명했다. 같은 해 11월에 열린 APEC과 ASEAN+3 정상회담에서는 각각 고이즈미 총리와 후진타오 국가주석, 고이즈미 총리와 원자바오 총리와의 회담이 실현되었지만 야스쿠니 신사참배 문제는 해결되지 않았다.

실제 중일 간에는 많은 난제가 가로놓여 있었고 또 현재도 계속 존재한다. 1958년에는 나가사키(長崎)의 중국 우표전에서 우익이 중국 깃발을 끌어내린 중국 국기 모욕사건이 일어나 중국은 대일 수출입허가증 발급을 정지하고 무역은 중단되었다. 82년에는 교과서 문제가 국제문제가 되었다. 일본의 사회교과서 검정에서 문부성이 일본군의 아시아 '침략'을 '진출'로 표기한 것에 한국과 중국정부가 역사를 왜곡하는 것이라고 비판한 것이다. 99년 도지사 선거에서 승리한 이시하라 신타로(石原眞太郎)의 역사인식에 대한 발언을 두고 중국정부는 '침략을 미화하고 중일관계를 해친다'라고 항의했다. 그러나 2004년 8월에는 이시하라 지사 하의 도쿄도 교육위원회는 2005년에 신설되는 도립 중고등학교 교과서로 아시아 침략을 미화한 것이라고 강하게 비판받는 교과서를 선정해 비난이 일었다. 일본정부는 공식적으로는 일본이 아시아를 점령 지배한 것을 사죄하고 있다. 그러나 일본 덕택에 아시아가 발전한 점도 있어 일본은 아시아를 침략한 것이 아니다는 식의 생각이나 행위가, 공식적으로는 사죄한 정부의 각료들이나 정치가들의 입에서 종종 가볍게 나오기 때문에 사죄 자체가 신용받지 못하고 있다.

일본문화의 침투

최근 수년 중국에서는 한국문화가 유행하는 '한류'(제 3장 칼럼 참조)현상에 눌려 있기는 하지만 일본문화도 조금씩 침투하고 있다. 일찍이 '붉은 의혹'이나 '행운의 노란 손수건' 등의 드라마나 영화 유행과 함께 주인공인 야마구치 모모에(山口百惠)나 다카쿠라 켄(高倉健) 등의 배우들의 이름이 일본 대중문화의 대표격인 듯 여겨졌지만 지금은 일본이 세계에 자랑하는 애니메이션을 비롯해 '포켓몬' 등의 게임 소프트웨어 캐릭터나 중장년층에 익숙한 '울트라맨', 무라카미 하루키의 소설 등 다양한 분야에 걸쳐 있다. 일본문화를 애호하는 사람들을 가리키는 '하르주(哈日族)'라는 말까지 생겨났다.

그 중에서도 일본 애니메이션이 준 영향은 매우 크다. 물론 이전에도 '아톰'

등이 중국에 소개되어 있기는 했지만 현재는 '도라에몽'이나 '마루코는 아홉살', '명탐정 코난' 등 다종다양한 애니매이션이 방영되고 있어 이것들을 모르는 어린이들이 없을 정도로 널리 받아들여지고 있다. 일부에서는 애니메이션 캐릭터 코스플레이 등도 유행하고 있다고 하니 상당이 침투되어 있는 것이다.

그렇다고 반드시 전면적으로 개방하고 있지는 않은 듯하다. 중국에서는 애니메이션 프로그램 중 수입한 것은 40% 이하로 억제해야 하는 규제가 있거나 '짱구는 못말려'와 같이 아이들용 프로그램인데 성적 표현이 너무 많다고 해서 비판받거나, 또 '마루코'에서도 아버지가 식사 중에 담배를 피우거나 마루코가 아버지에게 반항적인 태도를 보이는 장면 등이 문제가 되어 80화 중 9화가 방송에서 제외되었다고 한다.

중국은 앞으로 애니메이션 시장 확대를 지향하고 있어 서서히 국산 애니메이션을 늘려갈 예정이다. 이미 위성 애니메이션 전용채널 개설이나 대형 애니메이션 제작이 허가되어 앞으로 급속히 시장규모가 확대될 것으로 전망된다.

(http://www.apparel-web.com/blog/chnews/archives/000024.html 등에 의함. 리쉬(李 旭)

중일관계 타개를 위해

중일 간의 불신감은 어떤 사건이 발생하면 불거져나온다. 센카쿠 열도(釣魚島)* 의 영유문제가 그런 일례일 것이다. 1978년에 일본의 우익이 억지로 세운 등대가 원인으로 90년에 중국과 대만이 그것이 주권을 침해하는 것이라고 해서 일본을 비난하고, 대만에서도 홍콩에서도 이에 찬성하는 많은 시민들이 일본에 대한 항의행동에 참가했다. 일본은 78년에 결정된 '미일 방위협력을 위한 방침'(가이드라인)을 96년의 미일안보공동성명에 따라 97년에 새로운 가이드라인으로 수정하고 99년에는 새 가이드라인 관련법안을 국회에서 성립시켰다. 이러한 미일 군사동맹 강화를 더욱 경계한 것은 중국이다. 특히 중국에 있어 일본의 군사대국화와 대만문제(유사대상을 포함하는지 여부)가 최대의 관심사였다. 그런데 미국에서 9·11테러가 발생하자 고이즈미 총리는 미국의 부시 대통령의 반테러 전쟁에 무조건적인 지원과 이라크 자위대 파병을 단행했다. 앞서 말한 아시안컵 축구에서 중국인 응원단에 의한 반일행동도 일본에서는 장쩌민 국가주석의 반일교육이 원인이라는 설명이 있기도 했다. 그러나 중국 국민들의 마음속 깊이 있는 일본인에 대한 불신감이 발산되었다는 것은 틀림없다.

일본이 근대화 과정에서 선택한 탈아입구(脫亞入歐)*의 아시아관은 2차대전 후에도 일관적으로 계속되고 있다. 한편 중국은 일본의 그러한 아시아관, 세계관이 아시아 지배를 합리화한 역사가 된 것에 강한 경계감을 갖고 있다. 동시에 아시아의 역사적 대국으로서도 미국과의 외교를 중시한다. 그러나 동아시아 지역에 사람, 물자, 정보 등 국제적 네트워크가 펼쳐지고 경제도 연계강화가 진전되는 가운데, 양국이 자국 이익만을 생각해 독선적인 심정만을 고집해 경제가 국경을 넘어서 발전하고 있다는 점을 알아차리지 못한다면 21세기 동아시아 사회를 이해하지 못하고 있다는 말을 들어도 어쩔 수 없을 것이다. 실제 중국에서도 대일정책을 전환해야 할 것이라는 평론 '대일 신사고(對日 新 思考)*'가 주목받고 있다. 일본과 중국 사이에 가로놓인 문제도 양국이 새로운 시대의 아시아관을 바탕으로 해결해 나가려는 노력이 필요하다. 그것이 동아시아의 발전과 평화를 확고한 것으로 만드는 것이 아닐까?

히라카와 히토시(平川 均)

1) United Nations Conference on Trade and Development, World Investment Report 2003: FDI Policies for Development: National and International PersPectives, New York: United Nations, p. 285.

2) 중일경제협력회『중국경제 데이터 핸드북 2004』139페이지.

3) [그림 11-2]의 자료에서 산출

4) 일본수출입은행「1998년도 해외직접투자 설문조사결과보고」『해외 투자연구소보』1999년 1/2월호 27페이지.

5) 국제협력개발은행「우리나라 제조업 기업의 해외사업전개에 관한 조사보고」『개발금융연구소보』2004년 2월호, 20페이지.

6) 주 4의 설문조사(2003년 7~9월)에서는 대중 투자현지법인은 합계 1648개사로 그 중 1105개사(67%)가 생산거점이다.

7) 동양경지신보사『해외진출기업총람 2001』

8) 郭四志「일본의 대중 직접투자의 변화과정(상)(하)」『세계경제평론』1998년 8월호, 9월호.

9) 중화인민공화국 상무부 과학기술 발전화기술무역사「2003년 기술 인진정황」(http://kjs.mofcom.gov.cn/article/200403/20040300198818_1.xml)및 동「2004년 1-6월 기술인진정황」(http://kjs.mofcom.gov.cn/article/200408/20040800265658_1.Xml).

10)『평성 11년판 재류외국인 통계』.

11) 법무성 법무종합연구소(편)『평성 15년판 범죄백서』국립인쇄소 발행, 2003년. 68페이지.

제5부

성과와 과제

Economic Development in China

제12장

지속적 성장은 가능한가?

표준적인 경제발전론의 생각이나 선진국의 경험에 비추어 보면 중국의 고도성장은 향후 2, 30년간 지속될 가능성이 크다. 그러나 한편으로는 지금까지 선진국 경제발전에 있어 큰 장벽이 되지 않았던 세 가지 요인이 중국경제의 지속가능한 발전을 억제할 것이라는 지적도 있다.

첫째는 에너지 문제이다. 지금까지도 빠른 성장(특히 공업화)과 도시화에 의해서 1차 에너지 소비량이 급속히 증가하고 있고, 이 경향은 앞으로도 계속될 것이다. 게다가 중국은 환경에 대한 부하가 큰 석탄을 주된 에너지원으로 하고 있다.

두 번째는 환경문제이다. 에너지 소비의 급증은 배기가스 · 폐수 · 고체폐기물 등 오염물질의 배출 급증을 초래했다. 이와 함께 생활쓰레기 처리 등의 도시 · 생활형 환경문제, 나아가서는 지구환경문제도 발생시키는 등 세 종류의 환경문제가 동시에 진행되고 있는 심각한 상황에 처해 있다.

세 번째는 식량문제이다. 인구증가와 동물성 칼로리 섭취 증가에 의해 식량수요가 급증하고, 한편으로는 공업화 · 도시화에 의해 경지면적이 축소되고 있으며 이 추세는 앞으로도 계속될 것으로 예상된다. 그러나 이들 문제에 대해서 중국에서는 다양한 대책이 강구되고 있어 중국경제의 앞날은 어둡지 않다.

Ⅰ 1차 에너지 부족은 지속적인 경제성장을 저해할 것인가?

에너지 수급동향

잘 알려져 있듯이 1인당 에너지 소비량은 경제성장 혹은 소득수준 향상에 따라 증가한다. 양자 사이에는 매우 강한 정의 상관관계가 존재한다. [그림 12-1]은 1인당 GNP와 1인당 에너지 소비량과의 관계를 나타낸 것인데, 이에 따르면 전자가 1% 늘어나면 후자가 0.81% 증대된다는 것을 알 수 있다. 개혁개방 이래 고도성장에 따라 1차 에너지의 총소비량은 급속도로 증가했다. 1980년부터 2004년까지 3.27배 증가했다(90년 이후 연평균 4.2%). 이 사이의 수급동향을 3단계로 나누어 생각할 수 있다.

제 1단계는 1980년대 중반경까지의 수년간이다. 석탄의 공급부족이 경제발전의 제약이 되었기 때문에 석탄의 주산지인 산서성(山西省) 등의 석탄개발이나 수송망 건설이 중요한 정책과제가 되었다. 그후 각지의 향진기업은 석탄 채굴에도 힘을 쏟아 석탄 부족이 단기적으로 해결되었다.

제 2단계는 1980년대 후반과 90년대 초기이다. 이는 전력의 공급부족을 특징으로 한다. 가전제품의 급속한 보급 등으로 기존의 전력공급체제는 소비증가에 대응하지 못하게 되었다. 그래서 전력사업에 대한 규제가 완화되어 전력사업 발전을 촉진하기 위한 기금제도도 만들어졌다. 이러한 노력에 의해서 전력공급부족 문제는 거의 해결되었다.

제 3단계는 1990년대 후반 이후이다. 에너지 이용효율이 낮은 향진공업기업 및 일부 국유원자재 공업에 대해 환경보호정책을 엄격히 적용해 산업구조 조정이 강력히 추진되었다. 동시에 시장경제화와 경제국제화의 급속한 진전에 따라 석유 · 천연가스 수입이 급속히 늘었다. 싼 수입 에너지가 증가하고 전통적인 석탄 수요가 부진한 가운데 장기적 에너지 전략을 둘러싼 다양한 논의가 전개되고 있다.

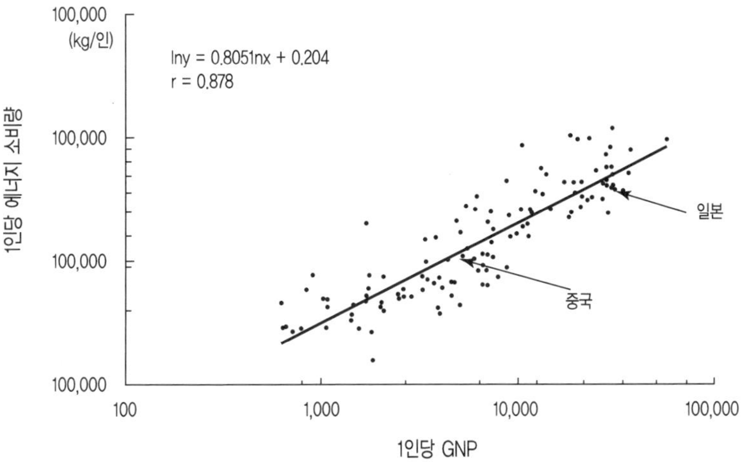

[그림 12-1] 소득수준과 에너지 소비와의 관계(2003년)

(注) a) 1인당 GNP는 구매력평가(ppp)*를 사용한 달러화산치. 1인당 에너지 소비량은 석유 환산치. 둘 모두 대수눈금.

b) 샘플은 119개국

(자료) World Develop Indicators 2006 CD-ROM 판.

에너지의 구조변화

그런데 과거 20여 년간 에너지 총소비가 145%나 증가했음에도 불구하고 에너지의 종류별 소비구조에는 눈에 띄는 변화가 발견되지 않는다. [그림 12-2]에 나타나 있듯이, 석탄소비는 전체의 65~75%, 석유는 20%

전후, 천연가스와 수력발전은 모두 10%미만이다[1]. 이렇게 선탄(選炭)이 그다지 되지 않은 석탄(따라서 대기오염의 원흉인 유황 등의 불순물 비중이 높다)에 대한 과도한 의존은 오늘날의 중국 에너지 소비의 가장 두드러진 특징이다.

국내탄의 생산이 순조롭기 때문에 중국은 1996년까지 수십년간 1차 에너지 순수출국이었다. 또 석유수입이 수출을 웃돈 것은 93년의 일이었다. 국내의 석유생산량 침체와 수요의 급속한 증가는 수입을 확대시킨 직접적인 원인이었지만 국내 석유산업을 보호하기 위한 수입제한이 서서히 완화된 것도 중요한 요인이었다. 석유의 순수입량은 95년의 1200만 톤에서 2004년 1억 2272만 톤으로 불과 수년 사이에 10배나 증가했다. 그러나 수입석유에 대한 의존도(에너지 총소비량에서 차지하는 비율)는 2001년에 6.9%에 지나지 않아 일본 등에 비하면 높다고는 할 수 없다. 이는 중국의 에너지 수급구조의 큰 특징이다.

그러나 최근 환경문제 심각화도 영향을 주어 지금까지의 석탄의존 에너지 구조를 근본적으로 개선해 환경에 대한 부하가 비교적 적은 석유·천연가스 등의 공급을 대폭적으로 늘린다는 계획이 부상하고 있다. 그 때문에 국내의 석탄 및 석탄관련 산업에 대한 다양한 보조금을 삭감하는 한편 석유·천연가스 증산에 힘을 쏟고 또 석유·천연가스 관세율을 인하해 수입장벽을 단계적으로 철폐해 간다는 새로운 에너지 전략이 정부계열 연구기관 등에서 진지하게 검토되고 있다.

에너지 자급을 기본전략으로 해온 지금까지의 에너지 정책은 무역규모의 급속한 확대, 국제수지의 호전, 외환보유고 급증, 시장경제화와 경제국제화의 진전에 의해서 근본적인 전환이 요구되고 있다. 중국에서는 석유·천연가스의 수입이 앞으로의 경제발전과 함께 급속히 증가해 가는 현상을 피할 수 없게 되어 가고 있다.

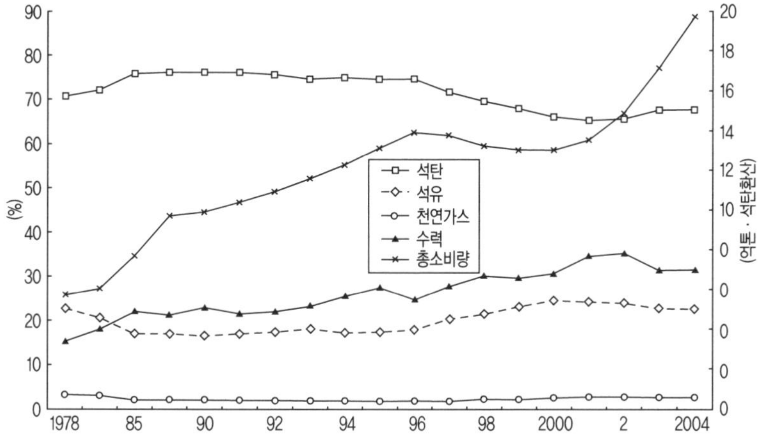

[그림 12-2] 1차 에너지 소비량 및 구성의 추이

(자료) 『중국통계연감 2005』

에너지 수급의 전망

중국의 중장기 에너지 수요를 전망하는 데 있어 총인구, 도시화 수준, 자동차의 대중화, 산업구조, 에너지 효율 등의 향후의 동향을 충분히 생각할 필요가 있다. 총인구가 정점에 달할 2030년까지의 기간 동안 인구증가는 에너지의 총수요를 증가시키는 원인으로 작용할 것이다.

또 승용차가 일반가정에 보급됨에 따라 석유소비도 당연히 늘어날 것이다. 중국의 1000명당 자동차 보유대수는 1985년에 2.7대, 94년에 7.9대이며 같은 해 일본의 381.5대와 524.3대, 또는 한국의 21.9대와 125.9대에 훨씬 못 미친다[2]. 그러나 최근 10년간 중국의 자동차 산업은 크게 성장했다. 국가통계국의 최신 조사에 따르면 2004년의 승용차 생산은 230만 대를 돌파해 개인소유 승용차는 같은 해 말 500만 대에 달했다. 향후 소득증가에 따라 자동차 보급률은 확실히 상승해 갈 것이다.

또한 도시화의 진행도 화석에너지 수급증가를 촉진하는 요인이 되고 있다. 1990년대 말의 중국에서 농촌인구는 전 인구의 약 70%를 차지했다. 그들의 생활 에너지의 70%는 재생 가능한 식물이나 생물 에너지에 의존하고 있다[3]. 향후 2, 30년 사이에 도시 인구비율이 50% 이상에 달할 것으로 예측되고 있어 화석연료에 대한 수요증가는 인구증가 이상의 속도로 확대될 것이다.

그러나 한편으로는 산업구조의 고도화나 기술진보 등으로 에너지 효율 개선이 크게 기대된다. 중국의 에너지 효율(말단실제소비량/1차 에너지 소비량)은 1980년의 25.9%에서 95년의 34.3%까지 상승했지만 일본이나 미국의 70년대 수준에 그치고 있다. 이는 에너지 효율의 개선에 의해 절대적인 소비량을 늘리지 않고 경제성장을 달성할 수 있는 여지가 있다는 것을 의미한다. 실제로 1996년 이후 중국에서는 국내총생산의 연평균 증가율은 8% 전후의 높은 수준을 유지한 것과는 대조적으로 에너지 총소비량은 거의 제자리걸음이었다([그림 12-1]).

에너지 전략

문제는 석탄에서 석유 · 천연가스로의 소비구조 전환이 원활하게 추진되느냐는 점이다. 중국의 석유, 석탄과 천연가스 매장량은 상대적으로 적고 게다가 석유 총생산량의 70%를 차지하는 대경(大慶)석유, 승리(勝利)석유, 요하(遼河)석유의 생산량은 이미 포화상태에 있다. 결국 에너지 소비구조를 전환시키기 위해서는 석유 · 천연가스의 대량수입이 필요한데, 여기에는 첫째로 중국이 충분한 외화를 보유하고 있는가, 두 번째로 국제시장이 충분한 공급을 계속할 수 있는가라는 두 가지 문제가 있다.

첫 번째 문제에 대해서는 중국 수출이 앞으로도 순조롭다면 아무런 문제가 되지 않을 것이다. 예를 들면 세계은행의 예측에 따르면 2020년의 중국 원유수입액은 총수출액의 불과 5%에 지나지 않는다[4]고 한다. 그러나 두 번째 문제는 반드시 낙관할 수만은 없다. 유엔의 추산에 따르면 세계 원유는 40년간, 천연가스는 60년 후에는 고갈될 것이라고 한다[5]. 그러나 중국은 다른 견해를 보이고 있다. 현재의 석유 · 천연가스의 확인매장량이 크게 늘어나지 않은 배경에는 가격침체 등으로 자원탐사가 활발히 이루어지지 않고 있는 점도 있어 중장기적으로 본다면 공급증가 가능성이 크다며 중국은 낙관적으로 보고 있다.

이 외에 중국에서는 수력발전 가능성이 크고 이를 위한 다양한 대책이 강구되고 있다(예를 들면 싼샤(三峽)댐 건설*). 또 원자력 발전에 대한 기대감도 크다. 그러나 석탄의존에 의한 환경오염이나 낮은 에너지 효율 등의 문제를 해결하기 위해서는 아무래도 석유 · 천연가스로의 구조전환이 필요하며, 또 국제시장에 적극적으로 참가함으로써 그러한 자원을 조달하는 것이 가능하다고 중국은 분석하고 있다. 바꾸어 말하자면 국제시장을 더욱 적극적으로 이용함으로써 경제의 지속가능한 발전을 도모해 나가는 것이 중국의 기본적인 에너지 전략인 것이다. 중국은 일찍이 자국을 '지대물박(地大物博 국토가 넓고 자원이 풍부)의 나라'라고 자만한 시기가 있었지만 개혁개방 이래 이러한 인식은 완전히 바뀌었다. 1인당 자원보유량으로 본다면 석탄 등 극히 일부 지하자원이 비교적 많은 것을 제외하면 석유 · 천연가스, 철광석, 담수, 산림 등은 결코 풍부하지 않기 때문이다. 그러나 한 나라의 자원부존상황이 해당국의 경제발전을 규정하는 유일한 요인이 아니라는 사실은, 자원이 부족한 한국, 일본, 대만 등의 고성장과 풍부한 천연자원의 혜택을 입은 구 소련 · 러시아 경제의 침체라는 두 가지 현실을 비교하면 극명하다. 국내와 국제 두 개 시장을 유효하게 이용할 수 있는지 여부는 경제발전의 중요한 요인 중 하나인 것이다.

유인 우주로켓 · 신단(神丹)

"感覺良好(컨디션 양호)." 중국 최초의 우주비행사 양리웨이(楊利偉)의 첫 말이다. 일찍이 소련의 우주인 유리 가가린이 "지구는 푸르다"라는 유명한 말을 남겨 발사 전 중국에서도 첫 번째 말이 화제가 되었다. 그런 의미에서는 조금 기대가 빗나간 지극히 일반적인 말이지만 바로 이런 점에 그의 곧고 소박한 인품이 드러난다.

요령성 출신으로 몸집이 작은 38세의 이 우주비행사는 2003년 10월 15일에 '신단(神丹) 5호'에 탑승해 내몽골 자치구의 발사 센터에서 발사되었으며 지구를 14주 16일 만에 무사귀환했다. 중국의 美秤인 '神州' 발음에 맞춰 장쩌민 국가주석이 이름 붙인 신단(神丹) 발사는 구 소련, 미국에 이어 세계에서 세 번째의 유인우주선이 되었다.

중국의 유인우주선 계획은 1992년에 시작되어 약 2520억 엔을 들여 오늘날에 이르렀다. '5호'가 된 것에서 알 수 있듯이 지금까지 4회의 무인 발사실험을 해 2호의 개와 원숭이 등을 실은 실험, 3호의 다미 인형을 이용한 실험 등으로 안전을 확인한 후 이번의 유인비행이 시도된 것이다. 빠르면 2005년에는 '신단 6호'가 발사되어 2명 탑승으로 5~7일 정도 지구를 주회하게 된다고 한다. 2010년까지는 달 표면 탐사를 실현시키고 우주스테이션 건설도 추진할 방침이다.

중국에서는 큰 뉴스가 되었지만 일본에서는 약간 복잡한 반응이 있었다. 공교롭게도 국산 로켓의 잇따른 발사 실패로 과학기술입국의 체면이 서지 않는 상황이었던 점도 있을 것이다. 군이 주도한다는 데 대한 비판이나 막대한 예산배분이 있었던 점 등 중국에 대한 ODA삭감 논의까지 나왔는데, 한마디로 냉랭한 반응이었다. 그러나 군주도의 우주개발은 중국이 처음은 아니다. 오히려 앞으로 우주의 평화적 이용을 위해 중국과 일본이 공동 프로젝트를 하는 등의 새로운 구상이 생겨나기를 기대하는 바이다.

(http://www.pekinshuho.com/JP/Index-2003-46.htm 등에 의함. 리 쉬(李 旭)

Ⅱ 개발은 환경과 양립될 수 있는가?

'3동시(三同時)'의 환경문제

알려진 대로 근대 경제성장은 공업화를 빼고는 이야기할 수 없다. 공업화는 또 석유, 석탄 등 화학연료를 주 에너지원으로 하는 근대적 산업의 성장 · 확대이다. 경제의 근대화는 생산과 소비의 확대로 나타나는 한편 자원 · 에너지 수요가 급증하고 배기가스 · 폐수 · 고체폐기물 등 오염물질의 배출량이 급격히 증가하는 과정이기도 하다.

일본 등의 후발공업국에서는 고도성장기에 큰 공해문제가 발생했지만 그후 환경입법, 행정지도, 주민운동 등 다양한 노력으로 기존 산업활동에 의한 격심한 공해문제(1960~70년대)는 거의 해결되었다. 그러나 80년대 이후 도시화가 진전됨에 따라 생활쓰레기 처리 등으로 대표되는 도시 · 생활형 환경문제가 클로즈업되고, 90년대에 들어서는 지구온난화나 오존층 파괴 등 이른바 지구환경문제*가 사람들의 관심 대상이 되었다. 일본 등에서는 다양한 차원의 환경문제를 해결하는 데 일정한 시간적 여유가 있었던 것이다.

그러나 오늘날의 중국은 첫째로 일본의 고도성장기에서 보인 공해문제, 두 번째로 도시 · 생활형 환경문제, 세 번째로 이산화탄소 등의 배출규제가 국제적으로 엄격히 요구되는 지구환경문제에 직면하고 있다. 중국이 이 같은 '3동시'의 환경문제를 해결하기 위해서는 일본 등보다 몇 배의 노력이 필요할 것이다.

환경오염의 실태

유엔의 세계자원보고에 따르면, 1995년에 중국은 환경오염 worst group에 들어가 있으며 오염상황이 가장 심한 50개 세계 대도시 중 중국은 17위이다[6]. 개혁개방 이래 20여 년간 중국의 생활 · 생태환경은 전체적으로 악화되었다. 여기서는 국가환경보호국의 환경공보에 나타난 몇 가지 사실을 소개해 보겠다.

첫째로 대기오염은 높은 수준의 배출과 매년 축적되는 어마어마한 양에 의해 상당히 심각하다. 1981년부터 98년 사이 연진, 공업분진의 배출량은 다소 감소했지만, SO2(유황산화물)의 배출량은 약 50%나 증가했다. 이 같은 경향은 99년 이후에도 계속되고 있다. 99년부터 2003년까지의 4년간, 연진과 공업분진 배출량은 각각 9.5%, 13.1% 감소했지만, SO2 는 16.2%로 늘어난 것이다. 배출량 규제 자체가 고수준인 것과 그것이 해마다 축적되어 왔기 때문에 대기오염 상황은 상당히 심각하다.

두 번째로 수질환경의 악화는 하천오염, 물 부족과 대홍수 빈발이라는 형태로 나타나고 있다. 또 공업용수에 포함된 수은 등의 중금속이나 유해화학물질의 연간배출량은 1980년대 이후 대폭적으로 감소해 왔지만 상당량의 오염물질은 여전히 미처리된 채로 하천 등으로 방류되고 있다. 중국 최대 7개의 하천(장강, 황하, 송화강, 주강(珠江), 요하(遼河), 해하(海河), 준하(准河))과 세 개의 호수(태호(太湖), 소호(巢湖), 滇池)를 대상으로 한 국가환경보호국의 관측에 따르면 63.1% 구역의 물이 음용수로서 부적절하다는 것이 명확해졌다(98년). 또 138개 도시하천 중 133개 하천에서 오염이 발생했으며 78%의 도시하천은 음용수원으로 적절치 않고 50% 도시의 지하수가 오염되고 특히 공업이 비교적 발달한 도시지역 주변의 수역오염이 두드러졌다(96년).

세 번째로 공업 고체폐기물의 발생률은 1981년부터 2002년에 걸쳐 급증했다. 이 종합이용비율(재활용에 사용된 양의 대 발생율비)은 같은 기간 중 19%에서 52%로 상승했다고는 하지만 약 절반은 미처리 상태로 퇴적되어 있다. 또 도시화 진전 등으로 최근 생활쓰레기 증가도 매우 두드러지고 있다.

네 번째로 자연 · 생태환경의 악화가 있다. 중국의 국토면적은 일본의 26배에 달하지만 서북 · 서부지역은 강우량이 매우 적은 초원지대와 사막지대이므로 주거지로서는 부적절하다. 13억 인구의 절반은 흑룡강성의 하얼빈시와 운남성의 곤명(昆明)시를 잇는 직선이동의 좁은 공간에 집중해 있다. 역사상 거듭되는 전쟁이나 마오쩌둥 시절의 증산운동(增産運動)에 기인한 과도한 경지개척(밭 조성 호수 매립 등), 개혁개방시대의 초원이나 산림에 대한 약탈적인 이용에 의해서 자연 · 생태환경의 악화가 지금도 계속되고 있다. 그 증거는 국지적인 이상기후 발생, 사막면적 확대, 홍수피해 확대 등이다.

환경보호에 대한 노력

위에서 말한 것처럼 과거 사반세기의 고도경제성장은 생활 · 생태환경 악화를 대가로 한 성격을 띄고 있다. 그러나 이 사이 환경을 보호하기 위한 행동이 없었던 것은 아니다. 예를 들면 배기가스, 폐수와 고체폐기물의 연간배출량은 일부를 제외하고는 대폭적으로 감소했다. 아래에 개혁개방기의 중국정부가 취한 주된 환경보호활동을 소개하였다[7].

1. 환경행정 조직건설과 기능강화이다. 1980년대에 중앙정부에서 현(懸)까지의 각 행정기관에 환경보호국이 설치됨과 동시에 대기, 하천 · 호소 댐 등을 감시, 관측하는 전국적 감시망이 정비되었다. 또 환경기준의 제정이나 환경상황의 연구분석, 환경보호관련 기술개발을 조직적으로 하는 환경과학연구원 등은 시 차원에서 설립되었다.
2. 환경관계 법률의 정비이다. 1978년과 82년의 개정헌법에 환경보호에 관한 조문이 명확히 담겼다. 또 그후에는 환경보호법(79년 공표, 89년 개정)을 비롯해 해양환경보호법(82년), 수질오염 방지법(84

년), 대기오염 방지법(87년), 산림법(79년 공표, 84년 개정) 등 체계적인 법률이 만들어지고 집행되고 있다. 그후 70년대 후반부터 80년대 초반에 걸쳐 환경보호법을 비롯해 많은 입법조치가 강구되었다.

3. 선진국의 환경정책을 참고로 한 환경영향평가제도는 '3동시 제도' (오염물질의 처리시설을 본체 공사와 동시에 설계, 시공, 가동하는 것을 규정한 제도), 오염자 부담원칙에 근거한 '오염비 제도' (오염물질을 배출하는 기업에서 상응한 비용 즉 '배오비(排汚費)' 를 징수한다)등 독특한 환경보호정책이 만들어진 것이다.
4. 중점적 오염원에 대해 강력한 행정수단 및 경제수단을 병용해 오염물질 배출량의 절대적 삭감이 추진된 것이다. 예를 들면 1984년에는 전국 공업기업오염원 조사를 실시해 성적이 나쁜 기업에 대해 엄격한 규제가 이루어졌다.

문제해결을 향해

그런데 상당히 심각해지고 있는 환경오염을 개선하기 위해서는 아직도 많은 과제가 남아 있다. 여기에서는 세 가지를 지적하겠다[8].

1. 법률 등의 효력은 중소기업 특히 농촌지역에 분산되어 있는 농촌공업에는 그다지 미치지 못한다. 1980년대 말 이후 환경행정을 담당하는 환경보호국은 현 차원까지 설립되어 감시, 관측 스테이션 등도 체계적으로 만들어져 있지만, 행정의 말단조직인 향 · 진 레벨에서는 환경보호 업무를 담당하는 사람이 없는 곳이 많다.
2. 환경투자가 여전히 부족하다. 중국에서는 환경상황을 '명확히 개선' 하기 위해 GNP의 2%, '기본적으로 해결' 하는데 GNP의 1.5%, '현황을 유지' 하는 것만으로도 GNP의 1%에 상당하는 환경투자가

필요하다고 한다. 그렇다면 실태는 과연 어떨까? 국가환경보호국의 통계에 따르면 환경투자의 GDP대비는 1981년에 불과 0.52%였다. 그후 이 비율은 상승을 계속해 90년대 후반에 0.93%, 2002년에는 1.33%로 높아졌다[9]. 그러나 이 수준은 '문제해결'에 필요한 1.5%에도 미치지 못한다.

3. 국민의 환경의식이 아직 낮은 수준이며 환경보호보다 고용이나 소득을 중시하는 경향이 강하다. 중화 환경보호 기금회 등이 1995년 1월에 실시한 '국민환경의식조사'에 따르면, 환경보호란 무엇인가에 대해서 '모르겠다'는 사람의 비율이 농촌지역에서는 40%, 도시지역에서는 10%나 되었다. 또 중국 전체의 환경상황을 '심각하다'고 생각하는 사람은 응답자 전체의 70%였지만 가장 심각하다고 생각하는 환경문제 상위 3위는 수질오염, 대기오염 및 생활쓰레기로 나와, 지구온난화, 오존층 파괴, 산성비, 담수부족, 생물종 감소 등의 지구환경문제에 대해서는 큰 관심이 없음을 알 수 있었다. 그리고 '당면 환경문제는 너무 빠른 경제발전에 의한 것이다'는 데 대해 60% 이상의 응답자가 이에 동의하지 않는다는 결과가 나왔다. 데이터는 약간 오래되었지만 지금도 국민들의 의식은 그다지 변화하지 않은 것으로 생각된다.

환경문제는 성장을 제약하지 않는다

고도경제성장을 이룩한 중국에서는 환경보호 노력은 1980년대에 들어서 본격적으로 개시되어 일정한 성과도 올렸다. 환경입법 추진, 행정조직 정비, 관측 · 감시 시스템 기능강화 등이 주요 내용인데, 일본 등 선진 공업국의 경험이나 교훈이 크게 참조되고 있다. 그러나 일본 등 선진공업국과 다른 것은 중국이 전통적인 '3폐'(대기오염 · 하천오염 · 고체폐기물)

에 의한 공업문제뿐 아니라 온난환 등 지구환경문제에도 대처해 가야 한다는 점이다.

물부족과 황하 단류(斷流)

과거 20여 년간 중국에서는 공업화와 도시화가 급속도로 진전되었다. 그 때문에 공업용수와 생활용수(가정의 욕조와 수세식 화장실 보급 등에 의한 물 수요)가 현저히 증가해 북방지역을 중심으로 심각한 물부족이 큰 사회문제로 주목받고 있다.

첫째로 물부족 도시수가 개혁개방 이래 늘어나고 있으며 1996년에는 666개 도시의 60% 이상이 물부족으로 곤란을 겪고 있다. 두 번째로 물부족 지역에서는 지하수를 끌어올려 사용하는데 과도한 사용이 원인이 되어 광범위한 지반침하가 다양한 문제를 낳고 있다. 그리고 세 번째로 물부족의 가장 상징적인 현상으로 황하 단류(斷流)를 들 수 있다.

황하는 중국문명을 키운 어머니의 강으로 불리며 길이 5460km, 유역면적 75만㎢에나 달하는 중국 제 2대 거대 하천이다. 이 유역에서는 공업화와 도시화가 급속히 진행되어 물에 대한 수요도 급증했다. 황하하류 유역에서 최초의 단류가 기록된 것은 1972년 산둥성이었다. 이 해에는 단류횟수가 3회, 누계 단류일수는 19일이었다. 91년까지의 20년간 단류가 발생하지 않은 해는 6회나 있고 단류된 경우의 누계 단류 일수도 81년의 36일이 최장이었다. 그러나 92년 이후 단류 발생기간이 장기화되고 단류횟수와 누계일수도 늘어나는 추세에 있다. 97년에는 단류횟수는 13, 전체 단류일수는 202일에 달했다.

이러한 상황을 개선하기 위해서 중국정부는 1999년 3월에 황하유역의 9개 성 · 구에서 용수의 통일관리를 강화하고 행정지도와 가격정책을 병용해 절수를 해 간다는 새로운 정책을 내놓았다. 그 이후 2000년과 2002년에는 단류가 발생하지 않고 다른 해에도 단류횟수와 일수가 줄어들고 있다. 그렇지만 북방지역의 물부족이 앞으로 점점 심각해져 황하 단류도 완전히 사라지지는 않을 것으로 예상된다.

(金子愼治 〈중국의 도시화와 물 수요〉〈동아시아에의 시점〉 1999년 봄 특별호 등에 의함. 嚴 善平)

그러나 환경문제가 향후의 경제성장을 제약할까라는 질문에 대한 답은 아마 노 일 것이다. 확실히 오늘날의 중국경제에서는 에너지 소비가 석탄에 편중되어 있고(전체의 약 70%), 산업구조도 환경에 대한 악영향이 큰 부분으로 기울고 있다(철강, 시멘트, 피혁, 염직, 화학 등). 그러나 ①그러한 오염물질을 처리하는 기술이 이미 성숙해 있다. ②생활수준의 상승에 따라 국민의 환경의식이 향상되고 기업이나 행정의 환경보호에 대한 노력이 한층 적극적으로 변하고 있다. ③법률이나 제도를 철저히 함으로써 환경오염의 외부 불경제를 내부화시키는 구조가 만들어져 기업 등에 의한 환경투자가 늘어가고 있다. ④경제가 성장해 가는 과정에서 산업구조의 고도화가 진전되고, 오염물질 배출이 경제성장에 비례해서 증가하지는 않는다. ⑤적절한 환경대책의 운용에 의해 환경산업의 급속한 성장이 기대된다. 따라서 선진공업국에서 축적된 경험에 비추어 보면 기존의 환경문제는 곧바로 경제성장을 제약한다고는 생각하기 어렵다.

온난화 등 지구환경문제가 크게 클로즈업되어 있는 오늘날에는 다른 나라에서 이산화탄소 배출량 삭감 등의 요구가 들어오는 것은 피할 수 없다. 그러나 지금의 기술체계 하에서는 대폭적인 이산화탄소 배출 삭감은 경제 성장속도를 늦추지 않고서는 실현하기 어렵다. 이 모순을 극복하기 위해서 개도국인 중국은 선진국에서의 기술이전이나 자금협력을 한층 더 요구할 것이다. 만약 이러한 협력체제가 형성된다면 지속가능한 발전은 결코 불가능한 일이 아니다. 중국에 있어서 더 중요한 지구환경문제는 아마 서부 · 서북지역의 자연환경 악화(사막화 등)나 북방지역의 수자원 부족일 것이다. 이런 문제야말로 앞으로의 경제발전에 중대한 영향을 줄 것으로 생각되기 때문이다.

Ⅲ 중국은 스스로를 먹여 살릴 수 있는가?

식량위기설

과거 반세기, 특히 개혁개방 이후의 사반세기에 중국의 식량생산량은 대폭적으로 증가했다. 이에 '한 자녀 정책'에 의한 인구억제(제 6장)의 효과도 있어 1인당 식량생산량도 이 사이 상당히 늘어났다. 식량자급률은 이 사이에 95% 이상을 유지했다, 오늘날의 중국은 스스로를 자력으로 먹여 살리고 있다고 할 수 있다(제 5장).

중국의 식량수급 균형을 중장기적으로 볼 경우, 월드 워치 연구소의 식량위기설이 제시한 비관적 시나리오는 여전히 큰 영향력을 지닌다. 이는 매우 충격적인 내용이어서 이하에 그 취지를 소개할까 한다. 즉 1990년부터 2030년까지의 40년 사이 경지전용이나 물부족에 의해서 중국의 곡물생산은 20% 감소한 2억 6000만 톤으로 줄어들 것이다. 그러나 같은 기간 중 인구증가에 의해서 곡물의 수요는 4억 7900만 톤에 달한다. 만약 소득수준 향상에 따른 소비 패턴의 변화도 고려한다면 이는 6억 4100만 톤으로 증대된다. 즉 30년 후의 중국 곡물 자급률은 41~55%까지 저하되고 국제시장에서 2~4억 톤 정도의 곡물을 순수입해야 하는 셈이 된다. 따라서 중국의 인구증가와 경제발전은 반드시 국내 식량수급균형을 무너뜨리고, 만약 부족분의 식량을 수입으로 조달하려 한다면 세계가 이로 인해 굶주림에 허덕이게 될 것이라고 한다[10].

중국인 한 사람의 하루 열량섭취는 90년대 중반 이후 일본과 거의 같은 수준(2800킬로칼로리)에 달했다. 향후 도시화나 소득증가로 소비구조가 고도화되어(식물성 칼로리에서 동물성 칼로리로의 이행) 같은 정도의 열량섭취를 유지한다 해도 더 많은 식량을 필요로 하게 될 것임은 틀림없다. 식량의 간접소비(곡물을 사료로 가축에게 주어 그 고기나 유제품을 섭취함)가 늘어나기 때문이다. 그러나 한편 경제성장의 과정에서 취업구조가 농업취업(육체노동)에서 비농업취업(비 육체노동)으로 이행되고 있어 열량소모 자체가 감소한다는 면도 있다. 직접소비의 감소분으로 소비구조의 고도화를 뒷받침하는 것이 어느 정도 가능해진다는 말이다.

식량수급의 예상

앞으로도 1인당 식량소비량은 400킬로그램 정도 수준에 그칠 것으로 예상된다. 그렇다면 총인구의 피크를 맞이하는 2030년까지 식량생산은 연평균 500만 톤 정도 증산하면 충분하게 된다. 이는 연평균 1%의 증가율을 가정한 것인데, 1980~2003년의 실적(연평균 1.35%증가)를 생각하면 달성할 수 없는 것도 아니다.

증산 가능하다는 근거에 대해 이하의 세 가지를 강조하고 싶다. ①공업화나 도시화로 경지면적은 약간 감소했지만 그 스피드는 일본 등 동아시아 지역 수준이 아니다. ②광동, 절강, 강소 등 연해지역의 식량생산은 과거 십여 년간 확실히 감소했지만 동북지역, 중부지역의 새로운 생산기지가 형성되어 있다. ③쌀을 비롯해 보리, 옥수수의 단위수량은 공식통계로는 세계최고수준에 근접하고 있는데 실제 경지면적이 공식 통계보다 40%나 많으므로 향후 단위수량을 올릴 여지는 크다.

그 외에 유통 시스템의 합리화, 사료이용효율의 개선 등으로 식량 낭비를 줄이는 것도 기대된다. 요는 예상을 넘어선 재앙이 일어나지 않는 한 주요식량의 기본자급은 다양한 정책노력에 의해 실현 가능하다고 생각된다.

이상에서 알 수 있듯이 '누가 중국을 먹여 살릴 것인가?' 라는 문제에 대한 대답은 명확하다. 중국을 먹여 살리는 것은 중국 자신밖에 없으며 또 중국은 농업기술의 진보나 정책노력을 통해서 앞으로도 충분한 식량을 생산할 수 있다.

단 경제적으로는 국제시장에서 부족한 식량을 조달하는 편이 더 합리적인 경우도 있다, 중국은 저렴하고 풍부한 노동력 자원을 갖고 있다. 이 비교우위를 발휘해 노동집약형 공업제도의 수출확대를 실현할 수 있다면 국제시장에서 싼 식량을 조달하는 것도 가능하다. 이는 결과적으로 국내의 환경부담을 경감시키는 일에도 기여할 것이다. 중국정부는 95% 이상의 식량 자급률을 국가목표로 설정하고 있는데 사실 그럴 필요성도 없다. 경제발전이 진전되고 스스로의 경쟁력으로 자신을 먹여 살릴 수 있다면 자급률 그 자체는 별로 문제가 되지 않는다. 일본, 한국, 대만 등의 경험은 그러한 생각이 옳음을 보여주고 있다[11].

이엔 산핑(嚴 善平)

1) 周鳳起 · 周大地(主編) 『중국 중장기 능원전략』 중국계획출판사, 1999년 3-5, 21항, 여전히 중국의 에너지 소비량의 전 세계 소비량에 대한 비율은 석탄이 불과 26.9%이며, 석유는 39.5%, 천연가스 23.5%, 그 외 1차 에너지는 10%에 지나지 않는다.

2) 대장성 재정금융연구소(편) 〈아시아의 지속적 성장은 가능한가〉 대장성 인쇄국, 1988년, 219페이지(도표 3-1-28).

3) 주 1의 서적 53항.

4) World Bank, *China 2020: Dovelopment Challenges in the New Century*, World Bank, 1997, p.75.

5) 주 2의 서적 207페이지.

6) 陸学藝 등(편) 『사회감피서: 1996-1997년 중국 사회형세분석 여예측』 317항.

7) 嚴 善平 「중국의 환경문제와 환경정책」 『동아』 1997년 11월.

8) 주 6의 서적 204-214항.

9) 『시장신식보』 2004년 3월 5일.

10) 레스터 브라운 「고도성장을 계속하는 중국의 위협의 위장(胃袋)」(『월드 워치 일본어판』 1994년 9/10월).

11) 嚴 善平 『중국농촌 · 농업경제의 전환』 勁草서방, 1997년, 제7장.

第13장

성장의 열매는 누구의 손에?

개혁개방에 의해서 개시된 본격적인 경제성장은 확실히 국민생활의 양적 · 질적 개선을 가져왔다. 1인당 GDP는 꾸준히 상승하고 있고, 각종 내구소비재 보급도 이루어지고 있다. 그러나 중국의 고도성장에는 문제도 많다. 경제성장은 연해지역에 집중해 내륙은 크게 뒤처져 지역 간 격차가 확대되었다.

또 동일지역 내에서도 빈부격차가 발생하고 중국 전체적으로 소득분포는 악화일로를 걷고 있다. 또한 도시실업은 증가하고 있으며 실업자는 유입된 농민들과 함께 도시 하층계급을 형성하고 있다.

개혁개방의 영향은 경제면에서 그치지 않는다. 경제면의 변화는 사회 시스템과 국민의식의 변화를 야기하고 정치 시스템에 일정한 영향을 줄 가능성이 있다. 예를 들면 빈부격차의 확대는 고급간부들의 부패 등 다른 요인과 겹쳐 저변 사람들의 불만을 양성하고 공산당에 대한 불신을 일으키는 일도 있을 것이다. 또 도시경제의 발달에 따른 고소득층의 대두가 다원적인 정치 시스템으로 전환하는 방아쇠가 될 것이라는 관측도 일부에서 나오고 있다.

Ⅰ 개혁개방의 성과

생활의 개선

국민생활의 양적변화를 1인당 GDP와 한 세대당 소비에 따라 살펴보자.

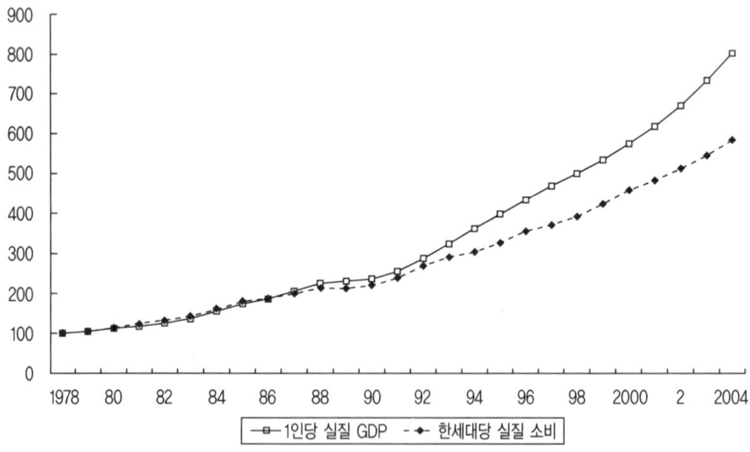

[그림 13-1] 1인당 GDP와 한 세대당 소비의 추이

(注) 양계열 모두 1978년을 100으로 한 실질치임.
(자료) 『중국통계연감 2005』 『중국통계적요 2006』 25, 37항.

[그림 13-1]은 1978년을 100으로 한 지수를 그린 것이다. 이 모두 물가의 변동을 제거한 실제치인데 78년부터 26년간 꾸준히 상승하고 있다. 각각 8.0배, 5.9배 증가했고 연평균 성장률은 8.4%, 7.1%에 달했다. 경제생활이 급속히 개선된 것이 명확하다. 그러나 도표의 구배(勾配)는 시기에 따라 차이가 있어 경제성장률이 변화했음을 말해주고 있다. 이 점에 대해서는 이미 제 1장에서 해설했다.

소득과 소비의 증가는 생활의 질 개선도 동반하고 있을 것이다. 생활의 질은 다면적이어서 이를 종합적으로 보는 지표는 있을 수 없다. 그러므로 단편적인 지표를 2, 3개 보도록 하자.

우선 주택상황을 1인당 주거면적으로 보면 이는 도시나 농촌 모두 증가했다. 1978~2004년에 도시에서는 6.7㎡에서 25.0㎡로 농촌에서는 8.1㎡에서 27.9㎡로 증가했다. 내구소비재의 보급도 급속도로 이루어졌다. 중국의 3종 신기*(TV, 세탁기, 냉장고)는 도시에서는 80년대 이후에 급증하고 농촌에서는 90년대에 보급이 시작되었다. 도시 100세대당 보유대수는 1985~2004년에 17대에서 133대으로, 농촌에서는 1대에서 75대으로 급증했다[1].

인구의 평균수명은 1980년의 67세에서 2004년의 71세로 늘어나 영양과 위생상태가 개선되었음을 말해주고 있다. 또 글을 읽을 줄 아는 성인의 비율은 80년대의 77%에서 2004년에는 91%로 상승해 이는 교육(특히 초등교육)의 발달 결과임을 보여준다[2].

이상에서 말한 생활수준의 양적 · 질적 개선은 주로 개혁개방에 의한 고도성장의 결과이다. 그러나 1949년 해방에서 개혁개방이 시작되기까지의 약 30년간의 진보도 완전히 부정할 수는 없다. 해방 이전 중국 국민들의 대부분은 영양부족으로 기아에 허덕이고 있었다. 그러나 신 중국에서는 59~62년의 대약진 실패에 의해 1500만 명의 아사자가 나왔지만 식량문제는 완전히 해결되었다(제 12장). 49년 1억 톤에 지나지 않았던 식량생산량은(대약진 때 급감했음에도 불구하고) 78년에는 3억 톤을 넘어 인구 1인당 209kg에서 319kg으로 증가했다[3].

식량문제의 해결과 위생환경 개선에 의해서 평균수명은 해방 전의 30세 정도에서 대폭적으로 상승했다. 또 해방 전에는 12세 이상의 인구의 90%가 글을 읽지 못했다고 하니 개혁개방까지 문맹률이 크게 낮아졌다는 것을 알 수 있다[4]. 이는 정부에 의한 초등교육 보급의 결과이다. 개혁개방 이전의 이들 개선은 공산당에 의해서 지도된 강력한 정권에 의해서 처음 이루어진 위업이라고 할 수 있을 것이다.

생활수준의 국제비교

〈표 13-1〉는 아시아를 중심으로 한 몇 개 국가의 2004년 1인당 GNP이다. 중국은 1323달러로 세계 173개국 중에서 밑에서 73위이다. 이는 아시아의 또 하나의 대국인 인도의 2.5배에 가까운 수치인데 중국이 앞서 성장을 시작한 ASEAN 각국, 일찍이 중진국으로 불리고 최근 선진국 대열에 들어선 NIES, 그리고 선진공업국에 비하면 훨씬 낮은 수준이다. 중국은 일본의 35분의 1에 지나지 않는다.

그러나 1인당 GNP에 의한 국제비교에는 문제가 있다. 이는 각국 통화에 의해 측정된 GNP를 실제 시장환율에 의해 달러로 환산한 것인데, 그 시세가 반드시 각국 통화의 가치를 바르게 나타나는 것은 아니기 때문이다. 그래서 GNP를 구매력평가(PPP)*에 의해 측정하기도 한다.

〈표 13-1〉 1인당 GNP의 국제비교(2002년)

	환율에 의한 측정	PPP에 의한 측정
저소득국		
파키스탄	556	2045
인도	538	2885
중국	1323	5419
ASEAN		
인도네시아	906	3316
태국	2356	7435
말레이시아	4290	9444
NIES		
한국	12752	18840
싱가포르	24164	25804
홍콩(중국)	27446	28327
고소득국		
영국	26363	28326
일본	38609	26884
미국	36655	36465
세계	6143a	9448b

(注) a) 173개국
b) 160개국
(자료) World Develop Indicators 2006

표에는 이를 이용해 측정한 1인당 GNP가 나타나 있다. 이에 따르면 중국은 5419달러로 세계 160개국 중에서 밑에서 81위가 되었으며 일본의 5분의 1로 격차가 대폭적으로 축소되었다. 이는 중국의 물가가 싸기 때문에 일정액의 소득에 의해서 구입할 수 있는 재화의 양이 많기 때문이다.

생활의 질은 국제비교가 한층 어렵다. 여기서는 두 가지 지표를 들어

보겠다. 〈표 13-2〉에는 평균수명(2004년)을 나타내고 있다. 중국은 71세이며 인도나 파키스탄에 비해 상당히 길고, ASEAN과 비슷한 수준이다.

〈표 13-2〉 생활의 질과 소득분포의 국제비교

	평균수명(연)	성인식자율(%) 2004		문맹계수(%)		빈곤율(%) c	
	2004	남	여		년차		년차
저소득국							
파키스탄	65	63	36	30.6	2002	17	2002
인도	63	73	48	32.5	2000	34.7	1999-2000
중국	71	95	87	44.7	2001	16.6	2001
ASEN							
인도네시아	67	94	87	34.3	2002	7.5	2002
태국	71	95	91	42	2002	2미만	2000
말레이시아	73	92	85	49.2	1997	2미만	1997
NIES							
한국	77	d	d	31.6	1998	2미만	1998
싱가포르	79	97	89	42.5	1998	d	
홍콩(중국)	82	d	d	43.4	1996	d	
고소득국							
영국	79	d	d	36	1999	d	
일본	82	d	d	24.9	1993	d	
미국	77	d	d	40.8	2000	d	

(注) a) 싱가포르는 2001년
b) 15세이상 인구의 문맹률. 인도는 1990년.
c) 1인 1일당소득 1달러 미만의 인구. 소득은 1993년 가격. ppp에 의한 계측.
d) 불명확
(자료) World Develop Indicators 2006, CD-ROM판

그러나 NIES나 선진국에는 아직 미치지 못한다. 글자를 아는 성인들의 비율도 마찬가지다. 중국에서는 남자가 95%, 여자가 87%로 다른 저

소득 국가에 비해 매우 높지만 선진국 수준에는 미치지 못한다. 이처럼 중국의 생활의 질이 여전히 낮은 것은 부정할 수 없지만 저개발국 중에서는 높은 편이라는 사실에 주목해야 할 것이다.

Ⅱ 지역구조의 왜곡과 소득분포의 변화

지역격차의 확대

중국의 급속한 경제성장은 한편으로는 다양한 문제를 야기하고 있다. 최대의 문제는 지역구조의 왜곡과 소득분포의 악화일 것이다. 개혁개방의 주요 골자인 대외개방은 연해부에서 시작된다. 심천 등 4개의 연해지역에 경제특별구가 설치된 것은 1980년이며, 조자양(趙紫陽)에 의한 연해지역 경제발전 전략이 실행에 옮겨진 것이 80년대 말이다. 이들 지역을 중심으로 외국자본이 유입되어 국내의 저임금과 연계해 급속한 공업화가 시작된 것이다.(제 8, 9장)

그러나 그 혜택은 연해지역에 한정되어 내륙은 이에 뒤처지게 되었다. 이렇게 해서 지역간 격차가 발생한다. 지금 30개 행정구역(직할시 · 자치구 · 성)의 1인당 소비의 변동계수를 계산하면, 이는 1985년에는 37%였지만 그후 꾸준히 상승해 2004년에는 65%가 되었다(표 13-3). 또 가장 부유한 상해시와 가장 빈곤한 귀주성과의 배율도 같은 기간에 3.3부터 9.5로 급속한 상승세로 나타나고 있다.

〈표 13-3〉 1인당 소비의 지역 간 격차

	지역간 변동계수(%) a	상해/귀주비율(%) b	도시주민/농민비율 c
1978	d	d	2.68
1985	36.6	3.33	2.12
1990	40.7	4.35	2.19
1995	19.1	5.34	2.70
2000	58.1	7.18	3.07
2004	65.4	9.45	3.42

(注) a) 30직활시 · 자치구 · 성간의 변동계수*. 단, 2000, 2004년은 31지역
d) 계산불가능

(자료) a, b) 2004년은 국가통계국(편)『주국통계연감 2005』 기타 년하는『동매년판』
c) 1978-1995년은 국가통계국 국민경제총합통계사(편)『신중국 50년 통계자료편』 중국통계출판사, 1995년 23항. 2000-04년은『중국통계연감 2005』 표10-5, 10-18과 연계된 계산임.

지역 간 격차의 확대는 농민과 도시주민들의 격차 확대를 동반한다. 1인당 소비에 있어서 도시주민이 농민에 비해 1978년 2.7배에서 85년 2.1배로 약간 저하되었다(〈표 13-3〉). 이는 농산물의 정부매상가격의 인상에 의한 것이다. 그러나 그후 급속한 공업화로 인해 이 격차는 크게 벌어져 2000년에는 3을 넘고, 2004년에는 3.4라는 높은 수치를 나타냈다. 결국 개혁개방 시기 전체적으로 격차가 확대된 것이다.

이와 같은 지역 간 격차와 도시 · 농촌 간 격차의 확대는 어느 국가에서나 볼 수 있는 현상이다. 왜냐하면 공업의 성장은 농업의 그것을 훨씬 웃돌고, 공업에 의존하는 도시는 급성장하고 농업에 의존하는 농촌은 뒤처지기 때문이다. 그러나 중국에서는 이 경향이 한층 강하다. 왜냐하면 지역 간 격차와 도시 · 농촌 간 격차의 확대를 저지해야 할 인구이동(인구는 소득이 낮은 곳에서 높은 곳으로 이동하는 경향이 있다)이 이 국가에서는 현재에도 자유롭지 못하기 때문이다. 1958년 호적제도에서는 전 인

구는 도시호적과 농촌호적으로 분류되어 농촌 호적자는 도시호적으로 변경하는 것이 원칙적으로는 인정되지 않았다. 그후 정부는 호적제도*를 완화할 수밖에 없게 되었지만, 지금도 이 제도는 인구의 도시집중을 억제하고 있다. 이는 당연히 지역 간 · 도시 · 농촌 간 경제격차 축소를 방해하는 요인이 되고 있다(제 6장).

소득 불평등화와 빈곤문제

소득분포 중 가장 신뢰할 수 있는 계측은 1988년과 95년을 대상으로 한 중국 내외 학자들에 의해 실시된 것이다. 이에 의한 지니 계수*는 38.2%, 45.2%이며 불평등화가 급속히 진행되고 있음을 알 수 있다[5]. 이는 도시와 농촌 각각의 지역에서의 불평등화와 도시 · 농촌 간의 소득격차 확대에 의존한다. 도시 내부에서의 불평등화는 심각하다. 여기서는 고급관료 등 기존의 지배계층에 사영기업 경영자 · 고급기술자 · 예능인 등 신흥부자들이 대두해 상층부를 형성하고, 실업자 · 유입농민 등 하층부가 팽창되어 도시사회의 양극화가 진행되고 있다. 또 농촌지역 내의 불평등화는 향진기업의 발전도가 지역에 따라 크게 달라 소득의 지역 간 격차가 발생한 것이 이유이다. 도시 · 농촌 간 소득격차의 확대에 대해서는 이미 말한 대로다.

불평등한 소득분포는 사회의 저변에 극히 빈곤하고 의식주가 부족한 사람들이 많다는 것을 의미한다. 이처럼 빈곤문제는 현재 세계의 가장 큰 관심사 중 하나가 되었으며 빈곤을 끌어안고 있는 개도국은 물론이고 선진국이나 유엔, 세계은행, 아시아 개발은행 등 국제기관이 이를 없애기 위해 노력하고 있다. 빈곤의 수량적 파악이 자의적이 될 수밖에 없다. 왜냐하면 빈곤자와 비빈곤자를 구분하는 선을 어디에 두어야 할지에 대한 일정한 근거가 없기 때문이다. 중국에서는 독자적인 기준으로 이를 측정하고 있다. 그것은 2000년의 추계에서는 3209만 명(전 인구의 2~3%)이며, 1978년의 추정 2억 5000만 명(전 인구의 26%)에 비하면 큰 개선이라 여겨지고 있다[6].

도시의 주택사정

직장이 주택을 마련해준 것은 옛날 말이다. 지금까지 거의 무료로 살고 있었던 주택도 거주자가 구입해야만 하게 되었으며, 저절로 주택에 대한 관심도 높아져 아파트 구입이 시민들의 관심사가 되었다. 베이징이나 상하이 등의 대도시에서는 해마다 부동산 가격이 상승하고 서민들의 손이 닿지 않을 수준으로까지 가격 급등을 보이고 있다.

예를 들면 베이징의 한 아파트는 시 중심에서 반경 약 3킬로미터를 도는 2환로(還路)(환행 2호선)권 내에서는 약 8000위안/㎡, 약 6km의 3환로권에서는 약 6000위안/㎡, 더 멀리 떨어진 8~13km의 4환로나 5환로 권에서는 약 4000위안/㎡ 정도이다(2004년 현재). 베이징 시의 평균세대 연수입이 약 1.3만 위안(2002년)이므로 100㎡의 아파트라면 일반시민들의 연수입의 30배 이상인 셈이다.

확실히 좋은 물건이 나오면 밤새워 줄을 서서 구입하는 모습도 드문 것은 아니지만 한편으로는 고급물건이 남아도는 현상이 두드러지게 되어 밤이 되면 불이 꺼져 있는 방들이 드문드문 보이는 광경도 볼 수 있게 되었다.

정부는 1998년부터 중저소득층을 위한 '경제적용주택' 건설에 대해 보조금 등 일정한 우대정책을 취하고 있는데, 실제로 부동산업자들은 온갖 수단을 다 써서 우대조치를 받을 수 있는 주택부지를 취득해 그후 몰래 고급주택으로 바꾸어 판매하는 일도 있는 듯하다. 2003년의 〈포브스〉지에 의한 중국 고소득자 순위 상위 100명 중 39명이 부동산 관련자라는 것에서 알 수 있듯이, 투기적 매매에서 오는 부동산 가격상승이 일부 사람들에게 높은 수익을 가져다주어 일찍이 일본의 버블 양상을 보이기 시작하고 있다.

귀찮은 일은 지방정부가 관련되어 있는 경우이다. 지방에서는 토지를 논의 하에 양도할 수 있기 때문에 지방관료들과 부동산업자들이 결탁해 토지를 싸게 업자들에게 양도해 높은 가격으로 전매하거나, 지방정부가 농지를 접수해 부동산업자들에게 개발을 의뢰하는 등의 행위가 발생하기도 한다. 이로 인해 농지를 잃은 농민들이 정부의 보상금도 받지 못하고 길거리에 나앉는 문제까지 발생하고 있다. 최근에는 토지의 양도에 관해서는 공시한 후 경매에 부치는 대책이 취해지고 있지만 이러한 일들을 근절하는 토지거래시장의 규율 만들기는 이제 시작단계에 들어섰을 뿐이다.

(http://www.pekinshuho.com/JP/Index-2003-28.htm 등에 의함. 리쉬(李旭)

세계은행은 이와는 독립적으로 빈곤을 정의하고 세계 각국의 수치를 추산해 발표하고 있다.

1인당 하루 소득이 1달러가 빈곤선이며 이에 미치지 못하는 빈곤자들은 2001년의 중국에서는 2억 1000만 명, 인구의 16.6%(〈표 13-2〉)로 추정하고 있다.

절대수는 일본 인구의 2배에 달하고 비율은 파키스탄이나 ASEAN 각국들을 크게 웃돈다. 이들 숫자는 중국이 여전히 빈곤에서 벗어나지 못했음을 여실히 보여주고 있다.

일찍이 중국은 세계에서 가장 평등한 사회였다. 이는 모택동의 사회주의가 빈곤에서의 해방과 평등화를 최대의 목표로 삼았기 때문이었다. 예를 들면 정부가 결정하는 도시노동자들의 임금은 직종에 따라서 거의 차이가 없었다. 그러나 이러한 상태로는 근로의욕이 상실되고 경제활동은 활발해지지 않는다. 이러한 악평등을 폐지하고 경제격차에 의해서 노동의 인센티브(의욕)를 이끌어내려 한 것이 덩샤오핑의 정책이었다. 선부론을 체현화한 이 정책에 의해서 경제성장의 시동에는 성공했지만 지역 간, 산업 간, 직종 간 등 다양한 분야에서 현저한 격차가 발생해 버렸다. 이는 평등(공평)과 효율과의 공존이 어렵다는 것을 말해주는 역사이다.[7]

소득분포의 국제비교

〈표 13-1〉에는 세계은행이 추산한 각국의 문명계수가 나타나 있다. 중국(2001년)은 44.7%로 나타나 있으며[8] 다른 저소득국가보다 훨씬 높다. 그러면 중국의 소득분포는 앞으로 어떤 변화를 나타낼 것인가? 우선 경제발전에 의한 소득분포의 변화에 대해서는 쿠즈네츠의 가설에 접해보는 것이 좋을 것이다. 이 가설을 국제비교로 검증해 보자.

지금 세계 81개국(가장 최근의 지니 계수와 1인당 GNP를 동시에 얻을 수 있는 국가)을 1인당 GNP의 크기 순으로 늘어놓고 8개국씩 10개 계층으로 분류한다. [그림 13-2]는 10계층*가장 저소득)에서 1계층(가장 고소득, 9개국) 순으로 문명계수의 평균치를 본 것이다. GNP의 측정방법에 따라 두 가지 계열이 있다. 계열 A는 시장환율로 측정한 경우이며, 계열

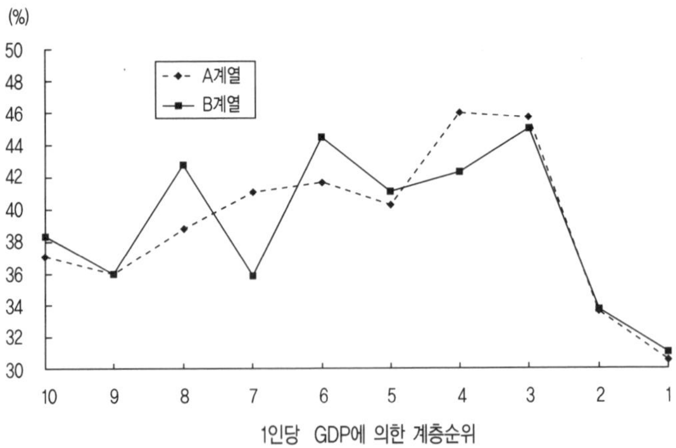

[그림 13-1] 세계의 소득계층별 문명계수(2004년)

(注) 샘플은 81개국. 1인당 GNP는 2004년, 문맹계수는 2000~2004년(어느해이든 1년) 게수
A계열 : 환율에 의해 측정된 1인당 GNP에 의한 분류
B계열 : ppp에 의해 측정된 1인당 GNP에 의한 분류
(자료) World Develop Indicators 2006, CD-ROM판

B는 PPP로 계측한 경우이다. 두 가지 모두 10계층에서 3 또는 4계층까지는 1인당 소득 상승에 따라 지니 계수는 상승하고, 3단계를 넘어서면 급속도로 저하되기 시작한다. 이 결과는 쿠즈네츠의 가설의 타당성을 나타낸다.

그런데 중국에서는 6계층(GNP를 시장환율로 측정한 경우) 또는 7계층(PPP로 측정한 경우)에 속해 있어 이 가설에 따르면 앞으로 한동안은 (5계층에 들어갈 때까지는) 불평등화가 계속될 것이다. 그리고 이를 넘어서 성장하면 평등화로 전환될 것이며, 이는 중국의 장래에 낙관적인 전망을 부여한다. 그러나 다른 국가들과 비교해서 광대한 영토가 있고 발전이 지역적으로 편재되어 있는 중국에서는 이러한 견해가 상당히 의문시되는 것도 부정할 수는 없다.

Ⅲ 경제성장과 사회 · 정치변동과의 관계

사회계층의 분화

개혁개방에 따른 경제성장이 사회와 정치에 주는 영향은 다양하다. 여기서는 4가지에 대해서 말해 보고자 한다.

1. 사회계층의 분화이다. 사회주의 중국에서는 계급분화를 싫어해 극단적으로 평등화를 추구했다. 그러나 개혁개방에 의한 시장경제화는 이를 180도 전환시켰다. 도시주민과 농민들과의 사이에는 호적제도라는 벽이 있고 양자 간의 유동성은 여전히 한정되어 있다. 최상위는 고급관료 등 기존의 지배계층에 사영 기업경영자 · 고급기술자 · 예능인 등 신흥 부자계층들이 대두해 상층부를 형성하고 (칼럼 '포브스에 등장한 부호들: 뉴 리치의 빛과 그늘' 참조) 있다. 그리고

실업자 · 유입농민 등이 하층부를 형성해(호적제도* · 민공조* 참조) 도시사회의 양극화가 진행되고 있다[9].

2. 소득불평등화의 귀결이다. 불평등화는 하층민들의 불만을 양성하고 이것이 높아지면 다양한 문제를 일으킨다는 것은 세계 역사 속에서도 수많은 사례가 나와 있다[10]. 중국 전체적으로는 생활수준의 현저한 향상을 볼 수 있지만 내륙지역인 농촌은 이에 크게 뒤처져 있다. 게다가 인구이동이 완전하게 자유롭지 않은 것이 내륙 농민들의 불만을 더 크게 만들고 있다. 또 도시지역의 저변에 묻혀 있는 사람들에게 있어서 사회적 지위 향상이 불가능하다는 것 또한 불만의 원인이 된다. 이처럼 중국사회 속에서 볕이 들지 않는 곳에 있는 사람들의 불만은 다른 요인과 겹쳐 폭발할 가능성이 있다. 농촌에서는 다양한 구실로 세금을 빙자한 요금징수(난수비: 부당하게 거둬들인 돈)*, 도시에서는 인플레이션과 실업, 고급간부들의 부패 · 오직(제 2장 칼럼 '뇌물과 애인: 중국관료의 부패양상)' 등이 바로 그것이다[11]. 1989년 6월의 천안문 사건이나 90년대 말의 기공집단(氣功集團) 법륜공(法輪功)*의 놀랄 만한 보급 등의 배경에 바로 이러한 민중들의 불만이 있다는 시각도 있다.

정치에 미치는 영향

3. 이와 같은 사회불안정의 발생이 정치에 주는 영향이다. 세계의 역사에서는 민중들의 불만이 폭동으로 발전하는 사례가 많아 중국에서도 같은 일이 발생할 가능성이 적지 않다. 특히 벽지에 집중되어 있는 몇 개 소수민족들은 경제적으로 어렵고 또 이것이 종교와 연관되어 폭동을 일으킬 가능성이 있을 것이다. 티벳(라마교)이나 위구르 자치구(이슬람교)에서 때때로 보도되는 폭동사건도 이러한 맥락에서 해

석할 수 있을지도 모른다. 또 폭동이라는 직접적인 형태를 취하지 않더라도 빈부격차의 확대가 정권을 쥐고 있는 공산당에 대한 실망이 되거나 중국정부의 안정을 위협하는 것이 될 수도 있다. 이러한 문제의 중요성을 정부도 인식하고 있어 기존의 연해지역 우선정책을 전환해 내륙을 중시하는 정책을 내놓았다. 서부 대개발이라 불리는 이 정책은 2001년부터 시작된 제 10차 5개년 계획에 포함되었다.
세계사의 또 하나의 교훈으로서 민중들의 불만이 높아졌을 때 정부는 가상적국과의 긴장감을 높여 민중들의 관심을 다른 곳으로 돌리는 일이 종종 있었다. 중국의 대 대만 관계와 대일관계에는 이러한 측면도 있음을 부정할 수 없을 것이다. 대일관계에 대해서는 장쩌민 지도부는 국민들의 애국심을 고양하고 단결을 강화하기 위해 반일교육을 추진했다. 2004년 아시안컵 축구에서도 중국인 응원단의 반일적 태도도 그 때문이라고 한다.

포브스에 등장한 부호들: 뉴 리치의 빛과 그늘

'세계의 100대 부호'를 매년 발표하는 미국의 경제전문 잡지 〈포브스〉가 '중국의 부호 100인'을 발표한 것이 1999년이다. 그 이후 매년 10월에 이 순위가 발표되어 자산 크기나 인물에 대해서 관심이 집중된다. 상위 100명의 자산총액은 해마다 증가해 2003년에는 약 1500억 위엔에 달해 이제 예전의 평등사회 중국의 이미지는 완전히 사라진 듯한 느낌이 든다. 2003년에는 35명이 새롭게 순위에 올랐고 그 전년도에서 34명이 새로 순위에 들었으니, 1년 사이에 약 3분의 1의 사람들이 교체되었다는 계산이 된다. 실로 하극상의 세계라 아니할 수가 없다.

놀라운 것은 2003년 1위를 차지했던 딩레이(丁磊) 씨의 젊음과 그 자산 액수이다. 그는 1997년에 '왕이(網易)'라는 포털사이트를 십여 명이서 시작해 2004년 현재 32세의 젊은 나이에 순자산총액이 약 60억 위엔에 달한다. 빌 게이츠에게 비할 바 아니지만 IT거부는 중국에서도 나타나고 있어 6위와 20위도 하이테크 기업가가 차지했다. 한편 두드러지는 것이 부동산업으로 10위 안에 4명이 부동산으로 부를 거머쥔 사람들이다.

그렇지만 화려하게 스포트라이트를 받는 사람들의 그늘에서 전락해 가는 사람들에게도 눈길이 쏠린다. 공연히 '중국의 부호'라고 거론되는 바람에 당국에서 부정 재산축적이나 탈세조사가 들어와 부정이 발각되는 경우도 늘어나고 있는 것이다. 류샤오칭(劉曉慶)도 그 중 한 사람으로 영화 '서태후' 등에서 여배우로서 인기를 누렸지만 탈세 용의자로 체포되었다. 양빈(楊斌)은 유학생으로 네덜란드 국적을 취득하고 고학해서 비즈니스계에서 성공해 어우야(歐亞)그룹 회장으로서 북한의 신의주행정특별구 초대장관으로 임명되었지만 사기죄와 증회죄로 체포되었다. 그 외에도 미국으로 망명한 자동차 회사의 전 회장인 양룽(仰融), 상하이의 제일가는 부호라 불린 저우정이(周正毅) 등 일일이 다 꼽을 수 없을 정도다. 그 중에는 리스트에 올라 살해되었다는 의혹이 있는 부호도 있어 순위에 들어가는 것에 공포심을 갖는 부호들도 많다고 한다.

세상에 널리 이름을 알리는 것이 과연 좋은 일일까? 포브스의 의도와는 별개로 이를 공표하는 것은 부호들에게 목숨을 잃는 일이 될 수도 있다고 말할 수 있다.

(http://www.rieti.go.jp/users/china?tr/jp/031215kaikaku.htm 등에 의함. 리 쉬(李 旭)

4. 경제성장이 정치체제에 주는 영향이다. 경제성장과 사회 · 정치와의 관계는 실로 복잡하며 일률적으로 정형화할 수는 없다. 대표적인 사회 · 정치이론인 근대화 이론*에 따르면 경제성장에 의해서 샐러리맨 · 지식인 등의 중간계층(또는 중산층)이 발달하고 이를 중심으로 민주주의가 발달한다.

한 가지 설에 따르면 그들의 의식은 근대적이고 사회주의의 틀에는 담기지 않는다. 그들은 어쨌든 공산당을 단념하고 그 자신들의 주장을 체현할 새로운 정당을 형성하려 할지도 모른다. 예를 들면 와타나베 토시오(渡辺利夫)는 동아시아에서는 경제성장에 의해 패권주의제*가 '용해'된 점, 같은 일이 중국에서도 예상된다고 말한다[12]. 또 하나의 설에 따르면 이들 계층은 개혁개방에서 경제적 이익을 더욱 향유해 가고 있는 계층이며 현 정권에 대한 비판적인 세력이 될 리가 없다는 것이다. 이 설에 따르면 중국의 민주화 앞날은 여전히 어렵다는 것이 된다[13]. 천안문사건*이 중국의 민주화에 있어 선구적 사건이었다고 평가될 시대가 올 것인가? 이 점과 관련해 공산당이 2002년 말의 대표대회에서 사영기업가들의 입당을 인정했다(3개의 대표론)는 것이 주목된다. 이는 사영기업가들의 경제력이 증대되고, 당으로서도 그 존재를 무시할 수 없게 되었기 때문이다. 이 방침전환이 공산당과 중국 정치 시스템에 어떤 영향을 줄 지 앞으로의 움직임을 주목하길 바란다.

미나미 료신(南 亮進)

1) 『중국통계연감 1997』 295, 321항, 『동 2003』 352, 375, 378항.

2) 『국제통계연감 1999』 65, 551항 『중국통계연감 2002』 110항, 최근 연도 계수는 〈표 13-2〉의 남녀 평균치.

3) 미나미 료신 『중국의 경제발전』 동양경제신보사, 1991년 71-73페이지. 참고로 일본의 1인당 식량생산량은 1874년에는 248kg이므로 해방 당시의 중국의 열악한 식량사정을 상상할 수 있을 것이다.

4) 小島麗逸 『현대 중국경제』 이와나미서점, 1997년 117페이지.

5) 佐藤宏 『소득격차와 빈곤』 나고야대학 출판회, 2003년 34페이지.

6) 『일본경제신문』 2005년 5월 23일, 주 5의 서적 56-57페이지.

7) 이 점에서 현대 중국의 고도경제성장은 1950년대 후반과 60년대에 일본이 달성한 고도성장과는 크게 다르다. 일본에서는 그 성과로서 실업의 감소와 소득의 평등화를 실현했다. 이 점에 대해서는 미나미 료신 「중국고도성장의 요인과 귀결: 일본과의 비교」 『중국경제연구』 제2권 제 1호, 2004년 3월 참조.

8) 이 통계치는 위의 1995년 계수(45.2%)보다 작다. 다양한 정보에서 중국의 소득분포는 불평등화의 길에 있다는 점은 의심할 수 없는 바이며, 세계은행의 추계치는 과소평가라고 할 수 밖에 없다.

9) 미나미 료신 「변모하는 중국도시의 노동시장과 사회구조」 『종합정책연구』(중앙대학)제 8호, 2001년 10월.

10) 미나미 료신 · K.S. 김 · M.펄커스(편) 『불평등의 정치경제학』 동양경제신보사 2000년, 특히 제 1장 참조.

11) 劉德强 「중국의 소득격차와 사회불안」 『불평등의 경제학』 제 5장, 농촌, 농민들의 심각한 상황을 고발한 것으로 李昌平 『중국농촌 붕괴: 농민이 밭을 버릴 때』 NHK출판, 2004년

12) 渡辺利夫 · 小島朋之 『마오쩌둥과 등소평』NTT출판, 1994년 345페이지.

13) 예를 들면 菱田雅晴 「중국사회변동의 구도」 동(편) 『현대중국의 구조변화 5 사회: 국가와의 공처관계』 도쿄대학 출판회, 2000년 316-318페이지: 미나미 료신 「아시아 경제위기의 교훈: 경제 시스템과 지역경제협력」 『경제 세미나』 2000년 4월 참조.

제14장

동북아 경제공동체로 가는 길

Ⅰ. 21세기 시대조류와 동북아시아 경제공동체[1] 결성의 필요

전세계적으로 세계화 · 정보화가 진행되는 가운데 지역 내 협력의 중요성이 증대되면서 지역화 · 블록화 추세가 지구촌 곳곳으로 급속히 확산되고 있다. 이러한 지역화 · 블록화 추세는 무역의 상호의존성 증대, 투자패턴의 급격한 변화, 시장기반 개방경제로의 패러다임 전환, 경제 자유화, 자본과 생산 네트워크의 국제화 등에 근거하는 전세계적인 흐름이라 할 수 있다. 유럽의 EC, 북미지역의 NAFTA 등 세계 주요지역은 이미 지역 경제공동체를 구축하여 지역 내 상호협력을 도모하고 자국의 경제적 이득을 극대화하기 위해 노력하고 있는 반면, 동북아시아 지역에서는 이러한 지역 경제통합체 구축이 미흡한 실정이라 할 수 있다. 이러한 상황이 고착화될 경우 동북아시아 지역을 포함한 동아시아 지역은 세계 흐름에 뒤처질 뿐만 아니라 다가오는 21세기 경제주도권을 완전히 빼앗길 위험에 직면할 가능성이 높다.

한 · 중 · 일 3개국을 포함한 동북아시아 지역은 새로운 천 년을 맞이하여, 높은 성장기반을 바탕으로 세계경제의 중요한 축으로 창출할 잠재력을 보유하고 있음에도 불구하고, 현재 직면한 경제상황이나 앞으로 해결해야 할 과제들을 고려할 때 서구지역을 능가하는 경제 중심지로 성장하기에는 아직 난제가 많이 남아 있다. 1997년 경제위기로 심각한 경기침체를 경험한 이후 빠른 경기회복을 보여주는 듯하였으나 취약한 경제구조의 개선이 이루어지지 않으면서 최근의 세계경기 침체와 맞물려 또 다시 어려움에 직면하고 있다. 장기적으로 동북아시아 국가들은 여타지역에 비해 상대적으로 높은 경제성장을 이룩할 것으로 전망되나 이는 현재의 문제점들을 충실히 해결해 나간다는 전제 하에서 가능한 예측이며 나라마다 처한 상황에 따라 큰 차이를 나타낼 수 있을 것이다. 요컨대 동북아시아 국가들이 장기적으로 높은 성장 잠재력을 유지하기 위해서는 각국이 직면한 여러 다른 문제들을 슬기롭게 극복해야 할 것이며 더 나아가 동아시아 각국의 긴밀한 협력체제 구축은 서로의 필요사항을 상호보완하여 동반자적 관계를 형성할 수 있는 중요 역할을 담당할 것으로 예측된다.

21세기 세계경제의 특징[2)]

21세기 세계경제는 정보화와 지식경제라는 새로운 패러다임 속에 20세기와는 차별화된 신조류를 형성해 나갈 것으로 전망된다. 이는 다음의 그림과 같이 요약할 수 있는데 과거 국가단위의 경제활동을 초월한 지역단위의 경제활동이 주를 이룰 것으로 예상된다. 이하에서는 21세기 세계경제의 특징에 대해 좀더 자세히 살펴보기로 한다.

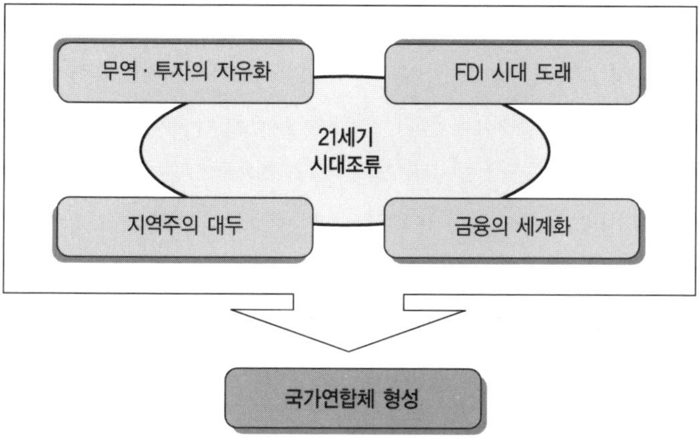

[그림 14-1] 21세기 세계경제의 특징

(1) 무역 · 투자의 자유화

1995년 세계무역기구(WTO) 체제가 출범함에 따라 이전의 GATT 체제와는 그 성격이 다른 새로운 국제무역질서가 형성되고 있다.

즉 GATT 체제가 상품무역을 중심으로 한 관세나 비관세 장벽의 완화 혹은 철폐 등에 중점이 주어졌다면 WTO 체제는 공정한 자유무역을 보장하기 위해 각국의 무역정책을 검토하고 무역관련 분쟁들을 해결하는데 중점을 두며 상품교역 이외에도 자본, 인력 등 생산요소와 특허권, 컴퓨터 소프트웨어, 미공개 정보 등 서비스 무역이나 지적재산권 등의 분야로 자유화 대상을 확대하고, 이를 위한 새로운 규칙을 제정하고 있다.[3)]

이러한 무역환경의 변화와 더불어 정보 · 통신기술의 급속한 발달로 인해 무역량 역시 빠른 속도로 증대하고 있다. 〈표 14-1〉에서 보여주는 바와 같이 세계 실질 GDP 성장률은 1970년 이후 계속 둔화되고 있는데 반하여 무역량은 1970년대에 연평균 6.0%의 증가율에서 1980대에는 유럽 선진국들의 보호무역주의 영향으로 3.7% 수준으로 둔화되었으나

1990년대에는 다시 6.1% 수준으로 회복되었다. 상품별 구조변화를 보면 농산품이나 광산품보다는 공산품 무역이 크게 확대되었으며, 서비스 무역이 매우 빠르게 증가하고 있다. 그 중에서도 기술혁신의 진전, 기업의 다국적화 및 제휴의 증대로 인하여 다양한 형태의 국가간 서비스 거래가 급진전하고 있다. 즉 기업은 생산과정별로 각기 다른 국가에서 생산활동을 수행할 수 있게 되고, 생산자와 소비자가 실제로 접촉할 필요성이 감소하면서 종전에 불가능하였던 소프트웨어나 항공권의 판매, 교육 등의 서비스 무역이 빠른 속도로 확대되고 있다.

〈표 14-1〉 세계 무역량, 무역액 및 실질 GDP 증가율 추이

(단위: 연평균 %)

	1971~80	1981~90	1991~98
실질 GDP	4.3	3.0	1.8
무 역 량	6.0	3.7	6.1
무 역 액	20.2	6.3	7.9
농 산 품	16.7	3.6	4.7[1)]
광 산 품	27.4	-2.2	3.8[1)]
공 산 품	19.0	8.3	7.2[1)]
서비스 무역	-	6.9	8.1[1)]

(注) 1) 1991~97년까지의 연평균 증가율임.
(자료) WTO, International Trade Statistics, 각호.
IMF, International Financial Statistics, 각호.

그리고 세계무역구조의 또 다른 특징은 지역주의의 확산에 따른 지역 내 무역의 증가와 더불어 다국적 기업의 기업 내 무역의 증가를 들 수 있다(〈표 14-2〉 참조). 즉 1980년대 이후 GATT를 중심으로 한 범세계적 자유무역주의가 회원국 간 이해대립으로 크게 흔들리면서 국지적인 자유

무역 실현을 위하여 지역주의가 점차 확산되기 시작했다. WTO는 다자간의 협상방식을 통한 무역자유화를 추구하고 있기 때문에 자유화의 속도가 매우 제한적이나 경제통합은 이해를 같이하는 국가들 간의 쌍무협상으로 추진되므로 역내무역의 증대를 촉진시키고 있다.

〈표 14-2〉 지역간 · 지역 내 무역의 변화 추이

(단위: %)

	1981~85				1991~95			
	EU	NAFTA	아시아	세계수입	EU	NAFTA	아시아	세계수입
E U	18.1	3.4	1.9	34.0	24.1	3.3	3.4	38.0
NAFTA	3.6	7.1	3.5	18.5	3.4	7.3	4.4	17.8
아 시 아	2.3	5.3	6.4	18.2	4.5	6.8	12.0	26.0
세계수출	35.7	20.9	17.6	100.0	39.1	20.0	23.8	100.0

(注) 아시아는 중동을 제외한 일본, 중국, ASEAN, NIES 등 38개국임.
(자료) IMF, Direction of Trade Statistics, 각년도.

(2) FDI(Foreign Direct Investment)의 시대

외국인직접투자(FDI)는 시간경과에 따라 국제 투자자금의 핵심적인 역할을 하고 있는 것으로 나타나고 있다. 1980년 FDI가 총국내투자에서 차지하는 비율은 2.3%에 불과했으나 98년의 경우 11.1%로 급격히 증가했다. 특히 제조업부문에서 외국인직접투자의 역할이 큰 것으로 나타나는데, 세계 전체로는 1998년 총 제조업 투자 중 FDI 비중이 21.6%를 차지하고 있으며 개도국의 경우 총투자의 36.7%를 외국인직접투자로 충당하고 있다. 1980년의 경우 이 비중은 8.5%에 불과했고 선진국의 비중이 더 컸다는 점에서 이 기간에 제조업 직접투자가 개도국으로 더 많이 이동했다는 사실을 알 수 있다.

〈표 14-3〉 외국인직접투자가 투자에서 차지하는 비율

(단위: %)

		FDI의 총국내자본형성에서 비중(전산업)	FDI의 총국내자본형성에서 비중(제조업)	FDI의 민간자본형성에서 비중(전산업)
세계	1980	2.3	9.0	3.4
	1990	4.7	14.0	5.4
	1998	11.1	21.6	13.9
선진국	1980	2.7	8.5	3.4
	1990	4.9	11.9	5.2
	1998	10.9	16.6	12.9
개도국	1980	1.2	11.7	3.6
	1990	4.0	22.3	6.7
	1998	11.5	36.7	17.7
중·동유럽	1980	0.1	-	-
	1990	1.5	-	0.7
	1998	12.9	-	16.2

(자료) UNCTAD, WIR 2000, p. 5

직접투자의 한 형태로 국제 M&A도 급속히 증가했다. 1999년 국제 M&A 규모는 7,210억 달러 규모인데 이는 1990년의 1,506억 달러에 비해 거의 5배에 이르는 것이다. M&A는 지난 9년 동안 연평균 19%가 증가하여, 수출이나 직접투자보다 훨씬 빨리 증가했다. 특히 M&A는 1990년대 후반에 급격히 늘었는데 1997년의 경우 총규모는 3,048억 달러였으나 2년 만에 2배 이상 증가했다. 그러나 국제 M&A 상황을 보면 아직도 세계 차원의 경제활동 대부분이 선진국에서 이루어지고 있다는 사실을 알 수 있다. 즉 M&A가 EU기업을 중심으로 일어나고 있고 이는 유럽기업이 상당한 자금을 투입하여 미국기업을 매입했음을 의미한다.

〈표 14-4〉 국제 M&A 활동

(단위: 억 달러)

		1990	1995	1997	1998	1999
선진국	EU	865	814	1421	2844	4977
	미국	276	573	809	1374	1124
	일본	140	39	27	13	98
	계	1432	1737	2720	5114	6773
개도국	아프리카	–	1	–	2	4
	중남미	16	40	107	126	249
	유럽	–	–	–	–	–
	아시아	54	88	217	64	159
	태평양	–	–	–	–	–
	계	70	128	324	192	412
중 동유럽		–	1	3	10	16
세계		1506	1866	3048	5316	7210

(자료) WIR 2000

세계경제는 무역과 더불어 자본 및 노동의 국제간 이동을 통해 상호의존관계가 다각적으로 심화되고 있다. 특히 국경을 초월한 FDI는 단순한 자본이동에 그치지 않고, 고용창출이나 생산기술, 경영 노하우 등의 이동을 수반하므로 투자 수입국의 경제발전에 상당한 영향을 미친다. 아울러 FDI는 투자국과 투자 수입국의 산업구조나 무역구조에 대해서도 장기적인 변화를 초래함으로 그 중요성이 더욱 강조되고 있다.

1980년대 후반 들어 전세계적으로 빠른 증가세를 보이고 있는 FDI는 1991~95년 사이에는 증가세가 다소 둔화되었지만, 1996년 이후 다시 회복세를 보이고 있다(〈표14-5〉 참조).

〈표 14-5〉 세계 FDI의 연평균 증가 추세

(단위: %)

구 분	1981~85	1986~90	1991~95	1996~98
FDI 연간유입	-0.1	24.3	19.6	25.7
FDI 연간유출	3.0	27.3	15.9	22.5
FDI 유입총량	-	17.9	9.6	13.7
FDI 유출총량	5.0	21.3	10.5	13.3
국제적 M&A	-	21.0	30.2	44.9
다국적기업 자회사의 매출	2.0	16.6	10.7	11.9

(注) 국제적 M&A는 50% 이상의 지분참여로 한정함.
(자료) UN, World Investment Report, 각년도.

〈표 14-6〉 동아시아 FDI 유입 추이

(단위: 백만 달러)

	1987-92	1993	1994	1995	1996	1997	1998	1999	2000
한국	907	588	809	1,776	2,325	2,844	5,412	10,598	10,186
중국	4,652	27,515	33,787	35,849	40,180	44,237	43,751	40,319	40,772
일본	911	119	908	39	200	3,200	3,268	12,741	8,187
세계 전체	173,530	219,421	253,506	331,068	384,910	477,918	692,544	1,075,049	1,270,764

(자료) UNCTAD, World Investment Report 1999, 2000, 2001년판 참조

이러한 FDI 확대의 가장 중요한 요인으로는 국가간 인수·합병(cross-border M&A)의 증대를 들 수 있다. 1980년대 중반 이후 대폭적인 증가를 지속하고 있는 국제적 M&A의 특징으로는 크게 다음의 3가지로 나누어 볼 수 있다.

① 선진국 주도 : 선진국의 비중이 70~80% 이상으로 매우 높은 편이다. 선진국 중에서도 특히 유럽-미국간 및 유럽 국가간 M&A가 주종을 이루고 있다.

② 전 산업에 걸친 M&A 증가, 특히 서비스 산업에서의 M&A 급증 : 1990년까지는 제조업을 중심으로 한 M&A가 주류였으나 최근에는 전 업종에서 M&A가 이루어지고 있다. 특히 금융 · 통신 · 보험 · 서비스 사업 등에서의 M&A가 활발하게 이루어지고 있다.

③ 대형 국제적 M&A의 증가 : 독일의 다임러 벤츠(Daimler－Benz)와 미국의 크라이슬러(Chrysler)의 합병과 같이 초대형 합병이 크게 증가함으로써 각 업종의 판도가 급격히 변화하고 있다.

다국적 기업들에 의해서 대부분 이루어지는 FDI는 단순한 자금만의 이동이 아니라 기업의 경영자원 전체가 이전하게 되므로 기업활동의 세계화를 통하여 더욱 높은 이익과 이를 포함한 기업활동 전체의 발전을 추구하게 된다.

(3) 금융의 세계화

국제적 금융거래의 제약요인이 완화되면서 각국의 금융시장이 기능적으로 통합되는 금융의 세계화가 진전되고 있다. 이로 인해 부족한 국내저축을 해외저축으로 충당하는 국제적 자본이동의 확대뿐만 아니라 금융서비스의 국제거래가 확대되고 있다. 이러한 금융의 세계화가 진전되게 된 배경으로는 정보 · 통신기술의 발달로 인해 금융거래에서 정보의 비대칭성이 완화되고 거래비용이 저하되어 국제적 금융거래의 제약요인이 크게 완화되었음을 들 수 있다. 그리고 이러한 금융의 세계화는 국제적 금융거래의 확대, 글로벌 금융서비스의 확대 및 국제적 금리재정의 강화 등으로 나타나고 있다(〈표14-7〉 참조).

〈표 14-7〉 국제 자본시장에서의 자금조달 규모

(단위: 억달러, %)

	1990	1993	1995	1996	1997
총자금조달액[1)	4,319	8,186	12,843	15,716	17,693
총자금조달액/세계 경상 GDP	2.1	3.5	4.6	5.5	6.2

(注) 1) 채권, 주식, 신디케이트론, 유로 CP 등을 포함.
(자료) OECD, Financial Market Trends, 각호
WEFA, World Economic Outlook, 각호.

금융의 세계화로 금융기관에 대한 공적규제의 국제적 평준화가 이루어지고 세계금융시장 참가자에 의한 자율규제가 강화되는 등 시장원리가 관철되고 투명성이 향상되었다. 국제 자본시장에서는 산업투자의 조달비용이 저하되고 고수익 · 고위험 산업투자의 자금조달이 확대될 전망이다. 그러나 금융시장의 세계화로 산업금융의 국가간 차이가 소멸되는 것은 아니며, 세계화의 본질은 시스템간의 차이가 유지되면서 시스템간의 경쟁이 확대되는 것임을 주지할 필요가 있다.

이러한 국제적 자본이동의 증가는 한편으로는 세계적인 자원배분의 효율화를 촉진할 수 있을 것으로 기대되지만, 다른 한편으로는 실물경제 거래에 필요한 금액을 훨씬 상회하는 거액의 자본거래가 가능해지면서 국민경제에 대한 잠재적 위협요인으로도 작용한다.[4)]

(4) 지역주의의 대두[5)]

1990년대에 들어 세계경제는 WTO로 대표되는 다자주의적 세계무역질서형성 노력과 더불어 북미자유무역협정(NAFTA), 유럽연합(EU) 통합 등으로 대표되는 지역주의화의 노력이 병존하고 있다. WTO 체제 하에서 다각적인 지역경제통합이 설립 또는 계획되고 있는 배경으로는 다음의

것들을 지적할 수 있다.

① 무역이나 투자를 통해 특정지역에 속하는 나라들 간의 상호의존성이 급속하게 증가하고 있다.

② 제2차 세계대전 이후 다각적인 자유무역 추진에 중심적인 역할을 완수해 온 미국이 지역주의를 강하게 표방하고, 또 EC가 주변제국에 외면적으로 확대되어 EU로 통합의 정도를 깊게 하는 등 선진국들 간의 지역통합 움직임이 활발히 전개되고 있다.

③ 개발도상국이나 체제 이행국에 있어서 무역 · 투자의 자유화, 시장

〈표 14-8〉 자유무역지대의 효과

구분		내용	효과(가입국)
무역 및 입지 효과	무역창출효과	관세인하로 가입국간 새로 무역이 발생	무역의 발생으로 소비자 잉여증가하고 국가 전체로도 후생증가
	무역전환효과	관세인하로 효율성이 가장 높은 국가에서 역내국으로 수입이 전환	비효율적 국가로부터 수입전환되어 후생감소
	생산재배치	역내의 기업들이 기존 생산설비를 재배치	비교우위가 있는 역내국의 입지증가, 일부국가 산업 이탈
시장 효과	규모효과	무역장벽 철폐로 시장이 확대되면 기업은 규모의 경제발생	시장확대로 수출기업의 생산이 증가하고 비용하락
	경쟁효과	경쟁압력의 증가로 기업의 효율 및 생산성 향상 규제완화, 구조개혁으로 산업구조 고도화	수입개방으로 수입대체 기업들은 경쟁압력에 직면
	투자유치효과	제 3국 기업들의 투자	역내 시장 지향의 제 3국 기업 투자가 증가
정치적 효과	안전보장효과	비회원국에 대항한 안전보장	안정보장 강화
	협상력 효과	소수국가의 통합으로 협상력 증강	협상력 증가
	개혁효과	개혁의 조류를 이용하는 정치적 목적	국내기득권 세력에 대한 개혁, 개방 목적 달성

경제화를 목표로 하는 움직임이 본격화되면서, 외부에서의 지원과 이해도를 높이기 위해 지역 경제통합에의 참가를 적극적으로 요구하고 있다.

지역통합협정의 배경에 정치적 목적이나 효과도 중요하다. 지역의 집단안보 문제에서 지역통합협정이 시작될 수 있는데 EU의 초기 경우가

〈표 14-9〉 경제통합의 외국인직접투자 효과

통합의 거시경제 효과	다국적기업 전략대응	순무역 효과	순외국인투자 효과
역내무역이 역외무역보다 더 유리	수출대신 직접투자 (방어적수출대체투자)	부정적 지역에 기반을 둔 다국적기업 자회사에 의한 매출이 다국적기업의 이 지역수출을 대체함	긍정적 지역에 기반을 둔 다국적기업 자회사의 투자증가
지역내 회원국간에 입지우위요소의 재배열	자유로운 역내무역을 반영하기 위해 기존의 투자를 조정 (투자의 재조정)	중립적 혹은 긍정적 - 투자재조정이 투자증가와 특화로 연결되면 역내무역증가 - 지역산업이 세계시장에서 경쟁력이 증가하면 역외무역증가	중립적 지역전체로 일부국가의 이득이 일부국가 손실로 상쇄
비용절감 및 효율성 제고	지역내에 부가가치창출 활동 증대 다른 역외투자와 통합 (투자의 합리화)	중립적 혹은 긍정적 - 투자재조정과 동일 중립적 혹은 부정적 - 역내로 수입이 감소하면	긍정적 다국적기업이 지역에서 부품조달 확대하면서
시장확대,수요증가, 기술진보	직접투자를 통한 선발자의 이점 (공격적 수출대체투자)	중립적 - 역내시장 수요가 새로 유입된 FDI의 공급보다 빨리 증가하면 중립적 혹은 부정적 - 다른 경우	긍정적 방어적 수출대체투자와 동일

(자료) UNCTAD, Regional Economic Integration and Transnational Corporations in the 1990s: Europe 1991, North America, and Developing Countries, July 1990, p. 3

그러했다. 또한 공동의 정치적, 경제적 상황에 있는 국가들이 협상력을 증강시킬 수 있다는 희망으로 지역통합협정을 체결할 수 있다. 이 경우 회원국의 수가 중요해질 수 있는데 아세안이 서방의 반대에도 불구하고 경제력 규모가 극히 작은 미얀마, 캄보디아 등을 회원국으로 가입시킨 것은 아태지역에서 아세안의 발언권을 확보하기 위한 것이었다. 또 다른 효과는 국내의 정치적 아젠다에 지역통합이 이용될 수 있다는 것이다. 국내에서 개혁이 필요할 때 기득권 세력으로 인해 개혁이 어렵다면 외부의 힘을 빌어 개혁을 추진하거나 적어도 퇴행을 막을 수 있다. 그래서 모든 지역협정에는 정치적 의도가 개재되는 것이다.

세계화의 확산에 따라 기업차원의 경제통합에 대한 욕구가 증대하면서 이들은 정부에 로비를 할 수 있다. 일반적으로 수출기업들은 세계적인 무역자유화보다는 자신의 주요 활동 대상국가의 관세인하나 무역장벽 철폐에 더 많은 관심을 갖고 있다. 이들은 자국정부를 동원하여 관심 국가에 대한 시장개방 등 무역자유화 압력을 요구한다. 한편 수입대체 부문의 기업들은 다자주의보다는 자국 시장을 보호할 수 있고 상대방 시장도 이용할 수 있는 지역통합을 원하는 경우가 많다. 지역통합을 하면 완전개방에 비해 회원국의 소수 기업만이 자국시장에 진입하면서 경쟁이 낮아지고 상대국의 시장에도 진출할 수 있기 때문이다. 더 크게는 세계적 다국적기업의 로비 활동도 생각할 수 있다. 현대의 다국적기업 특히 소비재 산업의 다국적기업은 세계 각지에서 생산활동을 하면서 부품조달이나 공급의 비용을 줄이기 위해 현지의 정부들에게 관세철폐를 전제로 한 지역통합을 요구할 수 있다. 이처럼 지역통합은 기업들의 의지에 따라 정치적으로 결정될 소지가 많다.

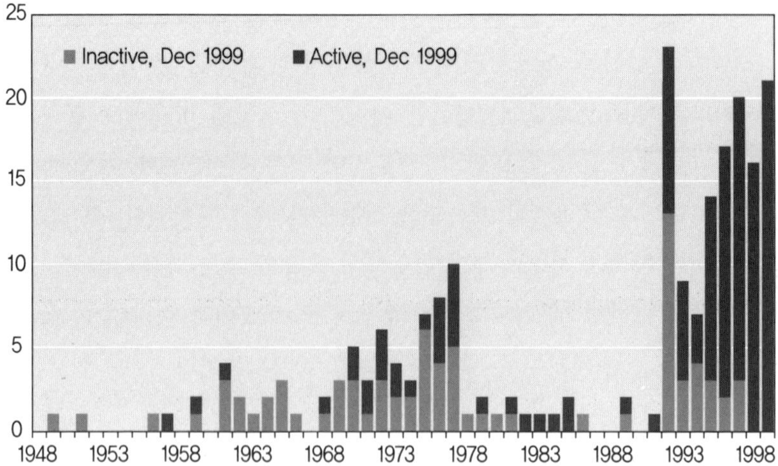

[그림 14-2] 연도별 지역경제통합의 추이(1948~1999)

(注) WTO 통보된 지역무역협정(regional trade agreements) 기준. GATT/WTO에 통보된 전체 지역무역협정은 약 214개에 이르며 이 가운데 134개가 현재(1999년 12월 기준) 활동 중인 것으로 추정.

(자료) WTO(1999년 12월).

〈표 14-10〉 GATT 및 WTO에 통보된 지역무역협정의 현황

(단위: 개)

1948~54	1955~59	1960~64	1965~69	1970~74	1975~79	1980~84	1985~89	1990~94	1995~96	1997~98.8.
2	3	12	9	21	19	6	5	33	35	17

(자료) WTO, KIEP 내부자료.

이러한 지역주의는 세계경제의 다극화 현상을 심화시킬 것으로 예상된다. 즉 제2차 세계대전 이후 미국이 행사해오던 막강한 경제력은 상대적으로 쇠퇴하고 세계경제는 점차 미국을 중심으로 하는 북미, 일본 및 아시아 NICs, 그리고 독일을 중심으로 하는 유럽연합의 3극 체제로 귀찰

될 전망이다.[6)]

21세기 동북아시아 시대조류

지금까지 21세기 세계경제의 특징에 대하여 살펴보았는데, 그러면 한국을 포함한 동북아시아의 21세기 모습은 어떠한가. 한마디로 요약하면 21세기에는 NIEs, ASEAN, 중국 등이 대두하면서 아시아가 세계경제에서 중요한 한 축을 차지하게 되는 역사적 전환기를 맞이하게 될 것이다. 이는 단순한 물류, 교류장 등의 양적, 표면적 현상에 그치지 않고 국제분업의 재편이라는 새로운 역사적 전환기를 창출할 것이고, 아울러 아시아 신시대에는 무역중심 시대에서 직접투자 시대로의 이행도 가속화될 것이다. 무역중심 시대에는 외자도입과 수출촉진이 국가의 중심적 정책과제였고, 이를 위한 관세인하, 수입장벽 철폐 등 소위 통상정책이 주요한 정

〈표 14-11〉 동북아시아의 경제적 비중 (2000년 기준)

항 목 / 국 명	인 구	국민소득 (GNI)	수 출[2)]	수 입[2)]	교 역[2)]	FDI 유치액
	백만 명	십억 달러	십억 달러	십억 달러	십억 달러	십억 달러
한 국	47	421.1	172.6	160.5	333.1	10.2
중 국	1,261	1,064.5	249.2	225.1	474.3	40.8
일 본	127	4,377.3	479.3	379.5	858.8	8.2
합 계	1,435					
NAFTA	411.0	10,790.7	1,226.1	1,689.8	2,915.9	357.6
EU	387.4	8,622.7	2,230.3	2,230.7	4,461.0	617.3
세계총계	6,054.0	31,171.1	6,350.1	6,550.7	12,900.8	1,270.8

(자료) World Bank, World Development Report 2002. September 2001 UNCTAD, World Investment Report 2001, July 2001.

책수단이었다. 하지만 직접투자 시대에는 통화(외환) 정책이 주를 이루고 공동투자의 확대, 환율의 안정화 등이 상대적으로 더 중요한 정책과제로 대두된다.

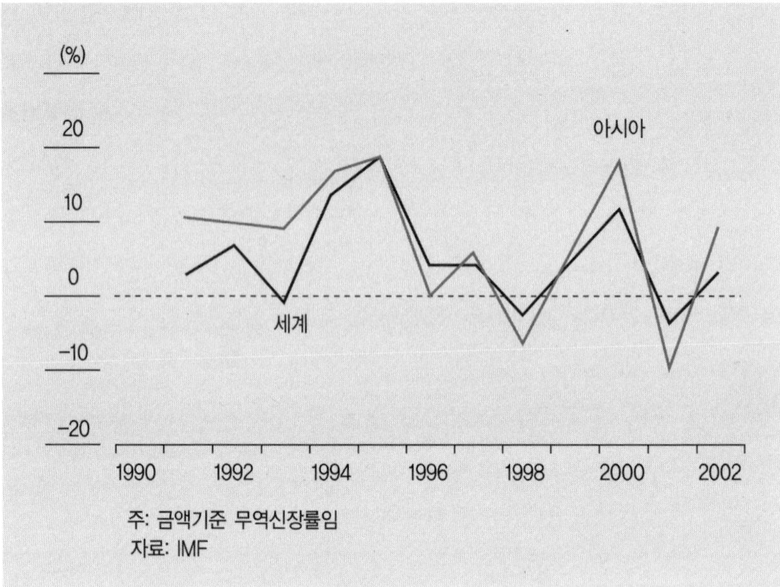

[그림 14-3] 세계무역 신장률과 아시아 무역신장률 추이 비교

(1) 다국간 협력의 시대로의 이행

아시아 신시대에 있어서는 지금까지와 같은 쌍무주의의 틀만으로는 대응할 수 없고, 아시아 · 태평양 지역으로까지 그 틀을 확대시킨 다국간 지역협력에로 그 조류가 크게 변할 것이다.

즉 앞서 지적한 바와 같이 21세기에는 한편으로는 하나의 시장으로 통합되어 가는 세계화가 더욱 진전되는 반면, 다른 한편으로는 지리적 · 문화적 인접성에 기초하여, 지역 국가간 협력을 도모하는 지역화가 진행될 것이다. 이에는 개방된 시장경제를 토대로 국가간 상호협력을 통해서만 세계경제의 지속적 발전이 가능하다는 공통의 인식이 바탕에 깔려 있다.

세계무역은 미주지역, 유럽 및 동아시아 3개국으로 재편되어 가고 있는 추세이지만, 미주지역이나 유럽에는 제도적인 경제통합의 형태가 존재하는 반면(NAFTA, EU 등) 동아시아(특히 동북아시아)에는 각국의 경제협력 및 발전을 위한 경제협정이 체결되지 않은 상태이다. 따라서 21세기 동북아시아에서 다국간 협력의 중요성은 더욱 부각될 것이며 실질적인 결실을 맺기 위한 노력이 가속화될 것이다.

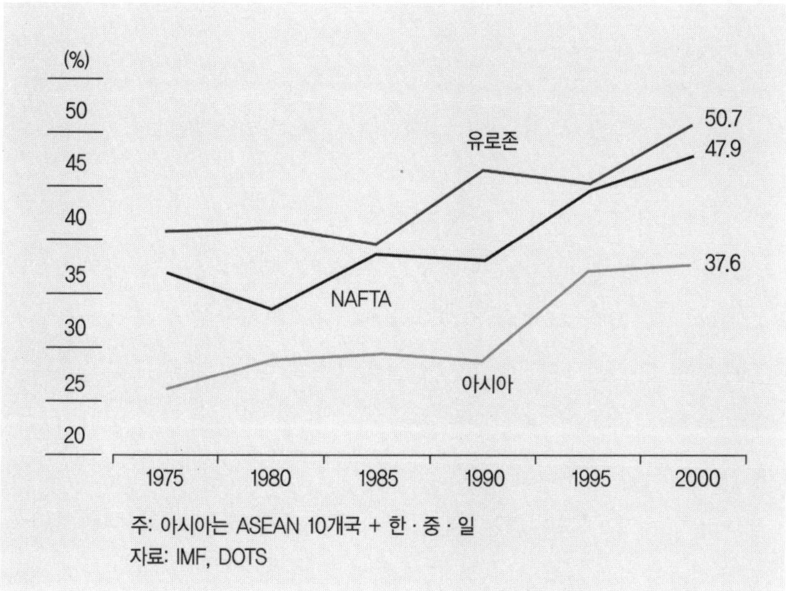

[그림 14-4] 주요 권역별 역내무역 비중 추이

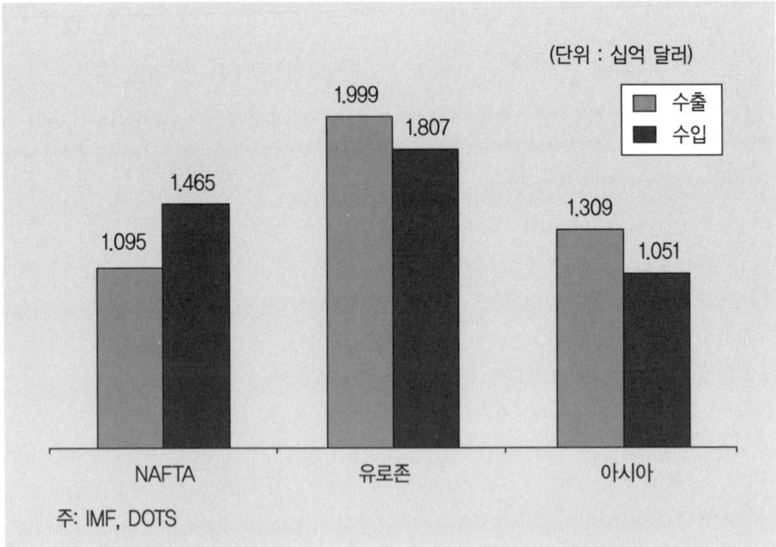

[그림 14-5] 주요 권역별 수출입 규모 비교(2002년)

(2) 동아시아 금융위기로 인한 새로운 인식

동북아 국가와 같이 경제적 연계성이 높은 국가간에는 한 국가의 위기가 결코 당사국만의 문제가 아니므로 유기적 협력체제가 필요하다는 인식의 확산과 아울러 위기의 극복을 위해서는 무역 및 투자의 자유화나 개방화를 통한 지속적인 노력과 더불어 실물경제 및 금융질서의 안정도 필요하다는 인식이 공유되고 있다.

최근의 아시아 금융위기는 위기 당사국들의 현명한 대처 능력뿐만 아니라 국제금융기관들의 신속한 금융지원이 투자가들의 신뢰회복과 당사국들의 위기극복에 매우 중요한 요인이라는 사실을 확인시켜 주었다. 국제금융기관들의 지원이 없었더라면 위기국들의 자기구제 노력과 대처 방법도 크게 효과적이지 못하였을 것이며, 경제회복을 위한 엄청난 비용마련으로 큰 부담을 겪었을 것이다. 그러나, 한편으로, 국제금융기관의 역할이 강조된 반면 IMF 등과 같은 금융기관들의 자금원천은 한정되어 있었고, 때문에 향후 발생할 수 있는 금융위기를 제어하거나 통제할 수 있는 데에 한계가 있다는 인식이 확산되었다. 요컨대 아시아에서 차후에 일어날지도 모르는 금융 · 경제위기를 방지하기 위해 지역적 차원의 금융협력체 구성에 대한 필요성이 증대되면서 이를 위한 공동대응 인식이 심화되고 있다.

또한 동북아 3국(한 · 중 · 일)의 경우는 범세계화와 지역주의라는 경제흐름에 뒤처졌다는 깨달음으로, 3국 간의 미진한 경제협력 수준향상을 위한 역내 교역 활성화와 투자확대의 필요성에 대한 인식도 증대되고 있다.

(4) 선진국 중심의 보호주의 · 지역주의 확산

미국의 무역적자 심화, 유럽연합의 경기회복 지연 등으로 선진국의 보호주의가 강화되고 있는 가운데, Asia 각국은 역내 경기침체로 오히려 선진국 시장에 더욱 의존해야 하는 구조로 되어 있어 Asia 경제가 단기적으로는 더욱 어려워질 가능성을 배제할 수 없다.

따라서 이러한 관점에서 보면 동북아 국가 모두가 지금까지의 경제정책 및 산업정책의 기본 틀을 바꾸어야 하는 시점에 와 있다고 지적할 수 있고, 아울러 해당국 기업간의 상호 보완적 협력구조가 절실하다고 이야기할 수 있다.

이러한 배경 하에 본장에서는 21세기 새로운 시대조류와 관련한 세계경제의 흐름을 살펴보고, 동아시아, 특히 동북아시아에서 경제공동체의 구상과 관련된 제반사항들 – 필요성, 가능성, 실질적인 장애요인 등 – 을 검토할 것이다. 그리고 이로부터 각국에게 이득이 될 수 있는 동북아시아 경제권의 형성이라는 측면을 고찰하고 마지막으로 동북아 경제공동체 형성의 의미를 되새겨 보고자 한다.

Ⅱ. 동북아 경제협력 논의: 왜 동북아시아인가?

경제협력의 필요성 제고

지난 30년간 동북아 국가들은 여타 세계국가들에 비해 약 2배나 빠른 경제성장을 기록하여 왔으며, 동북아 지역의 경제관계는 무역 및 직접투자에 의해서 긴밀하게 연관되어 왔다. 한편 괄목할 만한 경제성장을 통하여 세계 국내총생산과 무역에서 동북아 지역이 차지하는 비중도 유럽연합(EU)이나 북미자유무역지대(NAFTA)와 견줄 수 있을 정도로 성장하였다. 또 동북아 지역의 지리적 여건을 고려할 때 이 지역은 황해 및 동해를 따라 연결되어 있고 동유럽 국가들 및 태평양 연안국들과는 육로를 통해 연결되어 있으므로, 크게 보면 좌향으로는 유럽을, 우향으로는 미주를 연결하는 중심지대로 성장할 수 있는 유리한 지리적 환경을 보유하고 있다.[7] 그러나 이러한 여건에도 불구하고 동북아 지역의 역내 협력은 유럽연합이나 북미자유무역지대에 비하여 훨씬 낮은 수준을 기록하고 있다.

동북아 경제의 핵심축이라 할 수 있는 한국, 일본, 중국 등 동북아 3국은 동북아시아에서 뿐만 아니라 3국 상호간에 있어서도 매우 중요한 교역파트너라 할 수 있지만, 최근 3국간 교역비중이 증가하는 추세에도 불구하고 유럽연합이나 북미자유무역지대의 역내교역 비중에는 미치지 못하고 있다. 동북아 3국의 총 수출 중 이들 3국간에 이루어진 수출비중은 1980년의 10.6%에서 2000년 16.7%로 증가하였으며 수입비중도 1980년 10.3%에서 2000년 24.1%로 증가하였다. 그러나 1997년 기준 주요 지역경제협력체별 역내무역 비중을 살펴보면 유럽연합은 59.8%, 북미자유무역지대는 43.5%를 기록하고 있는 반면, 한국, 중국, 일본의 역내무역 비중은 18.7%에 불과하다.[8]

(단위: %)

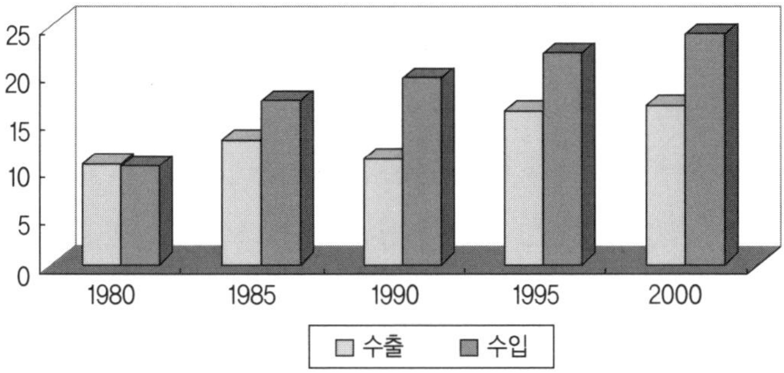

[그림 14-6] 한 · 중 · 일 3국간 무역 비중(단위: %)

(자료) Direction of Trade Statistics(수출 및 수입 매트릭스를 이용), IMF.

〈표 14-12〉 주요 지역경제협력체별 역내무역의 비중

(단위: %)

	1991	1992	1993	1994	1995	1996	1997
APEC	69.5	69.0	70.4	71.7	71.7	71.4	71.1
EU	65.1	65.2	60.6	61.1	58.8	60.8	59.8
NAFTA	38.1	38.8	40.2	41.5	41.1	42.5	43.5
한 · 중 · 일	13.9	14.0	16.3	17.6	18.7	19.2	18.7

(자료) Direction of Trade Statistics(IMF), 대외경제정책연구원.

그러나 2001년 말경에 중국의 WTO 가입이 거의 확실시되어 향후 중국의 개혁 · 개방이 가속화되고 경제의 투명성이 향상될 것으로 예측되는 바 동북아 지역에서의 역내 교역은 크게 증가할 것으로 전망된다.

한편 한 · 중 · 일 3국간 무역 및 투자의 특징을 살펴보면 3국간의 무역관계에서는 특정국이 일방적으로 흑자를 기록하고 있지는 않으며 3국간 투자에서는 전반적으로 3국간 활동이 활발하지 않은 편이다. 무역수지의 경우 한국과 중국의 무역에서는 한국이 흑자를 유지하고 있으며, 한국과

일본의 무역에서는 일본이, 일본과 중국의 무역에서는 중국이 각각 흑자를 실현하고 있다. 투자에 있어서 한국과 일본의 대중국 투자는 미국이나 홍콩 등에 비하여 적은 수준을 기록하고 있으며 중국의 대일본, 혹은 대한국 투자는 극히 미미한 수준이다. 그러나 무역부문에서 특정국이 일방적인 흑자를 기록하지 않고 있다는 현실이 세 나라 사이의 협조관계 구축에 대한 유인을 제공함으로써 동북아 경제협력에 부분적으로 도움이 될 것으로 예상된다.[9)]

〈표 14-13〉 한 · 중 · 일 3국간 무역수지 비교

(백만 달러, 수출기준으로 3국간 매트릭스를 이용)

	한국		일본		중국	
	대일본	대중국	대한국	대중국	대한국	대일본
1991	−7,732	−1,177	7,732	−1,647	1,177	1,647
1992	−6,186	216	6,186	268	−216	−268
1993	−7,628	2,290	7,628	1,571	−2,290	−1,571
1994	−10,838	1,827	10,838	−2,803	−1,827	2,803
1995	−14,204	2,504	14,204	−6,532	−2,504	6,532
1996	−13,367	3,959	13,367	−9,061	−3,959	9,061
1997	−11,317	4,465	11,317	−10,128	−4,465	10,128
1998	−3,138	5,715	3,138	−9,536	−5,715	9,536
1999	−7,226	5,877	7,226	−8,949	−5,877	8,949

(자료) Direction of Trade Statistics, IMF

〈표 14-14〉 중국에 대한 역내 주요국들의 직접투자 추이

(실제기준, 백만 달러, ( )는 비중 [%])

	1984-89	1990-94	1995	1996	1997	1998	누계
한국	-	1,216 (1.5)	1,043 (2.8)	1,358 (3.3)	2,142 (4.7)	1,803 (4.0)	7,562 (2.9)
일본	1,831 (12.9)	5,144 (6.4)	3,108 (8.3)	3,679 (8.8)	4,323 (9.6)	3,400 (7.5)	21,488 (8.1)
홍콩	8,596 (60.8)	49,012 (61.2)	20,060 (53.5)	20,677 (49.6)	20,632 (45.6)	18,508 (40.7)	137,485 (52.0)
총액	14,150	80,141	37,521	41,726	45,257	45,462	264,257

(자료) 중국 대외경제무역연감, 동북아경제연구(2000, Vol 11, No 2)

동북아 경제협력의 역사

공동체를 향한 지금까지의 경위를 간략히 살펴보면 1980년대 중반까지는 이 지역에 중 · 러간, 한 · 중간, 일 · 러간, 북 · 일간에 심각한 정치 군사적 갈등이 존재하여 경제적 협력을 어렵게 했다. 그래서 1985년 고르바초프의 개혁 · 개방정책으로 냉전체제가 종식되고 이로부터 경제협력이 가능하게 되었다.

즉, 1985년에 중 · 러간 장기무역협정과 경제기술협정으로 양국간의 무역이 증가하기 시작했으며, 1989년에는 고르바초프의 중국 방문으로 중 · 러간의 외교정상화가 이루어졌다. 그리고 1990년 한 · 러간의 외교관계가 성립되었고, 1992년에는 한 · 중간 외교관계가 성립되어 투자와 무역이 급격히 성장하기 시작했다.

아울러 1988년 9월에는 니카타에서 "일본해 심포지움"이라는 국제 심포지움이 있었는데, 여기서 처음으로 '동북아 경제권(Northeast Asia

Economic Zone)' 이 공식적으로 제안되게 되었다. 그리고 1988년 10월 니가타에서 EWC(East-West Center) 주체로 "일본해 자원 관리에 관한 국제회의"가 개최되었고 여기에서 동북아 지역협력의 의지를 재확인하게 되었다.

그후 1990년부터 EWC와 동북아 각 지방도시와 연구소가 공동으로 "동북아 경제협력포럼"을 매년 개최해 오고 있다. 1994년부터는 지방정부차원에서 "환동해권 지방정부 지사 · 성장회의"를 개최해 왔고, 중국 길림성, 일본 돗도리현, 러시아 연해주, 대한민국 강원도가 여기에 참여하고 있다. 이러한 제노력에 대한 결과로 마침내 1999년 11월 마닐라에서 열린 ASEAN+3국 정상회담에서 한 · 중 · 일 3국 정상은 경제협력 방안에 관한 국책연구기관 간의 공동연구에 합의하게 된 것이다.

Ⅲ. 그들은 무엇을 원하는가? : 동북아 경제공동체에 대한 주요국의 입장

주요국의 입장

(1) 중국의 입장

중국은 투자 수혜국이라는 관점에서 볼 때 동북아 경제공동체 형성에 적극적이라 볼 수 있다. 왜냐하면 국영기업 개혁 및 구조조정 과정에서 야기되는 실업문제의 해결과 낙후된 서부지역 개발을 위한 사회간접자본 조성에 동북아 경제공동체는 적지 않은 기여를 할 것이기 때문이다. 물론 일차적으로는 일련의 문제해결에 있어서 상당부문이 국가적 내부역량에 의존할 것이지만 동북아 경제공동체 형성이 중국의 문제해결에 부분적으로 득이 될지언정 해가 될 것으로는 생각되지 않는다.

1) 만성적 적자에 시달리는 국유기업

1980년 공업 총생산액의 75%를 차지했던 국유기업의 점유율이 1998년에는 28%로 떨어졌다. 기술생산의 정체보다는 오히려 적자경영과 재정보조에 의존하는 국유기업의 체질이 더 문제라고 할 수 있다. 요컨대, 국유기업 비중의 지속적 하락과 경영적자의 누증이 문제의 핵심이라 할 수 있으며, 국유기업의 개혁을 얼마나 대담하게 진행시켜 나가느냐 하는 것이 중국경제의 최우선 과제라고 할 수 있다.

국유기업 부문의 만성적 적자는 재정 및 금융부문의 부실로 이어져 자원배분의 왜곡을 초래하고 국민경제에도 큰 영향을 미칠 수 있다. 최근 심각한 문제로 대두되고 있는 중국 금융기관의 부실채권 문제도 상당부분 국유기업 부문에 기인하고 있는 바 국유기업의 비효율성 문제는 중국경제가 안고 있는 근원적인 구조문제라 할 수 있다.

따라서 국유기업의 구조적 문제를 일소하기 위한 다방면의 개혁정책이 추진되고 있지만 이를 실천하기란 그렇게 용이하지 않다. 국유기업에 종사하는 노동자 수는 도시 노동자 전체의 67.9%로 기업정리를 할 경우 수천만 명의 실업자가 생기는 것이 개혁의 가장 큰 장애요인으로 작용하고 있기 때문이다.

한편 현재의 대형 국유기업이 노동자들에게 직장뿐만 아니라 주택, 학교, 병원, 오락 등의 시설까지 제공하는 소사회를 형성하고 있기 때문에 부분적인 개혁으로 이들 소사회를 변화시킨다는 것이 결코 용이하지 않다는 점도 주요한 장애요인이 되고 있다.

2) 서부지역 개발 계획

'97년 아시아 금융위기 이후 중국정부는 서부지역에 대한 장기적 발전

전략을 수립할 필요성을 절감하면서 최근 서부지역 개발계획을 적극 추진하고 있다. 추진배경을 살펴보면, ① 경제발전과 더불어 심각해지고 있는 지역 간 격차를 해결하고 서부지역의 에너지, 자원, 농산물을 동부지역과 연계, ② '97년 후반 이후 계속되는 디플레이션에서 벗어나기 위해서는 내수시장의 확대가 긴요, ③ 서부지역에서 계속되는 정치적 불안정 해소를 위해서는 실질적인 서부지역 개발정책이 요구된다는 이 3가지로 요약할 수 있다.

중국정부는 서부개발을 다음과 같은 정책방향을 가지고 추진하고 있다.

① 서부지역의 교통, 통신 등 사회기초시설 건설에 주력 : 도로, 철도, 공항, 천연가스

② 지역개발과 생태환경 보전을 연계하여 추진 : 양자강 상류 및 황하강 중상류의 천연산림을 보호하고 일부 경작지를 산림지로 전환

③ 산업구조조정의 가속화와 경쟁우위산업의 발전 : 영농기계화, 자원의 합리적 개발, 첨단산업 및 관광업 등 3차 산업을 육성

④ 서부지역의 과학기술 및 교육 인프라의 확충 : 서부지역의 군수산업, 과학기술 연구단지로서의 우위를 살펴 과학기술 성과의 산업화를 도모하며, 소수민족의 교육수준을 향상시키기 위해 교육시설을 확충하고 해외의 우수인력을 서부지역에 유치

⑤ 대외개방을 적극적으로 추진하여 외국투자를 유치 : 투자환경 개선 및 각종 외국인투자 유인책을 시행하여 선진외국의 자금, 기술, 관리경험 등을 적극 유치. 또한 개발재원 조달을 위해 정부재정 이외에 외자 및 연해지역 외자기업의 재투자 등 각종 투자주체의 참여 추진

요컨대 중국정부는 당면 과제들을 해결하는 데 있어 외국자본의 역할

에 큰 기대를 걸고 있다. 중국은 국유기업 개혁 등 내부문제 해결이 시급하여 3국간 경제협력에 다소 소홀해질 수 있으나 3국 연구기관간 공동연구 진행에 적극적인 관심을 가지고 있으며, 낙후된 서부지역 개발을 위한 사회간접자본 조성에 대규모 투자가 필요하고 이를 위해 3국간 협력이 필요하다는 사실도 인지하고 있다. 따라서 동북아 경제공동체의 형성에 있어서의 중국정부의 입장이라는 것도 이러한 틀 속에서 조망해 보아야 하지 않을까 여겨진다.

(2) 일본의 입장

일본경제는 소위 거품경제가 붕괴된 이후, 전후 최장의 불황이 계속되어 왔다. 따라서 지금은 이에서 벗어나기 위한 매수진작, 경제전반에 걸친 개혁에 관심이 집중되고 있다고 볼 수 있는데, 그 가운데서도 노후설비의 해소문제와 baby boom 세대의 고령화로 인한 산업인력 부족 현상은 21세기 일본경제를 진단하는 데 있어서 대단히 중요한 문제라 할 수 있다.

1) 노후설비의 해소문제

일본의 경우 경기침체 여파로 기업들이 설비투자를 계속 억제하여 온 결과 제조업 평균 설비연령(vintage)은 '92년 9.3년에서 '97년에는 10.5년 정도로까지 상승하였다. 특히 주변국과의 경합이 치열한 소재산업(철강, 금속제품, 화학제품, 종이펄프)은 설비연령이 12년을 넘어서는 수준까지 이르렀다. 이와 같은 설비연령의 증가에도 불구하고 설비제거율(純제거/자본stock)은 1990년대에 들어 일관되게 저하되고 있다.

산업효율의 제고를 위해서는 노후설비의 폐기를 통해 설비의 평균적인 효율을 향상시켜야 할 것이다. 그러나 노후설비의 폐기에는 상당한 비용이 수반되며, 이러한 비용을 포함하는 신규투자는 당분간 크게 기대하기 어려운 실정이다.

2) 고령화 사회에의 대응

고령화는 비단 인구문제에 국한되는 것이 아니라 향후 일본의 산업, 기업활동, 사회구조 등에 일대 변화를 가져올 중요한 사회현상이다. 특히 일본의 고령화는 그 진행속도가 여타 선진국에 비해 훨씬 빠르다는 데 그 특징이 있으며, 따라서 고령화가 향후 일본의 경제 · 사회에 어떤 영향을 미칠 것이며, 또 어떻게 대응하여야 할지에 대해 많은 이의 관심이 집중되고 있다.

일본경제 연구센터의 연구에 의하면 일본경제의 성장률은 2000~2025년에 1.5%로 하락하며, 그후는 $\frac{1}{2}$정도로 더욱 낮아질 것으로 전망하고 있다. 좀더 구체적으로 살펴보면, 고령화에 따른 가계 저축의 감소와, 재정적자확대가 계속되는 반면, 기술진보에 의해 투자율의 하락이 늦어질 것이기 때문에 2025년 경상수지는 적자로 전환될 것이라는 것이다. 그리고 보육소의 증설 등에 의한 여성취업률 향상, 고령자의 취업 추진 등이 도모된다고 할지라도 일본은 장기적인 노동력 제약을 면하기 어려울 것으로 보고하고 있다. 따라서 이러한 상황 하에서 제조업은 해외직접투자에 의해 자본과 기술을 이전할 것인가 아니면 국외로부터 인적자원을 도입하는 등 외부인재를 활용할 것인가를 둘러싸고 판단의 기로에 서게 될 것으로 전망하고 있다.

이상 노후설비의 해소문제, 고령화 사회에서의 대응이라는 2가지 측면에서 21세기 일본경제의 과제를 살펴보았는데, 따라서 최소 上記의 2가지 측면만 보더라도 일본경제 역시 중국과 마찬가지로 동북아 경제 공동체 형성에 적지 않은 관심을 가질 것으로 여겨진다.

이 외에도 일본은 경제공동체 형성을 통해 또 다른 이득을 얻을 수 있을 것으로 기대하고 있다. 경제공동체 형성과 관련한 공산품 관세의 경우 일본은 이미 충분히 인하한 상태이므로 상대국의 인하가 아직 불충분한 경우에는 상대국의 관세인하를 통해 수출 증가를 기대할 수 있다. 일례로 한일 간 관세인하에 관한 양측의 계측 결과에서 나타난 바에 따르면 일본측에도 이득이 생긴다는 것을 알 수 있다. 또 기타 분야에서 관세인하에 따른 일본시장 개방은 탈보호를 촉진시킨다. 그리고 포괄적 자유무역 협정을 통한 경제공동체의 형성은 지금까지 부진했던 동북아시아뿐만 아니라 북미 및 미주 기업들의 대내 직접투자를 활성화시킬 가능성이 있다. 이 경우 일본의 기업 풍토가 서구화되고, 의사결정 과정에 변화가 유발되는 등 상당한 변화가 나타날 가능성도 조심스럽게 예상할 수 있다.

(3) 한국의 입장

한국 산업은 선진국에 비해 상당한 기술격차, 생산성 격차를 안고 있으며 소수 선도기업조차 사업구조, 핵심역량, 자본축적(재무구조), 세계화 등에서 세계선도 기업군에 비해서 현저한 차이를 보이고 있다. 다시 말해, 전자, 자동차 등 일부 부문의 일부 기업을 제외한 대부분의 한국기업은 선진기업과 직접적으로 경쟁할 수 있는 국제적 경쟁력을 갖추고 있지 못한 실정이다. 이러한 한국산업의 선진국에 대한 상대적 낙후성은 단적으로 상품구성 및 부가가치창출을 위한 경제활동 구조의 차이에 비추어 설명될 수 있다. [그림 14-8]에서 보듯이, 선진국이 상품기획 · 응용기술연구 등 가치연쇄(value-chain)상의 고부가 활동과 고부가 제품 중심의 구조임에 반해 한국의 경우, 제품의 개량 · 개선, 생산 등 저부가 활동과 중저가 제품 중심의 구조를 갖고 있다고 볼 수 있다.[10)]

그러나, 한국산업과 기업의 향후 발전과정을 전망하기 위해서는 지식집약화와 기술혁신에 대한 한국 기업들의 近年의 노력과 성과를 종합적으로 고려할 필요가 있다. 특히 주목할 필요가 있는 요인은 다국적 기업의 동아시아 전략과 관련한 한국의 입지우위이다. 왜냐하면 지식집약형 산업발전과 고소득의 고용창출 수단으로서 다국적 기업 유치를 둘러싼 국가간 경쟁이 가속화되고 있는 전세계적인 상황에서 다국적 기업 유치에 관한 한국의 입지여건은 매우 양호한 것으로 평가되기 때문이다.

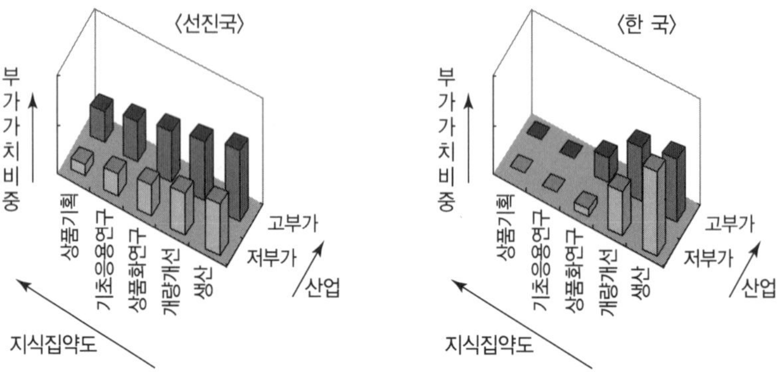

[그림 14-7] 지식집약화의 격차와 산업기술 발전과정 : 개념도

아시아 지역에 대한 FDI는 지난 80년 중반 이래 이미 지속적으로 확장되어 왔으며, 아시아내 지역내 무역(intra-regional trade) 비중 또한 급상승하고 있다. 향후 아시아 지역이 미주, 유럽시장을 상회하는 세계 최대의 경제권으로 계속 성장해 나감에 따라 아시아의 지역내 무역이 앞으로도 계속 늘어나고 아시아의 '지역분업체제'가 중간재, 자본재 및 중고가 소비제품을 중심으로 본격적으로 확장 · 심화되어 갈 것이며, 그만큼 범세계적 사업합리화를 추구하는 구미선진업체의 아시아 진출 노력이 가속화될 것으로 예견된다. 특히 거대 중국시장이 위치한 동북아 지역에

대한 구미기업들의 관심이 더욱 높아질 것으로 보이는데, 이들 기업들 모두 제품개발, 생산, A/S 등을 자신들의 비핵심 사업부문을 담당할 지역 내 협력업체나 거점을 필요로 한다는 것이 한국이 지니고 있는 입지 잠재력의 요체이다.

따라서 동북아의 지정학적 위치를 이용한 교통, 물류, 정보, 문화, 관광의 중심지로의 국가발전전략의 탈바꿈이 필요한 현시점에서 동북아 경제공동체의 결성은 한국으로서는 대단히 매력적인 전략이 될 수 있다. 아울러 한국은 이를 통해 동북아 지역의 정치적 안정과 한반도 평화정착을 꾀할 수도 있을 것이다.

또 한국은 과거에 자국이 작은 나라라는 것을 충분히 자각하고, 세계시장에 과감히 뛰어들어 활로를 찾아내려 했으며, 그것은 일단 성공을 거두었다. 그러나 그 결과 자국 내에서의 수요를 크게 상회하는 생산능력을 보유하게 되었고, 세계경제에서 한국의 비중 확대와 함께, 타국에 재화를 판매하는 과정에서 수입 상대국과의 마찰을 더 이상 피할 수 없게 되었다. 따라서 협소한 국내시장 환경을 극복하고 상대국들과의 원활하고 지속적인 관계유지를 위한 필요성이 대두되었고, 이를 위한 해결책으로서 몇 개 나라와의 경제협력협정(가령 자유무역 협정) 체결은 매우 효과적인 방법이 될 수 있을 것이다. 이를 통해 한국은 자국 시장 확대와 같은 효과를 향유할 수 있으며 향후 지속적인 협력의 발판을 마련할 수 있을 것이다.[11)12)]

동북아 경제 공동체의 형성 가능성

앞에서 살펴본 21세기 세계경제 환경의 변화와 동북아시아의 시대조류를 고려할 때 향후 블록화 현상은 더욱 확대될 것으로 예상되며, 동북아시아에서도 협력체 형성의 필요성에 대한 인식이 돈독해질 것으로 전망된다. 현재 자유무역협정(FTA) 등 지역협정만도 170여 개에 달하는데, 이는 10년 사이에 두 배로 증가한 수치이며 2005년에는 220여 개로 늘어날 것으로 예측된다. 요컨대 블록화는 이제 보편적인 현상으로 인식되고 있다. EU의 경우 내년(2002)부터 단일 유로화를 유통시키는데 프랑스, 독일 등 12개 국가에서 현지화폐로 교환할 필요없이 유로화로 모든 거래가 가능해짐으로써 국가공동체 형성에 한 걸음 더 가까이 다가가게 된다.

이러한 추세에 발맞추어 동북아 지역에서도 최근 들어 국가간 경제협력의 폭을 확대하고 경제적 결속을 강화할 수 있는 환경적 요건들이 점차 충족되어 가고 있다. 그러나 현재까지 통합을 촉진시키는 요인들이 유기적이고 밀도 있는 지역공동체를 결성할 수 있는 충분조건으로 발전하지는 못하였다.

그렇지만 이것이 이 지역에서 경제 공동체 형성이 불가능하다는 것을 의미하는 것은 아니다. 통합의 장벽인 체제 및 경제발전단계 격차도 사회주의 국가들의 개혁 · 개방정책으로 부분적으로 완화되고 있으며 앞에서 언급한 것처럼, 동북아시아 각국들이 경제공동체 형성의 필요성에 대해 어느 정도 같은 인식을 공유하고 있기 때문이다. 비록 적극적 통합모형의 경제공동체를 이끌어내기에는 어려움이 따르겠지만 기능적으로 상호의 무부담이 적은 비제약적 경제협력의 범위 내에서 출발하여 유연성 있게 발전시켜 나간다면 향후 이를 토대로 동북아 지역공동체의 형성도 가능하리라고 전망된다. 이하에서는 지금까지 살펴본 논의를 배경으로 동북아 경제공동체 구상이라는 측면을 검토하도록 한다.

참고 : 동북아 국가들의 비교우위 비교

동북아 공동체 형성이라는 측면에서 동북아 국가들의 상호보완성 및 상호경쟁력을 조망해 보는 것도 의미 있는 주제가 될 수 있다. 이를 위해 동북아 국가들의 비교우위를 간략히 살펴보면 다음과 같다. (동태적 비교우위의 개념을 동북아 국가들(남북한, 일본, 중국, 홍콩, 대만, 러시아, 몽골)에 대해 적용 – 1989~1996년간의 국제표준무역 3단위를 이용).

① 한국, 중국, 홍콩, 대만은 비교우위지수의 구조면에서 아주 유사한 면이 많으나 일본은 여타 동북아국가들과 아주 다른 비교우위지수의 구조를 가지고 있음.

② 중국이 비교우위를 가지고 있는 공산품 중에서 비교우위가 빠르게 증가하고 있는 제품은 대개가 경공업제품과 약간의 기술과 얼마간의 숙련을 필요로 하는 중공업제품임.

③ 한국이 비교우위를 가지고 있는 공산품 중에서 비교우위지수가 빠르게 증가하는 제품들은 선진기술은 필요하지 않으나 약간의 기술과 숙련이 요구되는 중화학제품임. 한국에서 비교우위가 빠르게 감소하는 제품들은 중국에서 비교우위가 큰 품목들임.

④ 일본은 특수산업용기계와 같이 과학기술과 정밀성이 요구되는 자본집약적 제품에 비교우위가 있음. 일본이 비교우위가 있는 공산품들 중에서 비교우위가 증가하고 있는 대개의 품목들은 자본집약적이고 기술집약적이며, 비교우위가 감소하고 있는 대개의 품목들은 기술이 덜 요구되지만 약간의 숙련과 정밀성이 요구되는 부문임.

⑤ 홍콩과 대만에서 비교우위가 있는 제품들의 대부분은 국제시장에서 한국제품과 크게 경쟁하고 있음.

⑥ 북한이 비교우위를 가지는 공산품들 중에서 비교우위가 증가하고 있는 품목들은 한국과 중국에서 생산되는 품목들의 비교우위가 감소하는 품목들임.

⑦ 러시아가 비교우위를 가지고 있는 품목들 중에서 20개 품목은 비교우위가 증가하고 6개 품목은 비교우위가 감소하고 있음.

⑧ 몽골이 비교우위를 가지고 있는 품목들 중에서 9개 품목은 비교우위가 증가하고 2개 품목은 비교우위가 감소하고 있음.

강정모 · 김화섭(2000), "동북아시아 경제통합 현황과 전망", 동북아경제연구 Vol 11, No 2에서 인용

3. 동북아 경제공동체의 장애요인

하지만 동북아 경제공동체를 향한 이러한 움직임도 그 내부를 들여다 보면 적지 않은 어려움을 내포하고 있다는 것을 알 수 있다.[13] 그 가운데 중요한 몇 가지를 지적하면 다음과 같다.

(1) 냉전시대의 유물

주지하는 바와 같이 북한은 동북아 지역 내 정치 · 군사적 긴장을 야기시킴으로써 동북아 경제협력의 결정적 장애요인으로 남아 있다. 그리고 일 · 러간 북방도서문제, 일본의 과거사 문제, 양안관계 등 정치적 분쟁사안이 상존하고 있다는 것도 공동체 형성에 있어서의 주요한 장애요인이다. 특히 최근에는 일본의 교과서 문제가 대두되면서 한국과 중국의 對일본 외교관계가 악화될 가능성도 있다.

(2) 정치 · 경제 제도상의 차이

정치와 경제제도의 유사성은 경제적 통합을 보다 수월하게 이행하는데 중요한 요인이다. 기본적인 제도적 구도가 유사한 경우 통합에 있어서 이데올로기적인 문제를 제거하고 통합과 관련된 제도적 기반을 구성하는데 보다 많은 시간과 노력을 절약할 수 있기 때문이다. 그러나 동북아시아의 경우 매우 다양한 정치 · 경제 제도가 존립해 있다. 한국과 일본은 자본주의 시장경제체제를 유지하고 있는 반면, 북한은 여전히 사회주의 체제를 유지하고 있고 중국, 러시아, 몽고는 계획경제체제에서 시장경제로의 전환기에 있다고 볼 수 있는데, 이것 역시 공동체 형성에는 적지 않은 장애요인으로 작용한다고 볼 수 있다.

(3) 발전단계와 경제력의 차이

일반적으로 발전단계의 격차가 작고, 경제규모가 비슷한 나라들 사이에서 통합이 이루어지는 경우가 많은데 비해, 동북아 지역은 국가간 경제발전 정도가 세계 어느 지역보다 격차가 심하다. 즉 평균소득수준을 기준으로 볼 때 EU 내의 소득격차는 1 對 3 수준이고, NAFTA에서 미국과 멕시코의 소득격차는 1 對 10 정도 수준인데 반해, 동북아 지역에서의 소득격차는 1 對 30~50 이상을 기록하고 있다. 동북아 지역은 세계 최선진국인 일본, 중진국인 한국, 후진 그룹인 러시아 극동지역, 북한, 몽고, 중국 동북지역 등 매우 다양한 경제발전 단계를 나타내고 있다.

(4) 미국의 반대[14)]

한 · 중 · 일 경제협력에 대한 또 하나의 강력한 장애요인은 미국의 반대이다. 미국은 지금껏 동아시아 국가들만의 지역 경제공동체 건설에 반대의사를 표명해왔으며, 특히 동아시아 지역의 강대국이라 할 수 있는 중국과 일본이 참여하는 경제공동체 건설에 거부감을 나타내고 있다. 물론 미국의 반대입장 표명은 자국의 이익과 관련이 있다. 즉, 한 · 중 · 일이 참여하는 경제공동체 건설이 이루어진다면 미국의 영향력을 약화시키고 미국의 경쟁세력으로 성장할 가능성이 높기 때문에 미국은 이에 대해 부정적인 입장을 나타내고 있는 것이다. 또 현실적으로 미국이 동아시아 지역공동체의 결성을 반대하는 한 그것의 실현 가능성은 매우 낮을 수밖에 없을 것이다.

(5) 리더십 부재[15)]

현실적으로 동북아시아 경제공동체의 건설이 어려운 또 다른 이유는 리더십 부재에 있다. 동북아시아 각국들은 서로 다른 경제 · 정치 상황에 직면해 있는 만큼 각국이 가지는 이해관계도 상이하다. 따라서 동북아시아 경제공동체 건설을 위해서는 각국의 상이한 이해관계를 효과적으로 조율하고 각국의 합의를 이끌어낼 수 있는 리더십이 필요하지만 현재로서는 이를 담당할 만한 선도적인 리더십이 결여되어 있다. 일본은 경제적으로 강대하나 정치 · 군사적으로 취약하고 중국은 군사적으로 강대하나 경제적으로는 아직 미흡하며, 한국의 경우 '지적 리더십'이 한 · 중 · 일 경제협력에 부분적으로는 기여할 수 있겠지만 그 효과는 제한적일 수밖에 없을 것이다.

하지만, 한편으로, 경제공동체 형성의 필요성 또한 적지 않게 제기되고 있다. 동북아 경제공동체의 중심축이라 할 수 있는 한 · 중 · 일 3국만 보더라도 3국간 부존 요소의 높은 보완성을 지적할 수 있으며, 앞에서도 살펴본 것처럼 3국간 무역비중도 점점 증대하고 있다. 즉 일본은 해외투자와 산업의 해외이전을 필요로 하고 중국은 광대한 잠재시장과 투자수요를 가지고 있으며, 한국은 생산기술과 개발경험을 가지고 있으므로 경제공동체 형성을 통한 3국간 경제협력의 필요성이 매우 높다 하겠다. 뿐만 아니라 경제공동체 형성은 부분적으로 이 지역의 정치적 긴장단계를 완화하고, 지역 내 분쟁을 억제하는 역할도 수행할 것이다. 아울러 변화하는 21세기 경제환경 변화에 적절히 대응하고 국제사회에서의 발언권 강화와 협상력 고양에도 기여할 것으로 기대된다. 요컨대 동북아시아 경제공동체의 필요성에 관한 논의는 각국이 처한 현실과 입장을 검토함으로써 자연스럽게 도출될 수 있다.

Ⅳ. 동북아 경제공동체의 구상 : 어떻게 할 것인가?

(1) 동북아 경제공동체의 기본 구도

동북아 경제공동체는 유럽 경제공동체와는 달리 광대한 후진지역이 존재하기 때문에 이들 지역에 대한 배려가 필요하다. 왜냐하면 유럽 경제공동체는 회원국들이 국경을 철폐함으로써 각국 시장을 통합, 그 결과 생겨난 대시장의 이익을 재생산에 활용하는 데 주안점이 주어졌다면, 동북아 경제공동체는 기본적으로 경제건설을 위한 공동체라 할 수 있고 그것이 성공하게 되면 대시장으로의 발전으로 연결시키자는 구상이기 때문이다. 사실 SOC 건설이 선행되지 않고는 설령 국경이 없어졌다 하더라도 시장형성은 불가능하다. 철도, 도로, 전력 · 항만 등의 사업이 초기 사업으로 적합하다고 여겨진다. 이렇게 하면 광대한 지역을 자본이 없다는 이유만으로 방치되고 있는 비효율을 회원국들의 협력으로 극복할 수 있다. 그리고 이 SOC 건설 작업이 성공하게 되면 통신을 위시한 경제 전 분야로 그 협력범위를 확대해야 할 것이다.[16) 17)]

말하자면 동북아 경제공동체는 여타지역의 경제통합과는 달리 일반적인 통합여건이 성숙되어 사후적으로 결속되는 경제공동체가 아니다. 이것은 지역을 둘러싼 국제정치, 경제환경의 변화와 함께 통합 이후의 기대이익, 특히 개발이익을 예상하여 추진되는 경제협력체의 성격과 유사하다. 동시에 이를 통한 다각협력체제의 구축이, 오히려, 지역제국 간 경제통합의 여건을 성숙시켜 주는, 역순의 경제통합 과정이 더 용이한 경제공동체 구상이라고 할 수 있다. 따라서 동북아 지역에서의 경제공동체 논의는 현재의 여건을 기반으로 정태적인 환경에서 그 통합과정을 모색할 것이 아니라 장기적이고 동태적 과정을 통해 보다 완전한 형태의 다각적 공동체제로 접근해 나가는 전략이 필요하다. 우선 개발프로젝트 중심의 임의의 (그렇지만 파급효과가 기대되는) 단순 협력체제로부터 출발하여 상호간 개발 이익이 가시화되고 그로 인해 교역증진과 상호의존의 폭이 더욱 확대되면, 어느 정도 제도적 정립이 가능한 경제공동체를 구성하되 이후에 내부결속도가 더욱 심화된 제도적 통합으로 발전해 갈 수 있는 가변성을 상정할 수 있는 것이다.[18] EC나 NAFTA 등의 경제협정이 일시에 일정한 형태의 제도적 통합을 결성한 것에 비해 동북아 경제권은 역내 경제의 구조적 특성상 단계적 접근이 필요하며 이러한 시각에서 볼 때 동북아 경제공동체는 동태적이며 가변적 기능을 가진 협력체로 구상하는 것이 바람직하다.

(2) 동북아 경제공동체의 추진방향 – 한 · 중 · 일 경제공동체 구상

현실적으로 동북아 경제공동체의 시발은 한 · 중 · 일 3국간 공동체 구상으로부터 생각해 볼 수 있다. 물론 동북아 경제공동체는 한 · 중 · 일 3국뿐만 아니라 이 지역의 모든 국가들이 참여하는 형태가 바람직할 것이며 궁극적으로는 이러한 형태를 지향하게 될 것이지만, 경제협력에 대한 기반이 충실하지 못한 현상황에서 처음부터 이를 염두에 두는 일은 자칫 사상누각에 불과할 수 있다. 따라서 여러 가지 정치 · 안보적인 차원의 어려움을 감안할 때 우선은 한 · 중 · 일 3국간 경제통합을 추진하고 추후에 다른 여건을 감안하여 주변국들의 참여를 유도하는 것이 현실적인 대안이라고 할 수 있다.

그러나 한 · 중 · 일 3국간의 경제통합 문제도 간단한 사항이 아니며 당장 이를 실현하는 데는 무리가 따르는 바 장기적인 관점에서 추진되어야 할 것이다. 앞에서도 언급한 것처럼 유럽연합이나 북미자유무역지대와 같이 경제공동체가 일시에 제도적으로 완성되는 것은 불가능하므로, 현실적으로 실현 가능한 공동의 관심사나 개발프로젝트에 공동으로 참여함

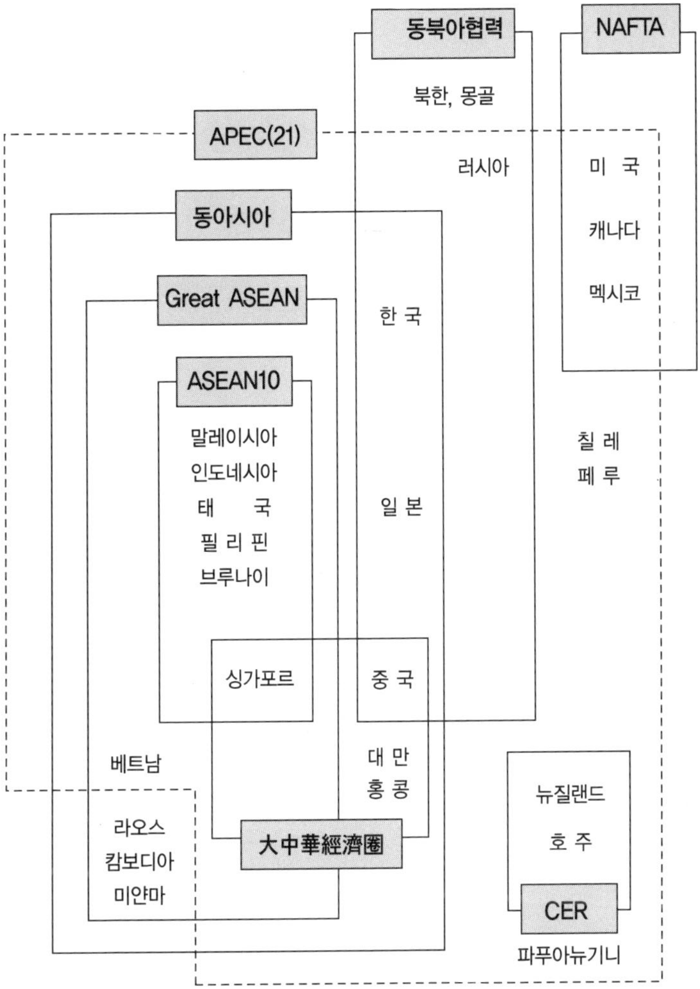

[그림 14-8] 아시아 · 태평양 경제협력체의 구도
(자료) "동아시아 FTA의 산업별 영향과 대응방향", 2002년 대외경제정책연구원

으로써 기반을 마련한 뒤 공동체 결성에 박차를 가하는 단계적인 전략이 필요할 것이다. 따라서 맨 첫 단계는 3국이 공동의 관심을 가지고 실질적

으로 참여 가능하며 장기적으로는 경제공동체 형성이 도움이 될 수 있는 프로젝트를 선별하여 이를 추진해 나가는 것이라 할 수 있다. 이를 위해서 먼저 한 · 중 · 일 3국간에 공동연구 협의기관을 구성하여 경제협력 증진방안과 실행 가능한 프로젝트를 검토할 필요가 있다. 1999년 11월에 마닐라에서 열린 ASEAN+한중일 회의에서 한 · 중 · 일 3국간 공동연구에 대한 필요성을 확인하고 이에 합의한 바 있으나 동 연구가 일회성에 그칠 가능성을 배제할 수 없으며 아직까지 큰 성과를 거두지 못하고 있는 실정이다. 따라서 본 공동연구를 상설화할 수 있는 컨소시엄 형태의 공동연구 협의기관을 구성하여 3국간 실행 가능한 프로젝트 선정 및 경제협력 증진에 박차를 가할 필요가 있으며 장기적으로는 경제공동체 구상에 있어서 씽크 탱크(think tank)로서의 역할을 다할 수 있도록 구성할 필요가 있다. 한 · 중 · 일 3국간 공동의 협력방안을 모색할 수 있는 부문으로서 정보통신, 교통 · 물류, 에너지, 환경, 농업 등에서의 협력방안을 상정할 수 있다[19].

경제공동체 구상

한편 경제공동체 구상과 관련한 추진 주체에 대해서도 논의할 필요가 있다. 제도적인 경제공동체 형성을 위한 준비단계에서 3국간 협력사업을 추진할 수 있는 주체단위는 크게 3부문으로 구분할 수 있다. 중앙정부, 지방정부, 민간 등이 그것으로서 초기에는 중앙정부 차원의 협력사업보다 지방정부나 민간차원의 경제협력이 보다 활발하고 수월하게 진행될 수 있을 것이다. 3국간에 체제나 제도, 환경이 서로 다른 현실에서 중앙정부 간 경제협력에 관한 합의를 이끌어내기에는 다소 많은 시간이 소요될 뿐만 아니라 많은 난관에 직면할 것으로 예상되기 때문에 다소 융통성 있는 민간주체나 지방정부 차원에서 3국간 협력 도출이 보다 원활할 것으로 예상된다. 실제로도 지방정부 차원에서는 동아시아 도시경제회의(초기 6개 도시에서 8개 도시로 확대), 환황해권 광역자치단체 협의체, 동북아 기계산업벨트 협의체 등이 실행되거나 추진 중에 있다. 따라서 처음에는 민간이나 지방정부 주체로 3국간 경제협력을 확대하여 분위기를 조성하는 것이 필요하다.

그러나 주의해야 할 점은 궁극적으로 중앙정부 간 경제협력에 대한 합의가 반드시 필요하다는 것이다. 자유무역지대 협정과 같은 경제공동체를 제도적으로 구축하기 위해서는 협상과정에서부터 협정문 작성에 이르기까지(역내 국가 간 기술적, 제도적, 재정적 장벽을 제거하기 위한 협정, 역외 공동대응 정책에 관한 협상, 생산요소 간 이동에 관한 협정 등) 정부의 개입을 필요로 하기 때문에 주체로서 중앙정부 간 경제협력은 경제공동체 형성을 위한 밑거름으로서 대단히 중요하다. 또한 중앙정부 간 경제협력은 지방정부나 민간부문의 경제협력에도 적지 않은 영향을 미칠 수 있으며, 그런 의미에서 중앙정부의 확약(commitment)이 매우 중요하다. 중앙정부 차원에서 3국간 경제협력에 대한 구체적인 의지표명이나 개발프로젝트의 진행은 지방정부와 민간부문에게 3국간 경제협력에 대한 지속 가능성을 확인시켜 줄 수 있으므로 지방정부 및 민간부문의 경제협력을 확대시킬 수 있으며, 결과적으로 이는 중앙정부 부문에서 경제협력의 폭을 넓힐 수 있는 여건을 조성하게 될 것이다. 요컨대 추진 주체로서 중앙정부, 지방정부, 민간부문은 상호 보완적인 역할을 수행하며 유기적으로 운영되어야 할 것이다.

한편 앞에서는 경제공동체 결성과 관련한 경제분야의 활동에 관하여 논의하였는데 실제적으로 경제협력이 결실을 맺기 위해서는 정치부문의 조율이 절실히 요구된다. 맨스필드(Mansfield)는 자유무역지대와 같은 경제공동체의 형성은 실제적으로 정치 · 군사적 동맹국 간에만 가능하다고 언급할 정도로 경제협력에 있어서 정치적 문제의 중요성을 강조하였는데, 이를 전적으로 수용하지는 않더라도 동북아시아에서 정치부문의 갈등 해결이 실질적인 경제공동체를 구상에 있어 매우 중요한 이슈로 작용할 수 있다는 사실을 배제하기는 어려울 것이다. 요컨대 중국의 경우 개혁 · 개방정책과 사회주의 시장경제를 표방하며 과거의 극단적인 사회주의 성향이 많이 희석화되기는 하였지만 여전히 공산주의 정치체제를 유지하고 있으며 일본은 과거 군국주의 역사로 인해 근린 국가들로부터 충분한 신뢰를 받지 못하고 있는 실정이다. 최근에는 교과서 왜곡문제로 한 · 중 · 일 3국간 관계가 오히려 악화될 가능성도 배제할 수 없다. 이러한 현실에서 3국간 경제협력, 더 나아가 3국간 경제공동체 구성이라고 하는 목표는 전도가 요원할 수도 있다. 따라서, 이러한 측면에서, 경제공동체 형성이라는 측면은 비단 경제협력 분야뿐만 아니라 정치부문에서도 3국간 갈등을 조율하고 이를 효과적으로 해결할 수 있는 우호분위기 조성을 검토할 필요가 있다. 이를 위해 3국간 정치협의기구를 만들 필요가 있는데, 일단 정치협의기구가 만들어지면 3국간 마찰을 조정할 수 있는 채널로 활용하여 국가간 우호를 증대시키고 경제협력을 가속화할 수 있는 정치적 여건을 조성하여야 할 것이다. 그리고 궁극적으로는 경제공동체 협정을 체결하는 기반을 마련하고 이를 실행시킬 수 있는 중심 기구로서의 역할을 담당해야 할 것이다.

요컨대 동북아 경제공동체 기반을 위한 한 · 중 · 일 3국간 경제공동체 구상은 장기적인 시각을 가지고 추진되어야 할 것이며, 중앙정부, 지방정부, 민간주체들의 상호 보완적인 노력을 수반하는 실행 가능한 협력사업으로부터 출발하여야 할 것이다. 그리고 궁극적으로는 3국간 갈등해소와 우호증진을 도모하기 위한 정치협력기구를 창설하여 정치적 갈등해소 및 협력방안을 모색하고 여기에 기존에 진행되고 있던 경제협력을 제도적으로 결합시킴으로써 한 · 중 · 일 경제공동체라는 구상을 완성시킬 수 있을 것이다.

(1) 동북아 경제공동체의 발전방향

일단 한 · 중 · 일 3국간 경제공동체가 건설되면 그 폭을 대만, 홍콩 등 기타 동북아시아 국가들로 확대하여 명실상부한 동북아 경제공동체를 완성할 수 있을 것이다. 동북아 경제공동체의 구축과정은 한 · 중 · 일 경제협력체 구성을 통해 획득한 노하우를 적절히 활용할 수 있으므로 시행착오를 줄일 수 있을 것으로 기대된다.

다만, 동북아 국가들의 대부분이 참여하게 되는 동북아 경제공동체의 경우 나라마다 직면한 정치 · 경제상황이 더욱 상이하게 분포할 것이므로 이를 미세조정(fine-tuning)할 수 있는 노력이 요구된다. 동북아 경제공동체의 합리적 운영을 위해 각국별로 상이한 상품에 대한 규격의 통일이 이루어져야 하고, 동북아 경제공동체 운영을 위한 관료들의 교육기관 설립, 교육시스템 정비를 통해 각국 고등교육의 수준을 균등화시키는 노력들도 필요하다. 이러한 제 노력들은 궁극적으로는 회원국 내 노동시장 완전개방을 목표로 하는데, 이렇게 되면 임금의 균일화로 인해 저렴한 노동력을 이용한 무역은 사라지게 될 것이다.

유럽 경제공동체가 성공한 결과 유럽연합이 탄생한 것과 같이, 동북아 경제공동체도 성공하게 되면 경제부문 이외의 부문까지도 포함하는 종합공동체로 확대 · 발전될 것이다.

왜냐하면 생활풍습, 종교, 문화 등에 있어서는 그 선택이 완전 자유지만 공동체의 역사가 길어지면 자연발생적으로 회원국들의 풍습, 습관 등이 융합되면서 공동체 특유의 문화가 형성될 것이기 때문이다. 유럽경제공동체의 경우 물자와 사람의 교류가 대폭 증가하면서, 문화도 교류하게 되었고 그 결과, 문화는 자연스럽게 혼합되어 일반화되고 있다.

아울러 공동체 역사의 장기화는 국제결혼의 증가와 함께 혼혈의 비율도 크게 늘어날 것이다. 그 결과 지금까지의 민족의식이라는 벽이 허물어지면서 동북아시아 회원국들을 포괄하는 광역민족 의식이 점차 증가할 것이다. 이렇게 해서 동북아 경제공동체라는 경제공동체가 하나의 공동사회를 준비하게 되는 것이다.[20]

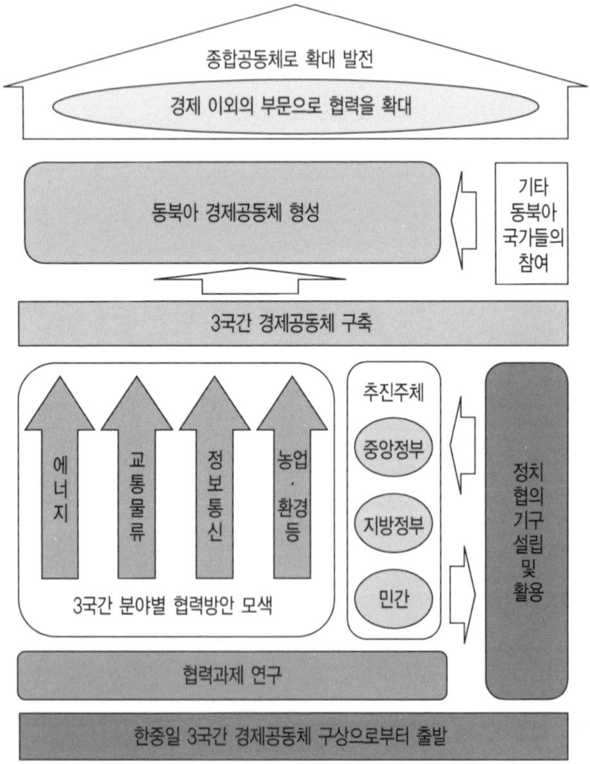

[그림 14-9] 동북아 경제공동체 구상

V. 동북아 경제공동체와 Win-Win 게임

21세기에는 세계와 국가의 사이에는 국가보다는 크고, 세계보다는 작은 국가연합체의 형성이 가속화될 것이다. 현재에는 유년기를 거쳐 소년기에 돌입하고 있는 유럽연합체(EU)가 존재하고 있는데, 교통, 운수, 의사전달 기술의 발달로 인해 이러한 경향은 더욱더 가속화될 것으로 전망된다. 아울러 UN도 지금과 같은 각국 단위의 UN이 아닌 EU, AU(Asian Union) 등을 기초로 한 연합체 단위로 재편될 것이다.

따라서 시대의 조류에 부응하여 아시아 특히 동북아시아에서도 EU와 같은 공동체가 결성될 필요가 있다. 일본, 중국, 한반도, 대만 등을 포함한 동북아시아는 역사적 · 문화적으로 가깝고, 인종적으로도 가까운 이웃나라이므로 공동작업을 하기에 용이하다. 아울러 지금과 같은 발달된 교통(운수와 통신)과 생산력 아래에서는 동북아시아 각국의 영토만으로는 지나치게 좁을 뿐 아니라 기술이 발달하게 되면 보다 넓은 국토에 적합한 국경을 초월한 경제통합이 이루어지고, 그것은 더 나아가 통합된 지역 내 제민족의 문화적 통합(상호이해)을 초래하고, 궁극적으로는 정치적 통합으로까지 발전하게 된다.

뿐만 아니라 동북아 경제공동체의 형성은 시대적 조류임과 동시에 해당국 모두의 필요사항이기도 하다. 왜냐하면 동북아 경제공동체의 형성은 동북아 각국에 있어서 Win-Win 게임이기 때문이다. 먼저 일본의 관점에서 보면 불황에 허덕이는 일본이 재정정책이나 화폐정책과 같은 부분적인 수술로 경기회복을 꾀할 수는 있지만, 현재의 일본은 이러한 방식으로 치유되기에는 불가능할 정도로 중병을 앓고 있다.(심각한 인구의 고령화 등). 대대적인 조직혁신(Organizational Innovation)이 필요한 시기이자 외부 국가들과의 협력이 절실히 요구되는 시점이다.

중국 역시 현재는 외국의 私的資本에 대한 개방에 치중하고 있으나 그 성과는 기대에 못 미치고 있다. 즉 중국이 기대하는 경제건설을 위한 기초산업에 대한 투자가 미비하다. 따라서 장기적인 관점에서 산업자본을 유치하고 당면과제들을 해결하기 위해 근린국들과의 밀접한 협력관계가 요구된다.

한국은 IMF 사태라는 급박한 유동성 위기로부터 벗어난듯 하나, 여전히 폐쇄적 국민성, 고실업, 빈약한 첨단산업기반 등으로 인해 21세기 한국경제의 청사진이 불투명하다. 아울러 남북한 간의 대치국면의 장기화 역시 한반도 정세를 극히 불안하게 하고 있다. 따라서 새로운 노동수요 창출, 첨단기술 개발, 남북한 간 긴장 완화 등이 그 어느 때보다 절실한 시점이다.

아울러 이 지역은 자원과 노동, 자본과 기술이 각각 서로 다른 국가로 偏在되어 있기 때문에 一國 내에서 사업을 추진하기보다 상호협력하는 것이 사업의 효율성을 훨씬 높일 수 있다. 그래서 동북아 경제공동체의 결성은 이 지역의 경제성장의 기본조건이라 할 수 있다.

동북아 경제공동체의 결성[21)], 그리고 더 나아가 동북아 공동체의 결성은 비록 상이한 정치 · 경제 제도를 위시한 수많은 난제를 안고 있긴 하지만, 이의 실행은 피로 얼룩진 이 지역의 역사에 대한 종말을 의미함과 아울러 21세기를 맞이해 지금 우리가 할 수 있는 가장 값진 일임과 동시에 반드시 해야만 하는 일이기도 하다.

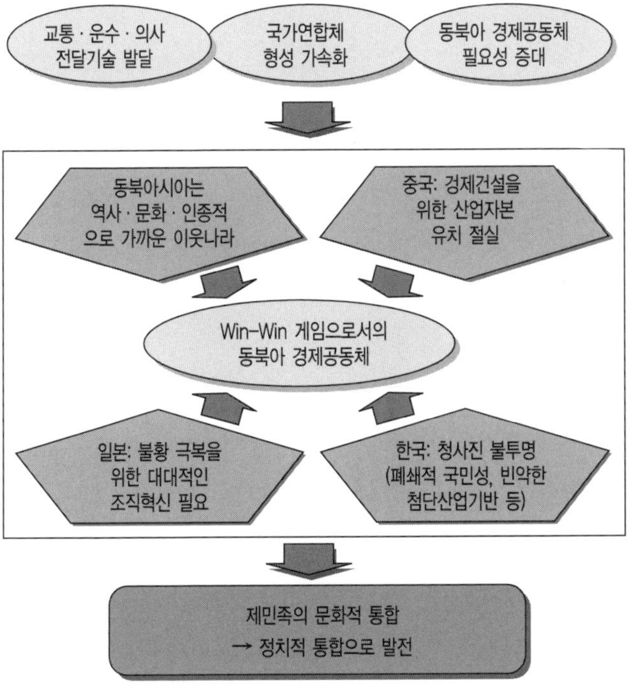

[그림 14-10] Win-Win 게임으로서의 동북아 경제공동체 조망

박정동(朴貞東)

한국과 중국의 문화적 차이

한국인들은 중국인과 한국인의 차이점보다는 두 나라의 문화적 유사성에 더 많은 관심을 보이는 것 같다. 학자들 역시 양국에 유사한 사회문화적 기반이 있다고 인식하여 '한자 문화권', '유교 문화권', '아시아적 가치' 등의 개념 속에 두 나라를 당연하게 포함시키고 있다. 또한 서양에서 '유교 문화권' 국가들을 동질적이라고 보는 것은 물론이고, 심지어 아시아권 내에서도 그러한 시각들이 여전히 존재하고 있는 실정이다.

유교 문화의 영향을 받은 아시아의 몇몇 국가가 상당히 유사한 문화적 전통을 지니고 있다는 점은 부인하기 힘든 사실이다. 특히 몇 천 년 교류의 역사를 지닌 중국과 한국은 더욱더 그러하다. 그러나 1950년대 냉전체제가 시작되면서 양국 관계가 40여 년간 단절되었고, 그 단절의 시간 동안 양국은 서로 다른 사회 변천의 길을 걸어왔다. 그 결과 냉전체제 해체 이후 다시 만난 두 나라는 서로에게 익숙하면서도 동시에 낯선 상대가 되어 있었다. 이것은 장구한 교류의 역사에서 비롯된 전통 문화의 유사성과 아울러 냉전시대의 체제 차이에서 기인하는 행동 패턴이 상이성이 동시에 존재하였기 때문이다. 한국의 기업 문화가 중국 현지의 노동자들에게 큰 반발을 불러일으키고, 중국에 파견나간 한국인 관리자들이 현지화의 과제를 두고 많은 어려움을 경험하는 것도 바로 그런 이중성과 관련된다.

어쩌면 문화적으로 유사하다는 선입견을 가지고 있기 때문에 서로를 만나면서 오히려 더 커다란 당혹감과 충돌을 경험하는 것인지도 모른다. 수교 10년이 지난 오늘날 그저 막연하게 양국이 서로 비슷하다고 믿는 것은 잘못된 태도일 것이다. 필자는 양국의 교류와 협력이 한 단계 더 발전하기 위해서는 서로의 차이를 분명하게 인식하는 것이 중요하다고 생각한다.

양국 문화와 관련하여 우리가 흔히 공유하는 믿음에는 다음과 같은 내용이 포함되어 있다. 즉, 두 나라 모두 서양의 개인주의보다는 집단주의적 성향을 띠고 있으며, 집단 내부에서 가부장적 권위가 인정되는 전통을 지닌다는 것이다. 물론 서양과 비교할 때 양국이 그러한 유사성을 갖는다고 할 수 있을 것이다. 그러나 양국 국민을 서로 비교한다면 집단성이나 구성원 사이의 관계에 있어서 실제로 커다란 차이점을 지니고 있다.

개인과 집단의 관계

필자가 한국과 중국의 대학생 1,500명을 대상으로 실시한 설문조사 결과는 상당히 재미있는 차이점을 보여준다. 혼자서 학교 식당에서 식사하는 것을 어떻게 생각하느냐는 질문에 대해 양국 대학생들은 서로 다른 대답을 하였다. 혼자서 식사하는 것이 아무렇지 않다고 대답한 중국 학생은 약 73%로 대다수를 차지한 반면, 같은 대답을 한 한국 학생은 14%에 불과했다. 한국 학생 가운데 35% 정도는 혼자 먹기 쑥스러워서 차라리 군것질로 때우겠다고 대답한 반면, 그러한 대답을 한 중국 학생은 겨우 1%를 조금 넘을 정도였다. 이 조사 결과에 따르면 중국 학생보다 한국 학생에게서 집단적으로 행동하는 경향이 더 강하게 나타난다.

한국 학생들에게 물어보면 혼자서 식사하는 사람은 친구가 없는 불쌍한 사람이라고 말하는 사람이 많다. 혼자 있으면 남들이 나를 '왕따'라고 하지 않을까 주변의 시선을 의식하게 되고 부자연스럽다고 한다. 중국과 한국에서 대학생활을 경험한 필자의 관찰에 따르면, 중국 학생들은 대학 입학 후 학과 졸업생들의 취직 동향에 비교적 높은 관심을 보이고 주로 앞으로 자신이 나아갈 방향에 대해 많은 고민을 하지만, 한국 대학생들은 입학하자마자 학과와 학교 안의 여러 단체 활동에 참가함으로써 새로운 집단에 빨리 적응하는 데 많은 노력을 기울인다. 학교 당국 역시 학생들을 위한 오리엔테이션을 비롯하여 학생들의 학교생활 적응에 도움이 되는 프로그램을 제공한다.

이처럼 여러 가지 점을 볼 때, 중국 학생들보다 한국 학생들에게 집단 소속감이 더 중요하고 집단주의 경향이 더 강하다는 사실을 알 수 있다.

실제로 중국인보다 한국인이 일상생활에서 더 많은 집단에 소속되어 있는 것 같다. '동향', '동문', '동창', '동기', '동아리' 등은 가정의 범위를 넘어서서 개인이 사회와 연결점을 갖는 중요한 집단들이고 어느 정도 개인을 규정해 주는 좌표가 되기도 한다. 같은 집단에 소속된 사람들끼리는 서로 쉽게 친해질 수 있고 도와줘야 한다고 생각한다. 소속 집단 속에서 내가 지켜야 하는 '의리'가 있고 필요할 때 내가 도움을 청할 수 있는 말없는 신뢰가 존재한다. 바로 이 때문에 이번 대통령 선거 기간 중에 동향 모임이나 동문 모임을 금지하는 이해하기 힘든 현상이 나타났으며, 더 좋은 대학에 자녀를 입학시키기 위해 부모가 엄청난 비용을 들여 고액 과외를 시키는 비정상적인 현상이 출현하였다.

소속 집단을 중요하게 생각하는 한국인 기업 관리자들은 중국인의 높은 이직

률에 놀라곤 한다. 중국에 진출한 한국 기업들에 대한 조사 결과를 보면, 거의 모든 한국인 관리자들이 공통적으로 드러내는 불만 가운데 하나는 회사에 대한 중국 직원의 충성심이 약하다는 점이다. 중국인 직원들에게 회사는 보통 '내게 월급을 주는 곳', '내 능력을 키울 수 있는 기회를 주는 곳'으로 인식된다.

한국인 관리자들은 퇴근시간이 되더라도 일을 마치지 못한 다른 동료를 도와주는 것을 당연하게 생각하는 데 비해, 중국 직원들은 자기 일만 마치면 바로 퇴근하는 것이 보통이다. 그래서 한국인 가운데는 중국인의 이기심에 대해 불만을 터뜨리는 사람이 많은 데 반해, 중국 직원들은 한국 기업의 잦은 연장 근무 때문에 가족과 함께 보낼 시간을 많이 빼앗긴다는 불만을 털어놓는다. 또 한국인 관리자들 사이에는 중국인 직원들 간의 협동의식이 약하다는 불만이 높은 데 비해, 중국인들은 팀 단위로 평가를 받는 것에 대해 불평을 늘어놓는다.

한국인과 비교할 때 중국인은 집단보다 개인의 능력을 더 중시하는 경향이 있다. 양국 대학생을 대상으로 한 필자의 설문조사에 "장학금의 금액이 일정하다면 어떻게 나누는 것이 좋겠습니까?"라는 질문이 있었다. 중국 학생들 가운데는 우수한 소수에게 집중적으로 장학금을 주는 것이 좋다는 응답이 약 65%로 대다수를 차지한 반면, 한국 학생들은 "적게 주더라도 많은 사람에게 주는 것이 좋다"는 대답이 과반수인 56%였다.

대인관계의 방식

한국인들이 소속 집단 성원 간의 호혜행위를 강조하는 데 비해, 중국인들은 일대일의 호혜 관계를 더 중요시한다. 이 차이점을 제대로 인식하지 못하기 때문에 중국인과 한국인 사이에서 오해가 빚어지는 일이 종종 있다. 내가 아는 한국인 선생님 한 분이 중국 학생들에게 느꼈던 실망감도 바로 여기서 비롯되었다. 선생님은 자기가 가르치던 중국 학생들을 데리고 어떤 이벤트에 참여할 수 있는 기회를 얻게 되었다. 인원수 제한이 있어서 모든 학생들을 다 데리고 갈 수 없었기 때문에 몇 사람이 자발적으로 포기해 줄 것을 요청했지만 아무도 나서는 사람이 없었다. 선생님은 같은 어학연수 프로그램에서 몇 개월간 서로 친해진 사이므로 그 중에 당연히 집단 전체를 위해 자기 이익을 포기하는 사람이 있을 것이라 믿었지만 결과는 실망스러울 수밖에 없었다. 그러나 중국 학생들은 항상 성격이 맞는 사람들끼리 같이 다녔고 전체가 하나의 집단으로서의 응집력을 가지지는 못했다. 게다가 자신의 배려가 누구를 위한 것인지 모르는 상황에서 친한 친구가 아닌 다른 사람에게 좋은 기회를 양보하는 것은 중국적 사고방식으로 볼 때는 쉬운 일이 아니다.

이와 비슷한 경우를 중국의 '희망 프로젝트(希望工程)' 에서도 볼 수 있다. '희망 프로젝트' 는 가난한 지역 아이들에게 학비를 지원하는 모금 운동이다. 그런데 한국의 수재민 돕기 등과는 달리 이 운동은 중앙 기구가 돈을 직접 받아서 배분하는 방식이 아니라 돈을 지원할 사람과 학교에 갈 아이를 일대일로 연결시켜서 지원자가 아이에게 직접 돈을 보낸다. 한국인과 비교할 때 중국인의 호혜 방식은 많은 경우 이러한 일대일 관계를 선호한다.

중국과 한국 모두 '연줄' 을 중요시하는 것은 사실이다. 그러나 한국인의 인맥–혈연, 지연, 학연을 포함하는–이 거의 '선척적인' 것에 가깝다면 중국인은 '시(關係, 사람들과의 사회적 관계)' 를 만들 때 '후천적인' 사귐을 상대적으로 더 중요시한다. 물론 중국에서도 '친척 시', '동향 시', '동창 시' 를 얘기하지만 동향이나 동창 관계에 있는 사람들이 한국처럼 자주 모이는 것도 아니고 또 견고한 집단을 형성하지도 못한다. 한국 사회는 집단을 중심으로 사람들이 뭉치는 경향이 강하게 나타나는 데 비해, 중국은 각 개인이 하나하나의 독립된 원자에 가까우며 보통 일대일의 관계를 통해 서로 연결된다.

예담차이나 중국전문잡지 〈중국의 窓〉中에서 발췌

출처 : http://blog.chosun.com/jktbae

1) 본고에서 경제공동체라 함은 일정수준 이상의 제도적 기반을 가지는 경제협력체를 의미하며 단순히 초보적인 경제협력체제는 경제협력체로 언급하기로 한다.

2) 21세기 세계경제의 특징에 대한 보다 자세한 내용은 朴埈卿 外『危機克服 以後 韓國經濟의 成長動力』, 韓國開發硏究院, 2000. 10 참조.

3) DDA(Doha Development Agenda: 도하 개발 아젠다) 협상은 2002년 초부터 세계무역기구(WTO)에서 진행되고 있는 새로운 다자간 무역협상을 의미한다. 모두 8차례 실시되었던 이 무역협상은 시장개방을 확대하고 자유로운 무역을 위한 규범을 확립함으로써 국제무역과 세계경제의 성장에 크게 기여했다. 특히 1986년부터 1993년까지 진행되었던 우루과이라운드(UR) 협상은 1995년 세계무역기구(WTO)를 출범시킴으로써 세계경제질서에 중요한 변화를 가져왔다. WTO회원국들은 UR협상을 타결하면서 농산물과 서비스분야의 시장개방 내용이 미흡하다고 판단하여 2000년부터 추가적인 자유화 협상을 시작하기로 약속하였다. 그러나 많은 회원국들은 공산품분야에서도 아직 상당한 무역장벽이 남아 있고, 또 UR협상에서의 합의결과를 이행하는 과정에서 많은 문제점들이 나타나고 있으며, 세계화의 진전에 따른 무역환경의 변화를 반영하기 위해 새로운 무역규범이 필요하다고 생각하여 다른 분야에서도 추가적인 협상을 시작할 것을 희망하였다. 이에 따라 WTO회원국들은 1998년 5월 제네바에서 개최된 제 2차 각료회의에서 폭넓은 분야에서의 무역자유화를 위한 새로운 다자간 무역협상을 준비하기로 합의하였으며, 3년 반의 논의를 거친 끝에 2001년 11월 카타르의 수도 도하에서 개최된 제 4차 각료회의에서 DDA협상의 출범을 선언하는 각료선언문을 채택하는 데 성공했다.

4) 환율이 적정수준에서 지나치게 이탈하는 경우 우리나라를 비롯한 아시아 통화위기에서처럼 자본의 대량 또는 급격한 유출입이 발생해 각국 경제 및 세계경제에 심각한 타격을 입힐 가능성도 있다.

5) 일부에서는 이러한 지역주의의 대두를 세계경제의 통합화를 저해하는 요소로 파악하고, 이에 대한 우려를 제기하기도 하지만, 많은 경우 이러한 지역주의가 추구하는 역내 무역자유화의 정도가 WTO가 추구하는 무역자유화의 정도보다 한층 더 고차원적인 것이다.

6) 최근 들어 북미, 유럽, 아시아 등 3개 지역이 세계총무역의 90% 정도를 차지함으로써 이 세 지역이 세계경제의 중추역할을 하고 있다.

7) 강정모 · 김화섭(2000), “동북아시아 경제통합 현황과 전망”, 동북아경제연구, Vol 11, No 2.

8) 통계적으로 나타나는 동북아 역내 무역비중은 실제보다 과소평가되는 경향이 있을 수 있다. 왜냐하면 실제의 일중, 한중 무역규모는 홍콩을 경유하여 이루어지는 대중국 무역도 포함할 수 있는데 통계상으로는 이러한 무역거래가 배제될 수 있기 때문이다.

9) 김중수(2000), “동북아 경제협력: 정책과제에 대한 고찰”, 동북아 경제연구, Vol 12, No 1.

10) 제품은 그 시장가치에 따라 고부가 제품과 저부가 제품으로 나눌 수 있다. 한편, 제품의 부가가치 수준은 근본적으로 기획, 기초 · 응용연구, 상품화 연구, 제품의 개량 · 개선, 생산 등 가치연쇄(value-chain)를 구성하는 여러 활동의 비중에 따라 결정되는 데 일반적으로 선행단계의 활동/기능의 비중이 높을수록 그 ‘지식집약도’와 ‘부가가치’가 높다고 볼 수 있다.

11) 한국의 입장에서 일본과의 자유무역에 따른 무역수지 악화 가능성이나 중국과의 자유무역에 따른 농업 등 일부 산업위축 가능성도 배제할 수 없지만 이는 단기적인 관점이며 장기적으로는 부작용보다 순작용이 더 많을 것이라는 것이 일반적인 견해이다.

12) 자유무역 협정이라 해도 단지 관세인하와 같은 단순한 것으로부터 분쟁해결 조항이나 투자관련 조항 등을 포함하는 포괄적 협정까지 다양한 것이 있는데, 과거의 연구 결과에 의하면 한국 측의 이득을 고려할 경우 포괄적 협정에 동의하는 것이 대부분 더 유리한 것으로 나타나 있다. 단순한 관세인하에서는 단기적으로 한국에 손실이 발생한다는 결과도 나와 있다. Cheong(2001)에 의하면, 한일 자유무역 협정에 있어서 관세인하만을 하게 되면 한국에 0.19%의 후생 수준 저하가 예견된다고 한다. 이 외, 한일간 관세인하의 영향을 언급한 것으로서는 Institute of Developing Economies-JETRO(2000) 등을 참고하기 바란다.

13) 역사 · 문화적 관점에서의 장애요인으로는 역사적으로 협력 기반이 약하다. 접촉기회의 근소, 생활상의 차이, 공통어의 결여, 서구지향성과 전통과의 단절 등을 지적하기도 한다. 보다 자세한 내용은 고병익, 「동아시아 나라들의 상호 소원」, 『동아시아의 전통과 변동』, 문학과 지성사, 1996년을 참조 바람.

14) 박준경 외(2001), "동북아 경제환경 변화와 대응전략", 한국개발연구원.

15) 박준경 외(2001), "동북아 경제환경 변화와 대응전략", 한국개발연구원.

16) 동북아 개발공동체 형성은 현재 모리시마 미찌오(森嶋通夫) 교수에 의해 제안되었다. 모리시마 교수의 동북아 개발공동체안에 대한 보다 자세한 내용은 森嶋通夫, 『なせ日本は沒落するか』, 岩波書店, 1999, 森嶋通夫, 『日本の選擇』, 岩波書店, 1996.

17) 그러나 SOC 건설을 통한 경제공동체 구성이라는 시각에 대한 반론도 만만치 않다. 코미야는 서평을 통해 이러한 아시아 공동체 형성이 비현실적인 발상이라고 주장했다. 그가 주장하는 요지를 살펴보면 다음과 같다. 먼저 경제통합이라는 것은 일반적으로 불명확한 '건설' 로부터 시작하는 것이 아니라 '무역' 으로부터 시작한다는 것이다. 상식적으로 지역통합의 첫 단계는 역내 무역장벽의 철폐이며 다음으로 노동 이동 · 직접투자 제한의 철폐 등의 순서라 할 수 있다. 그러나 앞서 언급된 "먼저 건설한다. 다음으로 시장개방이다."라는 논의는 통합의 프로세서를 구체적으로 설명하고 있지 않는 것이다. 또 공동체 사업도 불분명하며 실현 가능성이 없다고 지적하고 공동체 본부가 주요 재정투자정책을 결정한다는 발상에 찬성할 국가는 중국밖에 없다고 주장하였다.

18) 손병해(1992), "동북아 경제협력권 형성을 위한 선형자유무역지대 구상과 그 기대효과", 대외경제정책연구원.

19) 각 사업별의 보다 자세한 내용에 대해서는 박정동 『한,중 교류의 어제,오늘,내일』, FKI미디어, 2005를 참조바람.

20) 동북아 경제공동체가 동아시아 경제공동체로 확대 · 발전할 수 있는 가능성은 ASEAN과의 협력 및 논의를 통해 조망해 볼 수 있다. "ASEAN+한중일 3국"이나 "ASEAN+동북아 경제공동체"를 통해 동북아와 동남아를 연결하는 동아시아 경제공동체 건설을 모색할 수 있으며 결과적으로 동아시아가 세계경제의 3대 축으로 발돋움할 수 있는 기반을 마련할 수 있다. 자세한 내용은 강봉균(2001), 『동아시아 경제의 미래와 과제』참조.

21) 경제공동체의 결성과제는 기본적으로 방향이 다르지만 경제협력의 방향에 관한 연구로서는 이창재, 「동북아 경제협력: 올림픽 모형」, 『북방경제연구』, 제7호, 한국동북아경제학회, 1996; 김성훈, 「동북아 경제협력의 장보고 모델」, 『북방경제연구』, 제7호, 한국동북아경제학회, 1996; 오용석, 「동북아 경제협력의 물결모형」, 『북방경제연구』, 제9호, 한국동북아경제학회, 1996; 한승훈, 「동북아 경제협력의 자전거 모형」, 미발표 논문, 한국개발연구원, 2000; 임양택, 『아시아 대예측』, 매일경제신문사, 1999; 김창남 외, 「동북아 경제협력에 관한 모형」, 『동북아 지역의 경제협력 구도와 전망』, 삶과 꿈, 1998; 김영호, 「동북아 경제협력과 남북한 경제통합」, 『비교정치연구』, 제3권, 한국비교정치학회, 1995 등이 있다.

용어해설

개발독재, 패권주의 → 권위주의개발체제

경사생산방식(傾斜生産方式)

1946년 일본에서 실시된 정책으로 당시 매우 부족했던 자본과 원료를 가장 중요시되었던 철강 · 석탄 산업에 집중적으로 투하하여 이들 산업을 중심으로 경제부흥을 꾀하려 한 것이다. 이 정책에는 공산권 계획경제의 영향이 강하게 나타났다.

경상수지 · 자본수지

'경상수지'는 국제수지 중 경상거래에 의해 발생하는 수입과 지급의 밸런스다. 이는 상품무역의 수지를 나타내는 '무역수지', 운임 · 보험료 등의 서비스 거래수지를 나타내는 '서비스수지', 투자수익의 밸런스를 나타내는 '소득수지' 및 원조 등의 일방적인 자금이전인 '경상이전수지'로 구성된다.

'자본수지'는 국제수지 중 자본의 국제이동과 함께 발생하는 수입과 지급의 밸런스이다.

개방경제에서의 국민소득 결정이론에 따르면 국민소득 Y는 민간소비 C, 민간저축 S와 조세 T의 합계 Y=C+S+T이다. 한편, 지출면에서 이야기하면 국민소득은 국민소비, 재고를 포함하는 투자 I, 정부지출 G, 순수출 NX의 합계 Y=C+I+G−NX가 된다. 이 관계에서 NX=(S−I)+(T−G)의 식을 얻을 수 있다. 정부부문이 균형을 이루고 있다면 (T=G), 경상수지 NX는 국내저축과 투자의 밸런스 S−I와 같게 된다.

경제성장률의 수속가설(收束假設)

신고전파 경제학의 경제성장론에 따르면 1인당 소득의 성장률은 1인당 자본스톡의 성장률과 기술진보율에 의해 결정된다. 한계생산력체감의 법칙이 성립된다면 자본축적 및 기술지식스톡이 낮은 단계에 있는 국가일수록 높은 성장률이 실현되어 각국의 경제성장률 또는 1인당 소득수준은 마침내 어느 수준에 수속(收束)하게 된다. 로버트 배로(Robert Barro)를 중심으로 이 분야의 실증연구가 진행되어 일정조건 하에 각국의 수속성(convergence)이 관찰된다는 것이 분명해졌다.

계약공제도 → 고정공제도

고정공(固定工)제도 · 계약공(契約工)제도

고정공이란 국가(노동부문)에 의해 분배된 국유기업과 집단기업의 종업원이다. 종신고용이기 때문에 기업경영 비효율의 요인이 된다는 점에서 1986년에 계약공제도가 마련되었다. 이는 고용기한(1년 또는 5년)을 정한 종업원으로 현재 대부분의 종업원이 계약공이다. 이로 인해 노동시장은 매우 유연해졌다.

과잉노동력 → 이중구조모델

구매력평가(PPP)

경제지표의 국제비교에서는 공통 화폐가치로 환산할 필요가 있다. 이 경우 환율에는 시장의 수급관계에서 결정되는 시장환율과 구매력평가(Purchasing Power Parity: PPP)의 두 종류가 있다. 시장환율은 무역수지에 큰 영향을 받는데 무역재의 생산성의 높낮이가 그 수준을 결정하는 요인이 된다. 그러나 생활수준에 대한 국제평가를 할 때에는 소비재가 반드시 무역재만으로 구성되는 것이 아니기 때문에 시장환율로 환산한다고 해서 반드시 정확한 결과를 얻는 것은 아니다.

이러한 문제를 피하기 위해 사용하는 것이 구매력평가이다. 일상생활에서 표준으로 생각되는 소비재의 조합을 가정하여 각국의 통화로 구입비용을 계산하고 이를 양국 간에 비교한 것이 구매력평가인데 통상적으로 달러로 표시한다. 구매력평가를 환율로 나눈 것이 물가수준 또는 내외가격차로 불린다.

권위주의 개발체제 · 개발주의 · 개발독재

경제발전의 초기국면에서는 소득의 불평등 정도가 확대되는 등 사회가 불안정할 가능성이 있다. 정부는 이러한 사태를 피하고 사회를 통합시키면서 시장경제를 육성해야만 한다. 이 때문에 동아시아의 많은 국가들이 채택한 정치체제가 권위주의개발체제였다. 이 체제는 강한 정부가 민간경제에 개입하는 것이 그 특징인데 약칭으로 개발주의, 개발독재로도 불린다. 이는 1970~80년대에 대만, 한국, 수하르트 체제 하의 인도네시아 등에서 전형적으로 나타났는데, 현재 1당 독재 하에 경제발전을 진행하고 있는 중국 · 베트남 등도 유사한 체제 하에 있다(별항 '동아시아모델' 참조).

그러나 이 체제가 비민주적이라는 것은 부인할 수 없으며, 이는 어디까지나 경제발전 초기단계에 발생하는 사회적 혼란을 억제하기 위한 일시적인 수단에 불과하다. 경제발전이 본궤도에 진입하게 되면 그 역할을 다한 개발독재체제는 새로운 체제로 바뀌어야 한다. 90년대 말 한국과 대만은 선거에 의한 정권교체를 실현하여 민주주의를 향해 착실하게 나아갔다.

근대 경제성장

18세기 후반에 영국에서 시작되어 유럽 국가와 미국 등 신대륙에 파급되었다. 그후 일본에도 파급된 경제성장을 사이먼 쿠즈네츠(Simon Smith Kuznets)는 근대경제성장(modern economic growth)이라고 불러 전근대 경제성장과 구별했다. 이는 첫째, 인구와 1인당 소득이 함께 급성장하는 것, 둘째, 산업구조가 급속히 변화하여(공업화) 인구의 도시집중이 일어나는 것, 셋째, 이상의 변화가 일시적이 아니라 장기간에 걸쳐 지속되는 것을 특징으로 한다.

일본은 아시아에서 처음으로 근대경제성장의 시동에 성공했으나 제 2차 세계대전 후 아시아 신흥공업경제군(NIES)과 몇몇 ASEAN 국가가 잇따라 시동을 하였고 1970년대 말에는 중국이 그 대열에 가세했다. 이렇게 아시아는 세계 경제성장의 핵이 되었다.

근대화 이론

1960년대 미국의 정치사회학자 세이머 마틴 립셋(Seymour Martin Lipset)은 경제성장에 의해 교육 및 생활수준이 발전하고 그 과정에서 중산계급이 대두되어 그것이 민주정치의 발달을 이끈다는 이론을 전개하였다. 이것은 당시의 영역 하에서 중요한 정치적 메시지를 갖는 것이었다. 왜냐하면 개발도상국에 대해 공산화를 막고 민주주의진영에 정착시키기 위해서는 기본적으로 이 국가들의 경제성장이 필요하다고 여겨졌기 때문에 미국의 경제원조를 정당화하는 근거가 되었다. 그러나 그후, 이 이론은 경제성장과 민주주의와의 관계는 그렇게 간단한 것이 아니라는 판단으로 영향력을 잃었으나 1980년대 말 소비에트연방, 동유럽 국가와 대만, 한국의 민주정치로의 전환은 이 이론의 재평가 가능성을 높여주었다.

기러기형 발전, 안행형태적 발전(雁行形態的發展)

어느 국가가 급속하게 성장하여 타 국가들이 잇따라 뒤를 좇는 것처럼(기러기가 무리를 지어 나는 것처럼) 성장하는 패턴을 가리키는데 그 좋은 예가 동아시아이다. 제 2차 세계대전 후 일본이 고도성장을 이루었고 이에 NIES, ASEAN 등 몇몇 국가가 성장하였으며 1980년대부터 세계 최대인구를 보유하는 중국이 이에 가세했다. 한 국가의 경제가 성장하면 그 기술 · 자본이 다른 국가에 유입되어 그것이 중심이 되어 그 국가가 성장하기 시작한다는 것이 그 메커니즘이다.

그러나 이 말은 하나의 산업의 전형적인 발전패턴을 묘사한 아카마쓰 가나메(赤松 要)의 안행형태론(雁行形態論)에서 나온 말이다. 예를 들어 일본에서는 위의 그림과 같이 근대화의 초기단계에서는 면사의 수입이 증가했으나 면방적산업의 발전으로 생산이 증가하자 수입을 줄였고 마침내 수출의 급속한 확대를 가능하게 했다. 이러한 수입→국산화→수입대체→수출화라는 전환과정이 안행형태적 발전이다. 이는 개발도상국이 발전하기 위한 전형적인 패턴으로 여겨진다.

긴급수입제한(세이프가드, safeguard)

GATT와 WTO(별항 참조)의 무역자유화의 정신에는 벗어나나 어느 국가에 대한 수입이 급증하여 국내산업이 중대한 손해를 입거나 그러한 우려가 있는 경우에는 수입국은 일시적으로 수입을 제한하는 것이 인정되는데 이것이 긴급수입제한이다. 일례로 일본정부는 중국에서 농산물(파, 표고버섯, 골풀 돗자리) 수입이 급격히 증가하자 2001년 3월에 이 조치를 발동했다.

남순강화(南巡講話)

1992년 1월 덩샤오핑(鄧小平)은 개혁개방을 주도해 온 화중(華中) · 화난(華南)지역(우창(武昌), 선전(深圳), 주하이(珠海), 상하이(上海))을 시찰하고 자신의 건재함을 과시함과 동시에 각지에서 중요담화를 발표하여 개혁개방의 가속화를 강조했다. 이 남순강화에는 1991년 소련해체의 충격 가운데에서도 보수파에 의한 덩샤오핑 노선의 비판이 높았던 것에 대한 반격의 의미도 담겨 있다. 그는 '증권거래는 자본주의라고 하는 이가 있는데, 상하이, 선전에서 시험해 본 결과, 성공이 증명되었다. 자본주의 제도라도 사회주의 하에서 도입해도 무방하다' 며 종래의 '흑묘백묘론(별항 참조)' 을 반복했다. 또한 경제특별구의 모험정신을 높이 사 '개혁개방은 중국의 유일한 활로이며 개혁을 하지 않는 자는 누구건 간에 그만두어야 한다' 라며 강하게 역설했다.

이 남순강화의 영향으로 중국의 대외개방은 한층 더 가속화되어 경제성장도 가속화되었다.

대를 잡고 소를 놓는다(조대방소(抓大放小))

사회주의국가인 중국에서는 공유제를 주체로 하고 있는데 국유기업, 특히 중소기업은 경영악화로 적자가 증대되었다. 그래서 정부는 1996년에 대기업은 계속해서 국유화하나 중소기업은 민간에 매각하여 민영화의 문을 열어주었다.

대일 신사고(新思考)

중국언론계에 새롭게 등장한 대일관계론이다. 2002년 12월 '전략과 관리' 지에 발표된 인민일보 마리칭(馬立誠) 논설위원의 '대일관계의 신사고' 는 첫째, 역사문제는 해결해야만 한다. 둘째, 일본의 군국주의부활의 위험성은 없다. 셋째, 중국은 낡은 대일관을 버리고 일본과의 접근을 꾀해야 한다고 주장하고 있다. 물론 국내에서 이에 대한 반론이 심하게 일고 있지만 후진타오(胡錦濤) 신정권의 대일정책에 좋은 영향을 줄 것으로 기대된다.

또한 마씨는 2004년에 '일본은 더 이상 중국에 사죄하지 않아도 된다' 라는 서간물을 일본에 출판했다.

동북진흥(東北振興)

중국 동북부(랴오닝성(遼寧省), 지린성(吉林省), 헤이룽장성(黑龍江省))는 제 2차 세계대전 전의 구 만주국 시대부터 중공업이 발달한 지역이었다. 그러나 개혁개방 이후에는 역으로 그것이 발전의 발목을 잡아 국유기업개혁이 늦어져 높은 실업률이 문제가 되었다. 2003년 6월 원자바오(溫家寶) 수상이 랴오닝성을 시찰했을 때 '동북지역의 진흥과 서부대개발전략은 동서의 양륜' 이라고 발언한 것에서 동북진흥이 주목을 받기 시작했다. 석유화학, 철강, 자동차 등이 중점산업으로 지정되었고 신기술 및 외자 도입에 의한 개혁이 진행되게 되었다.

동아시아공동체

동아시아 공동체는 ASEAN(동아시아국가연합)+3(한중일)을 축으로 무역 · 투자 · 안전보장 등의 각 분야에서의 통합을 추진하려고 한다. 1990년에 말레이시아의 마하티르 수상이 동아시아경제회의(EAEC) 구상을 제창했으나 2002년에 고이즈미(小泉) 일본 총리가 싱가포르에서 제창한 것에서 진전되었다.

이와 관련해 2005년에는 ASEAN 회원 10개국과 한중일이 참석하는 '동아시아 서밋'이 개최될 전망이다. 이러한 공동체구상 및 서밋 개최 관련해서는 각국의 이념 및 의도의 차가 드러나 상호 간의 조정이 필요하다.

동아시아모델

제 2차 세계대전 후 많은 개발도상국이 개발에 성공하지 못한 채 여전히 빈곤과 정체에 허덕이는 것에 반해 동아시아국가(일본, NIES, ASEAN, 중국)는 잇따라 급속한 경제성장을 이루었다. 여기에는 다른 지역의 경제성장과 구별되는 몇 가지 특징이 있어 '동아시아모델'이 세계적으로 주목받고 있다.

첫째, 정부의 적극적인 개입을 허용하는 '권위주의개발체제'(별항 참조)인데 신고전학파의 시장중시 · 소정부지향형에 대해 반성을 요하는 것이다. 둘째, 왕성한 저축 · 투자활동으로 저축률 및 투자율이 매우 높다. 셋째, 강한 수출지향으로 수입을 국산품 대용으로 하는 수입대체에 그치지 않고 해외에 적극적으로 진출했다. 넷째, 근면한 노동력의 존재로 여기에는 정부에 의한 적극적인 교육개발이 기여했다. 다섯째, 평등한 소득분포이다. 경제발전 초기에 급속한 공업화에 의해 불평등화가 일어나는 통례가 있는데(별항 '쿠즈네츠 가설' 참조) 동아시아에서는 대체로 이러한 현상은 일어나지 않았다.

중국을 이 모델과 비교하면 상기의 특징과 대체로 맞다. 그러나 소득분포는 급속히 악화되었는데 이는 유일하면서도 매우 중요한 차이점이다.

문명의 충돌

새뮤얼 헌팅턴(Samual P. Huntington)이 '문명의 충돌'(1996년)에서 전개한 세계관. 그에 따르면 세계는 7개 또는 8개의 문명권으로 이루어져 있는데 문명권 간의 분쟁이 국가간의 충돌의 원인이 되다.

문명의 충돌의 예로 들고 있는 서구와 이슬람의 충돌은 9 · 11테러 이후의 미국과 이슬람국가와의 분쟁을 보면 쉽게 이해할 수 있다. 그러나 기독교문명과 유교문명과의 대립에 의해 서구와 중국 간의 충돌을 상정하는 것에는 무리가 있다. 그러나 국제관계에는 군사 및 경제의 이해뿐 아니라 배후에 문명 및 사람들의 가치관의 차이가 있다는 경종의 내용은 들어둘 만한 가치가 있다.

문화대혁명

대약진운동의 실패로 인해 마오쩌둥(毛澤東)에 대신하여 실권을 쥔 류사오치(劉少奇)와 덩샤오핑(鄧小平)은 시장메커니즘의 일부 도입으로 경제의 활성화를 꾀했다. 이에 대해 마오쩌둥은 1965년 권력의 탈환을 노리고 문화대혁명을 일으켰다. 홍위병(紅衛兵)이 조직되었고 톈안먼에서 마오쩌둥과의 접견에 전국에서 100만 명의 홍위병이 결집했다. 류사오치와 덩샤오핑이 그들의 공격의 표적이 되어 잇따라 실각했다. 1973년에는 마오쩌둥 부인인 장칭(江靑) 등 '4인방(四人幇)'이 문화혁명의 주도권을 잡아 저우언라이(周恩來)의 실각을 꾀했다.

1976년 저우언라이의 추도를 계기로 발생한 1차 톈안먼사건에서 당시 부총리로 부활했던 덩샤오핑이 또다시 실각했다. 같은 해 마오쩌둥이 서거함으로써 4인방은 급속히 힘을 잃었고 화궈펑(華國鋒) 측에 체포되었다. 화궈펑은 민주당에 취임했고 1977년에는 덩샤오핑의 재부활로 10년에 걸친 대혼란이 끝났다.

민강호 → 호적제도

반덤핑

국내가격보다 낮은 가격으로 수출하는 부당염매행위(덤핑)에 대항하여 각국은 반덤핑법을 제정하고 있는데 부당염매로 인정된 경우에는 수입을 금지한다. 그러나 이것이 지나칠 경우 폐해가 커지기 때문에 세계무역기구(WTO, 별항 참조)는 반덤핑협정에 의해 이것이 쉽게 발동되지 않도록 감시한다.

백묘론흑묘(白猫論黑猫)

1962년 덩샤오핑(鄧小平)이 출신지인 쓰촨성(四川省)에 예로부터 전해오는 이야기(흑묘황묘(黑猫黃猫))를 인용하여 '검은 고양이든 노란 고양이든 쥐만 잘 잡으면 된다'라는 말을 했다. 이는 방법이 어떻든 간에 결과만 좋으면 된다는 것으로 그의 실리주의를 단적으로 보여주는 것으로 유명해졌다. 그러나 문화대혁명(별항 참조) 시 흑묘백묘론은 그가 자본주의의 부활을 꾀한 근거로서 강하게 탄압받았다.

광기의 폭풍이 휘몰아친 문화대혁명 시대에 철저히 항전하여 진실을 인정하게 하는 것보다 타협하여 권토중래(捲土重來)를 기하는 것이 현실적인 전술이었다. 명(名)을 버리고 실(實)을 취함으로써 덩샤오핑이 부활했고 결국에는 최고실력자로 군림할 수 있었다. 덩샤오핑에게 있어 흑묘백묘론은 실각(失脚)의 원인임과 동시에 구명(救命)의 신조이기도 했다.

법륜공(法輪功)

법륜공은 리훙즈(李洪志)를 중심으로 하는 종교적 기공집단인데 '사교(邪敎, 컬트교단)'라고 하여 중국정부의 탄압을 받았다. 1998년에는 북경전시대(北京電示臺)(북경TV)가 이 집단의 위험성에 대해 보도해 신자 천 명이 방송국을 에워싸고 항의했다. 또한 1999년에는 이만 명의 신자가 중난하이(中南海)(당중앙 · 국무원의 중추)를 에워싸고 당의 탄압에 대해 항의해 이 집단의 이름을 전 세계에 널리 알렸다(4 · 25사건). 이 현상의 배후에는 개혁개방정책의 부작용을 입은 국민들의 불안 · 불만이 있다는 이야기가 나오자 정부는 이로 인해 개혁개방의 성과가 무너지는 것을 가장 경계했다. 리훙즈는 현재 미국에 체류하고 있다.

변동계수

지니계수(별항 참조)와 함께 소득분포의 불평등 정도를 측정하는 지표의 하나. 예를 들어 〈표 13-3〉의 변동계수는 중국의 30 또는 31개 지역의 1인당 소비액의 표준편차를 1인당 소비액의 평균치로 나눈 것이다. 완전평등(1인당 소비액이 동일할 경우)일 때에는 제로가 된다. 표준편차는 데이터의 산재 정도를 나타낸다.

부당하게 거둬들인 돈(亂收費)

지방정부는 재원부족으로 인해 법률에 준한 세금 외에 여러 가지 명목으로 경비 및 수수료 등을 징수한다. 이를 난수비(亂收費)라 한다. 특히 농촌에서는 도로 및 학교 건설 비용을 징수하는 것이 일상화되어 있다. 후베이성(湖北省)의 어느 마을에 관한 고발(이창평)에 따르면 그 외에 택지사용비, 결혼등록비. 출산허가비, 타지근무수속비, (의무 교육임에도 불구하고) 초 · 중학생부터는 교육비용이 징수되어 농가의 절반 이상이 적자라고 한다. 중앙정부는 합법적이지 않은 난수비를 막으려고 지방정부를 강하게 지도하고 있으나 여전히 근절되지 못하고 있다. 근본적인 해결을 위해서는 이러한 비용도 포함한 근본적인 세제개혁이 필요하다.

불태화정책(不胎化政策)

불태화정책(sterilization policy)란 중앙은행이 공개시장조작을 하여 화폐공급을 일정하게 유지하는 것. 예를 들면 엔고 · 달러저에 대항하여 일본은행이 엔을 팔고 달러를 사면 그만큼 시장의 엔화가 늘어나기 때문에 자금이 남아 금리가 저하하는 등의 영향이 있다. 그래서 일본은행은 보유하고 있는 국채를 매각하는 등의 수단으로 엔화를 흡수한다.

비관세장벽(NTB)

비관세장벽(Non-Tariff Barriers)은 관세 외에 무역을 제약하는 정책 및 제도. 국내소비세, 국내생산보조금, 수출장려금 등이 그것인데 국산품을 우대하여 수입을 억제하는 것이 목적이다.

산업집적(産業集積)

어느 지역에 기업이 밀집함으로 인해 경제효율이 상승하는 것을 말한다. 여기에는 두 가지 종류가 있다. 첫째, 동일 업종의 집단화인데 이로 인해 기업 간의 정보공유 및 거래비용의 절약이 가능해진다(예: 일본 니가타(新潟)현 쓰바메(燕)시의 양식기산업). 둘째, 타업종의 집단화인데 전형적인 예로 하청부품공업과 조립공업과의 공생(예: 일본 도요타(豊田)시의 자동차산업)이 있다. 여기에는 전자에서 후자로의 부품공급이 손쉬우며 후자에서 전자로의 기술이전이 촉진된다.

삼각채(三角債)

기업 간에 매입채무 · 매각채권(이 두 가지를 상업신용이라 한다)이 존재하는 것은 정상적인 상황이다. 삼각채란 미리 정해진 기일을 넘기고도 변제되지 못한 상업신용채권을 말한다. 현실은 3명뿐 아니라 다수의 주체가 얽혀서 연쇄되어 있는 다각채(多角債)라 할 수 있는 상태이다.

국유기업은 이윤유보가 어렵기 때문에 코스트가 높은 외부자금에 의존할 수밖에 없다. 이러한 주요수단이 매입금의 지불을 연기하게 하고 그 결과 기업 간의 연체채권은 연쇄적으로 확대되었다.

3개의 대표

장쩌민(江擇民)은 2000년, 공산당은 세 개의 대표이어야 한다고 역설했다. 세 개의 대표란 선진적인 생산력의 대표, 선진문화의 대표, 인민이익의 대표를 말한다. 이 중 주목받는 것은 인민이익의 대표에 대해 언급한 부분이다. 이는 사회주의의 근간인 노동자와 농민과 더불어 사영기업가의 입당을 인정하는 것을 의미하기 때문이다. 이는 2001년 당대회에서 정식으로 승인되었는데 이러한 정책변경은 사영기업가의 경제적 · 사회적지위의 비약적인 향상을 무시할 수 없게 되었다는 것을 의미한다.

삼선건설(三線建設)

마오쩌둥(毛澤東)은 중국을 세 개의 지역으로 나누었다. 연해지역을 '일선(一線)', 연해 및 국경에 가까운 내륙부를 '이선(二線)', 연해와 국경에서 모두 먼 내륙부를 '삼선(三線)'이라고 했다. 그리고 국방상의 이유에서 '일선'에 입지하는 중요산업을 '삼선'으로 이전시켰다. 경제효율을 완전히 무시한 이 정책은 당시 경제에 타격을 주었으나 연안에 편중되어 있던 산업입지 시정에는 기여했다.

삼자기업(三資企業)

외자기업이 중국에 진출할 때 취하는 기업형태로 합자기업, 독자기업, 합작기업의 세 가지가 있다. 합자기업이란 중국자본과 외국자본에 의한 기업, 독자기업이란 100% 외국자본에 의한 기업, 합작기업이란 자본출자에 상관없이 계약에 근거한 기업 간의 제휴를 말한다. WTO 가입으로 투자 자유화가 촉진되어 지금까지의 합자기업중심에서 독자기업도 점차 늘어날 것으로 예상된다.

3종의 신기

중국에서는 '싼따지엔(三大件)'이라 불리며 그 시대의 가장 중요한 내구소비재를 가리킨다. 단 그 내용은 시대에 따라 크게 변화했다. 개혁개방 이전에는 자전거, 재봉틀, 손목시계였으며, 1980년대에는 TV, 세탁기, 냉장고, 1990년대에는 전화, 컴퓨터, 에어컨이었다. 그리고 현재 대부분의 미디어는 원래의 개념을 넘어 주택, 자동차, 자녀교육 등을 가리킨다. 참고로 일본의 고도성장기의 삼종의 신기는 1980년대 중국과 동일하다.

내구소비재는 민간소비수요 즉 국내수요의 중심이며 소비자에게 환영받는 제품의 개발은 경제성장을 좌우하는 것으로 중요하다.

상대적후진성 가설

알렉산더 거센크론(Alexander Gerschenkron)이 서유럽국가의 역사적 경험에서 도출한 유명한 가설로, 이에 따르면 선진국과의 기술격차 즉 상대적후진성(relative backwardness)이 클수록 후발국에 있어서 선발국에서의 기술도입의 여지가 크므로 그 후의 경제성장에 유리하다고 한다. 이 가설의 타당성은 널리 인정되었으나 비판하기도 쉽다. 이 가설이 맞는다면 후발국은 항상 성장률이 높아져야만 하는데 실제로 반드시 그렇지는 않다. 후발국의 성장에는 다른 경제요인 및 여러 가지 비경제요인이 작용한다.

생산탄력성 · 한계생산력

생산탄력성이란 생산요소(노동력 및 자본스톡)의 증가가 생산량을 어느 정도 늘리는가를 말한다. 가령 노동력의 생산탄력성이 0.4일 때 노동력의 1% 증가에 의해 생산량은

0.4% 증가하게 된다. 노동의 생산탄력성은 노동의 한계생산력의 평균생산력(1인당 생산량)에 대한 비율이며 노동의 한계생산력(노동력을 1단위 늘릴 때 발생하는 생산량의 증가를 나타낸다)이 임금과 똑같이 비례하는 상태라면 노동의 분배율(임금총액의 부가가치에 대한 비율)과 동일하다.

서부 대개발

연해부의 급속한 발전에 대해 내륙부(쓰촨성(四川省), 구이저우성(貴州省), 윈난성(雲南省) 등)는 완전히 낙후되어 이를 발전시키는 것이 중국정부에 있어 긴급과제가 되었다. 이 때문에 2000년에는 당시의 장쩌민(江澤民) 국가주석에 의해 이들 지역에 대한 중점적 개발정책(서부대개발)이 제안되어 실시되었다. 이는 인프라정비와 생태환경보호를 목적으로 한다.

인프라정비에는 신장(新疆)에서 상하이(上海)로의 천연가스 파이프라인 건설(西氣東輸), 싼샤(三峽)댐(별항 참조) 건설과 발전 · 송전프로젝트(西電東送), 창장강(長江)에서 화베이(華北)로의 인수(引水)프로젝트(南水北調), 칭장(靑藏)철로 건설이 중심이 되었다. 생태환경보호로는 경도 25도 이상의 경사지를 삼림으로 돌리는 사업 등이 있다.

막대한 경비는 주로 중앙정부에 의존하여 정부재정 압박이 우려된다.

선부론(先富論)

덩샤오핑(鄧小平)은 '우리는 노동에 상응한 분배, 특별히 공헌을 한 개인 및 회사에 정신적 자극과 물질적 자극을 줄 것을 제창한다. 또한 일부 개인 및 지방이 일하면 많은 것을 얻으니까 먼저 부유해지는 것도 제창한다'고 했다. 그에 따르면 사회주의경제의 최대 문제는 극단적인 평등에 의한 노동 의욕상실(악평등)이므로 노력한 만큼 보상받는 사회로의 전환을 의도한 것이다. 이것이 선부론이라 불리는 덩샤오핑의 기본적인 이념이다.

현대 중국의 고도성장은 이것의 성과이기도 하나 역으로 불평등이라는 커다란 사회문제를 불러일으키기도 했다. 이 때문에 서부대개발(별항 참조) 계획에서 보이는 것처럼 불평등의 시정을 목적으로 한 정책('공동부유론')이 여론의 지지를 받고 있다.

세계무역기구(WTO)

제 2차 세계대전 전에 세계 주요국이 폐쇄적인 블록경제권을 만들어 대립하고 그것이 세계무역 축소를 초래했다는 반성에서 전후 미국의 주도로 GATT(관세와 무역에 관한 일반협정)가 구축되었고(1948년), 1994년에는 이를 발전시켜 세계무역기구(World Trade Organization, WTO)가 설립되었다. 이는 자유무차별무역을 원칙으로 하고 회원국의 경우 일부 국가를 우대하고 그 외 차별하는 것을 금지하고 있다(최혜국대우, 별항 참조). 그러나 긴급수입제한(별항 참조)이나 일부 국가가 '지역통합'이라 칭하고 그 지역에 속하는 국가끼리 자유무역화를 하는 것(자유무역협정, 별항 참조)을 인정하고 있다.

일본은 1955년에 GATT에 가입하였고, 중국은 2001년에 WTO에 가입이 인정되었다.

센카쿠(釣魚島))

조어도는 동중국해에 떠 있는 총 면적 약 6.3㎢의 무인도로 구성된 섬들로 중국명은 '댜오위다오(釣魚島)'라고 한다. 일본이 실효지배(오키나와(沖繩)현 이시가키(石垣)시)하고 있으나 중국 및 대만도 영유권을 주장하고 있다. 1968년에 일본, 대만, 한국의 전문가가 ECAFE(Economic Commission for Asia and the Far East: 아시아극동경제위원회)의 협조를 받아 동중국해 일대의 해저학술조사를 한 결과, 대륙붕에 광대한 유전이 있다는 것이 밝혀져 국제적으로 주목을 받게 되었다. 또한 근해는 풍부한 어장이기도 해서 군사적인 관점에서도 중요한 해역으로 보여진다.

수출주도형 경제성장

수출이 경제성장의 동력(export-led growth)이라는 가설. 원래는 캐나다 및 호주 등의 신개국이 모피 · 광석 · 양모 · 소맥 등의 주요 1차 산품을 구대륙에 대량으로 수출하고 그것을 통해 국내경제를 개발한 사실을 묘사한 것이다. 그러나 그후의 세계 각국에서의 경제성장의 역사가 이에 해당하는지의 판단은 어렵다. 가령 제 2차 세계대전 일본의 고도성장에는 수출확대가 기여했지만 한편으로는 기술혁신으로 이어진 활발한 국내투자활동의 역할이 결정적으로 중요했다. 현대 중국도 마찬가지인데 굳이 이야기하자면 투자주도 · 수출주도의 경제성장일 것이다.

싼샤(三峽)댐

창장강(長江)(양쯔강(揚子江)) 상류의 삼협으로 만들어진 거대한 댐. 이 건설은 쑨원(孫文)이 제창하여 1994년에 국가 프로젝트로서 건설 · 개시되었다(준공예정은 2009년). 완성되면 높이 181m로 세계최대의 댐이 된다. 이로 인해 850억kw의 대규모발전(원전15기분)이 가능해져 만성적인 전력부족해소에 크게 기여할 것으로 기대된다(별항 '서부대개발' 참조).

아시아 경제(통화)위기

1997년 7월 태국의 금융자유화의 물결을 타고 흘러 들어온 단기 국제자본이 경상수지(별항 참조) 악화를 계기로 태국에서 일거에 유출되어 바트화 위기가 발생했다. 통화위기는 눈 깜짝할 새에 동아시아로 확대되었고, 1998년 1월에는 ASEAN 등 동아시아 국가의 통화가치는 거의 절반으로 떨어졌다. 정치위기도 동반한 인도네시아에서는 80%나 하락했다. 이들 국가의 성장률은 저하되었고 실업률은 상승하여 사회불안이 가중되었다. 어떤 의미에서 이 위기는 급속도로 진행되고 있었던 글로벌리제이션의 희생이기도 하다. 그후 국제자본 유입에 대한 방위조치(규제)의 가부를 둘러싸고 세계적으로 논의가 이루어졌다.

야스쿠니신사(靖國神社) 참배문제

야스쿠니신사는 제 2차 세계대전 전에는 국가신도의 근간, 육 · 해군성이 관리하는 군사적 종교시설이었는데 일왕을 위해 싸우다 전사한 전몰자들을 영령(英靈)으로 받들어 제사를 지내는 곳이다.

제 2차 세계대전 후 총리, 각료의 참배가 이루어졌는데 헌법에서 정하고 있는 정교분리규정에 위반한다는 이유에서 강하게 비판받고 있다. 고이즈미(小泉) 내각 성립 후 중 · 일간의 최대의 외교문제로 발전했으나 고이즈미 총리는 지금까지 4회째 참배를 하고 있다. 이 때문에 2001년 10월 고이즈미 총리 방중 이후 중 · 일 간 정상 간의 상호방문은 실현되지 못하고 있다(2005년 1월 현재).

59세 현상

국유기업의 경영자는 공무원이기 때문에 급여체계는 정부기관의 행정직과 기본적으로 동일하다. 대기업의 경영자라고는 하나 급여수준은 보통 직원과 큰 차가 없어 비국유기업의 경영자보다는 훨씬 적다. 때문에 이들은 공금으로 고급 승용차를 구입하거나 호화로운 사무실을 짓거나 고액의 유흥소비를 하는 등 직권을 이용하여 개인의 이익을 추구하려 한다. 그러나 공무원이기 때문에 이러한 사치는 60세 정년까지만 누릴 수 있다. 때문에 퇴직 후의 생활을 확보하기 위해 일부 경영자는 정년이 되기 직전에 여러 가지 형태로 부정행위를 하여 이익을 확보하기 위해 노력한다고 한다. 이것이 59세 현상이다.

이중구조모델 · 과잉노동력

경제개발론에서 현저한 공헌을 한 아서 루이스(William Arthur Lewis)는 개발도상국의 국민경제는 전통부문과 근대부문이라는 두 개의 부문으로 구성되어 있다고 생각한다. 전통부문으로서의 농업(농촌)에서는 노동력이 과잉인 상태이므로 노동의 한계생산력(별항 참조)이 매우 낮다. 이 부문은 시장원리에 근거해 근대부문으로서의 공업(도시)에 대해 저임금 노동력을 공급한다. 이 상황은 농업의 과잉노동력이 소멸할 때까지 계속되며 전환점(turning point)을 지나면 임금은 상승하기 시작한다. 전환점은 노동의 과잉에서 부족으로의 기조변화 시점이다. 과잉노동력이란 한계생산력이 낮고 최저생활수준에 달하지 못하는 노동력이다.

이에 대해 신고전파 경제학에서는 과잉노동력의 존재를 인정하지 않고 모든 산업이 임금=노동의 한계생산력이라는 균형상태에 있다고 생각한다. 이러한 의미에서는 모든 산업은 동등하며 이중구조와 같은 구조문제는 존재하지 않는다.

그림은 루이스모델을 도면으로 해석한 것이다. 농업부문을 예로 들어보겠다. 노동의 한계생산력 곡선 MP는 노동력 L_1에서 최저생활수준 SL과 일치하는데 이것이 전환점 T이다. 실제로 존재하는 노동력 L_2가 L_1을 웃돌면 MP < SL이고, 자금은 SL에 의해 결정된다(고전파경제학의 세계). 만일 MP와 같다면 임금은 SL를 밑돌아 노동자의 생활은 유지되지 않고 사회는 성립할 수 없다. L_2-L_1이 과잉노동력이다. 여기에서는 일정 임금수준(SL)에서 노동력이 공업부문으로 공급된다. 공업화에 의해 농업노동이 감소하여 L1을 밑돌면 MP > SL이고, 임금은 MP에 의해 결정된다(신고전파의 세계). 이렇게 해서 농업임금은 그림에서는 점T이고 굴절된 굵은 선으로 표시된다.

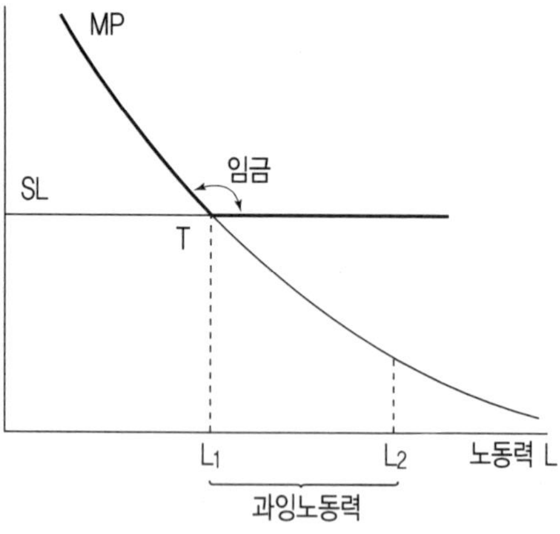

인구전환론

인구전환론(transition theory of population)은 경제사회의 근대화에 의한 인구동태의 변화를 모델화한 것이다. 이에 따르면 인구변동의 변화에는 4가지 단계(그림 I~IV)가 있다. 전근대화 사회에서는 고출산 · 고사망에 의해 인구증가율은 낮다(I). 그러나 근대화가 시작되면 의약위생의 발달과 생활수준의 향상으로 사망률이 저하해 인구증가율은 상승한다(Ⅲ). 이렇게 하여 저출산 · 저사망에 의한 저인구증가율의 최종단계(Ⅳ)로 이행한다.

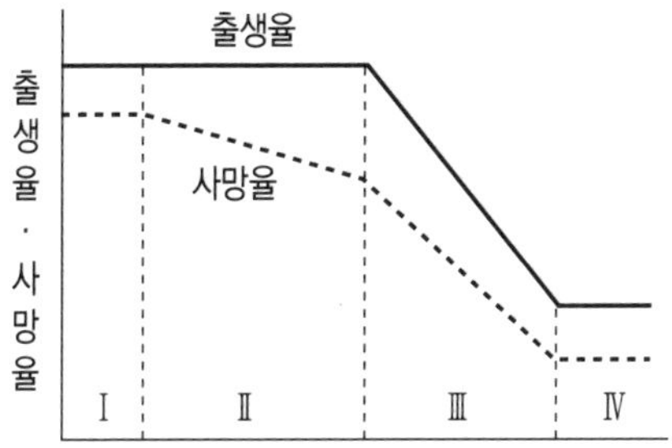

이는 서구선진국의 경험에서 나온 모델이므로 다른 국가에 그대로 적용된다고는 볼 수 없다. 예컨대 일본에는 메이지(明治)시대 초기의 전근대화 사회에서 인구증가율이 반드시 높지는 않았다. 그리고 메이지 중기 이후의 근대화에 따른 생활수준 향상으로 출산율이 상승하였고 그후 사망률이 저하하여 인구증가가 가속화 되었다. 이 과정은 인구전환론에는 나와있지 않다.

인권문제

독특한 호적제도(별항 참조) 하의 농민 차별, 1가구 1자녀 정책(6장 참조) 하의 강제적 출산억제, 종교 탄압 등 중국에는 여러 가지 인권문제가 있어 많은 서양국가가 중국정부를 비난해 왔다. 특히 미국이 UN인권위원회에서 중국에 대한 견책결의안을 통과시키려 했다. 이에 대해 중국정부는 개발도상국에 있어서 가장 중요한 과제는 빈곤이라는 악에서의 탈출이므로 이를 위해 국민의 사회적 · 정치적 자유에 대한 어느 정도의 제한은 어쩔 수 없다고 반론했다. 그러나 고도경제성장으로 사람들의 생활이 대폭 개선된 오늘날, 이러한 주장은 점차 설득력을 잃을 것으로 생각된다.

1국2제도

1국2제도(중국에서는 '1국양제' 라 함)는 한 국가 안에서 사회주의와 자본주의, 두 개의 다른 제도가 공존하는 것을 용인하는 것이다. 덩샤오핑(鄧小平)이 1980년대에 대만과의 평화통일의 방법으로 제창한 것으로 1997년 홍콩, 1999년 마카오 복귀에 적용되었다. 이상의 두 곳에서는 50년간의 자본주의체제의 유지, 외교 및 국방을 제외한 자치권이 허용되었다. 중국은 이 제도를 대만에도 적용하려 하나 대만에서는 이를 거부하고 있다.

자력갱생(自力更生)

마오쩌둥(毛澤東)은 '항일전쟁승리 후 정국과 우리의 방침' 이라는 연설을 하고 타인에 의존하지 않고 모든 것을 스스로 해결할 것을 강하게 역설했다. 이 자력갱생 사상은 중국인에게 자주독립의 정신을 심어주는 한편, 때로는 일탈하여 경제발전을 저해했다. 일례로 지역 간의 비교우위를 일절 무시하고 자급자족체제를 각 지역에 강요한 것, 또 다른 예로는 자국의 권력을 과신하여 국제분업을 무시한 것이 있다. 이렇게 비효율적인 경제시스템을 만들어냈다.

자본수지 → 경상수지

자유무역협정(FTA)

FTA(Free Trade Agreement)는 양자 간 또는 다자 간에 체결하는 무역상의 협정으로 회원국 역내의 관세 및 수출입제한 등의 비관세장벽(별항 참조)을 철폐하는 것으로 무역의 확대를 통한 역내 경제활성화를 지향하는 것이다.

전세계 FTA 건수는 1990년대에 들어서 현저하게 증가했다. 세계무역기구(WTO, 별항 참조)에 보고된 FTA는 2003년 12월 시점에 273건, 그 중 227건이 GATT 24조에 의한 FTA로 그 중 143건이 실효 중이다. 동북아시아 국가는 이러한 움직임에 뒤처져 있는데 2002년 '일본 · 싱가포르 신시대경제연계협정' 이 최초이다. 그러나 그후 동아시아 국가의 FTA에 대한 관심이 급속히 높아졌다.

일본정부는 FTA의 범위를 넘어 인적 이동 및 투자 등의 협정도 포함하여 더욱 포괄적인 경제연계협정 EPA(Economic Partnership Agreement)를 지향하고 있다. 이는 싱가포르와의 협정의 명칭에도 나타난다. 단, EPA라는 용어 · 개념은 일본정부에서 사용하는 것으로 전 세계적으로는 FTA라고 불린다.

ODA(정부개발원조)

정부개발원조(Official Development Assistance)는 개발도상국의 발전에 도움이 되는 자금 · 기술을 개발도상국 또는 국제기관에 공여하는 것이다. 일본의 ODA지원 대상국가는 150개국에 달하며 2002년 공여액은 미국에 이어 2위이다(GNP에 대한 비율은 0.23%). 중국은 그 중 인도네시아에 이어 두 번째로 큰 공여대상국이다(2002년에는 전체의 12.3%). 그러나 중국경제의 괄목한 발전과 일본 국민의 대중감정의 악화를 배경으로 대중ODA를 재검토해야 한다는 여론이 거세져 공여액과 그 내용이 크게 변화할 것으로 예상된다.

제후경제(諸侯經濟)

시장경제화 개혁의 도중에 특히 발전에서 뒤떨어졌다고 느낀 많은 지방정부가 지역경제 발전을 위해 행정개입 등을 통하여 지역시장을 인위적으로 보고하는 정책을 취했다. 예를 들면, 후베이성(湖北省), 랴오닝성(遼寧省) 등에서는 외지에서의 식료, 경공업제품의 유입을 금지하고 지린성(吉林省), 허난성(河南省) 등에서는 주류, 세제, 자전거, TV 등은 해당 성에서 생산한 것만 판매 허용했다. 이러한 지역보호주의가 '제후경제'인데 현재는 많이 개선되었다.

조롱경제론(鳥籠經濟論)

보수파 정치가인 천윈(陳雲)은 종종 덩샤오핑(鄧小平)의 경제적 자유화 정책에 경종을 울렸다. 그는 경제를 새에 비유해 새를 인간(정부)이 잡으려고 하면 새는 죽는다. 그러니까 새장(계획)을 준비해서 그 안에 새를 풀어놓으면 된다고 말해 계획경제 속에서의 제한된 자유를 주장했다.

중국잔류 일본인 고아

제 2차 세계대전 종료 후 중국에 체류하고 있었던 일본인(대부분 만몽개척단(滿蒙開拓團))의 대부분은 귀국했으나 그들이 낳은 아이들의 일부는 중국인에 의해 구출되어 어쩔 수 없이 중국에 잔류하게 되었다. 이 문제는 1972년 중 · 일 국교회복 후에도 방치되어 있었으나 1981년부터 마침내 관련조사가 이루어져 일부 귀국이 실현되었다. 그들의 비극적인 인생을 그려 화제가 된 소설이 9장 칼럼에서 소개된 야마사키 도요코(山崎豊子)의 '대지의 아이(1991년)'이다.

지구환경문제

지구온난화, 오존층 파괴, 삼림 감소 등 지역규모의 환경문제는 한 나라의 범위에 그치지 않고 지구규모의 문제라는 인식 하에 1992년 '지구서밋'(별항 '지속 가능한 발전' 참조)이 개최되었다.

지구환경문제의 어려움은 그에 대한 자세에 있어서 국가 간에 커다란 차가 있다는 것이다. 선진국은 지구환경문제는 지구 전체의 문제로 선진국도 개발도상국도 동등하게 책임을 져야만 한다고 하는 것에 반해 개발도상국은 이 문제를 일으킨 책임은 선진국에 있다며 환경보다는 개발을 우선시하는 경향이 있다. 지구서밋에서는 선진국, 후진국 모두 공통의 책임을 갖고 있지만 그 정도에 대한 차가 있다는 것을 인정한다.

지니 계수

지니계수는 소득분포의 불평등 정도를 나타내는 대표적인 지표로 완전하게 평등할 때에 0, 완전하게 불평등할 때에는 1(또는 100%)이 된다. 따라서 지니계수가 작을수록 소득분포는 평등, 클수록 불평등한 것이다.

그림의 가로축에 최저소득자에서 최고소득자의 순서로 나열된 사람 수의 누적백분율이 있고(AB), 세로축에 그들의 소득 누적백분율이 나온다(AD), 양자의 관계를 그린 것이 로렌츠곡선이다. 지니계수란 로렌츠곡선과 45도 선(AC)에 둘러싸이는 면적(사선부분)을 45도 선을 하나의 변으로 하는 삼각형의 면적(ABC)으로 나눈 부분이 된다.

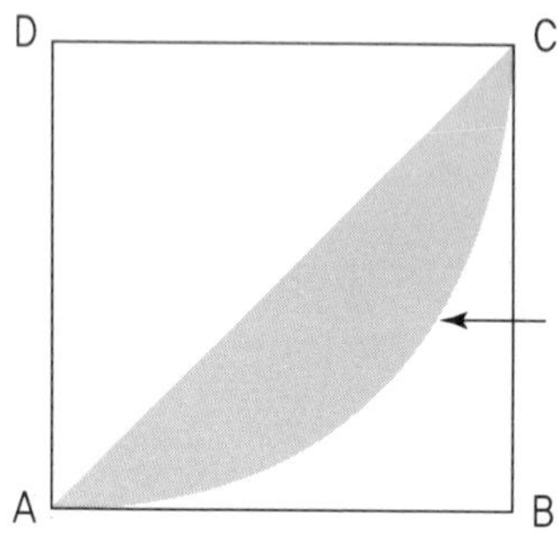

지속 가능한 발전(개발)

1992년 리우데자네이루에서 열린 20세기 최대 UN회의(통칭 '지구서밋')에서는 지속 가능한 발전(개발)(sustainable development)이 채택되어 그후의 환경문제에 대한 활동의 기조가 되었다. 이는 '미래세대의 니즈에 부합하는 능력을 손상하지 않고 현 세대의 니즈에 부합하려는 개발'이라 정의된다. 이는 환경과 개발은 상호의존하는 것이며 환경을 보전하는 것이야말로 미래에 걸친 개발이 가능해진다는 것을 주장하고 있다.

직접투자

'직접투자'는 기업을 설립하거나 설립에 자본을 출자하는 등 기업경영을 목적으로 한 '간접투자'와 구별된다.

직접투자는 선진국에서 개발도상국으로 흘러 들어오는 것이 주류인데 그 동기로는 저렴한 임금에 의한 저비용생산과 향후 발전이 기대되는 국내시장 획득이 있다. 직접투자는 부족한 국내 투자자금을 보충할 뿐만 아니라 많은 경우 최신기술 이전의 채널 역할도 하기 때문에 개발도상국에 대한 경제성장의 출발에 기여하는 역할은 매우 크다(별항 '안행형태적발전', '동아시아모델' 참조).

대중직접투자는 1990년대에 증가했는데 그 중 일본의 투자액은 홍콩, 마카오, 버진제도, 미국 다음으로 많아 전체 중 7.7%를 차지한다(1998~2002년 실행베이스).

천안문사건(天安門事件)

1989년 4~6월 민주화를 목적으로 천안문광장에 100만 명 이상의 학생 · 시민이 집합했다. 그들은 공산당의 일당독재체제에 반대하며 의회제 민주주의와 삼권분립을 요구했다. 이에 대해 자오쯔양(趙紫陽) 총서기가 취한 대화노선은 최고실력자인 덩샤오핑(鄧小平)의 노여움을 샀다. 덩샤오핑은 자오쯔양을 해임하고 인민해방군에 시위대에 대한 철저한 탄압을 명했다. 이렇게 해방군은 6월 3일 밤부터 4일 새벽까지 탱크를 출동시켜 탄압하였고, 300명 이상의 사망자가 발생한 대참사가 일어났다. 이것이 텐안먼사건(또는 6 · 4사건)이다.

이 사건의 모습은 TV영상을 통해 전세계에 알려지면서 커다란 충격을 안겨주었다. 중국정부는 전세계로부터 심한 비판을 받았지만 후에 덩샤오핑이 말한 것처럼 만일 그 때 정부가 타협하여 정치적 민주화의 길을 걸었다면 정치는 불안정해졌을 것이고, 그후의 경제성장도 불가능했을지 모른다. 그때 이후 중국의 젊은이들은 정치개혁에 관한 관심을 잃고 돈벌이에서 삶의 보람을 찾으려고 한 것처럼 보인다.

총요소생산성(TEP)

성장회계(growth accounting)의 이론은 생산의 확대를 생산요소의 투입에 의한 부분과 그 외의 부분으로 나눈다. 전자는 주요 생산요소인 노동력과 자본의 성장률에 각각의 생산탄력성(별항 참조)을 곱한 것의 합계이다. 후자가 총요소생산성(Total factor Productivity)인데 투입 이외의 모든 요인을 포함한다. 그 중에도 기술진보가 최대 요인이라고 생각되기 때문에 TEP의 성장률은 기술진보율의 유력한 지표로 간주된다.

일찍이 어느 경제학자가 동아시아 TEP의 추계치를 보고 그다지 크지 않은 것을 이유로 중국을 포함한 동아시아 경제의 미래에 비관적인 논평을 했다(별항 '아시아 기적의 신화' 론 참조).

최혜국대우(MFN)

최혜국대우(Most-favored Nations Treatment)란 GATT · WTO(별항 참조)의 '무차별 원칙'에 따라 동일한 종류의 상품에 대해 모든 국가에 대해 관세율을 차별하지 않는다는 규칙이다. 즉 A국가가 B국가에 대해 제 3국가 어디보다도 불리하지 않게 통상 상의 편의를 제공하는 것이다.

코스의 정리

영국의 경제학자 로널드 코스(Ronald H. Coase)에 의하면 거래 쌍방간의 소유권의 귀속이 명확하다면 어느 쪽에 소유권이 있는가에 관계없이 효율적인 자원배분이 실현된다(코스의 정리). 중국에서는 소유권의 귀속이 명확한 시영기업이 소유권의 귀속이 애매한 국유기업에 비해 경영성적이 양호하다. 이것이 코스의 정리의 좋은 예이다.

쿠즈네츠 가설

사이먼 쿠즈네츠(Simon Smith Kuznets)는 서유럽 국가의 역사연구에서 공업화 초기에는 공업화 진행으로 인해 소득이 불평등화 되고 공업화 단계를 지나면 역으로 평등화가 진행된다는 경험법칙을 발견했다. 즉 초기국면에서는 생산성이 높은 근대공업의 발흥에 의해 도시 · 농촌 간의 소득격차가 확대되어 전체 소득분포는 악화한다. 그러나 후기국면에서는 국민경제의 농업 비중이 크게 저하될 뿐 아니라 소득이 낮은 농촌에서의 인구이동으로 인해 도시 · 농촌 간의 소득격차가 줄어들기 때문에 전체 분포는 개선된다.

이 가설은 지니 계수(별항 참조)가 역 U자를 그리는 것에서 역 U자형 가설이라고도 불리나 그 타당성을 둘러싸고 세계 각국에서 많은 연구가 이루어졌다. 그러나 아직 정설에 이르고 있지 못하는 것이 실상이다.

탈아입구(脫亞入歐)

서양은 발전하고 아시아는 미개한 상태였기 때문에 일본은 서양의 문명을 받아들여 아시아의 낡은 방식에서 벗어나 강국이 되어야만 한다는 생각. 후쿠자와 유키치(福澤諭吉)가 쓴 1885년 3월 16일자 '시사신보(時事新報)' 사설에서 이를 최초에 주창한 것으로 보임.

통화스왑 협정

특정국 · 지역의 통화에 대한 신인도가 하락하여 국제결제에 필요한 단기자금이 부족한 경우 상호 간에 외화보유를 융통해 주는 협정.

패권주의

일반적으로 정권을 유지하고 있는 정당을 패권(헤게모니)정당이라 부르는데, 이 말이 국제정치상 문제가 된 것은 중국이 1970년 전반에 미 · 소 양 대국이 국제정치를 좌지우지하는 형상을 패권주의라고 비판한 데서 비롯된다.

푸둥개발구(浦東開發區)

1990년 상하이(上海)시 푸둥(浦東)은 경제특별구를 넘어 국내 최대의 경제개발구로 지정되어 남순강화(별항 참조) 이후에 개발이 가속화되어 양쯔강 연안지역발전의 견인차가 되었다. 높이 468m의 TV탑인 동방명주탑 및 고층빌딩이 늘어서 있고, 2002년에는 푸둥국제공항과 상하이 사이를 운행하는 리니어모터카가 개통되는 등 중국경제발전의 상징이 되었다. 2007년 말에는 모리빌딩이 계획한 세계 최고층 오피스빌딩, 상하이월드파이낸셜센터(上海環球金融中心)(101층 건물로 492m)가 완성될 전망이다.

개발구에는 84개국 · 지역에서 온 만여 개사의 외자계 기업이 거점을 두고 있으며 사업 허가를 얻기 위해 다수의 기업이 푸둥투자센터를 방문한다. 2010년 상하이엑스포 등으로 인해 더 많은 발전이 기대되며 푸둥을 핵으로 하여 상하이가 아시아태평양지구의 금융센터가 될 것으로 예상된다.

플라자합의

일본경제의 급속한 성장과 미국경제의 약체화를 반영하여 일본의 무역흑자폭은 확대되고 미국의 적자도 확대되었다. 이에 위기감을 느낀 미국은 1985년에 개최된 G5 5개국재무장관회의에서 환율에 대한 조정을 주장하고 달러고 · 엔저로 전환하는 것을 합의하였다. 이 회의 장소였던 뉴욕의 호텔 이름을 따서 플라자합의라고 한다.

한계생산력 → 생산탄력성

호적제도 · 민공조(民工潮)

1958년에 마련된 호적제도에는 농업호적과 도시호적이 있다. 전자는 농촌에서 농업에 종사하는 사람, 후자는 도시에서 비농업에 종사하는 사람에게 주어진다. 자녀는 원칙적으로 어머니의 호적을 따르고 특수한 경우를 제외하고 농업호적에서 도시호적으로 전환하는 것은 불가능하다. 그러나 1980년대 이후 도시산업의 급성장으로 농촌에서 도시로의 '타지근무'가 급증했다. 이들은 농업호적인 채 도시에 거주하는데, 도시호적을 갖는 주민과 비교하면 열악한 환경이었다. 의료 및 연금 등 사회보장, 자녀의 교육 관련해서도 차별대우를 받고(5장 칼럼 '민공학교: 타지근무자 자녀의 서당' 참조) 직업은 남들이 꺼리는 소위 3D업종에 한정되어 있었다. 이들 중 공원(工員), 노무자 등은 보통 농민공(農民工) 또는 민공(民工)으로 불린다.

이와 같은 타지근무자들의 무리를 예전에는 맹류(盲流)라고 했는데 부정적인 이미지를 피하기 위해 현재는 민공조(民工潮)라고 한다. 국가통계국의 농촌조사팀 조사에 따르면 2003년에 타지근무를 한 노동자는 약 1억 1,390만 명(농촌 노동인구의 23.2%)에 달했다고 한다.

농민을 차별하는 비근대적인 호적제도였지만 다른 한편으로 도시의 급격한 팽창으로 인한 혼란을 피하게 했다는 점도 부정할 수는 없다. 그러나 도시산업이 저렴한 노동력을 필요로 한다는 점에서 이 제도를 탄력적으로 운용하게 되면서 제도 자체가 서서히 해체되게 되었다. 예를 들면 상하이(上海)시는 1993년 이후 숙련공 · 기술자 등 특별한 능력을 갖고 있는 농민공이 3년 이상 거주한 경우에 한해 잠정적인 호적을 부여했으며 5년이 경과되면 정식 도시호적을 부여했다.

'환상의 아시아 경제' 론

폴 크루그먼(Paul Krugman)은 '아시아 기적의 신화(The Myth of Asian Miracles)'라는 논문(1994년)에서 다음과 같은 내용을 전개하여 아시아경제의 발전에 의문을 던졌다. 동아시아의 근대 경제성장(산출량의 증대)은 분명 눈부신 성장이지만 그 요인은 1950년대의 구 소련이 그랬던 것처럼 단순한 투입의 양적 증대, 즉 노동력의 증가, 물적 자본에 대한 대규모 투자의 결과이다. 이러한 투입의 양적 확대에는 한계가 있어 투자의 수익률이 체감하기 때문에 동아시아의 성장은 조기에 둔화할 것이라는 내용이다.

그러나 이 견해에는 반론도 있다. 첫째, 현재 선진공업국가 특히 미국도 일찍이 투입의 양적 확대에 의한 성장을 경험했고 동아시아도 결국에는 기술혁신을 중심으로 한 성장과정으로 이행한다는 것이다. 둘째, 동일산업에 관해서는 수확체감이 발생한다고 하더라도 타 산업으로 이행함으로써 다시 높은 수익률을 실현하여 지속적인 성장이 가능하다. 셋째, 이 견해는 현대 중국에 관해서는 분명히 맞지 않는다. 거기에는 총요소생산성(별항 참조)의 꾸준한 성장이 인정된다(4장)

미나미 료신(南 亮進)

일부 항목 집필 관련하여 다음을 참조했음.
http://www.panda.hello-net.info/
http://www.mofaj/gaiko/oda/

WTO, Report of the Committee on Regional Trade Agreements to the General Council, 2003

가토 히로유키(加藤弘之) · 우에하라 가즈요시(上原一慶) 『중국경제론』 미네르바서방 펴냄, 2004년

이창평(李昌平) 『중국농촌붕괴』 NHK출판 펴냄, 2004년

본서 초판 관련 칼럼

찾아보기

■편저자 약력

미나미 료신(南 亮進)

1933년 출생. 現 城西大學 경제학부 객원교수/一橋대학 명예교수, 중국경제학회 회장.

〈주요저서〉

『대국의 시련: 전환기의 중국경제』 일본 평론사. 1999년(共編著). 『흔들리는 대하(大河): 중국 농촌노동의 이동』 일본 평론사, 1999년(共編著)

마키노 후미오(牧野 文夫)

1951년 출생. 現 東京學藝大學 교육학부 교수, 중국경제학회 이사.

〈주요저서〉

『대국의 시련: 전환기의 중국경제』 일본 평론사. 1999년(共編著). 『흔들리는 대하(大河): 중국 농촌노동의 이동』 일본 평론사, 1999년(共編著)

박정동(朴貞東)

延世大學校 經濟學科 卒業
日本 東京大學校 經濟學科 碩·博士. 同 研究員
中國 北京大學校 經濟學院 研究教授
美國 HARVARD UNIVERSITY 東아시아 研究中心 交換教授
캄보디아(Cambodia) 王國 經濟諮問官
KDI 研究委員
上海 復旦大學 國際交流學院 研究教授
韓中交流Center長.
現 仁川大學校 教授

〈주요저서〉

『中國바로알기-段階別 中國의 理解』 仁川日報社. 2004. 09
『北朝鮮は經濟危機から脫出できるか』 社會評論社, 東京. 2004. 08
『現代中國經濟』 교보출판사(증보판). 2004. 08
『韓中交流의 어제,오늘,내일』 FKI미디어. 2004. 03
『華人型 企業經營』 三星經濟研究所. 2004. 01
『世界의 工場 中國』 BOOK & BOOK. 2003. 06
『開發經濟論-中國과 北韓의 比較』 서울大學校出版部. 2003. 03
『거대한 消費市場 中國』 BOOK & BOOK. 2003. 03
『Made in 차이나 衝擊』 韓國經濟新聞. 2002. 09
『Made in China』 時代의 창. 2002. 07
China's Special Economic Zones, and their Impact on the Economic Development of Modern China, Praeger Publishers. 1997 등 다수

중국경제입문 세계의 공장에서 세계의 시장으로

초판 발행 | 2007년 2월 1일
제1판 4쇄 | 2010년 2월 10일

편저자 미나미 료신 · 마키노 후미오 · 박정동
역 자 박정동
펴낸이 김승기
펴낸곳 생능출판사

주소 경기도 파주시 교하읍 문발리 507-12
파주출판도시 (413-756)
전화 (031)955-0761
팩스 (031)955-0768
등록 제 16-1751호
1998년 10월 2일

홈페이지 http://www.booksr.co.kr

ISBN 978-89-7050-566-4 03320

정가 **18,000**원